1917—2017

100th Anniversary
Shanghai University of Finance and Economics
上海财经大学 100周年校庆

谨以此丛书献礼
上海财经大学百年华诞

千村调查十年回眸

教师成果篇

上海财经大学千村调查项目组

上海财经大学出版社

本书由上海文化发展基金会图书出版专项基金资助出版

图书在版编目(CIP)数据

千村调查 十年回眸.教师成果篇/上海财经大学千村调查项目组编.—上海:上海财经大学出版社,2017.9

ISBN 978-7-5642-2822-4/F.2822

Ⅰ.①千… Ⅱ.①上… Ⅲ.①乡村-社会调查-调查报告-中国 Ⅳ.①D668

中国版本图书馆CIP数据核字(2017)第212746号

责任编辑 陈 明

封面设计 张克瑶

QIANCUNDIAOCHA SHINIANHUIMOU

千村调查 十年回眸

——教师成果篇

著 作 者:上海财经大学千村调查项目组

出版发行:上海财经大学出版社有限公司

地 址:上海市中山北一路369号(邮编200083)

网 址:http://www.sufep.com

电子邮箱:webmaster@sufep.com

经 销:全国新华书店

印 刷:上海宝山译文印刷厂

装 订:上海淞杨装订厂

开 本:710mm×1000mm 1/16

印 张:27.5

字 数:435千字

版 次:2017年9月第1版

印 次:2017年9月第1次印刷

定 价:78.00元

Foreword 前言

习近平总书记在全国高校思想政治工作会议上强调，高校思想政治工作关系高校培养什么样的人、如何培养人以及为谁培养人这个根本问题。做好高校思想政治工作，要因事而化、因时而进、因势而新。高校要全面提高人才培养能力，广泛开展各类社会实践，增强思想政治工作的时代感和吸引力。总书记的重要讲话，为办好中国特色高等教育指明了方向。

上海财经大学创建于1917年，是我国高等教育领域办学历史最为悠久的财经院校。经过百年来的不懈奋斗，学校已成为一所经济管理学科优势突出、国际化特色鲜明、在国内外具有一定影响力的社科类大学。学校秉承创始校长郭秉文倡导的“三育并举”“四个平衡”的教育思想，铭记首任教务长马寅初题写的“经济匡时”校训，坚持“面向社会，求真务实，立德树人，经世济国”的办学理念，坚持实践育人的办学传统。在20世纪20年代上海商科大学时期，学校就提出“治商业学科者，不独贵具书本之学识，尤贵具实际之常识”；50年代孙冶方院长要求师生“跑出学校门，到实际工作中再去学习”，姚耐院长强调学校“坚持理论联系实际，改革高等财经教育”；改革开放以来，学校坚持面向社会，密切联系实际，提出了“复合型、外向型、创新型”的人才培养规格，促进学生“素质、知识、能力、体格”全面发展。可以说，学校在各个发展阶段都高度注重培养学生服务国家、服务人民的社会责任感，勇于探索的创新精神，善于解决问题的实践能力。在社会实践的载体建设上努力做到因时而进、因势而新，创校初期设立实习银行、消费合作社，改革开放以来实施暑期“三下乡”社会实践、“知行杯”社会实践竞赛、“百县义务教育调查”等，“千村调查”就是其中规模较大的一个项目。

中国农村是经济学最好的自然实验室，是大学生熟悉当代中国社会、了解中国国情的最好课堂，也是我们党培养人才、锻炼人才的重要阵地。大学生是未来中国的希望，他们对农村认识、理解和思考的深度将直接影响和改变中国农村乃至整个中国未来的发展。财经学科与国民经济和社会发展关系密切，财经人才直接服务社会主义市场经济建设，如果缺少对广大农村、农业、农民的了解，离开中国大地的“滋养”，那么，我们的人才培养就谈不上是成功的。让学生了解中国最基本社会单位——村庄的状态，帮助他们读懂中国最基本的现实，将知化行，以行促思，可以激发学生的爱国热情和学习动力，增强他们的责任感和使命感。

基于上述思考，自2008年以来，学校通过国情教育、科研训练、创新实践开展人才“集成式”培养，以问题导向的社会调查为主要方法，每年暑期组织在校学生“走千村，访万户，读中国”，深入农村开展相关“三农”问题的主题调查。学校先后围绕“农民发展状况”“农村医疗卫生保障”“农民收入状况”“粮食安全问题”“农村文化建设”“农村劳动力城乡转移”“农村养老状况”“农村基础金融服务”“农村创业状况”“农村互联网应用”10个主题，组织广大学生奔赴全国各地开展调查研究。10年来，参与的学生达17 100多人次；师生们的足迹遍布全国31个省（直辖市、自治区）的9 670多个村庄，调查农户达126 120余家；发放调查问卷累计20余万份，回收有效问卷近14.5万份；学生撰写调研报告万余篇。

经过10年探索实践，“千村调查”项目形成了较为鲜明的特点。

1. 立德树人：创新思政教育载体，丰富人才培养体系

学校以立德树人为根本任务，积极探索财经人才培养模式改革。在多年探索的基础上，学校以分类培养为理念、以课程学习为基础、以个性体验为依托，实施拔尖计划、卓越计划、创新创业计划三类人才培养路径，完善通

识教育课、学科基础课、专业方向课三类课程结构，打造社会实践、科学研究、海外学习三类个性化体验平台，构建了立体化的财经人才培养模式，着力培养适应国家发展需要和全球化竞争的卓越财经人才。

学校将“千村调查”作为全校性的社会实践平台，纳入各类人才培养体系。项目每年聚焦一个“三农”主题，以科研项目的规范要求开展社会实践，在增强学生的社会责任意识和实践能力的同时，帮助学生学习和掌握科学的社会调查方法、提升创新研究能力，并进一步建立数据库支撑后期研究，着力挖掘和产出具有重大价值的研究成果。目前，每位本科生在校期间都拥有1次以上参加“千村调查”及其他各种内容和形式社会调查的机会。

通过一年一届的对中国“三农”发展状况的接力式追踪调查，项目形成了“连续性、主题式、项目制”的特征，形成了首席专家制、教育培训机制、学术诚信约束、成果转化机制、安全保障机制、制度激励机制六大工作机制。从2013年起，在学生返乡调查的基础上，学校进一步又将调查形式拓展为“返乡+定点”调查，选取30个县作为固定观察点，由专业教师带队，开展更具科学性和延续性的长期跟踪调查。

2. 教学相长：深入田间地头，实现三全育人

针对“千村调查”项目，学校专门建立了由分管校领导直接负责推动，发展规划处（学科办）与学工、教学、科研等部门相互配合，各学院具体实施的体制机制。从首席专家遴选、问卷设计、学生队伍组建、预调查、学生实地调研，到数据处理、调查报告撰写、研究论文指导等一系列工作，构建了一个跨学科、跨部门、师生融合的思政协同创新平台，成为教学相长、三全育人的重要载体。

在定点调查环节，带队教师与学生朝夕相处，他们身体力行、言传身教，他们严谨客观的学术态度和谦逊礼让的道德风范，成为社会主义核心价值观的最佳诠释和模范践行；在讨论探究、答疑解惑的过程中，真实地展现出了教师的人格魅力和学识魅力，从写作、研究、学习、处事、做人等方面深深影响和感染着学生们。

参与“千村调查”实践也使得教师自身获益良多。许多参与的教师表示，调查实践使他们对中国问题的思考更加深入、更为全面；也和青年学生们一

起受到了深刻的国情教育。“千村调查”项目使学生在参与中感知个人、国家与社会，感悟生活与人生；也使教师将潜心问道和关注社会相统一，以德立身、以德立学、以德施教，真正实现了全员育人、全过程育人、全方位育人。

3. 实践大课堂：激发爱国热情，结出创新硕果

在农村大课堂的亲身磨练，使学生们真切地体察到了中国当代农村的现状，感受到了改革开放所带来的农村社会发展、农民生活质量的变化，也增强了服务国家、服务人民的责任感与使命感。参与调查的同学感慨：“农村给我们上了人生重要的一课”“‘千村调查’让我们知道了真正由土地养育出的劳动人民的伟大之处”“当第一次走进广袤的农村时，忽然明白什么是责任了。但是，这种责任意识，如果封闭在大学校园里，则是比较难体会到的。”也有学生感触至深地说，“我们从小生活在城市，因为调研第一次看到了真正的黄土、土山、土房，还有像黄土一样淳朴的村民们”。调研不仅是一次学术上的探寻，更是对他们内心世界的冲击，学生们表示：“‘千村调查’是一次成长之旅，让我们无比感激！”

在教师的指导下，项目培育出了一批高质量的调查成果。有同学的调研报告被当地报刊全文刊登，有同学的调查结论被全国人大代表引用作为提案，还有同学利用调研资料撰写课外学术科技作品，参与全国大学生竞赛并获得多个奖项。

“千村调查”项目不仅搭建了一个大学生社会实践和国情教育的平台，为增强大学生创新精神和实践能力提供了一种行之有效的培养模式，更为深入开展我国“三农”问题研究采集和积累了极其宝贵的一手资料，经过长期持续的积累和跟踪研究，愈发凸显出重要的研究价值和意义。

刘延东同志两次对“千村调查”专门批示，她指出：“组织大学生深入实践，体察国情民情，受教育、长才干，是培育人才的好形式。”基于调查形成的研究成果受到教育部、农业部等部委和上海市主要领导的高度重视，给予了充分肯定。教育部思政司认为我校通过“千村调查”开展国情教育、改革人才培养路径的探索具有示范推广意义。项目因此获国家级教学成果奖和高校思想政治教育优秀成果奖等奖项。

《中国教育报》以“走千村、访万户、读中国”为题、《光明日报》以

“走千村、访万户、读民情”为题，分别对“千村调查”进行了重点报道，《西藏日报》对我校学生赴海拔4 500米的西藏浪卡子县张达村调研进行了专题报道。一些媒体记者表示，“千村调查”项目从设计的科学性到时间的持续性和成果的有效性，都让他们觉得它具有独特的价值，也激发了其持续关注和报道的兴趣。

2017年是上海财经大学建校100周年，也是学校自主创设的大学生社会实践项目“千村调查”创办十周年的里程碑之年。10年来，“千村调查”项目让学生深入农村“接地气”，为学校思政教育“补元气”，使学校人才培养工作更加“有底气”。值此重要时刻，我们将以“千村调查”项目为抓手探索人才培养路径改革的情况进行了梳理，以《千村调查　十年回眸》为题，分教师成果篇、学生成果篇和媒体报道篇3册，编辑出版纪念专辑，以此献礼学校百年华诞。

值此，我们谨向参与“千村调查”活动的每位师生表示祝贺，也向一直对学校改革发展，尤其是对本项目的实施给予关注鼓励和支持帮助的各位领导和各界人士，表示崇高敬意和衷心感谢。

面向未来，我们将按照习总书记的指示，全面贯彻落实全国高校思政工作会议精神，扎根中国大地办大学，加快“双一流”建设步伐，更加深入地推进“千村调查”项目，加强其科学性、规范性和长效性，力争将其建成高校思政教育和社会实践的示范项目，深入探索具有社会科学类高校特色的人才培养路径，为培养德、智、体、美全面发展的社会主义事业建设者和接班人做出应有的贡献。

本项目得到中央高校基本科研业务费专项资金资助。

Contents **目　录**

前言 …… 001

第一部分　年度报告

2008年

中国农村千村农民发展调查报告 …… 003

2009年

中国农村医疗卫生保障研究报告 …… 060

2010年

中国农民收入状况研究报告 …… 085

2011年

中国粮食安全问题调查研究报告 …… 095

2012年

中国农村文化调查研究报告 …… 126

2013年

中国农村劳动力城乡转移状况调查报告 …… 149

2014年

中国农村养老现状调查报告 …… 187

2015年

中国农村普惠金融发展差异性调查报告 …… 225

2016年

中国农村创业现状调研报告 …… 239

第二部分 咨询建议

建议1

粮食安全问题的隐患及对策建议 …… 267

建议2

农民收入走向与提高路径 …… 273

建议3

提高农村老人资产性收入的建议 …… 277

建议4

农业劳动力的新特点与应对策略 …… 282

建议5

推进农民工市民化的建议 …… 287

建议6

促进农村教育扶贫攻坚的建议 …… 293

建议7

解决农村留守儿童教育公平问题的建议 …… 299

建议8

“三农”的潜在问题和对策建议 …… 305

建议9

农村医疗卫生保障的成绩、问题与对策 …… 310

建议10

农村妇幼保健与慢性病管理的挑战与对策 …… 315

建议11

提高农村老人医疗和护理质量的建议 …… 321

建议 12

缓解农村空巢老人家庭关系和心理问题的建议 …… 327

建议 13

做实村卫生室的思路与对策 …… 334

建议 14

加强农村公共文化建设的对策建议 …… 340

建议 15

规范和引导农村信宗教人员的建议 …… 345

建议 16

促进农村传统文化精神价值与商业价值融合的建议 …… 351

建议 17

加强农村社区管理的建议 …… 357

建议 18

推进农村养老的社会支持体系发展的建议 …… 363

建议 19

推进以地养老模式的建议 …… 368

建议 20

推进农村互助和城乡互动养老模式的建议 …… 373

建议 21

推进农村互联网金融发展的政策建议 …… 380

建议 22

推进农村保险市场改革的建议 …… 387

建议 23

推进普惠金融的难点与对策 …… 391

建议24

优化农村金融服务、助农民资产保值增值的建议 …… 396

建议25

“差序格局”下农村信用体系建设的问题及建议 …… 401

附　录

附录1

上海财经大学千村调查入选奖项（2008—2017） …… 407

附录2

上海财经大学千村调查项目组织架构（2008—2017） …… 408

附录3

教师撰写的相关著作选 …… 417

附录4

教师发表的相关论文选 …… 419

参考文献 …… 421

后记 …… 425

第一部分

年度报告

千村调查　十年回眸

上海财经大学千村调查项目研究成果

2008年

中国农村千村农民发展调查报告

一、研究意义

为了引导同学们深入学习贯彻党的十七大精神，加深对党的基本路线、科学发展观、国情以及改革开放艰巨性和复杂性的了解，深刻感受和反映改革开放30年来社会主义新农村建设取得的成就，同时也为了推动本科生和研究生科研创新活动的深入开展，促进第一课堂与第二课堂相结合，使同学们了解社会、认识国情、磨炼意志、培养品格、增强社会责任感，促进大学生健康成才和成长，上海财经大学发展规划处、学生工作部（处）、校团委、教务处、研究生部和党委宣传部共同决定并组织了2008年暑期学生赴千村社会调查和社会实践活动。

当前，我国经济社会发展已经进入了一个新的历史阶段。在这个阶段中，政府有了比以往更多支持农业、农村、农民发展的经济实力，也更有条件去实现统筹城乡经济社会发展的要求。《中共中央关于制定国民经济和社会发展第十一个五年规划的建议》用“生产发展、生活宽裕、乡风文明、村容整洁、管理民主”描绘社会主义新农村的美好蓝图。要实现这一目标，农业发展将面临许多新情况、新问题，因此如何深化农村改革也就更具深远意义。

2003年10月召开的中国共产党十六届三中全会提出了科学发展观，并把它的基本内涵概括为“坚持以人为本，树立全面、协调、可持续的发展观，促进经济社会和人的全面发展”，坚持“统筹城乡发展、统筹区域发展、统筹经济社会发展、统筹人与自然和谐发展、统筹国内发展和对外开放的要求”。科学发展的根本路径是统筹兼顾。

二、研究设计

此次“千村调查”，围绕改革开放30年来，农村经济、政治与文化各方面的发展现状为主线，并邀请上海财经大学社会学系、金融学院、信息管理与工程学院的资深专家与学者，对问卷的设计提供意见与建议，从理论上和经验上对问卷的每一个问题进行把关，力求问卷内容的精炼、长度的适中和操作的简易。这为调查的顺利实施奠定了基础条件。

调查中采用了方便抽样的方式，根据学生就近方便原则，调查的样本是全国31个省、直辖市、自治区658个村子（行政村概念），本次调查共发放问卷10 214份，共回收问卷9 193份，回收率高达90%。课题组对回收资料进行复核、整理与录入，我校社会统计专家们完成了对录入的所有资料的统计分析，并将统计分析结果反馈给课题组，为课题组及时撰写调查报告提供了保障。

三、地区概况

（一）东部地区

本次千村调查在我国东部地区11个省、直辖市中共调查了369个村子。其中，北京17个、福建19个、广东7个、海南5个、河北13个、江苏70个、辽宁22个、山东56个、上海97个、天津6个、浙江57个。

在东部地区369个村子中，总区域面积最小的只有1平方千米，最大的有21平方千米以上，其中5平方千米的村子约占15%，90%的村子在15平方千米左右。村子的土地面积从几百亩地到几千亩地甚至几万亩地不等，85%的村子土地面积都在1 000～9 000亩之间。家庭户数、人口数分布情况基本呈正态分布，从几十户到几百户到几千户不等，90%的村子的家庭数在500户左右，少数村子在1 000户以上。其中福建、广东、浙江、上海、北京等地村子人口数较多，海南、河北等地人口数相对东部其他地区少。

所调查的东部地区村子的经济状况处于中等水平、中上等水平的占大部分，约有10%的村子处于上等或中下及下等水平。其中北京、上海、江苏、浙江等地经济状况好于其他地区，辽宁、河北、山东等地相对低一些。基础设施建设、道路交通建设情况大部分村子较好，水电供应基本满足需求。一般和较差的情况约占20%，主要集中在山东、河北、辽宁等地。东部地区农村的居民住宅主要以砖瓦结构的平房为主，经济发达地区如北京、上海、广东、浙江等地会有农民住楼房、别墅等。

东部地区村民就业方式多样，主要包括上班、务农、个体经商、开办企业、外出打工等，进城务工者主要流向本村周边的相对较大、较发达地区的城市，还有一部分流向东部沿海较发达地区的城市。

东部地区村子99%的儿童都能完成九年制义务教育，失学现象甚少。村内娱乐广场、图书馆、乒乓馆、老年人活动室、医疗所等设施都较齐全，但极少数村子还存在以上设施不齐全、甚至缺乏的现象。

（二）中部地区

本次共调查中部地区138个农村，其中包括安徽30个村、吉林4个村、江西22个村、湖南18个村、河南15个村、黑龙江18个村、湖北15个村、陕西17个村。

在中部地区138个村子中，总区域面积最小的只有0.266 7平方千米，最大的有4 600平方千米，90%的村子的总面积是在100平方千米以下。村子的土地面积从几亩到几万亩不等，其中2%的村子土地面积不到20亩，最小的只有1.7亩，在黑龙江，最大的村的土地面积达7万多亩。各村的总人口大多在1万人以下，基本从210人到8 000人呈等差递增，只有个别几个村子的人数在1万以上。

所调查的中部地区138个村的经济水平，在其所属省份中等、中上等的居多，约有20%处于中下等，其中有个别村子是贫困村。138个村子的人均年收入在4 900元左右，最多的可达20 000元，最少的只有580元。大部分村子的农村基础设施建设和道路交通建设都可以，交通比较便利，水电供应充足，约有10%的村子还没有接通自来水，村民多是用井水，或是从远处担水回来。中部地区30%的村民住房都是两至三层的楼房、别墅，其余多是平房、砖瓦房。

中部地区的村民主要通过务农、养殖业、种植业、外出打工和个体经商等方式就业，其中外出打工的村民主要流向周边比较发达的省市，较少远距离转移，比如安徽省的村民多转移到江浙沪一带，湖南省的多向广东省转移，而吉林省和黑龙江省的主要转向北京、哈尔滨等周边大城市。

中部地区大部分村子的儿童都能全部或者大部分完成九年制义务教育，并且基本没有失学现象。90%以上的村子都设有医疗所，80%的村子设有活动娱乐广场、图书馆和老年活动室，但有少数存在设施少、服务管理不到位等问题。

（三）西部地区

本次共调查西部地区150个农村，其中包括甘肃6个村、广西13个村、贵州16个村、内蒙古23个村、宁夏7个村、青海6个村、陕西7个村、四川14个村、西藏3个村、新疆19个村、云南23个村，以及重庆13个村。

西部地区的150个农村总面积最小的0.1平方千米，最大的9 000平方千米，85%的村子在100平方千米以下。村子的土地面积最小的5.5亩，最大的有十几万亩，新疆的村子土地面积都在万亩以上，最大的有12万多亩，80%的村子的土地面积在几千亩左右。各村人口少则只有134人，最多有122 300人，大部分集中在2 000人左右，分布较均衡。

所调查到的西部150个村子的经济状况，在所属省份多为中等及中上的水平，只有极少数为贫困水平，人均年收入为4 500元左右，其中最多的可达68 300元，最少的只有360元。农村基础设施建设普遍都比较良好，交通都比较便利，水电供应也很通畅，70%的村民住房都是平房、砖瓦房，有15%左右的是小楼房，另外还有少数的别墅住宅，其中广西、四川以及贵州的村民居住楼房较多，而新疆以及云南绝大部分都为平房。

西部地区的村民主要通过务农、种植业、养殖业以及外出打工这几种方式就业，其中，外出打工的村民主要流向江浙等长三角一带，广州、深圳等珠三角一带，以及呼和浩特、成都、昆明、北京等城市。

西部地区绝大部分村子的儿童都能全部或者大部分完成九年制义务教育，并且基本没有失学现象，只有在内蒙古出现了极个别失学现象严重的情况。另外，大多数村都建有娱乐活动的场所、图书馆及老年活动室等，但是设施、场地等条件相对比较落后。

四、农村政治

（一）农村基层组织

农村的组织根据不同的形式，可以分为农村基层行政组织、经济合作组织、农民维权组织、传统民间组织和社会文化组织。这些组织之间的互动与制约，影响着基层政权的行动能力，关系着农村的政治、经济和文化各方面的发展。

1. 基层行政组织

（1）乡镇政权。我国现行的乡镇政权由乡镇党委、乡镇人民代表大会、乡镇人民政府组成。治理结构上是三权交织的“多元共治”。乡镇人民政府是我国基层社会的行政“末梢”，是村民自治以来国家行政权力延伸到乡村社会的最后一段。

（2）村民委员会。村民委员会（以下简称“村委会”）是村民自我管理、自我教育、自我服务的基层群众性自治组织，实行民主选举、民主决策、民主管理、民主监督。这是国家以村民自治体制赋予农民政治自主权，是在新的历史条件下对农村进行整合和再组织的一种民主化治理方式。村委会不直接从事生产经营和政府管理等职能，这是村委会与“政社合一”的人民公社组织的主要区别。

2. 经济合作组织

在市场经济条件下，在农民人均只有不足2亩耕地的小农经济条件下，个体农户难以应对市场与生产中的各种风险，于是通过经济合作的形式将农民组织起来，比如组织农民生产和消费合作社、农户用水用电协会等，使得个体小农在市场和自然灾害面前能减小风险。农民专业合作社最初是以农民专业协会的形式出现。农民专业协会产生于20世纪80年代初期，是由农民自愿组建、为家庭经营提供服务的自助组织。因其业务内容是以推广和探索使用农业技术为主，所以也有“农村专业技术协会”和“农村专业技术研究会”等称谓。

3. 农民维权组织

农民们是社会的弱势群体，他们的权利往往会受到各种外部力量的侵害。当个体农民在遇到自身利益诉求无法表达时，他会与其他农民联合起来，组成或加入到一个组织中来，以便于与大家进行信息与资源的共享、共同争取合法权益，这样的一类组织称之为农民维权组织。农民维权组织分为三种：一是指在税费改革前，因为农民负担过重，一些地区的农民借中央减轻农民负担政策，组成各种以宣传中央政策为目的的维权组织，我们称之为减负维权组织；二是在东部沿海发达地区与城郊农村，因征地引发矛盾，农民组织起来维护自己的权利的维权组织，称之为失地维权组织；三是指因农民工被克扣工资或受到不公平待遇而联合起来的农民工维权组织，称之为农民工维权组织。

4. 农村传统组织

农村最为重要的传统民间组织是宗族与姻亲。宗族是一个人类学概念，指人们为了生存和安全的目的，由几个核心家庭（总人数一般不超过30～50人）松散地组成的居住在同一聚居地的社会单位，属于现代意义上模糊的族群概念。宗族可以并入更大的称为部落的社区，也可以由于部落性庆典、狩猎活动或战争而偶尔结合起来。姻亲是指以婚姻关系为中介而产生的亲属网络，具体分为下列三类关系：一是血亲的配偶，指自己直系、旁系血亲的配偶，如儿媳、姐夫等；二是指配偶的血亲，指自己配偶的血亲，如岳父、夫之妹等；三是配偶的血亲的配偶，指自己的配偶的血亲的夫或妻，如妯娌、连襟等。姻亲关系因夫妻离婚或夫妻中一方死亡、他方再婚而消失。

5. 农村文化组织

农村文化组织是指农民基于农村村民共同的文化兴趣自发或自愿发展起来的，且有一定数量的村民参与其中的，在节日里或者某些特定时刻进行相关表演活动的组织。用村民自己的话说，这些活动与组织形式多半是祖上传下来的，村民参与其中，一则是传承祖先的遗训，二则可以从中得到愉悦。但是根据调查，许多村庄还缺乏这样的文化活动组织，村民们主要的娱乐活动形式是看电视、打麻将等等。

（二）村民自治

村民自治是我国农村改革开放后适应经济环境变化的一次伟大的体制创新，标志着我国民主实践的重大突破。

1. 村民自治概念

村民自治，作为中国农村改革开放以来的新生事物，既是中国当代民主政治建设和法制建设的全新概念，又是一个涉及政治、经济、文化和社会生活诸多方面的综合概念。农村有着自己特定的政治、经济与文化结构，各种资源的匮乏使得我们不得不将农村的管理难题交给农民自己，许多做调查研究的人员都有深刻体会，经政府官员及有关专家倾其智囊而拟定出的发展对策也并不比农民自己的做法高明。所以，在这里，与其把村民自治看作一项基本政治制度，倒不如把村民自治看作一种农村治理方式。我们认为，村民自治是指村民通过村民自治组织，遵循民主选举、民主决策、民主管理与民主监督的原则，合理实现自我管理、自我教育与自我服务的一项农村基层治理方式。以下所论述的相关内容，都是基于这一概念而展开。

2. 村民自治的现状考察

千村调查问卷内容覆盖村民自治的民主选举、村务公开、对村民自治的前景的看法等方面的内容。由于本次调查是利用学生暑期时间所进行的，以及时间的紧凑与时机的缺乏，因此无法对各个村子的自治情况做一个跟踪观察，所以对那些村庄里影响村民自治的因素了解不够深入。虽然无法获得这些方面的信息，但是我们问卷调查回收的数据，对于村民自治运行机制一些客观情况，还是比较具体地反映出来了。

（1）民主选举

宗族与姻亲对村民自治具有影响。中国传统文化历来重视家庭，而宗族是随着时间的推移不断扩大的家庭，血缘关系则是一条把一个宗族的人联系在一起的纽带。同时，婚姻关系的存在在宗族间布下了千丝万缕的联系，姻亲与宗族间在生存竞争和利益争夺中，不断为彼此提供联合与合作的可能，在不同宗族实体间的撞击中提供某种润滑与黏合。宗族与姻亲在村民委员会选举中各自产生一定的影响力，这种影响力能在彼此的合作中以几何倍数增加，也能在彼此的拆台中以几何倍数缩小。宗族可以利用姻亲。在传统村落中，小家庭通过姻亲关系攀附大家族本身就有寻求安全保障与生产生活帮助的含义，大家族之间的姻亲也具有彼此缓和矛盾、加强合作的含义。在某些村民委员会选举的竞争中，各竞选人与他们背后的宗族实力自然要借助姻亲关系彼此展开合纵与连横。这种以姻亲关系为纽带连接起来的联合与合作能让参与各方从中获益。但是，姻亲在村民委员会选举中带给宗族的，也不仅仅是“利好”。姻亲可以直接将触角深入到宗族内部，挖去宗族势力的墙角，甚至直接抓住宗族势力的核心，在宗族内部争夺和不同姻亲势力的争夺中，引发宗族势力本身的解构。

在村民选举推行过程中，乡镇政府在某些情况下会因一系列因素的考虑，直接或者间接干预村民选举活动。比如在税费改革前，由于乡镇政府要靠村干部来帮忙收取农业税，以完成每年的“硬指标”，所以一些乡镇政府会扶持一些在村子里“说得上话”的人来担任村干部。而在税费改革后，收取农业税的“硬指标”不再有意义了，这时，乡镇政府对村民选举的干预就减弱了，因为谁当选都无所谓，乡镇政府需要做的只是定期下去考察村里的一些“软指标”完成得怎么样，这些“软指标”如财务公开情况、政治环境情况等。

（2）民主决策

村民自治的民主决策权在《村民委员会组织法》中作了规定，行使决策权的组织是村民会议，实践中以村民代表会议行使村民会议授权的事务。《村民委员会组织法》第17条规定：“村民会议由本村十八周岁以上的村民组成。召开村民会议，应当由本村十八周岁以上村民的过半数参加，或者由本村2/3以上的户的代表参加，所作决定应当经到会人员的过半数通过。”这一规定指出了村民自治的民主决策机构——村民会议，这些规定也赋予村民会议民主决策的权利。因而村民自治中的民主决策形式有以下三种：村民会议、户代表会议和村民代表会议，这几种会议的召开有各自的规范。村民代表会议和户代表会议，一般半年或一年举行一次，村民代表会议代表一般由5～10户左右推选一名或者由村民小组推选若干名组成，代行村民会议授权的事项，行使部分民主决策和民主监督权。村民会议一般2个月或者3个月举行一次，特殊情况下经合法程序提议可随时召开，也可以根据村委会工作的需要随时召开。

正如同以上所述，召开村民会议，应当有本村十八周岁以上村民的过半数参加，而流动性问题正是造成村民会议无法正常召开的一个重要因素。当要召开村民代表大会时，大多数农村能人与年轻人都在外面打工。如果由他们治理村庄的话，那么对选村干部和对村里面貌的改变作用很大，但现在农村剩下的都是老弱病残，这样的村子还怎么实行村民民主决策呢？这时，许多重大的决策不得不由部分村干部或者说是村党支部内部商议着决定了，这样一来就会少不了许多操作不规范的因素存在，会导致许多决策做出来大大影响着农村的发展，但当村民意识到这一点时，决策已经“不折不扣”地推行了。此时，有思想的村民也只剩下抱怨村干部无能的权力了。

（3）民主管理

村民自治的民主管理机制是在村民自治实践基础上逐步总结建立起来的。全国大多数村级民主管理都是通过村委会制定村民自治章程和村规民约来实现。村民自治章程是村委会利用《村民委员会组织法》并结合当地具体情况制定的具体实施条例，既包括村民自治组织的产生、职能、工作方法、运作机制，也包括村财务管理、村级文化建设和社会公益事业的管理，还包括村社会治安、社会秩序等较完备的村务管理内容和村务管理制度。据千村调查的调查员们反映，他们所到村庄的村民自治章程结构完整、内容广泛，包括村民组织、村财务管理制度、村社会秩序、村社会保障几个方面，基本包括了村民自治和村务管理等各个方面的内容，以及国家的各项方针政策、法律法规和各项任务。我们认为，这些张贴出来的“制度说明”并不足以反映农村民主管理工作开展的真实情况，所以在问卷设计中，从村民对村干部工作的满意度方面入手，了解这点对于本次调查来说更有意义。

对于村民来说，民主管理只是一个理论层面的概念，他们更加关注的是村庄治理的实效，一项决策是否是按照村民自治的合理程序制定的，他们并不关心，他们关心的是这项决策是否对于自己或村庄的发展有益。所以，我们认为，花费巨大的人力、物力去研究农村的民主选举程序、选举过程中的权力博弈等固然有其特定意义，但更多地去研究如何让农民得到更多的实惠，或许农民们更愿意接受。

（4）民主监督

通过《村民委员会组织法》的实施，在实践中，村民自治的监督机制有以下几种实施途径：一是建立村务公开制度，把与村民利益有关的各种事项，以村务公开的形式向村民公布，接受村民的监督，也可以召开村民代表会议的形式，向村民宣传、公布，让村民畅通地接收村务信息。公开的方式可以是建立村务公开栏，或给每家每户发一本村务公开手册、村务公开卡，将村务公开到每个家庭和个人，真正实现村民对村民委员会工作、行为的有效监督。二是召开村民会议、户代表会议或村民代表会议，听取和审议村委会的工作报告，对村委会的工作进行评价和监督。三是通过建立村务公开制度，把与村民直接利益有关的村务，以村务公开栏的形式及时向村民公布，接受村民的监督。四是召开村民会议或村民代表会议，听取村委会工作报告，对村委会成员进行民主评议，罢免不称职的干部。

以上四点在实际推行中，第二点与第四点难以推行，原因在上面民主决策部分已经论述，由于大部分村民常年在外，难以通过村民代表会议的形式实施对村务的监督，所以这次着重调查上面的第一点与第三点在农村的推行情况。

从村委会与村党支部方面来看，由于各个村子的村务类型颇多，项目繁杂，很多时候难以事无巨细地公开出来，所以村委会与村党支部会选择那些对村民意义较大的村务内容公开出来，比如财务情况是定期公布的，有的村子每个月都要公布一次，而有的村子是每季度公布一次，但都是按照村民自治条例来严格推行的。所以，从这一层面讲，提高村委会的行政管理能力尤为重要，农村的事务，大大小小都是关系着农民利益的事情，不便张贴公开的可以以广播等其他合适形式公开。重要的是，村务公开要注重内容的真实性与简洁性，让村民们一目了然。

另外，从村民这方面来看，许多村民常年在外，村委会即使公布了，他们也看不到，何谈监督呢？他们待在家里的时间都是年头、年尾与夏秋收割季节，所以对于村委会全年的村务、财务公开情况，难以做到合理切实的监督。据这次调查的了解，许多村民对于村务是否公开表现出一种无所谓的态度，这种淡薄的民主意识也影响着村民自治的良性发展。

（三）农村基层行政管理中存在的问题

1. 乡镇政府的财务问题严重

乡镇政府债务是制约乡镇政权建设的一个重要因素，甚至影响到整个乡村社会的稳定和进一步发展。据有关资料显示，我国乡镇基层债务额已超过5 000亿元，其中乡镇一级净负债超过2 300亿元，平均每个乡镇1 700多万元。而我国乡镇财政收入普遍较低，特别是中西部大多数乡镇，平均每个乡镇年财政收入只有100多万元，有的乡镇甚至不足100万元，年年入不敷出。以目前我国乡镇财政经济能力，要化解如此大的债务负担，绝非易事。沉重的债务压力导致许多乡镇政权运转艰难，一些财政困难的乡镇甚至常常为电费、交通费、电话费等办公经费发愁。“没钱干事”的直接后果就是乡镇事务无人管理。据四川省委组织部对100个乡镇的调查，因为负债重而无法运转的乡镇占15%～20%。一些乡镇政府往往把债务负担转嫁到农民身上，从而引发了农民强烈的对立情绪，采取各种办法规避，并由此引发的上访、告状接连不断。巨大的债务压力严重威胁着乡镇基层政权的稳定和乡镇体制改革的进一步发展。

2. 乡镇政府公共服务能力弱化

在取消农业税之前，乡镇政权组织最为重要的职能是“收粮派款”。在农民负担较重、农民普遍不愿缴纳税费的背景下，乡镇政权组织为了将税费收上来，而结成了利益共同体，收税收费的任务压倒了乡村组织为农民生产生活提供服务的任务。但即使这个时候，乡村干部在向农民收取税费时，也不得不面对农民所说“你们不保证春耕灌溉，就别指望秋后收税”的压力，乡村组织不能不为农民提供必要的服务。

取消农业税后，乡村组织不再面临着向农民收取税费的巨大压力，乡干部也就没有必要再为收取税费而求村干部，上级就可能通过为农民提供服务的状况，来考评下级工作的好坏，乡镇也更倾向由农民自己选择其满意的村干部。如果说，税费改革前，受到强大收取税费压力而主要是向农民索取的乡村权力，在某些地区做了一些影响十分负面的加重农民负担的坏事，那么，在税费改革后，因为乡村体制改革的“官退”的取向，乡村组织在大部分农村地区，事实上已经失去了为农民提供服务办好事的能力。税费改革以后，乡村组织退出了农民生产领域的事务，但农民自己却很难组织起来，形成有效的协作，致使一些地方农村公共物品供给出现了严重不足。

3. 乡镇政府组织能力弱化

这方面主要是指农村基层政权处理和解决各种问题的能力有所削弱，

组织、号召和领导农村群众共同处理村里公共事务（如进行社会救助、应对和处理突发事件等）的能力趋于弱化。经过访问调查了解到，一些农村现在很少组织集体活动，而且如果村中发生大的事情需要很多人解决的话，很少有村民自发地主动参加，大多数是村干部参与处理，比如修村中道路等，以前村民们都能比较自觉地参加，而现在如果遇到类似的问题，除非是硬性的任务安排，迫不得已才参加，不然村民是不会参加的。农村基层政权组织调整人、财、物的能力明显减弱，指挥农户和村民的能力也减弱，加之当前农民的自由度增大、自主性增强，也给农村基层政权执政带来了一定的障碍。所以农村基层政权的社会号召力、组织力和指挥能力日趋弱化，办事能力弱化。

4. 农村基层村干部执政能力弱化

首先，村干部受教育程度不高，文化素质整体水平不高。在走访的几个村中，村干部中仅仅读过小学的人占15%，初中学历的人占35%，高中学历的人占30%，可见，农村基层干部的学历层次总体上不高，文化素质整体水平不高，直接影响着农村基层干部的工作能力和效果。

其次，部分村干部政治觉悟不高。当前，有些农村基层干部很少学习，很少读书看报，对国内外的政治事件了解甚少，有些村干部的民主、法制观念淡薄，缺乏政治敏感度，致使政治思想觉悟不高，影响工作能力。

再次，村干部年龄老化，观念陈旧。从被访问的一些村子看，大多数党员、干部的年龄都在中年以上，50岁以上的党员干部大约占35%，60岁以上的党员干部还占较大比重，表明当前农村基层党员、干部的老龄化现象严重。这部分人中有较大比重的人观念比较保守、陈旧，工作能力降低。

另外，现有农村大量优秀的青年人外流，一些考上大学的农村青年大部分流向经济发达地区，很少有回到农村工作的，村干部后继乏人。

五、农村经济

（一）农村财政政策

1. 多予：30年来支农资金规模不断扩大

传统农业向现代农业的转变过程是一个资本积累的过程。财政支农支出的规模反映了政府对农业支持力度的大小，自改革开放以来，财政对农业的支持逐年增强（见表1）。

表1　财政支农支出金额及增长速度　单位：亿元、%

年　份	支农支出金额	环比增长速度	年　份	支农支出金额	环比增长速度
1978	150.66	—	1993	440.45	17.13
1979	174.33	15.71	1994	532.98	21.01
1980	149.95	−13.98	1995	574.93	7.87
1981	110.21	−26.50	1996	700.43	21.83
1982	120.49	9.33	1997	766.39	9.42
1983	132.87	10.27	1998	1 154.76	50.68
1984	141.29	6.34	1999	1 085.76	−5.98
1985	153.62	8.73	2000	1 231.54	13.43
1986	184.20	19.91	2001	1 456.73	18.29
1987	195.72	6.25	2002	1 580.76	8.51
1988	214.07	9.38	2003	1 754.45	10.99
1989	265.94	24.23	2004	2 337.63	33.24
1990	307.84	15.76	2005	2 450.31	4.82
1991	347.57	12.91	2006	3 172.97	29.49
1992	376.02	8.19	2007	4 318	36.09

注：从1998年开始，支农支出总额包括发行国债安排的支出。

资料来源：① 中国统计年鉴2007[M].中国统计出版社；② 中国农村经济形势分析与预测2007—2008[M].社会科学文献出版社.

2. 少取：税费改革实效

2000年3月3日，中共中央、国务院正式下发了《关于进行农村税费改革试点工作的通知》，决定率先在安徽全省进行税费改革试点。2004年3月5日，国务院总理温家宝在第十届全国人民代表大会第二次会议上宣布：从当年起，逐年降低农业税税率，平均每年降低1个百分点以上，5年内取消农业税。2006年3月14日，全国人大十届四次会议表决通过了国务院总理温家宝的《政府工作报告》。《政府工作报告》庄严宣布：2006年在全国彻底取消农业税。这意味着，中国农民负担了2 600多年的“皇粮国税”正式成为历史。这是中国农业史上的一个重要里程碑，也是我国实行改革开放后亿万农民的福音。据悉，全面取消农业税后，每年可减轻农民负担约500亿元。

（二）农民收入

1. 收入逐年增长

1978年开始的以市场化为取向的农村改革，是我国农业发展的历史性转折点，不仅突破了传统体制的束缚，而且极大地促进了农民收入的增长。1978—2007年，我国农民人均纯收入由134元增加到4 140元。农民收入的稳定增长，有力支撑了我国经济的高速增长和改革开放的顺利进行。

2. 收入结构变化

如今，种植业在家庭收入中所占份额一再下降，在此次调查中，仅1/4的家庭将其作为收入的主要来源。总之，在此次调查中，改革开放以来农民收入来源的结构变化反映出了我国农村发展的节奏与城市化的程度。

3. 农户收支分析

此次调查的农户年支出情况如下：有共计64％的农户年支出超过8 000元，有19％的农户年支出超过20 000元。有关统计资料显示，1996—2006年期间，农村固定资产投资增长了2.11倍，增长速度较快。共计有10%的农户一年拿到手的收入是低于5 000元的。这部分家庭应该是属于农村中困难的家庭了。分析这部分家庭收入偏低的原因，主要有三个：其一，若一户家庭因意外丧失其主要劳动力，则会直接导致该户家庭的经济来源中断，生活步入危机是在所难免；其二，疾病是导致农民变穷的最主要因素，农民们平时都是“大病扛，小病拖”，最多是到就近的小诊所瞧瞧，虽然大医院的医疗设施完善、医术高超，可是过高的医疗费总是让农民们望而却步；其三，农民的教育支出是一笔非常巨大的支出，如今，随着各项物价的相对提高，一户家庭供出一个大学生会让收入平平的农民家庭耗尽财力。

（三）农村居民生活

1. 从“老三件”到“新三件”

从改革开放的20世纪80年代开始，手表、自行车、缝纫机成为农民追求的时尚，也是那个时代农村生活水平的象征，于是这三件物品被人们冠以“老三件”的称号。随着改革开放的逐步推进，“老三件”在逐渐地发生着变化。到了2000年，手机、摩托车、洗衣机取代了“老三件”，成了农民生活必备的“新三件”。

2. 农民的幸福感

所访问的8 306名调查者中，有21%的被调查者认为自己的生活非常幸福，有47%的被调查者认为自己的生活比较幸福，有3%的被调查者认为自己的生活不太幸福，有1%的被调查者认为自己的生活很不幸福。我们认为，农民评价自己生活的幸福程度主要源于其家庭经济条件的改善情况，这两者具有很强的相关性。

（四）土地流转与农业发展

随着我国市场经济的发展及其推动下的农村土地使用制度改革，土地流转成为近年来我国政府和学界越来越关注的热门研究课题，加快土地流转以促进农业经济发展也成为各级政府的重要政策取向。中共十七届三中全会更是将土地流转问题作为农业发展的首要问题上升到了制度的层面。

1. 土地流转及其形式

农村土地流转是指在农村土地所有权归属和农业用地性质不变的情况下，将土地使用权（经营权）从承包经营权中分离出来，转移给其他农户或经营者，其实质就是农村土地使用权的流转。以下所论述的土地流转都是基于这一概念而展开的。在2008年10月召开的中共十七届三中全会上通过的《中共中央关于推进农村改革发展若干重大问题的决定》中，明确将土地承包“长期不变”改为“长久不变”，除了对现行的承包格局表示了坚决的肯定态度外，更是对土地流转的一个促进。

目前我国农村土地流转的形式多样，总体来说主要有转包、转让、互换、委托代种、反租倒包、土地入股经营、拍卖七种。

2. 土地流转的作用

从20世纪80年代开始的农村土地流转在优化资源配置、促进农业产业化结构调整、推动农村经济社会的快速发展等方面发挥了巨大的作用，主要体现在以下几个方面：

（1）土地流转有利于促进农村土地资源在土地经营者之间的合理流动，优化土地资源配置，加快农村土地规模化、集约化的进程，克服小规模家庭经营的局限，取得规模经济效益。

（2）土地流转有利于促进农村劳动力转移，增加农民收入。当前农村劳动力过剩十分突出，农民收入增加趋缓，通过建立土地使用权转让市场，促进土地使用权转让和交易，可以使无力经营或不愿经营土地的农户通过转让使用权获得相应的收益，从而将劳动力从有限的土地上解放出来。

（3）土地流转有利于促进农村结构的调整，有利于加快农业产业化进程。通过土地使用权流转，使土地相对集中，便于统一规划，有利于新技术的运用和新品种的推广，特别是高效经济作物的开发，从而使产业结构产生变化。并为农业产业化提供了广阔的发展空间。

（4）土地流转有利于吸纳各种社会资金投入农业生产和农业的综合开发利用，促进农村经济的发展。农村土地使用权转让市场的建立，是吸纳社会闲散资金投入农业的有效途径。特别是土地使用权流转向社会的开放，对农业的综合开发具有重要意义。

3. 土地流转的现状及问题

1995年至今，为了实现农业生产的规模化、专业化、产业化经营，提高农业生产水平，许多县镇进行了大规模的农业产业结构调整，土地流转数量进一步扩大，土地流转规模呈上升趋势，同时也出现了一些新的问题、新的矛盾。

（1）农户小规模经营与现代农业集约化生产的矛盾。我国有8亿农民，尽管许多农民已经远离土地，但是由于城市的容纳能力有限与农民工的待遇偏低，使得许多农民更愿意留在农村，以副业等多种形式来支撑种田收入的不足，所以小规模的农业经营对于他们来说，既是收入的来源，又是生活保障的支撑。所以在农业集约化经营面前，当农民不能预见将自己的土地承包出去的收益时，他们自然要对集约化经营持排斥的态度。

（2）土地承包制延长30年不变与土地规模经营的矛盾。此次调查中，仅有17%的农户选择承包行为，13%的农户选择转包行为，6%的农户选择租种别人的土地。在与农户的访谈中得知，无论是已经选择承包或转包行为的农民，还是没选择这些行为的农民，都存在着对土地承包30年不变政策的模糊性理解，大部分农户对政府有关30年承包期内不做土地调整的政策缺乏信心。在这种情况下，会导致一些想承包别人土地搞小规模特色经营的农户产生犹豫。

（3）土地流转的身份限制。当前，农村土地承包权一般限于特定的农村，《农村土地承包法》第55条第2款规定："土地承包方案以及土地发包给本集体以外的单位或者个人承包，应当经本集体村民会议2/3以上成员或者2/3以上村民代表同意。"可见，非本集体经济组织成员受让集体土地承包经营权被作为例外受到了严格的限制。但这种受让主体身份限制造成土地承包权的封闭性，从而给土地资源的合理配置制造了障碍。

（4）土地流转利益受损。从土地承包经营权的转让来讲，当前农村土地承包经营权转让的一个前提条件是其转让必须经发包人同意，而所谓发包人即农村基层组织的代表。在这一环节侵害农民利益的现象较多，如有些所谓集体组织以土地规模经营为借口、以所谓"反租倒包"等花样，低价强行"租用"农户承包地，在流转过程中与民争利，或者随意调整承包地，分出所谓"口粮田""机动田"，变相剥夺农户土地。加之现行法律又在农户之间的土地承包权流转上设置了多重障碍，因此，必须对土地流转机制加以完善。

（5）土地价值实现困难。农村土地承包权作为一项财产权利，应当具有相应的融资功能，但农民所拥有的土地承包经营权是一种不完善的产权，抑制了土地的价值担保功能，限制了土地承包权价值最大化目标的实现。农业结构调整，规模经营，农村二、三产业的发展，农村消费市场的扩展等问题，都与农民的经济状况密切相关，农民缺少资金及可靠的融资渠道已成为当前农村经济发展的一大制约因素，也必将制约农村土地流转。

4. 土地流转的思路与对策

2008年10月9日召开的中共十七届三中全会为解决上述难题提出了思路与对策。胡锦涛同志表示，以家庭联产承包责任制为基础、统分结合的双层经营体制是党的农村政策的基石，不仅现有土地承包关系要保持不变，还要赋予农民更加充分而有保障的土地承包经营权。同时，要根据农民的意愿，允许农民以多种形式流转土地承包经营权，发展适度规模经营。十七届三中全会通过了《中共中央关于推进农村改革发展若干重大问题的决定》，将土地承包的“长期不变”改为“长久不变”，这既是对30年不变的一种肯定，更是对30年不变的一种发展。这对促进农村土地流转与适度规模经营，无疑是一个制度性保障。

联产承包制使我们由吃不饱到卖粮难，制度的问题用非制度的方法是难以解决的。盘活农村土地，促进农地流转，实现适度规模经营，非得制度先行不可。国外用土地私有的办法推动土地流转，使土地成为独立的商品和完整的资产能够买卖，提高土地市场化程度。中国在土地集体所有条件下用完整的土地使用权同样可以让土地成为完整的资产与独立的商品。

农地盘活，农民将自己的土地承包出去，无须担心农民没有土地的使用权而造成生活的保障缺失问题，土地承包经营权的流转实际上是对农民具有类似社会保障的作用。在农地流转过程中，需要强调的是，农民在流转过程中基本上是弱者，他们缺乏必要的合同法知识，缺少对土地升值的预见性，甚至缺少话语权。在完善土地流转制度的同时，也应该提供多种流转方式供农民选择，以保障农民的话语权与发挥土地规模经营的效果。

六、农村文化

农村文化是指建立在农村社会生产方式基础上，以农民为主体，发生在农村社区的文化，它以血缘关系和地缘关系为纽带，以人际交往为主要传播方式。

（一）农村文化建设现状

1. 文化主体

除东部经济发达地区之外，广大中西部地区均是劳动力流出地。农村中青壮年大量外出打工，一年中的大部分时间都滞留在城市。在调查的8 295位农民中，有32%的农民在农闲的时候都选择外出打工。这样，留在村子里的主要是儿童、妇女和老人。国家农村公共文化服务的对象主要是儿童、妇女和老人，而对于农村发展具有主导作用的中青年人却处在农村公共文化服务的范围之外。农村中坚层流向城市一方面消减农村文化发展的后劲，造成了农村文化传统的断裂；另一方面，国家公共文化服务因为缺乏农村中坚力量的参与，客观上使其日益边缘化，公共经费的效率不高。

2. 文化设施

有高达48%的被调查者认为自己所在村子没有基本的文化或娱乐设施，农村的基本文化或娱乐设施堪忧。虽然有52%的村子有基本的文化或娱乐设施，如图书馆、文化站等，但是，公共图书馆和文化（群艺）馆大多是20世纪90年代以前修建起来的，图书馆藏书陈旧，文化馆破损严重，根本无法满足农民群众的文化需求。而且许多图书馆与文化站被挪作他用，不少文化站处于“一枚章子、一块牌子、一张桌子、一条汉子”的尴尬境地。农村文化基础设施功能丧失殆尽，“电影院里开餐馆，图书室中堆破烂，歌舞厅改美容院，宣传窗成了广告栏”已成为农民们形容这些文化基础设施状况的口头禅。

3. 文化活动

目前农民的娱乐方式以家庭娱乐为主，其中第一位的娱乐方式是看电视、电影等，第二位的是打麻将、扑克等，第三位的是喝茶、喝酒、与朋友聊天，第四位的是读书、看报。这四种娱乐方式在调查人群中所占的比例为82%，是目前农民的主要娱乐方式。与过去相比，现在农村的娱乐方式，随着科技的进步和时代的变迁，也发生了变化。过去以乡村电影、乡村戏曲和舞台表演艺术为主的农村集体娱乐方式已基本上消失殆尽，取而代之的是以电视、麻将等为代表的家庭娱乐方式。

（二）农村文化发展的问题

改革开放30年以来，中国农村发生了翻天覆地的变化，农业生产和农村经济获得了巨大发展，农民温饱问题基本解决，农村文化事业也得到了长足发展，但与农村经济社会发展的需要相比，农村文化工作还存在诸多问题，诸如农村文化机构不健全、文化资源贫乏、文化设施陈旧落后等，致使农村文化建设出现无序状态，城乡文化差距越来越大，这些问题有待于我们去正视、去解决。

1. 文化建设投入不足

农村文化的发展需要有文化设施作为载体和基础。实地调查的结果是，在中西部的大部分乡镇农村，仅有少量藏书和文化设施的文化站（馆）设置在乡镇上（乡镇政府所在地），很难覆盖到农村的农民群体。政府对于文化馆（站）的经费投入非常有限，少量投入仅能保证馆（站）管理人员的工资发放，很少有经费购置图书、光碟、电脑、电视等文化设施，馆（站）基础设施陈旧。从整体上来看，农村大部分乡镇文化馆（站）处于一种半开放或者停止开放的状态。与此同时，设置于村子中的文化设施主要有老年活动室、文化大院、个体文化室这三类。除东部个别发达地区之外，广大中西部地区因村一级经费困难，基本上不能保证老年活动室、文化大院、个体文化室的活动经费，大多数老年活动室、文化大院、个体文化室都依靠"积极分子"的捐助来维持运转。据实地考察，中西部大部分乡镇一级的文化馆（站）与村一级的老年活动室、文化大院、个体文化室等都处于不良运转之中。与此同时，农村文化设施建设考虑更多的是楼房、藏书量、光碟的数量、电视机的数量等物的因素，很少考虑培养农村文化人才，中西部地区县以下几乎没有对文化人才的投入，有明显的"重物轻人"的特点。

2. 文化队伍发展迟滞

农村文化队伍是促进农村文化事业发展的生力军，一支好的文化队伍，不仅能保证地方的传统文化的传承，又能通过文化活动的开展，促进村民之间的整合，提高农村的组织化程度，促进农村社会的稳定与和谐。但农村文化队伍建设的现状并不令人乐观。正如以上现状中所描述的那样，迫于生计，农村中的大量劳动力在农闲时候都选择外出打工，这些外出人员基本是青壮劳力，既是农村文化的骨干，又是农村中最渴求文化的群体。他们的外出，使得农村显得十分冷落，文化活动很难开展。另外，青壮年的大量外出打工也使传统民族民间文化后备力量明显不足。目前农村文化活动尤其是民族民间文化活动，如唱山歌、舞龙灯、玩狮子、打苗鼓等，唱主角的主要还是上了年纪的老人，年轻人大多不上场，于是就出现了"老的演给小的看"的局面。所以，在这种现状下，农村的文化队伍建设就无从谈起了。

3. 文化内容不姓"农"

正如我们调查所得知的，农村的文化娱乐活动以家庭娱乐为主，而在家庭娱乐中，农民又多选择以看电视或电影来满足自己的娱乐需要，但是当前文化产业的服务对象却是以城市的社会精英为主，以消费性文化为主要内容，文化工作者习惯于在城市的圈中“优雅”，文艺题材以反映城市生活居多，以农民和农村为题材的文化相对来说还是比较少，导致电视进乡村、节目不姓“农”的现象。这种以城市和消费主义为中心的文化发展模式，导致农民了解到的并不是他们自己的生活，而是另一个对他们充满诱惑和刺激的社会，增加了他们心理上的不平衡。

4. 负面文化影响突出

负面文化是指与客观规律相违背、阻碍社会向前发展的精神文化现象，是历史进步过程中的种种消极精神的积累和腐蚀性变异，是阻碍社会健康与和谐的毒瘤。由于历史和现实的原因，我国农村还存在一些带有迷信、愚昧、颓废、庸俗等色彩的落后文化，主要表现在以下几个方面：

（1）家族、宗族文化的复苏。在家族、宗族观念浓重的地方，大多重男轻女，传宗接代的思想盛行，村民都千方百计地为生男孩而超计划生育；在经济领域，依仗家族人多势众，在生产和经营上非法垄断，欺行霸市，侵吞公共财产，冲击村委会的经济决策和经济管理制度，干扰农村的市场经济秩序；在政治领域，部分农村基层政权在乡村换届选举中，有一定家族势力背景的人，会依靠同姓同族或家庭兄弟拉帮结派，姻亲串联拉选票，操纵选举，甚至金钱贿赂、暴力恐吓，想方设法进入村委会或当选村主任，出现族大当官的不良现象；在文化领域，在家族势力盛行的地方，纷纷集资修族谱编族训、修建宗祠，频繁地进行家族文化活动，且这些活动往往渗透着封建礼教糟粕。

（2）封建文化的卷土重来。现阶段，一些地方封建迷信活动沉渣泛起，焚香烧纸、敬神祭鬼、看风水、观面相、选吉口、摆道场、跳大神等迷信活动层出不穷。上述各种封建迷信活动与精神文明建设相悖，它宣传封建迷信，妨碍了科学文化思想的传播，影响了农民思想认识水平的提高，阻碍了农民新的生活方式的选择，制约了农村精神文明建设。

（3）邪教组织的蔓延。近年来邪教组织开始在一些农村地区滋生蔓延。在我国现阶段的一些省市，主要在广大农村，都发现了这些貌似宗教却并非宗教的实体性组织，如“门徒会”“全范围教会”“呼喊派”“新约教会”“观音法门”“天父儿女”等十多种。有的与我国历史上的民间宗教颇为类似，一般也有教规、教义、组织形态，但正统宗教却对它嗤之以鼻。它们以旁门左道的异端邪说，妖言惑众，秘密结社，危害社会。

（4）格调低下的文化涌入农村。在当前农村文化市场上，一些格调低下，内容庸俗，粗制滥造的“文化垃圾”趁机泛滥，带有封建迷信、淫秽暴力等内容的图书、报刊、音像制品和电子出版物充斥市场，由于文化建设和文化市场管理不善，一些农村的录像厅、游戏厅、网吧等娱乐形式畸形发展，虚假繁荣，它们以艳俗的广告吊人胃口或以色情内容招揽观众，实际上成了制黄、贩黄和藏污纳垢的场所。这些文化和娱乐，不仅无益于提高农民的文化素质和思想道德素质，而且影响到了农村少年儿童的健康成长，严重污染了农村文化市场，对农民有较大的负面影响。

（三）农村文化发展的建议

农村需要文化，文化也需要农村。由于长期以来农村文化建设的资金投入严重不足，文化基础设施十分落后；农村文化生活贫乏单调，不良文化侵占农村文化阵地现象严重，而仅仅依靠农村自身的力量来建设农村文化，短时间内难以取得明显的成效，因此，我们认为，发展农村文化，必须依靠政府的力量，并整合各种社会资源，结合农村文化传统，发展特色团队，走一条新农村特色的文化道路。

1. 政府搭台，服务引导村民

我国自改革开放以来，财政支农资金是逐年增长的。但是，财政支农并没有改善农村文化建设滞后的现状，因为不多的支农资金只是直接或者间接地补贴给农民，并没有在农村文化建设上投入多少。而依靠农民的力量去改善农村的文化设施是不现实的，所以，政府的“多予”还应该将农村文化建设补贴列入账本，以求农村的基础文化与娱乐设施能逐步地完善起来。

近几年来，包括“三下乡”活动在内的各种文化扶贫、对口资助等活动对于满足农村文化需求、提高农民文化水平发挥了重要作用。基层政府可以充当一个经纪人的角色，将一些比较好的文化艺术活动介绍到农村来，让农民们在自家土地上就能感受到文化的发展与艺术的魅力，提高他们的文化鉴赏能力。但要看到，送演出、送电影、送科技，在很多时候对农民来说都是一种被动式的帮助，你送什么，农民就接收什么，从文化的表现形式到产品种类，选择余地都不大，针对性不强，时间长了，农民参与文化建设的热情也就降低了。送文化下乡工作中还存在较大的盲目性和随意性，形式主义严重。送文化下乡数量有限，不可能深入到各个乡村。因此，单纯的“送文化下乡”已远远不能满足当代农民对文化的需求，要活跃农村的文化生活，满足农民的文化需求，既需要上面送文化下乡，更要激发出农民的文化活动能力。

所以，政府在这里充当的是一个服务与引导的角色。政府一方面要向村民送去“文化大餐”，另一方面，对于农民自发组织的文化活动，要给予必要的支持与鼓励，因为培育农村的文化活力是最重要的。对于这些年来出现的农村“文化中心户”和“文化活动中心”，体现了农民参与农村文化建设的积极性，如果能把社会力量送文化下乡与这种农民自发的办文化活动结合起来，“大力发展先进文化，支持健康有益文化，努力改造落后文化，坚决抵制腐朽文化”，就能更有益于活跃农村的文化生活，满足农民的文化需求。

2. 结合传统，搞活文化团队

在农村，蕴藏着许多原汁原味的文化财富，新农村建设中的农村文化建设必须以传统文化为平台，这是农村文化建设的基础。离开传统文化谈农村文化建设，无异于舍本逐末。立足于传统文化上的挖掘和创新，农村才会更有生命力和活力。比如，近些年广为群众喜爱的东北二人转、踩高跷等文化活动形式，都是源于农村，源于农民生活，是农民和民间艺人自创的文化，不仅内容丰富、形式多样，而且贴近生活、富有较强的娱乐性，因此在农村更能够扎根发展，更能满足农民的精神需求。

农村文化团队的建设，首要的是要做好牵头作用。散布于广大农村的“乡土艺术家”们，他们的艺术养分直接来自农村，来自传统，和农民有着天然的相通性，是农村文化事业中最活跃的因子。基层政府应该挖掘这些乡村的文化资源，通过一定的扶持与鼓励，让这些“乡土艺术家”们发挥文化团队建设的牵头作用，培养和促进农村文化队伍建设。

另外，将农村合作经济的发展与文化团队的建设结合起来，更能让农村文化团队产生活力。近年来，农民经济合作社在全国发展迅猛，较好地满足了社会和农民的这种需求。据统计，2006年全国各类农民专业合作组织已经超过15万个，成员总数3 870万人，是2002年的7.2倍，其中农户成员3 480多万人，约占全国农户总数的13.8%，比2002年提高了11个百分点。温铁军和何慧丽的研究表明，凡是有合作社的地方必然有文艺队。文艺队的文艺表演不仅能够增大农民参与集体活动的几率，使农民更多地嵌入到合作社组织中。同时，合作社中农民参与讨论与自己切身利益相关事情的机会比较多，这有利于增强农民的归宿感和主人翁的责任感。而且，合作的文化是通过人与人之间的互助而实现农民之间利益共享的，并不是只要求农民做出贡献而不求收获，所以在淳朴的农村更能够为广大农民所接受。

综上所述，虽然自改革开放以来，我国农村文化建设取得了一定的发展，但是也存在着许多难以解决的问题，农村文化主体的缺失、文化设施的瘫痪半瘫痪状态与文化活动的单一化现状告诉我们，农村文化的发展急需政府与全社会去关注并投入资源进行建设。因为农村文化生活的丰富，可以架起沟通心灵的桥梁，黏合各种心理裂痕，给弱势群体带去人文关怀和感情抚慰，引领和启迪思想，抚慰和激励精神，疏导和缓解矛盾，具有“润物细无声”的功效，不仅为新农村建设营造良好的社会文化氛围，又能推动农民生活方式和价值观念的转变，努力培育文明向上的社会风尚。所以，政府要在农村文化建设中起到服务与引导的作用，让更多的文化元素进入农村，刺激农村在传统之上生长出特色的文化，并通过文化团队的培育来推动它日益向前发展。

七、农村金融

中共十七届三中全会提出建立现代农村金融制度，表明党和政府对农村金融在发展农村生产力中的重要作用的深刻认识。因此了解农村金融市场的现状，分析其存在的问题，以及提出行之有效的对策在当前党把“三农问题”作为重中之重的背景下具有更重要的现实意义。

（一）我国农村地区二元金融结构及其存在的原因

1. 我国农村地区二元金融结构

改革开放以来，农村经济和农民收入有了显著发展与提高；与此同时，整个农村经济结构也不断朝着更适应我国现阶段基本国情的方向发展，并表现出了多元化、生态化等新特点。正是随着整个经济环境的进步，我国农户在其资金需求和供给方面也产生了新的变化。具体来说，在农村经济改革之前，由于生产和投资由人民公社控制，农户不需要为此而借款，又因为农户的农业生产更多的是自给自足的模式，农户在生活方面也不太可能存在资金需求，因此农户的借贷非常有限。农户与金融制度的直接联系实际上只是充当农村信用合作社的存款者。在这种情况下，农村金融机构仅仅是起到动员农户闲散资金以保证城市工业化建设的渠道，并没有体现出对于农户资金需求的帮助。但随着农村经济改革的进行，农户在生产和投资方面得到了更多的自由支配空间，更是由于农户的生产和投资直接影响其收入，所以他们需要越来越多的资金来支付季节性的生产投入，需要中长期借款以保证其投资和建设以便提高其生产水平；同时由于农户整体生活水平的提高，其生活性支出的投入数额也越来越大，特别是在教育投入和医疗投入方面更是十分突出，农户需要更多的随机性借款来保证其生活水平的提高。另一方面，因为农户收入的增加，农户在资金供给方面起到了更大的作用，农村金融机构动员资金的能力也大大增强，但是由于农户对于资金的需求远远大于资金的供给，所以金融机构动员的资金也更多地应用于农村建设或者解决农户资金需求，这为农村金融机构发挥中介职能提供了很大的可能。

长久以来，在农村占主导地位的如中国农业银行、中国农业发展银行和农村信用社等正规农村金融组织所体现的商业性、政策性和合作性的特点并没有在农村经济发展过程中充分体现出来，农户对于资金的需求一直不能得到很好地满足；私人或民间借贷组织等非正规金融机构正是利用这个一直存在的问题，逐步由隐蔽化转向公开化，由松散的管理形式转向稳定的、统一的管理形式，渐渐形成不可忽视的农村金融现象。因此现阶段下，我国农村便具有了特色鲜明的二元金融结构[①]。

调查结果显示，农民在生产方面需要资金时，借贷顺序如下：首先亲

① 二元金融结构是指发展中国家在金融抑制条件下金融体系的“二元”状态：一方面是遍布全国的国有银行、商业银行和拥有现代化管理与技术的外国银行分支网络，组成了一个有限的但有组织的金融市场；另一方面则是传统的、小规模经营的非正规金融组织广泛存在于经济的各层次。前者所指的是正规金融，在我国，正规金融具体指的是在农村经营的中国农业银行、中国农业发展银行和农村信用合作社；后者指的就是非正规金融，泛指不通过正规金融机构的一切非正规金融形式及活动，包括农户民间借贷和各类非正规金融组织的金融活动。

戚，其次是邻居和朋友，再次是信用社或银行，最后是赊账或求助于互助会等组织。东部、中部地区以及全国平均的情况都是如此，西部稍有例外，第二选择不是邻居和朋友，而是信用社或银行。具体情况如表2所示：

表2　　农户生产资金需求的借贷顺序的调研结果①

如果您家在农耕、养殖或办企业过程中急需钱，您一般怎么解决？								
	全国（7 242）		中部（1 651）		东部（4 064）		西部（1 527）	
	总人数	占比	总人数	占比	总人数	占比	总人数	占比
信用社或银行	2 497	34.48%	578	35.01%	1 122	27.61%	797	52.19%
亲戚	5 610	77.46%	1 276	77.29%	3 176	78.15%	1 158	75.83%
邻居或朋友	3 308	45.68%	784	47.49%	1 843	45.35%	681	44.60%
赊账	532	7.35%	194	11.75%	203	5.00%	135	8.84%
互助会等	116	1.60%	17	1.03%	80	1.97%	19	1.24%
其他	200	2.76%	28	1.70%	144	3.54%	28	1.83%

而当农户在生活方面需要资金时会如何选择？正如表3所示，民间借贷仍是农户的首选，其次才是信用社或银行等渠道。

表3　　农户生活资金需求的借贷顺序的调研结果

如果您家在孩子上学、生病等生活方面急需钱，您一般怎么解决？								
	全国（7 242）		中部（1 651）		东部（4 064）		西部（1 527）	
	总人数	占比	总人数	占比	总人数	占比	总人数	占比
信用社或银行	1 117	15.42%	251	15.20%	474	11.66%	392	25.67%

① 其中为了区别亲戚与邻居或朋友之间的不同，表2和表3中把邻居或朋友作为单独的一项列示出来，从数据中可看出，在生活和生产中需要资金时，向亲戚与邻居或朋友求助的比率大致相当。

（续表）

如果您家在孩子上学、生病等生活方面急需钱，您一般怎么解决？								
	全国（7 242）		中部（1 651）		东部（4 064）		西部（1 527）	
	总人数	占比	总人数	占比	总人数	占比	总人数	占比
亲戚	6 142	84.81%	1 423	86.19%	3437	84.57%	1 282	83.96%
邻居或朋友	3 785	52.26%	930	56.33%	2 036	50.10%	819	53.63%
赊账	85	1.17%	12	0.73%	41	1.01%	32	2.10%
互助会等	254	3.51%	37	2.24%	166	4.08%	51	3.34%
其他	0	0.00%	0	0.00%	0	0.00%	0	0.00%

由此可见，不论是生产方面还是生活方面，民间借贷都是农户在缺乏资金时的首选，这在一定程度上表明非正规金融在农村金融中占有非常重要的地位。由此可见，数据分析表明：中国农村存在着二元金融结构，且非正规金融的重要性要显著高于正规金融。

2. 我国农村地区二元金融结构存在的原因

对二元金融结构存在原因的探讨实际是对农村非正规金融现象的探讨。农村非正规金融的形成受内在因素和外在因素的综合影响，其中内在因素起着决定作用，外在因素直接决定了非正规金融发展的程度和规模。

本次调查发现，农村信用社作为农村的主要正规金融机构，与农户的关系不再仅仅只是储蓄关系。首先来分析农村信用社的贷款结构，在农村信用社贷款构成中，农业贷款平均占比为63.34%，乡镇企业贷款平均占比为26.11%，其余为国有企业、村合作经济组织等的贷款。值得注意的是，属于农业贷款的农户贷款在农村信用社贷款结构中平均占比达到了56.11%。一半以上的贷款额对象都是农户，说明农村信用社在农村的业务绝大多数是面对普通农户。在农村信用社的存款中，农户储蓄平均占比67.41%，其次是企业存款，平均占比17.15%，其余是村集体组织存款和地方政府存款等。这与贷款结构几乎可以呼应。由此表明：农村信用社作为农村主要的正规金融机构正在发挥着重要的作用。相比之前的研究，农户在农村信用社不再只是存钱，贷款比重有了明显增加的趋势。

此外，农村金融市场正规金融机构的单一化、垄断化也有所改善。在对农村信用社的问卷调查中，有一项是“您认为农村信用社的主要竞争对手是谁?”结果显示：农业银行、邮政储蓄以及其他的国有商业银行都是农村信用社的竞争对手，而作为非正规金融的主要代表——民间借贷却是农村信用社竞争对手排名中的最后一个。民间借贷在各地都很普遍（后文会加以详述），为什么它不是农村信用社最“强”的竞争对手呢？这从一个侧面反映出农村金融单一垄断的现象有所改观。

以上种种调查显示，似乎可以预期农村二元金融结构的变化。当摆脱金融抑制以及由金融抑制导致的政策扭曲的历史因素，农村信用社等正规金融机构更加“深入人心”的时候，正规金融机构在农村的地位将会越来越重要，会逐渐取代非正规金融，农村一元金融机构模式将会出现。但不论金融抑制是目前的状态还是作为历史的问题，它都不是农村二元金融结构存在的本质原因。因为如果它是本质原因，那为何许多发展中国家在20世纪七八十年代实施金融自由化、解除金融压制之后，整个金融系统反而陷于几乎瘫痪的状态，经济陷于长期萧条？这也是后来非正规金融问题在理论上得到重视的开始。

我国农村地区非正规金融生成的内在必然因素，主要体现在以下几个方面：

（1）农村非正规金融有着特殊的信息甄别能力，能有效地解决融资过程中的信息不对称问题。它的一个突出特征是乡土社会内生性，借贷活动通常以血缘、亲缘、业缘和地缘关系为依托，在一个或远或近的人伦关系范围内进行。贷款人不仅对借款人的经济状况、还款能力等非常了解，而且还深谙借款人的道德品质和资信情况，这些都有利于解决融资过程中的信息不对称问题。正是因为这一点，大家都非常乐意去帮助亲朋好友，就像是一种共识，不论是收利息还是不收利息的借贷都能在亲朋好友之间非常自然地进行。

调查结果显示：各个地区的农户80%以上都表示如果有余钱很乐意借给亲朋好友。进一步，是否付息或者不付息，取决于双方的关系或者当地的约定规则。

（2）良好的信用关系是农村非正规金融形成和发展的基础。农村非正规金融建立在非制度信任的基础上，而非制度信任在某种程度上比制度信任更具有稳定性。

东部和中部地区的农户借钱给亲戚朋友一半以上不需要借条，西部农户需要写借条的和不需要写借条的大体相当。没有借条就意味着没有任何的凭证来约束对方还钱，但是这种特殊的信用关系在农村却是如此普遍。

在回答“有没有不立借据而借钱给别人，使借出的钱长期收不回?”的问题时，各地回答“没有”的占比情况分别为：全国77.87%、东部78.81%、中部78.01%、西部75.18%。这表明民间借贷特殊的非制度信用关系是稳定的。有钱而不借给需要钱的亲朋好友，这样的人会被大家所排斥；同样地，借钱不还的农户也会受到惩罚，其声誉会受到很大损失，并且会被逐出所在的社会关系网。这种非法律途径的惩罚机制往往对借贷双方都有着极大的威慑力。

（3）非正规金融在农村具有天然的市场适应性。农村非正规金融组织小巧灵活，常能根据实际情况就贷款的归还期限、利率、归还方式等进行创新和变通，许多在正规金融市场上不能作为担保的物品在农村非正规金融市场上可以充当担保品。此外，农村非正规金融的业务活动操作简单，即使要立借据或者签订合同，其程序也很简明，对参与者的素质要求不高。这是非正规金融在农村金融市场的一大优势，它适应需求规模小、分散化的农村金融市场。

首先来看看规模小、分散化的农村金融市场。表4给出了农户在农村信用社、银行等正规金融机构借款的情况。其中，借贷率=借款户数/总户数；平均借款额=借款总额/借款户数；而借款总额是指地区各户次均借款额之和。

表4　　农户在正规金融机构的借款情况

	借款户数（个）	总额（元）	平均借款额（元）	借贷率（%）
全国（7 274）	629	30 150 800	47 934.499 21	8.65

（续表）

	借款户数（个）	总额（元）	平均借款额（元）	借贷率（%）
东部（4 064）	147	18 546 500	126 166.666 7	3.62
西部（1 527）	46	1 037 000	22 543.478 26	3.01
中部（1 651）	436	10 567 300	24 236.926 61	26.41

结果表明：东部和西部借贷率相差不大，中部的借贷率几乎是东西部的9倍；东部地区平均借款额在西部和中部平均借款额的5倍以上，中部、西部平均借款额相差约2 000元。东部地区贷款总额占全国的61.5%，中部占35%，西部占3.5%。

尽管统计数据可能存在着一定的偏误，但从分析结果来看，与实际情况较为相符：东部地区乡镇企业较多，农户具备一定的金融知识，表现为贷款数额大；中部地区农户间经济水平相当，有金融意识，表现为借贷规模小、借贷率高；而西部地区相对经济水平落后，金融意识淡薄，借贷率低、贷款规模也小。

这种规模小、分散化的农村金融市场导致非正规金融往往是农户需要借贷时的首选。从前文农村信用社存贷款结构分析中，农村信用社资金来源和运用上几乎不存在“存差”问题。但在农户的借款来源上，农村信用社等正规金融机构的重要性要远远低于民间借贷。

非正规金融是借贷双方自愿达成的契约，是借贷双方追求各自利益最大化的产物。比起正规金融，它显得更为方便、灵活，随借随还，不需要繁杂的审批手续；借贷数量、时间以及方式都可以根据双方的需求来决定；在非正规金融中，亲戚朋友等是借贷资金的重要来源，这种借贷双方的密切关系可以降低与信贷相关的道德风险，从而降低监督成本。

在农村，非正规金融的经营具有相对优势。它是经济主体对其经济环境的一种市场反应，非正规金融产生于纯粹的市场需求并受需求驱动，因此非正规金融活动可以渗透整个金融体系。非正规金融可以与正规金融同时并存，或者在正规金融活动不存在或法律禁止存在的领域迅速发展。

（二）农户资金需求

1. 农户资金需求的产生

近年来，伴随着农村经济的不断发展，农民收入水平有了大幅提高，与此同时，随着农民收入的增加，农民对手头资金的支配能力增强，资金的需求结构也逐渐发生着转变，农民被抑制多年的资金需求得以释放，由原来简单的农业生产及生活资金需求迅速向消费、扩大再生产、投资等多方面、多元化发展。

但值得注意的是，由于现阶段我国农民收入水平依然有限，农民家庭耐用品消费、农民旅游等消费需求及农业扩大再生产资金需求、个体经营投资需求还不能得到完全满足，隐性资金需求远远高于实际消费需求。再加之最近两年，我国消费者物价指数（CPI）提高过快，同时教育产业化和医疗社会化进程的推进，使得我国农民的生活必需性支出增长的速度大于农民收入提高速度。总的来说，虽然资金供给能力增强，如国家惠农政策发力、金融机构加大支农力度，但农业基础设施建设、农民素质教育及农民看病就医等长期、较大资金需求仍无法得到满足，农民资金缺口仍然严重。

根据问卷结果，农户对于资金需求最迫切的前三项是家里买房、建房或修房的时候，孩子上学的时候和有家人生病时，所占百分比分别为30.25%、19.39%和18.26%；而与农村农业发展有极大关系的，例如为了满足春耕农业生产资料需要的资金需求及开办小企业或对外投资时资金需求分别只占11.15%和7.79%。这些数据表明农民的资金需求仍然集中在生活保障方面，而住房、上学和就医这三个家庭生活中必须面对的问题，也极大地影响了农户资金需求的周期及期限。对于住房的资金需求，一般农户在10～20年中只会有一两次的需求；子女上学的资金需求也由于义务教育的实行而集中至子女上高中和大学的7年时间中；而农户对于就医的需求也具有极大的偶然性。

因此，虽然农户为了保障农业生产和投资而产生的长期性资金需求是不可避免的，但是普遍来说，现阶段农户资金需求具有以下特点：（1）农户资金需求的不经常性、应急性，即一般只有农户遇到短时间内需要相对大量的资金时才可能会发生资金不足的问题；（2）农户资金需求的短期性，即对于资金的需求集中于某一个较短的时间，并不会产生长期的资金需求问题；（3）农户资金需求的小额性，即农户的资金需求大多是为了保障其生活质量而产生的小额需求，并不是类似于开办企业或投资等较大额度的资金需求。

2. 农户资金需求对正规金融与非正规金融依赖程度的差异分析

农户是如何解决资金不足这个问题的呢？通过设计问卷前的抽样调查发现，当农户家庭产生资金缺口时，一般会有向信用社贷款、向亲朋好友借钱和通过互助会来帮助解决这三种主要途径。对于不同的资金需求，农户也有着不同的选择。结合本报告问卷得出的统计数据，我们发现：向信用社贷款一般可以解决农户资金需求的22.68%，向亲朋好友借款及通过互助会解决则分别占74.67%和2.65%。进一步细分统计得出，当农户在农业生产或者投资过程中产生资金需求时，选择向亲朋好友借钱的比例大约为73.02%，向信用社贷款的比例大约为20.19%，而通过互助会解决的比例只占0.93%；对比以上情况，当农户在保障生活质量如子女就学、看病就医等方面产生了资金需求时，选择向亲朋好友借钱的比例上升为87.16%，向信用社贷款的比例为9.82%，缩小了一半以上，而通过互助会解决的比例上升至2.28%。通过这些数据，不难看出大多数农户在面临资金需求时，首先会考虑的解决途径是向亲朋好友借钱，其次才是向信用社贷款，而互助会的作用并不明显；同时，当农户的资金需求为长期性持续投入即在增加农业生产性投入或其他类型投资时，通过信用社贷款解决的比例将大大增加。

为何会产生这种现象？首先，对于以上三种资金来源的选择，借款成本必然是影响农户选择的最重要因素。本报告通过对信用社贷款、亲朋好友借款及通过互助会解决这三种途径借款成本即利息水平的调查发现，有85.33%的农户认为向亲朋好友借钱是不用支付利息的，在信用社提供的贷款中无息或低息贷款仅占6.46%，相比来说信用社贷款成本较高，而在我国现有互助会组织中，有79.13%的互助会借款利率达到了信用社贷款利率的4倍以上，远远高出了正常利率水平。不难看出，由于向亲朋好友借钱的成本极低，甚至只会有“人情债”的成本，因此向亲朋好友借钱成为解决农户资金需求的首选也就不足为奇了。而互助会也因为其高昂的借款成本而成了最不普遍的选择，并没有发挥其创建时的作用。其次，结合上文中对于各种不同需求及资金来源特点的分析，本报告认为当农户对于资金的需求是短期、小额的即主要用于生活保障时，因为私人间借款存在程序简单、资金获得方便和及时的特点，所以向亲朋好友借钱便成了农户的主要选择；但当农户为了进一步提高农业生产投入或者投资于企业或个体经济，资金需求有着长期持续投入和数额较大的特点时，只是依靠私人间借款便可能并不能充分满足农户对于资金的需求，此时信用社贷款就因为其提供数量大、持续时间久、还款期限长的特点而成为农户资金来源的重要组成部分，这一点从问卷中成功获得贷款的人中有72.24%的人获得是一年以上期限的贷款这一数据得到一定程度验证。

3. 由资金需求引发的对农户借贷问题的进一步分析

上述分析表明，我国现阶段解决农户资金需求的资金来源形成了以向亲朋好友借钱等私人间借贷为主，通过信用社贷款或民间借贷组织借款为辅的形式。然而，随着经济的进一步发展，农户资金需求规模将逐步放大，仅仅通过私人间借贷将不能满足农户对于资金的需求，甚至由于资金需求的普遍存在，当每个农户都存在资金需求时，私人借贷将完全失去其作用。此时，农村信用社和民间借贷组织就将成为解决农户资金需求的主要途径。

值得深入分析的是农户在亲朋好友借款不能满足资金需求的情况下仍有73.82%的农户没有选择信用社贷款或民间借贷组织贷款去解决其资金不足的原因，因此分析农村信用社贷款制度及民间借贷组织的不规范才是本报告要探讨的根本问题。

首先分析农村信用社的贷款制度问题。从农户自身的角度出发，统计数据显示有75.29%的农户在申请了信用社贷款后并没有申请成功，这在一定程度上反映出农村信用社贷款的审核可能过于严格。同时，根据笔者的实地调查发现，农村信用社的贷款一般需要有比较严格的抵押或担保人要求，但是在现实农户生产、生活中，如果其可以提供令信用社满意的抵押财产或者是有可靠的担保人进行担保的话，一般来说是不用寻求信用社贷款便能解决其自身资金需求，而一般真正急需信用社贷款的农户，不是极度贫困就是无处借钱以致迫不得已进行贷款。再者，即使是成功借到钱的农户，其从申请到借款成功平均时间为20.93天，其中最长时间竟然达到了1 200天，这也进一步说明了信用社贷款步骤烦琐，不能及时满足农户的资金需求。

而从农村信用社的角度来看，根据农村信用社问卷结果显示，我国大约有77.50%的农村信用社能够盈利，而亏损的农村信用社只占3.38%。由此可以看出，农村信用社作为特殊的商业银行，仍然主要以获取最大利润为目的，当然对于农户的政策性贷款等金融服务并不计入其本身盈利计算中。除去国家政策性的农业开发专款，农村信用社现在大约会提供给农户三种不同的贷款形式即抵押贷款、担保贷款和信用贷款，分别占总贷款数额的32.52%、31.90%和25.86%。不难发现，信用社贷款结构以三种贷款形式大体均等、抵押贷款和担保贷款稍占优势为主，信用贷款这种比较方便的贷款形式并没有占到较大比重。

除了农村信用社贷款之外，民间借贷也在我国农村特别是东部沿海经济发达的地区逐渐发展起来，并形成了以互助会（呈会、合会、标会等）为主的一大批形式不同的民间借贷组织。基于以上民间借贷的特点，使得民间借贷在缓解银行信贷资金供不应求的矛盾及农村商品经济发展方面起了极大的作用。特别是农户与农户之间发生的直接借贷行为，更是对正规金融机构信贷服务的极大补充，使得资金能够更为有效利用。

但是，民间借贷也存在着极大的问题。比如民间借贷的资金投向缺乏合理的统筹安排，使得其投向结构过于简单，从而无形中加大了资金提供者的风险；在民间借贷成为一条方便、简单的获取资金的方法之后，农户对于借款的盲目性也体现出来，部分农户求富心切，盲目借款，从事一些力不从心的经营门路或者不经研究就草率上马。更为严重的是，由于民间借贷行为缺乏监管和约束，使得高利贷在某些地方大肆活动，或者民间借贷组织与农户的信用并没有受到一定的监督，而产生了大量的欠钱不还的行为，严重扰乱了当地的经济秩序。

4. 东、中、西部地区资金需求的差异分析

在此次调查中还发现，分处于东、中、西部不同地区的农户对于资金的需求差异较大，这可能与我国东、中、西部地区的农村经济条件相差较大、农户的生产及生活水平也有着较大区别有着很大的关系。本报告借助黄宗智（1985）提出的一个公式：小农收入＝家庭农业收入＋非农收入，以及黄宗智（1985）提出的“拐杖逻辑”（即在前面的公式中，家庭农业收入实际上可以比做人的双脚，而非农收入就相当于拐杖）。小农的收入等于这两者的结合，也就是说，在家庭农业收入不能满足消费需求时，农民往往会转向寻

求非农收入。通过以上理论，本报告认为农户只有在其非农业收入也不能满足其资金需求时才会去谋求借款或者贷款，那么进一步本报告就把分析东、中、西部农户对于资金的不同需求问题引申为分析东、中、西部地区农户对于生产性资金需求不同的问题。

根据国家统计局公布的《中国统计年鉴》可以了解到乡村从业人员所从事行业的分布情况。从《中国统计年鉴》可知，东部地区直接从事农业生产的人员数只占48.79%，而反观中、西部地区从事农业生产的人员比例分别高达63.49%和67.48%。同时，这也与我们实地调查发现的东部地区对于非农业性生产的资金需求较大，而中、西部地区资金需求的原因大多集中于农业生产投入和生活支出相吻合。结合来自东、中、西部不同地区的调查问卷数据，得出表5：

表5　　东、中、西部地区农户资金需求来源的分布情况

东、中、西部地区农户资金需求来源							
地　区	春　耕	孩子上学	买房、建房或修房	子女婚嫁	生　病	开办小企业或对外投资	其　他
东部	6.28%	18.20%	33.91%	12.17%	18.09%	9.05%	2.30%
中部	14.09%	20.58%	27.15%	11.91%	17.60%	7.32%	1.35%
西部	19.25%	20.78%	24.72%	8.94%	19.71%	5.24%	1.36%

通过数据，更为直观地看出了东、中、西部地区农户对于资金需求的差别。究其原因，与统计年鉴中东、中、西部乡村从业人员分布相联系，就不难发现农户对于资金的需求与其所从事的行业有着相当大的关系。东部作为我国经济发展最好的地区，其耕地面积逐年减少，但所提供的非农业就业岗位也日益增多。特别是在地方政府的有意引导下，农户更多地选择回报率更高的非农业生产，外加东部地区的城镇化进程较快，使得农户的生活成本也有相当大的提高，这就造成了东部农户对于农业生产的资金需求较小而对于住房、开办企业投资等资金需求较大。而中部和西部地区，因为外界并不具备十分成熟的经济环境，农户更多从事传统的农业生产，农户生活水平也大

体相近，从而在数据上来看两者相差不大，但由于中部地区经济略好于西部地区，那么相对而言中部地区农户的资金需求更接近东部地区。

除了资金需求的原因不同外，东、中、西部农户对于资金需求的解决方式也有一定区别。根据本报告的统计数据得到表6和表7：

表6　　东、中、西部地区生产性资金需求解决途径的分布情况

地　区	东、中、西部地区生产性资金需求解决途径					
	信用社或银行	亲　戚	邻居或朋友	赊　账	互助会	其　他
东部	16.96%	48.48%	28.11%	3.11%	1.17%	2.16%
中部	19.93%	44.61%	27.09%	6.80%	0.56%	1.01%
西部	27.67%	41.26%	24.62%	4.72%	0.76%	0.96%

表7　　东、中、西部地区生活性资金需求解决途径的分布情况

地　区	东、中、西部地区生活性资金需求解决途径				
	信用社或银行	亲　戚	邻居或朋友	互助会	其　他
东部	7.66%	55.87%	33.12%	0.69%	2.66%
中部	9.77%	53.59%	34.83%	0.43%	1.39%
西部	15.05%	49.73%	32.03%	1.20%	1.99%

从以上数据中可以发现，在西部地区农户更多地依赖信用社或银行的贷款来解决资金需求不足的问题。进一步分析认为，这种现象与西部地区农户更多地从事农业生产及国家为了发展西部农业而提出的许多政策性惠农贷款有关；当然，由于西部地区农户普遍生活水平不高，因此通过私人或民间的借贷活动也不可能满足农户对于资金的需求。而东、中部地区农户则享受不到类似于西部地区的惠农政策，因此通过信用社及银行贷款的热情不高。

分析以上对于东、中、西部地区农户资金需求和解决需求的途径，本报告认为我国农村金融体系在以下方面仍然有改进的必要：

（1）在农业生产比较占优势的中部、西部地区继续向农村金融机构提供

农业生产的专项资金来保证有充足的贷款额度满足农户对于农业生产方面资金的需求；并进一步降低或免除此类贷款的利息，使农户通过此途径融资成本最小化。

（2）在非农业生产比较强劲的东部地区，进一步扩大农村金融机构相对自由的信贷权限，即对于优秀的乡镇或村办企业要大力扶持，并充分利用现有的商业银行的金融资源，积极发现有类似生态农业等有前景的项目，对其资金上进行充分帮助。

(三) 农户资金供给

1. 农户资金供给量的情况分析

改革开放30年来，随着社会经济的高速发展，我国农村地区也发生了翻天覆地的变化，农民收入不断增加，扣除生产和生活支出后，农民的实际剩余资金也有所增加。从调研数据可以看出（见表8），每年基本没有结余资金的农户比例已下降到24.40%，同时每年有5 000元以上剩余资金的农户达到46.47%，其中12.41%的农户每年能够剩余20 000元以上。

表8　　我国农村地区农户资金的节余情况

余钱/年	基本无结余	2 500元以下	2 500～5 000元	5 000～8 000元	8 000～12 000元	12 000～15 000元	15 000～20 000元	20 000元以上
人数百分比	24.04%	13.47%	16.02%	13.95%	9.22%	4.85%	6.04%	12.41%

近年来物价水平逐年提高，由于农民剩余资金的增加和货币实际购买力的下降，越来越多的农民开始思考如何保值、增值手中辛辛苦苦积累的资金，其存放余钱的方式也日趋多样。寻找资金的增值构成了农户向正规金融和非正规金融投入余钱的原动力。

2. 农户资金投向的主要渠道分析

从对中国农村8 278户农户进行“您愿意采取以下哪些方式存放余钱？（可多选）”的调查结果（见表9）可以看出，农户剩余资金的供给基本分布为：银行／信用社存款36.5%，借给亲戚朋友35.51%，购买保险12.22%，购买基金、股票或债券6.22%，放在家中4.73%，投入互助会1.26%，其他

（如非法赌马等）3.56%。将资金投入正规金融机构的比重（36.5%）与将资金投入民间借贷的比重（35.5% +1.26% =36.76%）相差不大，占据了资金流向的最大比重，而从单个选项来看，愿意将余钱存入信用社或银行的比重最大，占36.5%。同时，传统的资金存放方式[①]已经不再受到农民的青睐，只有4.73%的农民愿意将资金放在家里。越来越多的农民开始尝试和接受购买理财产品等新的余钱使用途径，12.22%的农民购买了保险，6.22%的农民购买基金、股票或者债券。另外，一些非法的资金用途也仍然存在，赌博等非法金融活动在农村依然有一定的活动势力，有3.56%的农民将部分剩余资金用于赌马等违法活动中。

表9　　我国农村地区农民余钱存放方式统计表

余钱存放方式	放在家里	存到信用社或银行	借给亲戚朋友	参加互助会	赌马	购买保险	购买基金、股票或债券
采取该方式的农户人次及占比	921（4.73%）	7 110（36.5%）	6 917（35.51%）	245（1.26%）	692（3.56%）	2 381（12.22%）	1 212（6.22%）

根据表9可以得出，农民资金供给的主要渠道有：

（1）正规金融。目前，农村的正规金融机构主要有农村信用社、农业银行和邮政储蓄机构。农民对正规金融的资金投入主要是指存入农村信用社。从调查数据来看，目前农村信用社的股权结构中，农户社员股约占32.58%；农村信用社的存款结构中，农户储蓄存款占62.78%，企业存款占18.23%，村集体组织存款占9.39%，地方政府存款占9.60%。

（2）民间借贷。民间借贷主要分为以传统的亲戚、熟人为媒介的私人借贷和通过互助会等非正规金融机构的借贷[②]。借贷资金来源以个人为主，融资渠道及形式多元化。农村民间借贷市场一度出现繁荣，但其运行由于缺乏规范，屡

① 传统的余钱存放方式指的是以往有很多农民认为将余钱存放在家里或者埋在地下是最安全放心的方式。

② 一些地区还有其他形式的民间借贷，例如集资、私募基金、典当行、担保公司、银背、私人钱庄等。

受政府打压，在20世纪90年代末被政府明令整顿、禁止或取缔。但这并不意味着民间借贷行为也相应减弱，反而呈增强趋势，只是这种借贷行为由明转暗。千村调查数据显示，民间借贷在当地的情况为：非常活跃占22.83%，一般占45.26%，很少占22.43%，基本没有占9.48%。可见目前民间借贷在农村地区仍然普遍存在，且发展活跃，其规模大有超过银行信用之势。

（3）投资金融产品。农民投资金融理财产品主要指的是对保险、股票、基金等的投资。

3. 选择每种渠道的影响因素

（1）选择正规金融（以农村信用社为主）的影响因素

根据此次千村调查的实地访谈，农户选择正规金融作为资金供给渠道的因素主要有以下几方面：

① 资金安全考虑。随着社会的发展和人们观念的更新，现在大多数农户认为在扣除家庭留用的一定备用金后，剩余的钱只有存在信用社等政府性金融组织里才是最安全放心、最有保障的。另外，虽然民间借贷的利息收入高，但风险也极高，很可能发生借出去却收不回来的情况，同时，由于没有健全的保障体系和法律规范，索要这些收不回来钱的难度是很大的。安全性考虑是农民选择存钱在信用社的最主要原因，这是由于我国农民有很强的防灾、防老[①]意识，我国农民的储蓄行为具有以丰补歉的性质。

② 2007年以来我国进入了利率上行周期，金融机构逐渐增加利率的趋势也是吸引农户从农村信用社获取稳定、可靠并逐渐增高的利息收入的重要因素。根据信用社调查数据显示，现今农村信用社的存款利率在基准利率的基础上平均可以浮动5.85%。

③ 方便程度。一是距离上的方便程度。根据调研数据，农户的住处距离最近的信用社代办点平均6.36里，距离最近的银行平均8.54里，距离最近的邮政储蓄平均8.50里。农户总体上反映在距离上农村信用社是最方便的正规金融机构，相对来说网点多、存款方便，只要路途不是太远，来回路况较好，就愿意将钱存到农村信用社。二是手续上的方便程度。近年来，各地农村信

① 由于我国农民不像国家职工那样在老年退休后有退休金作为生活保障，因此，防老意识在各个年龄组的农民中都有着十分牢固的心理基础。

用社纷纷推出在农民家门口办理业务的服务，为农民存款等提供了不少方便。

④ 资金来源的自然沉淀。外出打工、创业农民工的收入主要通过银行、邮政储蓄、农村信用社等正规金融机构汇往家乡，导致资金自然沉淀于正规金融机构。

⑤ 部分相对富裕村民的富余资金也开始寻求理财之道，慢慢选择投资股票和基金以及正规金融机构推出的其他理财金融产品，部分农户购买所需的保险产品，而这些投资均需通过正规金融机构才能完成资金的结算。

⑥ 为方便子女外出上学、家人外出就医、创业等在外的资金需求，也是促使农户选择银行、农村信用社这样可以做到提供异地取款功能的正规金融机构的因素之一。

⑦ 农民储蓄的非明确性动机[①] 也有助于农民在正规金融机构存款的增加。这部分储蓄主要受示范效应和从众心理的影响。

（2）选择非正规金融的影响因素

非正规金融主要分为个人渠道的借贷和通过互助会等非正规金融组织的借贷两种，这里分别讨论其影响因素。

首先讨论一下通过个人渠道进行的民间借贷。民间借贷行为是建立在借贷双方信用关系的基础上的，主要有亲情关系、友情关系、邻里关系等。通过调研发现，选择个人渠道的民间借贷主要受到几方面因素的影响：第一，地缘和血缘、面子和人情等关系是个人借贷的主导因素，而赚取利息往往不是其目的。多数农户对为数不是太大的闲散资金的私人借贷，除少部分追求利润最大化外，更多的是追求声誉最大化，在亲戚、乡里间乐意帮扶解困，进而增进人与人之间的关系。调查数据显示，如果手头有余钱，83.60%的农民愿意借给亲戚朋友，其中89.25%表示不会要求借方付利息，8.80%表示按信用社利率收取利息（碍于情面与惯例，以及方便以后自己借钱），1.55%表示会按信用社利率4倍或4倍以内利率收取利息，另外有0.39%属于高利贷行为（为赚利息）。第二，风险防范因素。由于民间借贷行为建立的基础是感情上的联系，因此在借贷中写借条或立借据的比率是比较低的，有55.90%农民

① 所谓储蓄的非明确性动机，是指农民储蓄并没有明确的目的性，储蓄的未来用途尚不清楚。

表示不会让借方写借条，只有44.10%的农民要求立字据。不立字据直接导致了信用风险的大幅提高，有22.10%的农民表示他们有因不立借据借钱给别人而长期收不回来的。对这些收不回来的钱，约四成农民表示他们没有办法，只能等待和自认倒霉，当作吃亏买经验；另外四成表示会去索要或者通过法律手段解决；剩下的表示会求助于村主任等有一定威望的人，帮忙要回。从上述现象可以看出，农民的信用风险防范意识还亟待提高。

其次谈一下通过互助会等民间金融组织渠道的民间借贷。根据调查，对于有参加互助会的农户，其平均参加4.92份互助会，家里投到互助会的钱平均有16 587.47元。对于参加互助会的农户，其参加原因分布情况见表10。

表10　　　我国农村地区农户参加互助会可能原因的情况统计

参加互助会的原因	亲戚朋友之间互相帮忙	过去借了钱，要还债	预计最近几年要花大钱	利息比银行要高	可以通过互助会存钱	风险不高，比私人借款稳
百分比	44.79%	6.77%	11.25%	8.13%	11.77%	17.29%

进一步，根据在调研过程中的访谈，发现农户选择互助会等民间金融组织渠道进行民间借贷主要受到几方面因素的影响：第一，利率因素。虽然在对农户参加互助会的原因的调查中，传统的“亲戚朋友互相帮忙”的因素仍占有最大比重，但已出现了趋利原因逐渐攀升的趋势。部分农户不满足于正规金融的资金收益率，希望追求更高的投资回报，寻找更高效率的增值途径，或者由于过去借了钱，要还债，互助会的高利率能帮助农户更快筹集所需的资金。农村民间借贷用于乡镇企业、私营企业的融资利率回报普遍较高[①]，一般能达到2分以上，根据调查，平均情况下，民间借贷在当地的最高年利率达24.66%，这吸引了部分风险承受能力高、追求高回报的农户资金。第二，方便程度。近年来虽然正规金融机构在给农民提供方便服务上做了很多努力，但相比之下还是村办民间金融组织离农民家更近、存取更方

① 这是与正规金融相比。正规金融的利率受国家严格管理，利率上浮有限，即使农村信用社据调查最多也只能比基准利率上浮50%，达不到部分农户的要求。

便，组织里熟人多，手续简单。由于农村民间金融主要是建立在信任的基础上，手续简单，有的仅为口头约定。加之农村正规金融服务网点匮乏，正规金融在农村的服务功能萎缩，农户得不到满意的就近服务。近年来，由于农业生产的资本边际效率低、贷款收益低且风险高，同时储源分散，管理运作成本高，出于成本效益原因，各大商业银行县以下机构急剧萎缩。不少地方农村信用社出于类似原因也大量减少乡以下的储蓄所、代办点，出现了一些偏远乡、村正规金融服务的盲区，使农民的金融需求无法得到就近满足，不便、途中风险大等致使农户不得不选择非正规金融服务。第三，信用风险的防范意识不强。农户资金流向非正规金融存在较高风险。非正规金融以自发性、互助性的各种“合会”形式在农村长期存在，其主要以乡亲、同村村民、熟人等小范围地域内的农户为参加主体和服务对象，从有17.29%的农户由于“风险不高”而选择互助会可以看出，农户往往低估了风险，私人间的借贷手续简单、契约不完整、经常以口头约定为准，即使有书面契约也往往是简单的白条约定，管理随意性大、内部监督制约机制不健全。对此，从调查的数据看，农户大多对这种风险有认识和承担违约的心理准备，部分村民事先就做好了“收不回就算了”“自认倒霉”等思想准备，但由于不可控的道德风险因素，损失往往超乎农户的预备，再加之农业生产较容易受到自然灾害的冲击，一旦遇到重大天灾人祸不但自救能力弱，而且也难以得到外部的支持来弥补损失。而且，如果互助会发展大了，集资规模增大到超出村子的范围，向社会公众集资，失去了彼此知根知底的背景，风险就更加难以预测。第四，部分农户在农业生产、经营企业中资金周转或扩大生产规模急需资金，但往往他们的财务不规范、缺乏可用来抵押的实物，正规金融的风险贷款控制非常严格，很难满足需求，为此，他们经常就转向非正规金融机构寻求资金，但互助会等非正规金融机构常有只向参加本会的成员发放资金融资的规定，有的还约定“谁存的钱多就可以享受更高的贷款融资额”的规定，这就促使农户为了今后能在互助会中获得更多的贷款资金，平时就将富余的资金尽量多存入互助会等非正规金融组织。第五，农行、农村信用社等贷款的政策性发放与农村经济多元化、多层次需要不适应，而民间金融组织更加灵活，能根据当地具体需要找到最能满足农户需求的方式，从而受到农户的青睐。第六，城市资金短缺，融资触角向农村渗透助推了民间借贷。第七，部分农民在消费领域盲目攀比，也加剧了民间借贷活动。

（3）选择金融产品的影响因素

农户剩余资金选择保险产品、股票或基金等金融产品的总体情况分析是：随着城镇化建设步伐的加快和中央惠农政策的实施，近年来广大农民收入逐步增加，手里闲钱多了，信息也灵通了，一部分过上小康生活的农民便开始试水购买保险、股票和申购基金。

首先，农户购买保险的情况可归纳为总体普及率还不高。从调查统计看，仅有28.78%农户购买了保险。还有很多农户，特别是经济不发达地区的农户对保险还知之甚少，保险公司也很少深入农村对农户进行有偿保险意识的宣传教育，适合农业、农村、农民的，让多数农民能接受的保险品种也不多。具体来说，在农业保险方面，农村的自然条件决定了农业生产、农村生活遭受自然灾害的影响大而且抗灾能力弱，灾后用于自救和弥补损失的资金短缺，部分农户的规模化农业生产由于信息的不对称遭受市场性风险的可能性也大，这都促使农户对合适的农业保险有迫切需要，部分农户已购买了现有的农业保险产品，但由于农保的赔付率高、收费难、地域分散、管理成本高等原因致使保险公司积极性不高，推出的品种单一、费率高，农户的接受程度差，部分农户存在“如果没有灾害或损失，保费不就白交了”的错误认识；在农村医疗保险方面，近几年随着农村医疗保险的试点和推广，为解决看病困难、治病困难问题，部分农户参加了农村合作医疗的医疗保险，对防病、治病起到了积极的作用，但由于合作医疗保险资金实力偏小，农户的医疗赔付报销额还不高，尚不能吸引所有村民参加；在农村养老保险方面，部分经济发达地区的富裕村镇、国家试点的地区已尝试开展村民的养老保险，使老年村民老有所养，部分解决农村日益出现的人口老龄化问题，但存在严重的资金供给不足问题，目前也无法普及；在商业保险方面，农户购买的商业保险主要是人寿保险和子女教育保险，在有购买商业保险的农户中，调查显示，其购买商业保险平均一共花了8 422.23元。

其次，在购买股票、基金及银行、信托公司、券商理财产品方面，近年来农户信息与往年相比更加灵通，接触新的理财途径的机会也随之增多。根据调查数据，有81.68%的农户听说过股票、基金、债券，只有18.32%的农户没有听说过。但是，目前大多数农户只停留在“听说过”的层面上，还只有极少数农户真正参与该类投资，从调查统计来看，2006—2007年间有购买过股票、基金、债券的农户仅占14.65%。对于没有购买的农户，原因分布见表11。大部分农户反映，对股票、基金、债券还是不太了解，也不知道怎么买卖，且股票、基金都是高风险、高收益的产品，相对传统的金融产品要复杂得多、风险难以把控，必须具有一定的现代金融知识才能理解，大多数农户还不具备这样的投资素质和风险承受能力。村子附近营业点也较少，农户想要进一步了解的难度也比较大。目前只有经济发达地区农村部分富裕的农民以及部分外出打工、办企业的返乡农民受股票、基金高回报的吸引，为了获取更高的资金投资收益，开始通过银行、券商、基金公司、网站等途径参与买卖股票、基金、债券。

表11　我国农村地区农户没有购买股票、基金、债券的原因分布情况

没有购买股票、基金、债券的原因	不了解	不知道怎么买卖	附近没有营业点	风险大	没有钱	其他
百分比	33.96%	14.19%	6.84%	19.97%	22.91%	2.31%

4. 我国东、中、西部地区农民资金供给情况的差异分析

我国东、中、西部地区农村经济发展极不平衡，快慢、规模、普及程度差异很大，因此，农户资金存入正规金融机构、非正规金融机构、其他投入的情况也有较大不同。

（1）农村经济发展不平衡对农民收入来源差异的影响

根据本报告调研数据的统计结果（参见表12）发现：现实存在的情况是，我国东部地区经济比较发达，尤其是长三角、珠三角、京津唐地区改革开放30年发生巨大变化，农村经济得到了突飞猛进的快速发展，城镇化进程走在全国前列，乡镇企业蓬勃发展、遍地开花，农民的收入来源早已突破了单纯的农业生产的局限，除了经济发达地区物价水平较高，相应的农副产品的价格也能卖出较好的价格外，农民还可以从乡镇企业的入股分红、打工薪酬、农村集体福利、房屋出租、土地转租、交通运输等多种经营活动中获取较好的收入，另外广东、福建、浙江地区又是我国传统的著名侨乡，改革

开放后都有很快的发展，大量的农村人口经过各种渠道移居海外和到国外打工，每年从世界各地汇回大量的外汇。东部靠近沿海，外向型经济发达也是带动整个经济快速发展的重要因素，水涨船高，因此，东部地区农民整体的收入远高于中部、西部地区，这使得农户手上有较多的富余资金可以供给。近几年国家大力推进西部大开发、不断向西部投资并力图引导外资和东部地区有实力的企业去西部投资，这都带动了西部经济的发展，但毕竟东西部差距太大，难以在短时间内有明显改变，尤其是农村更难以直接受惠于西部大开发的政策好处，西部地区的农户收入大多数增长较慢、相对还是比较贫穷，农户手里剩余的可支配富余资金非常有限。中部地区经济发展由于地理因素总体看还是介于东部和西部之间，同样，农民的收入也是比西部高但比东部低，农户可供给的资金也介于东部和西部之间。但是由于东部物价水平高，消费档次高，农民生活类和生产类支出都高于中西部，因此从数据来看，年余钱量[①] 并没有明显超过中西部。

表12　　我国东、中、西部地区农户家庭年余钱数量统计表

家庭年余钱数量	基本没有结余	2 500元以下	2 500～5 000元	5 000～8 000元	8 000～12 000元	12 000～15 000元	15 000～20 000元	20 000元以上
东部	23.33%	26.50%	14.01%	18.46%	6.37%	1.64%	6.41%	3.28%
中部	21.57%	25.55%	13.05%	19.79%	6.99%	1.97%	7.43%	3.64%
西部	25.80%	28.67%	11.82%	16.37%	6.83%	1.30%	6.34%	2.87%

（2）正规金融机构地理分布的差异分析

东部地区人口较稠密、经济发达，农村的正规金融网点相对中西部地区多，多数农户可以在就近或不太远的距离内得到正规金融机构的服务。调查数据显示，东、中、西部农民住处与正规金融机构的距离呈阶梯状递增，差异十分明显，参见表13。东部农户到正规金融网点存款相对方便；而中部地区农村的正规金融网点分布较东部地区平均远一些，农户得到服务的便捷度

① 年余钱量 = 年收入−年支出。

略有降低；西部地区由于地广人稀，农村正规金融的网点分布极为稀少，农户要得到正规金融的服务短则有十几里的距离，长则有几百里的距离，极为不便，致使农户不得不选择非正规金融服务或干脆把资金放在家里的情况普遍存在。西、中、东部农户将余钱放在家里的比例依次递减，存入农村信用社的比例依次递增，趋势清晰。

表13 我国东、中、西部地区正规金融机构地理分布的差异情况 单位：里

农户住处与正规金融机构的平均距离	距农村信用社的距离	距银行的距离	距邮政储蓄所的距离
东 部	3.87	1.98	5.37
中 部	7.58	12.89	7.63
西 部	11.51	20.82	17.50

（3）选择非正规金融机构中的“互助会”的地区差异分析

调研数据显示，选择“互助会”这一形式的东、中、西部的农户占比为东部6.88%，中部1.3%，而西部为3.4%，呈现两头高中部低的特殊情况。分析其原因可能是：东部地区农户手头资金较多，选择多种投向的也多，其各种投向供给的比例均高，而且民间借贷的活跃程度与各地经济总量、民营经济发达程度以及区域金融发展水平相关。东部地区民营经济较为发达地区，民间借贷规模居全国前列，利率水平大多数超过全国平均水平；西部地区主要是经济不发达、农户收入低而正规金融服务不方便，互助会的就近方便使之成为农户少数可选的投资形式；中部地区正规金融机构的网点分布虽较东部少但远比西部多，大多数基本在农户可接受的距离内，而经济的欠发达使农户的收入也不太多，没有多种投资的实力，获取更高投资回报的意识也较东部弱，因此，“小富即安”的思想主导使农户选择非正规金融机构投向的比例也较小。

（4）农户购买保险和投资基金、股票的地区差异分析

调查数据显示，农户购买保险、基金、股票等金融产品的人数比例，东部最高，中、西部基本持平（参见表14）。主要原因可能是农民金融知识和投资意识的差异，东部地区不但经济发达而且各种信息传输快，与各方的沟

通、交流频繁，相应地农民接受的各种信息包括金融知识也更多、更快，农户的金融投资、增值意识更强，越来越多的农户已不满足于传统的把钱存在银行生利息的回报率，许多接受了保险、银行理财，部分意识相对超前的还涉足了风险较大的基金以及高风险的股票买卖。而中部地区由于经济相对东部欠发达，信息的传导、农民的金融知识吸收比东部地区大为衰减，接受了投资保险、基金、股票等现代金融产品的农户就相对较少；同样地，西部地区不但经济不发达而且地域辽阔、人口稀少，信息的有效传导和各方的交流很难，如若不是近些年来政府推行完成了“村村通电视”的惠民工程，许多农民根本不可能听到基金、股票等现代金融产品的名字，现在虽然通过电视等平面媒体农户能听到，但毕竟相对比较闭塞，相应的各类金融机构也不会在这些地区大量开设网点和进行宣传及营销，因此，很少人会涉足这些他们不了解又风险较大的投资。

表14　　农户购买保险和投资基金、股票、债券的人数比例的情况（分区域）

购买理财产品的人数百分比	购买保险	投资股票、基金或债券
东　部	39.42%	20.96%
中　部	15.38%	6.32%
西　部	15.44%	6.95%

（四）农村金融问题的政策建议

通过对7 242份农户问卷及630份有效农村信用社问卷构成的事实数据以及千余份实地的访谈记录进行分析，并与理论相结合，本报告证明了我国农村地区二元金融结构的存在性，并由此进一步从农户资金需求及资金供给两个方面来分析农户对正规金融与非正规金融的依存程度及原因所在。同时，本报告重点分析了我国东、中、西部农村地区不同的借贷特点，以期通过横向比较得出符合不同地区农村借贷发展的途径和方法。

首先，我国现阶段农村地区二元金融结构是必然存在的。从农户资金供给和需求两方面来考虑，农村信用社资金来源和运用上几乎不存在“存差”问题。但在农户的借款来源上，农村信用社等正规金融机构的重要性要远远低于民间借贷。而尽管当前我国在立法上并没有给予农村地区民间借贷以足够的支持，但受制于发展中国家经济现状并且由于农村民间借贷组织的起因是由于经济主体对其经济环境的一种市场反应，产生于纯粹的市场需求并受需求驱动，规模小、分散化的农村民间借贷作为对正规金融的有效补充往往是农户需要借贷时的首选。故而，农村民间借贷等非正规金融和正规金融必将同时并存，我国目前农村二元金融结构的现状不可避免。

其次，从农户资金需求角度来看，正规金融机构与非正规金融机构必须互相利用对方优势，才能真正解决我国农户资金需求缺口的问题。笔者发现，我国农户资金需求往往具有不经常性、应急性、短期性及小额性等特点。针对以上特点，笔者发现农村非正规金融机构所具有的运行机制更能有效地解决农户资金需求的问题；但是，由于非正规金融机构的资金来源并不稳定、信用监督体系不够完善、缺乏有效的监督管理等缺陷，也注定了非正规金融机构并不能在解决农户资金需求方面占主导地位。但与此同时，农村正规金融机构也同样存在着不了解农户需求、组织过于庞杂进而效率低下的问题。因此，为了更好地解决农户资金需求问题，只能通过正规金融机构与非正规金融机构互相间合理、充分地利用现有资源，将整个农村借贷市场进一步细分，形成以正规金融机构为主导，非正规金融机构进行补充的金融体系，从而更好地解决农户资金需求问题。

最后，从农户资金供给方面来看，农村金融机构应该针对当今我国农村经济发展的具体情况，因地制宜，提供更地域化、多元化、专业化的金融产品或金融服务。随着农民收入的普遍提高，农户手中的余钱也相对丰厚，那么农户在有额外收入之后，除了进一步发展其本身农业生产之外，也有许多农户将目光转移到了其他产业投资或者保险、股票等金融投资手段，那么这就需要农村金融机构更多地开发新的金融产品以适应农户这种需要。除此之外，更是要求政府的相关部门加大对农户投资的指导工作，严厉打击赌博、高利贷现象，合理引导民间借贷的组织与发展，并因地制宜地提供特殊的农村特色金融，以便适应不同地区农户的收入水平。

当然，除了以上几点之外，本报告还特别加入了对东、中、西部地区农村金融借贷的比较。研究发现，由于东、中、西部地区整体经济发展水平差异明显、农户收入相差较大等因素，使得东、中、西部地区农村金融情况的差别也较为显著。而为了更好地帮助农户提高其生产和生活水平，农村金融发展策略应当根据不同地区有所区别。本报告提出政府在整个经济发展过程中应当起到关键的调节者的作用，除了调整正规金融机构的发展方向外，对于自发产生的非正规金融机构也应当制定不同的地方性标准或规范。具体来说，东部地区为了适应经济的高速发展，除了进一步加强正规金融机构自身建设以外，还应对非正规金融机构加以鼓励，并给予更大的操作空间，使得更多的闲散资金可以有效地利用起来以解决经济发展过快而带来的资金需求大的问题；对于中、西部地区，则应当在保证其正常农业生产资金需求的情况下，提倡各金融机构推出更多利农惠农的措施，进一步深入农户生产、生活中去，切实地将有限资金发挥到最大的作用。

综上，本报告对农户借贷行为与正规金融机构和非正规金融机构的联动作用提出了一些措施和相关的建议，以便为改善农村金融借贷情况作一些参考，但在具体的执行过程中还需要更多的政策层面和组织层面的配合。在政策层面上，需要逐步建立符合国情的农村金融支持制度，保护农户资金投向及收益的安全性；在组织层面上，需要村干部和村民增强觉悟和认识，积极发现和发展资金保值、增值的合法渠道，有效利用闲散资金，从而提高生活水平，促进农村发展。

此外，由于收集数据上的一些困难和缺乏历史性的数据，很多地方只能以2008年的数据做分析和说明，分析结果具有一定客观性，但缺乏全面性。因此，以本报告的千社万户形成的数据库为基础，我们将根据数据所反映出来的信息，选择特定地区、具有不同发展特色的农村和信用社进行每年一度的连续追踪调查，逐步完善和扩大所采集数据库，以便可以动态地分析出农户借贷中所存在的深层次问题及相应的解决措施与途径。

八、农村教育

农村教育在全面建设社会主义和谐社会进程中具有基础性、先导性、全局性的重要作用。它既是农村发展的基础性条件，也是农村发展状况的重要表征。农村教育无疑是中国教育改革和发展的重点。

（一）改革开放以来农村教育改革

1. 1983—1992年，《通知》到《决定》，逐步展开教育改革

1983年，中共中央、国务院发布了《关于改革和加强农村教育若干问题的通知》，明确提出“要系统地总结农村学校教育的历史经验，研究农村教育的新情况和新问题，制定切合实际的方针政策”，同年5月，《中国农村教育的研究》也被确定为“六五”期间国家重点研究项目，中国农村教育的改革序幕从此拉开。

1985年，《中共中央关于教育体制改革的决定》对教育体制改革的方针和原则做出了明确的要求和规定。1986年，全国人大通过《中华人民共和国义务教育法》，在《中华人民共和国义务教育法实施细则》中确立了县学县办、乡学乡办、村学村办的教育投资体制。

2. 1993—1998年，《纲要》到工作会议，改革获得突破发展

1993年，中共中央出台了《中国教育改革和发展全国纲要》，提出了要在农村积极发展学前一年教育的战略目标与指导方针，并提出在农村加强基础教育的同时，要发展职业教育和成人教育，提出了要注重发展面向广大农村、中小企业、乡镇企业和第三产业的专科教育。

之后，在1994年6月召开的第二次全国教育工作会议上，确定要建立对农村基金教育管理中的县、乡、村三级办学和县乡两级管理的体制。

3. 1999—2000年，《振兴计划》到《99决定》，步步推进教育改革

中国共产党第十五次全国代表大会提出了跨世纪社会现代化建设的宏伟目标与任务，特制定了《面向21世纪教育振兴行动计划》（简称《振兴计划》），该计划1999年1月由国务院转批教育部。

1999年6月，中央又出台了《中共中央、国务院关于深化教育改革全面推进素质教育的决定》（简称《99决定》），秉承了《振兴计划》的指导思想，做出了具体的工作安排，就素质教育的具体推行和经费体制改革做出了进一步部署。

4. 2001—2005年，《01决定》到《通知》，教育改革创新突破

2001年，中央出台了《国务院关于基础教育改革与发展的决定》（简称《01决定》）。《01决定》掀开了我国政府教育经费改制的新历史，被认为是

新世纪、新千年中国农村教育改革的开山之笔。

2005年12月23日，温家宝总理主持国务院常务会议，决定发出《国务院关于深化农村义务教育经费保障机制改革的通知》(简称《通知》)。《通知》要求按照“明确各级责任、中央地方共担、加大财政投入、提高保障水平、分步组织实施”的基本原则，将农村义务教育全面纳入公共财政保障范围，建立中央和地方分项目、按比例分担的农村义务教育经费保障机制。

5. 2006年至今，《通知》与“三支一扶”，教育改革全力实行

该阶段，主要按照2005年底发布的《通知》的指导，全力开展改革。2006年4月20日，中组部、人事部、教育部、财政部、农业部、卫生部、国务院扶贫办、共青团中央八部门在京联合召开全国实施高校毕业生“三支一扶”计划电视电话会议，全面部署并启动了2006年高校毕业生到农村基层从事支教、支农、支医和扶贫工作(简称“三支一扶”)。从2006年起，各地组织、人事、教育等部门将按照公开招募、自愿报名、组织选拔、统一派遣的方式，每年招募2万名左右高校毕业生，主要安排到乡镇从事“三支一扶”工作。

(二) 农村教育的现状及问题

据千村调查的数据显示，有98%的农民认为读书是件重要的事情，并且76%的人认为读书是很重要的。但是，我国的农村教育一直没有走上一条良好发展的道路，农民的文化程度普遍偏低，初中及以下的有58%，其中小学文化程度的为16%，初中的为42%。有3%的农民没有上过学，其中更有2%的农民是不识字的。另一方面，农村的学生仍然有着“升学无望、就业无路、致富无术”的问题。从年龄结构上来说，我国农村教育主要呈现以下几个特点：

1. 3～6岁：学龄前教育几乎空白，田野玩耍是常态

在我国，学龄前儿童主要是指3～6岁未达到上学年龄的儿童，这样的儿童应该在什么时候进行学龄前教育、接受什么内容的学龄前教育以及学龄前教育应具体如何开展和考核，我国当前都没有相应的制度规范，这无疑使学龄前儿童教育的开展缺乏一定的指导参考。而对于生活条件相比城镇较

为艰苦并且各类信息又较为闭塞落后的农村而言，农村家长们往往对学龄前教育没有完整的认识和正确的想法，更多的人认为学龄前教育有没有都行，还认为好的学龄前教育和一般的没有差别，更有甚者会认为，那是有钱人家的孩子才会接受的教育。所以，农村3～6岁的孩子是几乎没有学龄前教育的。

以千村调查的甘肃省兰州市西北郊区的永登县保家湾村为例，保家湾村位于甘肃省中部，村子的经济状况在甘肃省是属于中上水平。全村800多户人家，总人口为2 700人左右，其中3～6岁学龄前儿童200人左右。据本次千村调查调查员张某反映，之前保家湾村儿童的学龄前教育是完全空白的，村子里完全没有托儿所或者是幼儿班，直到最近，一些高中毕业后没有升上大学的人回乡后开始在村里办起了幼儿班，学前教育才算刚刚开始在村里开展起来，但是，在幼儿班里，甚至都没有普通的塑料玩具等，幼儿园教师也都是由没有经过正规幼儿教师培训的人担任，大多数为从外面回去村里的人，幼儿园里也没有像城镇的幼儿园那样进行多样化的知识教授和兴趣培养，更多的只是在照看儿童。根据张某的了解，保家湾村的家长普遍认为孩子不必进行学前教育，只要能正确数数、识几个字就可以了，认为等上小学后再正规学习也不晚的农村家庭占了绝大部分，大约有93%，认为孩子在条件允许的情况下应该接受学前教育的占5%，极少数人认为孩子必须接受正规学前教育。

2. 7～12岁：基础教育落后，优秀师资严重缺乏

农村教育一直存在着中小学辍学率居高不下的问题。经千村调查显示，全部完成九年制义务教育的也只占到了被调查总数的45%，虽然大部分不能完成的比例只有1%，但是，还有54%是不能很好完成的。并且，在千村调查中我们还发现，存在36%是有条件而不愿读书的情况。

被调查者中，有16%的人认为村学校用于教学或辅助教学的设施器材是严重缺乏的，29%的人认为是可以将就着用的，只有33%的人认为是较为丰富或丰富多样的。并且，64%的人反映学校的文体设施很少，甚至有9%是根本没有文体设施的。在城镇大为普及的电脑等多媒体教学手段，在我们的千村调查中显示，有40%的农村学校是没有这些先进的教学设备的。

在师资方面，农村学校师资力量薄弱已经成为一个不争的事实。2005

年全国小学具有专科以上学历教师比例，城市为78.01%，县镇为67.17%，农村为47.49%，农村比城市低31个百分点；在年龄结构上，农村小学教师年龄偏大，城市、县镇、农村小学教师中35岁以下的比例分别为57.83%、51.44%和41.02%；在教师资源配置方面，区域和城乡分布不均衡，城市教师超编与农村部分地区师资紧缺并存。另据统计，2004年全国共有49.9万代课人员，主要集中在农村小学。优秀师资的严重缺乏，已经成为农村教育的一个重大问题。

3. 13～15岁：初中教育强调应试，学而不能致用

长期以来，农村的初中教育也和城镇一样，盯着“升学率”“及格率”来开展教育工作，所以，农村的初中教育也就是“应试教育”，考什么、学什么，其他非考试科目几乎不设，即使设了也只是应付上级检查的临时性科目。但是，在应试教育的大旗帜下，农村的学生却很少有能够升上高中求学的。

在农村，无论是生源差的还是生源一般的或者生源好的学校的，学生能考入重点中学的人数是极少的，大概80%～90%的学生不能升入重点中学。在我们的调查中显示，存在44%的适龄儿童并不是全部完成九年制义务教育，而仅仅是大部分完成，全部完成的比例只有45%，不到一半的人数。

不能升入重点中学的学生或者回家务农，或者不断复读直到考上重点中学为止。从千村调查发现，初中毕业生的流向主要集中在继续升学，这个比例达到了56%，但是，另一方面，还是有37%的学生选择了外出打工，而仅仅只有6%的学生是在家务农的。实际上，回家务农的中学生，虽然说具备了一定的科学文化知识，但是，他们缺少农业的相关耕作知识，使得他们即使务农也没有显现出读书的作用，并没有什么大作为。

4. 16～18岁：初中毕业何去何从，升学就业两头难

16～18岁这个年龄段的孩子分为两个部分。初中毕业成功升入高一的孩子，则在高中继续学业，埋头苦读，争取考上优质大学。但是，升入高中对农村的初中学生来说，也不是那么容易的一件事情，目前我国每年有1 000万左右的农村中小学毕业生因为不能升入高一级学校而回到家乡。一些中小学毕业生因为缺乏生活技能，进城打工没门，搞二、三产业无路，只

好在家里闲着，面临“升学无望、就业无门、致富无术”的尴尬境地。这些人就构成了这个年龄段的另外一部分人口。

（三）形成当前农村教育现状的主要原因

我国农村教育之所以会形成当前这种令人担忧的现状，原因是多方面、多因素的，既有农民思想认识上的问题，也有经济发展条件的限制，主要有以下几方面原因：

1. 农村经济相对落后，限制了农村教育的开展

虽然我国是一个农业大国，但是，不可否认的是，我国农民的生活条件并不是很好，他们甚至是社会阶层中的底层人民。在我国大力发展工业、走工业化道路的同时，农村的经济发展也在走向衰落。农村每个家庭的年收入并不可观，而现在一个孩子从小到大的教育费用是相当庞大的，虽然九年制义务教育已经在全国范围内全面免费教学，但是，由于家庭本身经济基础差，免费教学并不能给他们家庭带来收入，很多农村家庭还是会选择让孩子辍学来帮助家庭干农活或者务工赚钱。基于农村经济相对落后的局面，农村对教育重视程度就明显地有别于城镇，这无疑也为农村教育的开展带来了困难。

2. 农村外出务工人员较多，对儿童教育顾及少

近年来，农村大量劳动力开始向城镇转移，劳务输出逐渐成为农村富余劳动力改变传统生产模式、实现致富的重要途径。在农民大量走向城镇务工的同时，我们也看到了农村因此出现的问题，很多农村就剩下“三六九”人员，即妇女、儿童和老人，由此“留守儿童、流出儿童、流散儿童”越来越多，这部分孩子一般都由父母托付给亲属、朋友照顾，或者就是由祖辈们照顾，父母则由于工作和距离的关系，无法在第一时间关心孩子的学习生活，由此逐渐忽视了孩子的教育问题。缺少父母关爱的孩子，学习往往缺乏动力。他们经常是在一种自由放任的环境下，学习成绩好，得不到父母的鼓励和表扬，学习成绩差，也不会受到父母的责备，在他们心里，更多感觉自己对父母来说是一个负担或者说是多余的，容易使他们放弃自己的学业。

3. 农村教育目标存在偏差，不利于农村教育的发展

我国一直都是将应试教育作为教育的全部以及发展教育的唯一目标，这

个问题在农村教育中更为严重。农村的学校教育所包含的就是课本知识的教授以及各类大大小小的测试、抽查以及会考、统考等内容，而所谓的教育，实质上也就是教学生如何应付考试，一门心思追求升学率。在这样的教育目标下，只有极少数的中榜者会进入城市培养高级人才的高等学府，脱离农村发展；大部分落榜者还是不得不回到农村。但是，虽然会回到农村担负农村现代化建设的使命，但曾经一心只为应试而学习的学生又如何懂得搞好农业建设？农村教育如果只围绕“升学率”来展开，这势必将农村教育带向死胡同，永远无法达到用知识促进农村发展的效果。

（四）农村教育的政策建议

1. 大力发展职业技术教育

职业技术教育是教育与经济相结合的产物，它实现了科学文化知识向生产力的转换。温家宝总理在2008年的政府工作报告中提出要“大力发展职业教育”，特别强调要“加快农村职业教育和技能培训，提高农民转移就业能力”。2002年，江泽民总书记就提出要努力办好各级各类职业技术教育。

据千村调查的数据显示，76%的被调查者都反映本村没有为外出就业人群提供职业教育。但是，职业技术教育又恰恰是农村很需要的，根据千村调查的结果，有90%的人表示，如果村里或者镇上为失业青年开办专职培训班，他们会让自己的孩子参加。这组数据在一定程度上从侧面反映了农村大量存在失业青年的现实，也显示出了农民对职业技术教育的需求。在农村发展职业技术学校，能够有效地帮助当地初中毕业但不能升上高中的学生提供一个学习职业技能、帮助其独立生活的途径。

根据各类学者的相关研究表明，农村目前主要可通过以下几种方式来开展并普及职业技术教育：

一是合并同步式。合并同步式就是根据中学设置的课程开设相关的职业技术课程，与中学的其他文化课程同步进行授课教学。比如说，在开设中学的生物课程的同时，开设相关的种植、养殖技术类课程；开设物理课程的同时，开设相关的家电维修技能课。这个同步主要体现在，学生在学习科学文化知识的同一时间，也在学习掌握相关的职业技术技能。

二是结合渗透式。结合渗透式就是将职业技术技能结合到中学的文化教育课程中，将两者结合起来进行教学，将职业技术技能作为教育课程的实践内容来进行。比如说，教授语文课的同时，教授如何写应用文；生物课的教学则将作物的栽培、施肥等实际劳作作为教学案例来展开。渗透主要表现为文化知识与职业技能穿插进行教学，职业技能的教学往往作为文化知识这个理论层面的实际应用，两者有机结合，并不独立进行。

三是分段独立式。分段独立式就是将中学的科学文化教育和职业技术教育分段来进行，这个分段既是时间上的分段，也是内容上的分段，两者几乎成为独立的两个教学部分分别进行。前段时间教授文化知识课程，而后段时间则进行职业技术教育，也就是说，学生在中学阶段完成的是两段学习任务，这两段学习任务加起来都完成了，才算是真正完成了初中的教学任务。

这三种方式，将文化知识教育和职业技术教育以三种不同的方式结合起来。基于我们千村调查的反映，现在农村教育虽然要考虑到农村建设所需的实际技能，但是，升学也是同样重要的，在学生有限的学校时间里，要同时教授科学文化知识与实用的职业技术技能是比较困难的，所以，分段独立式虽然在效果上可能会较为不显著，但却是比较符合现在农村实际情况，对有一定文化知识的年轻人再进行职业技术的教育，一方面丰富了他们的知识，另一方面也为农村建设提供了很好的帮助。

2. 农村成人继续教育势在必行

发展农村教育不能将目光仅仅集中在在校学生的身上，也要关注那些虽然已经离开校园，但还是参与到农村建设中去的成年人的继续教育问题。据千村调查反映，71%的农民在近五年内没有参加过短期技术培训，在现在这个日新月异的时代，将老套的农业技术知识运用到现代的作物生产上将无法促进农业生产的进步，也无法为农民带来创收。

从千村调查的数据，我们发现，农民普遍认为自己现在最需要学习实用技能、法律知识以及农业科技知识和与农村有关的政策。但是，他们往往没有很好的途径去学习，在千村调查中，61%的被调查者反映农村从不举办文化补习班，38%的被调查者表示，当地政府从来没有出资培训过农民，还有48%的被调查者表示当地政府也只是偶尔出资培训农民。

发展农村成人继续教育对改善农村教育问题起着重大作用。改革开放以后，尤其是十六大以来，农村的成人继续教育工作开展得轰轰烈烈，发展农村成人继续教育，不仅有利于当代人提高自身的文化知识技术技能，更关系到农民后代的教育与农村的建设发展。现在，成人继续教育已经不仅仅是成年人的教育问题了，而是终身教育。

目前，在国际上，许多国家都有法律法规对继续教育的基本原则和制度加以规定，使继续教育制度走上正规化道路，为我国发展农村成人教育提供了范例。比如，法国1971年就颁布了《终身继续教育法》《职业训练法》《技术教育法》和《企业主承担初等阶段职业技术教育经费法》，统称为法国继续教育职业法。而美国也在1976年就通过《终身学习法》、1978年通过《成人教育法案》，日本于1990年通过了《终身学习振兴法》。这些都为我国发展农村成人教育提供了良好的示范效应和带头作用。

2009年

中国农村医疗卫生保障研究报告

一、研究背景

医疗卫生保障问题已成为各国政治生活中争议最大、最敏感的难题之一。我国是世界上最大的、人口最多的发展中国家，“看病贵，看病难”问题成为困扰居民的主要问题之一。农村医疗卫生保障是农民生命质量的提高，生存、生活发展的基本前提。将经济和社会发展与人们的健康水平有机地结合起来，构建与新时期农民健康需求相适应的农村医疗卫生保障制度，有利于不断提升我国医疗卫生筹资和服务的公平性，也有利于实现建立健全覆盖城乡居民基本医疗卫生制度的目标。

农村医疗卫生保障是指由政府为主体建立的社会医疗保险、社会医疗救助制度，及其与之相关的农村基本医疗卫生服务体系。新型农村合作医疗制度（以下简称“新农合”）是我国农村社会医疗保险的具体形式，农村基本医疗卫生服务则由县、乡、村三级医疗卫生服务网络构成。2009年3月，《中共中央国务院关于深化医药卫生体制改革的意见》（以下简称《意见》）和《医药卫生体制改革近期实施方案（2009—2011年）》（以下简称《实施方案》）出台，明确了中国新一轮医药卫生体制改革的目标和方向。基本医疗保障制度和基层医疗卫生服务体系建设均是近期医药卫生体制改革的重点领域。

农村医疗卫生保障直接关系到农民的身体健康，间接影响农民的生活质量和生活水平以及其经济的发展。只有在了解农村医疗的现状的前提下才能更好地改进和发展，提高农民的生活质量，增强农民生产的积极性，最终促进国民经济的发展。为了深入了解近年农村医疗卫生保障现状，分析农村医疗卫生保障领域内存在的主要问题，提高农村医疗卫生保障水平，为缩小城乡居民基本医疗保险差别和实现城乡统筹发展奠定基础，上海财经大学“十一五”“211工程”学生千村社会调查创新人才培养项目（2008—2011年）把2009年的研究主题确定为“农村医疗卫生保障研究”。该项目通过设计现场调查问卷和主体访谈提纲形式获取一线资料。调研时间：2009年7月15日—8月30日，数据时间节点为2009年6月30日。调查范围：我国的30个省（市、自治区）的748个县的1 451个行政村，占全国691 510个行政村的2.1‰，走访了14 332户农民家庭，可谓“千村万户”。其中，东部地区县占41%，行政村和农户数的比例为60%，中西部地区的差距不大（见表1）。

表1　　调查样本分布

区域	省（市、自治区）（个）	县（个）	县比例（%）	村（个）	村比例（%）	人口数（万人）	总户数（户）	户比例（%）	专题户数（户）
东部	11	308	41	864	60	49 059.73	8 536	60	929
中部	8	232	31	306	21	44 864.49	3 008	21	340
西部	11	208	28	281	19	33 066.38	2 788	19	303
合计	30	748		1 451		126 990.60	14 332		1 572

注：东、中、西部地区按照国务院西部开发领导小组划分，西部缺广西。

调查地区行政村平均户籍人口2 219人，常住人口2 478人，其中，户籍常住人口为1 890人，占常住人口的76%。村均可耕地面积1 890亩，西部最大1 983亩。调查前12个月村人均收入为5 030元，东部最多为6 743元，东部是中部最少的1.87倍。总之，东部地区外来人口最多，人均收入最高。西部地区流出人口最多，可耕地面积最多。中部地区流入人口最少，可耕地面积最少，人均收入最低（见表2）。

表2 行政村基本情况

	全国		东部		中部		西部	
	均值	中值	均值	中值	均值	中值	均值	中值
户籍人口（人）	2 219	2 020	2 170	1 951	2 224	1 955	2 292	2 220
户籍常住人口（人）	1 890	1 639	1 895	1 525	1 813	1 592	1 983	1 888
外来常住人口（人）	588	149	856	302	313	30	513	55
可耕地面积（亩）	1 890	1 639	1 895	1 525	1 813	1 592	1 983	1 888
人均纯收入（元）	5 030	4 653	6 743	6 425	3 602	3 322	4 096	3 494

在研究中，我们首先对源数据的平均值（以下简称“均值”）、中位数（以下简称“中值”）、最大和最小值进行了分析。对明显的错误数据（不合理的极小值和极大值）进行了5%的收缩，即最大值和最小值限定为95%和5%的数值，在此基础上重新计算均值，并且同时报告中值。由于此次社会调查以学生就近就便为原则，调查样本同各省人口比例不一致，为此，在计算全国和东部、中部与西部地区的数据时，我们根据各省人口比例进行了加权计算。根据变量的规律我们主要采用统计分析、相关分析（回归分析）和比较分析等方法。统计分析主要采用SPSS软件，回归分析采用了STATA软件。我们把官方统计数据和已有研究成果作为比较分析的相对标准。

二、农村医疗卫生保障现状

（一）新型农村合作医疗制度现状

为破解农民“看病难、看病贵”问题，缓解农村居民“因病致贫，因病返贫”问题，2003年1月，国务院办公厅转发卫生部等部门《〈关于建立新型农村合作医疗制度意见〉的通知》，开始在全国部分地区试行新型农村合作医疗制度（以下简称“新农会”）。2008年10月，《中共中央关于推进农村改革发展若干重大问题决定》指出要“促进农村医疗卫生事业发展”，确定了在基本医疗卫生服务体系建设、巩固和发展新型农村合作医疗制度、完善农村医疗救助制度方面的方向、目标和具体办法。2009年7月，卫生部发布《关于巩固和发展新型农村合作医疗制度的意见》，提出了进一步提高新农合筹资水平，中央财政加大对中西部的补助力度，并适当对东部地区予以补助的新举措。新农合是我国农村基本医疗保险制度、农村基本医疗保障的核心，也是本研究的主要内容。

1. 覆盖程度及其成因

国家卫生部统计数据显示，2008年全国共有8.15亿人参加了新农合，参合率为91.5%。本次入户调查中，新农合参合率为91.8%，二者相差无几，地区差距不大。与规范、成熟的社会医疗保险政策不同，新农合采取自愿参加的原则。调查证明，村民完全自愿参加新农合的比例高达94.5%。在5.5%不完全自愿参加的农户中，响应政府号召和干部动员的比例较高，分别为54.8%和32.9%，亲友的影响占12.3%。在不到9.2%未参加新农合的农户中，首选和累计原因“其他”最高，分别占到36%和47%；其次是“没什么用”，分别为21%和35%；其三是“经济负担重”，分别为15%和25%。说明，新农合已被绝大多数农民认可和接受。在对2010年是否参加新农合的前瞻性调查中，有88.7%的村民表示继续参加新农合，接近覆盖率90%的目标。具体情况见表3。

表3　　农民参加新型农村合作医疗状况

	全国		东部		中部		西部	
	均值	中值	均值	中值	均值	中值	均值	中值
参加新农合的比率	91.8	92.3	90.3	91.7	93.2	92.4	92.5	94.5
参加但不完全自愿的比率	5.5	5.0	5.4	3.7	5.1	5.4	6.2	5.3

（续表）

			全国		东部		中部		西部	
			均值	中值	均值	中值	均值	中值	均值	中值
参加但不完全自愿参加的原因构成（%）	政府号召		54.8	50.0	61.2	55.5	47.0	45.9	54.6	40.0
	干部动员		32.9	32.6	26.9	28.0	39.5	39.1	33.9	45.7
	亲友影响		12.3	12.0	13.6	12.4	10.8	9.1	12.1	6.3
	其他		6.3	4.9	3.7	4.1	8.3	8.7	7.9	7.0
不参加新农合的原因比例（%）	经济负担重	首选	15.1	16.4	13.1	10.7	12.4	11.9	22.0	25.0
		累计	25.4	24.5	17.6	14.3	20.4	15.4	44.8	33.3
	没什么用	首选	21.2	19.1	21.1	19.1	21.4	18.2	21.1	18.2
		累计	35.0	32.3	32.8	29.4	33.6	32.3	40.5	42.9
	个人缴费高	首选	3.9	0.0	1.4	0.0	6.7	5.9	5.6	0.0
		累计	17.0	9.6	10.5	8.6	12.2	7.7	34.1	23.4
	受益面小	首选	12.9	7.7	18.1	5.6	7.4	11.6	11.6	9.1
		累计	27.6	22.9	30.7	22.9	19.9	15.8	32.6	31.0
	不想按户参加	首选	3.4	0.0	5.2	2.9	1.8	0.0	2.4	0.0
		累计	12.2	9.7	11.8	6.2	8.3	4.0	18.1	16.7
	外出打工	首选	6.9	2.7	3.5	2.9	14.3	10.4	2.6	0.0
		累计	13.8	11.5	9.2	7.9	20.2	15.4	12.8	12.5
	其他	首选	36.3	35.0	36.0	42.9	37.8	37.0	35.0	28.6
		累计	47.2	51.6	51.9	58.8	43.3	46.2	44.5	54.8
继续参加新农合的比例（%）			88.7	89.1	87.2	89.1	90.4	88.7	89.1	91.4

2. 筹资与支付状况

资金筹集和费用支付事关医疗保险的保障水平和管理水平。新农合人均筹资额87元，个人缴费额28元，起付线为132元，封顶线为25 429元。筹资总额和个人筹资额东部最高、中部最低。起付线和封顶线均是东部最高、西部最低。参合农民在县乡两级医疗机构的报销比例分别为53.2%和61.3%，中部地区在乡卫生院报销比例最高，东部地区在县医院报销比例最高，但地区差距不大。受益率是衡量新农合保障水平的重要指标。

调查显示，有57.7%的参合农民获得新农合的报销，受益面较广。其中，东部最高，为61.4%，最低的中部地区也达到了52.2%，已有一半以上的参合农民获得了新农合的报销，受益面有所改善。新农合作为农村基本医疗保险制度，采取个人、集体和政府多方筹资的方式，其中，个人缴费是基础，政府给予适度的补助，鼓励有经济条件的集体给予扶持和补助。但本次调查显示，村集体对新农合有补助的行政村仅占4.1%。农民在新农合报销以外获得报销的比例为16.9%（见表4）。

表4　　新型农村合作医疗筹资与支付状况

	全国		东部		中部		西部	
	均值	中值	均值	中值	均值	中值	均值	中值
人均筹资额（元）	87	79	109	110	67	56	76	57
个人缴费额（元）	28	25	36	31	22	20	24	21
起付线（元）	132	90	163	106	122	92	95	60
封顶线（元）	25 429	25 900	28 948	19 192	25 740	27 276	19 215	18 648
卫生院报销（%）	61.3	65.7	59.9	62.2	63.5	68.9	60.9	67.2
县医院报销（%）	53.2	55.1	54.3	56.4	53.0	54.8	51.8	53.5
村集体有补助行政村（%）	4.1	3.6	5.5	4.7	3.0	2.6	3.1	1.9
获得新农合报销（%）	57.7	58.9	61.4	60.0	52.2	52.3	58.9	62.8

（续表）

	全国		东部		中部		西部	
	均值	中值	均值	中值	均值	中值	均值	中值
获得新农合以外报销（%）	16.9	15.6	17.2	17.8	13.5	13.6	21.2	11.8

基本医疗保险报销采取直接报销和先自付后报销两种方式，我们把直接报销称作预付制。目前，大多数国家社会医疗保险和我国相对成熟的城镇职工基本医疗保险均采取直接报销的方式。而2008年新农合采取直接报销方式的比例仅为27.5%，72.5%的比例仍然需要农民先自付医药费后再报销，其中64.5%的比例可以随时报销，其余的34.8%定时报销。而且，全国有27.8%的农户认为新农合报销手续比较麻烦，86%的农户认为新农合减轻了其家庭的医疗费用负担（见表5）。

表5　　新农合支付方式评价

		全国		东部		中部		西部	
		均值	中值	均值	中值	均值	中值	均值	中值
预付制比例（%）		27.5	23.2	33.6	33.3	20.5	19.3	26.5	21.4
先自付后报销比例（%）		72.5	76.8	66.4	66.7	79.5	80.7	73.5	78.6
其中	随时可报（%）	64.5	60.2	67.6	63.2	62.1	62.8	62.7	54.5
	定时报销（%）	34.8	37.7	30.8	33.7	37.9	37.3	37.3	45.5
报销麻烦比例（%）		27.8	29.0	25.5	26.4	29.3	27.2	29.8	30.2
新农合减轻医疗负担比例（%）		86.0	86.4	86.6	88.5	86.0	86.2	85.1	85.7

（二）农村重点服务人群的医疗卫生保障状况

妇女儿童、老年人、贫困人口和大病患者是农村医疗卫生服务的重点服务人群。为这一群体提供必要的医疗卫生服务是农村医药卫生事业发展的重点。为此，本研究对农村妇幼保健、慢性病管理、贫困医疗救助和大病患者医疗保障现状进行了调查和访谈。

1. 妇幼保健状况

在以最近12个月内生育过小孩的妇女或有1岁以下儿童的农村家庭为对象，全国29个省251个县370个行政村的调查结果显示，妇女平均产前检查6次，产前检查首选和累计选择的医疗机构是县级及以上医院，分别占51.7%和61.4%。其余依次为妇幼保健机构、乡镇卫生院、村卫生室和其他。分娩地点县级及以上医院的比例也是最高，为57.2%，乡镇卫生院和妇幼保健机构分别为19.8%和17.3%，有2.4%的比例在家中分娩，家中分娩的原因中多数属于急产。农村妇女的产前检查和分娩地点选择跨出村和乡的范围，在县级及以上医院的原因，一方面，随着计划生育政策的实行，农村家庭独生子女比例增加，农民越来越重视孩子生育的安全性；另一方面，非常有可能是乡镇卫生院、妇幼保健机构的孕产妇保健和妇产科的诊疗条件不能满足村民需求。农村儿童有计划免疫手册和完全按照计划免疫接种手册免疫接种的比例均高达97.5%，除中部地区以外，中位数均为100%。农村儿童计划免疫开展得较好，预防传染病的观念已深入人心。具体情况可见表6。

表6　妇幼保健状况

			全国		东部		中部		西部	
			均值	中值	均值	中值	均值	中值	均值	中值
产前检查次数			6	5	6	5	5	4	6	6
产前检查机构比例（%）	县级及以上医院	首选	51.7	55.1	51.9	56.5	50.2	53.6	53.4	50.0
		累计	61.4	63.6	59.5	61.0	63.4	68.8	61.8	55.6
	妇幼保健机构	首选	24.1	22.2	21.5	22.6	23.7	21.4	28.8	28.6
		累计	44.6	45.2	39.3	44.4	44.2	41.7	53.8	60.0

（续表）

			全国		东部		中部		西部	
			均值	中值	均值	中值	均值	中值	均值	中值
产前检查机构比例（%）	乡镇卫生院	首选	22.8	18.4	26.1	25.0	24.5	24.3	15.2	0.0
		累计	47.1	47.8	51.9	47.8	46.5	40.0	39.8	33.3
	卫生室/所/站	首选	0.6	0.0	0.4	0.0	0.0	0.0	1.6	0.0
		累计	13.7	14.3	15.1	16.7	15.6	14.3	8.9	10.0
	其他	首选	0.5	0.0	0.0	0.0	1.6	0.0	0.0	0.0
		累计	10.1	6.7	11.2	13.0	14.7	16.7	2.4	0.0
分娩地点（%）	家中		2.4	0.0	0.3	0.0	3.3	0.0	4.8	0.0
	县级及以上医院		57.2	61.3	58.1	68.3	57.7	58.2	55.1	50.0
	妇幼保健机构		17.3	13.4	15.3	14.3	17.5	16.6	20.3	0.0
	乡镇卫生院		19.8	13.4	23.4	14.6	18.3	17.2	15.9	0.0
	卫生室/所/站		2.0	0.0	0.4	0.0	3.2	0.0	3.0	0.0
	途中		0.0	0.0	0.0	0.0	0.0	0.0	0.0	0.0
	其他		1.0	0.0	2.4	0.0	0.0	0.0	0.0	0.0
家中分娩原因（%）	没有必要去		4.3	0.0	6.1	0.0	5.2	0.0	0.0	0.0
	来不及（急产）		17.1	0.0	27.0	0.0	5.2	0.0	16.4	0.0
	经济困难		0.4	0.0	0.0	0.0	0.0	0.0	1.7	0.0
	交通不便		1.1	0.0	0.0	0.0	0.0	0.0	4.5	0.0
	其他		7.5	0.0	0.0	0.0	22.4	0.0	0.0	0.0
家中分娩接生者（%）	乡及以上医生		5.0	0.0	6.7	0.0	0.0	0.0	9.0	0.0
	村医生		3.4	0.0	8.3	0.0	0.0	0.0	0.0	0.0
	专职接生员		11.1	0.0	21.5	0.0	5.2	0.0	1.7	0.0
	非专职接生者		7.5	0.0	0.0	0.0	22.4	0.0	0.0	0.0

（续表）

		全　国		东　部		中　部		西　部	
		均值	中值	均值	中值	均值	中值	均值	中值
家中分娩接生者（%）	家人自接	6.8	0.0	4.9	0.0	5.2	0.0	12.0	0.0
	其他	0.0	0.0	0.0	0.0	0.0	0.0	0.0	0.0
有计划免疫接种手册比例（%）		97.5	100	98.4	100	98.6	100	94.5	100
完全按照计划免疫接种手册免疫接种比例（%）		97.5	100	96.6	100	91.9	96.0	96.1	100

2. 慢性病管理状况

卫生部公布的第四次国家卫生服务调查显示，2008年我国居民慢性病患病率按人数计算为15.7%，按例数计算为19.9%。慢性疾病正在威胁着居民的健康，其高额的医疗费用和高致残率逐渐演变成日益严重的社会问题。随着农村人口老龄化进程的加快，农村慢性病问题也不容忽视。2008年农村居民慢性病患病率按人数和例数计算分别达到了14%和17%。本研究调查了农村高血压、糖尿病和冠心病三类主要慢性病情况。其中，患高血压的比例最高，占61.3%，同时患任意两种疾病比例为17.2%，同时患三种慢性病比例为10.6%。仅就这三种慢性病而言，农村居民已面临着同时患两种及以上慢性病的风险。三类慢性病患者累计选择到县级及以上医院购买药物的比例最高为55.5%，其次是乡镇卫生院，再次是各类门诊部和村卫生室。慢性病检查的机构顺序依然如此。值得注意的是，没有检查的比例占19.8%。只有44.1%建立了健康档案。87.2%的慢性病患者能够按医生要求按时按量服药、接受治疗。具体情况见表7。

表7　　农村部分慢性病管理状况　　单位：%

		全　国		东　部		中　部		西　部	
		均值	中值	均值	中值	均值	中值	均值	中值
慢性病种类比例	高血压	61.3	60.0	59.6	59.0	55.9	57.3	71.0	75.0
	糖尿病	27.9	30.6	29.3	32.0	32.9	32.1	19.0	20.0

（续表）

			全国		东部		中部		西部	
			均值	中值	均值	中值	均值	中值	均值	中值
慢性病种类比例	冠心病		10.8	7.7	11.1	8.6	11.1	7.7	10.0	16.7
	患任意两种病		17.2	19.4	16.3	19.7	17.8	19.2	18.7	16.7
	同时患三种慢性病		10.6	7.1	10.2	8.3	10.5	7.1	10.0	16.7
经常购买药物机构比例	各类门诊部/卫生室	首选	25.2	25.0	29.6	24.8	21.0	22.5	23.6	25.0
		累计	45.1	44.4	44.7	44.4	44.3	40.0	46.6	50.0
	乡镇卫生院	首选	22.3	25.0	17.3	23.6	18.1	20.9	36.1	25.0
		累计	47.4	46.7	41.9	45.5	43.7	45.5	61.3	70.0
	县级以上医院	首选	26.8	20.0	29.5	16.2	25.8	24.8	23.8	20.0
		累计	55.5	54.5	50.8	41.7	57.2	60.0	61.0	60.0
	药店	首选	24.8	21.1	23.6	30.3	34.3	31.6	14.0	16.7
		累计	54.9	57.9	56.9	57.9	55.0	53.8	51.4	60.0
	其他	首选	0.9	0.0	0.0	0.0	0.8	0.0	2.6	0.0
		累计	18	20.0	14.6	14.3	18.5	20.0	22.9	25.0
慢性病检查医疗机构	村卫生室		18.9	20.0	24.1	20.6	11.9	10.0	19.7	20.0
	乡镇卫生院		23.6	25.0	22.9	27.8	22.8	21.6	25.7	30.0
	县医院		27.2	25.0	20.4	19.7	33.9	27.9	29.3	30.0
	其他		10.6	1.4	13.9	2.1	9.8	11.8	6.2	0.0
	没有检查		19.8	20.0	18.7	19.1	21.6	21.6	19.1	16.7
建立健康档案的比例			44.1	40.0	47.8	50.0	38.4	33.4	45.8	40.0
按医生要求按时按量服药、接受治疗的比例			87.2	94.2	87.2	94.4	87.6	91.7	86.7	90.0

3. 贫困人口的医疗保障现状

国外早有研究证明，不同阶层人的健康生活机会不同。下层社会的人们更容易患慢性病和流行病，如营养不良和高血压。而且，他们的心理疾病也更为普遍。更为严重的是，他们买不起私人保险，却更容易受到各种工作和生活中的伤害。为此，反贫困是医疗卫生保障领域的一项重要任务，医疗保障内在公平性要求更多地关注贫困人口的保障需求。

表8　　农村居民致贫原因　　单位：%

		全国		东部		中部		西部	
		均值	中值	均值	中值	均值	中值	均值	中值
劳动力少	首选	41.7	43.7	39.7	36.2	39.1	42.9	48.4	55.6
	累计	62.4	61.5	58.3	50.0	61.1	64.3	70.8	80.0
自然条件差或灾害	首选	3.0	0.0	0.0	0.0	4.0	0.0	6.5	0.0
	累计	17.7	10.5	7.6	8.7	22.0	20.0	28.5	27.3
因疾病损伤	首选	48.7	50.0	52.1	53.8	52.4	46.5	38.2	40.0
	累计	73.0	71.7	77.6	75.9	67.6	71.4	72.5	66.7
人为因素	首选	2.2	0.0	2.7	0.0	2.2	0.0	1.4	0.0
	累计	14.1	13.3	10.8	10.3	12.5	13.3	21.7	18.2
其他	首选	4.5	0.0	5.5	0.0	2.4	0.0	5.5	0.0
	累计	20.9	17.4	13.6	10.9	23.2	22.2	29.8	33.3

在调查中，我们通过致贫原因了解到，因疾病损伤致贫的比例最高，作为第一原因占48.7%，作为原因之一的比例高达73%。其次是劳动力少，首选和累计占比分别为41.7%和62.4%。其中，西部地区首先占比平均高达48.4%，中值更高达55.6%。可见，疾病损伤是农村居民致贫的首要原因，西部更为严重。具体情况见表8。

国家实行新农合的主要目的之一是要缓解农村居民“因病致贫，因病返贫”现象。从国家卫生统计资料获知，2008年我国农村居民两周患病率为15.2%，两周患病未接受治疗比例为37.8%。在本研究中，贫困户占6.7%，贫困户两周患病率为45.7%，两周患病未接受治疗的比例为22.3%，年内应住院未住院比例为4.3%。贫困家庭年均获得政府补助金额为2 109元，其中，医疗救助金额516元，约占救助总额的1/4。中西部地区医疗救助金额的中值偏低，仅占地区政府补助金额的1.3%和3.4%。具体情况见表9。

表9　　农村贫困户医疗保障状况

	全国		东部		中部		西部	
	均值	中值	均值	中值	均值	中值	均值	中值
村户数（户）	37	31	28	22	43	35	44	43
贫困户占户籍数比例（%）	6.7	4.7	5.4	3.7	8.6	6.4	8.9	5.9
两周患病比例（%）	45.7	45.8	44.8	38.5	43.1	40	50.9	60
两周患病未接受治疗比例（%）	22.3	24	18.8	21.4	23.4	20.8	26.4	26.8
年内应住院未住院比例（%）	4.3	3.2	2.7	1.3	5.4	3.5	5.6	4.8
年家庭享受政府补助金额（元）	2 109	1 603	2 509	2 030	1 752	1 359	1 922	1 223
其中：贫困医疗救助金额（元）	516	185	718	405	409	18	324	42
贫困医疗救助的比例（%）	7.1	4.0	10.7	1.4	5.4	5.7	4.5	4.0

4. 大病患者的医疗保障现状

新农合和其他基本医疗保险一样，以保大病重病为主。我们将过去12个月内住过院或门诊医疗费用累计1万元以上患者家庭定义为慢性病患者家庭，对其疾病风险和保障程度进行了调查。大病患者占村人口的7.6‰，大病患者年均累计住院44天，西部时间为50天。全国年均医疗费用总额为

34 389元，西部为38 178元。东、中、西部新农合报销医疗费用的比例分别为28.3%、31.8%和26.9%。具体情况见表10。

表10　　大病患者医疗保障状况

		全　国		东　部		中　部		西　部	
		均值	中值	均值	中值	均值	中值	均值	中值
村人数（人）		13	6	13	6	13	6	14	7
占村常住人口比例（‰）		7.6	4.1	7.6	4.1	8.1	4.1	6.5	3.5
年累计住院天数（天）		44	30	43	30	41	29	50	32
年均医疗费用金额（元）		34 389	24 872	36 150	25 923	29 338	22 870	38 178	25 792
其中	新农合报销金额（元）	9 824	7 153	10 714	7 253	9 169	7 652	9 226	6 327
	新农合报销比例（%）	29.1	28.8	28.3	28	31.8	33.5	26.9	24.5
	其他补助金额（元）	735	29	725	36	681	0	822	55

（三）村卫生室资源、财务和管理，以及医疗服务现状

村卫生室是我国农村三级卫生服务网的最基层单位，承担传染病疫情报告、计划免疫、妇幼保健、健康教育、常见病和多发病的一般诊治和转诊服务以及一般康复等工作。我们重点调研了村卫生室的资源配置、财务和管理，以及医疗服务状况。

1. 村卫生室资源配置

2008年我国共有村卫生室613 143个，平均每村乡村医生和卫生员数为1.55人，执业（助理）医师占乡村医生和卫生员总数的12.75%。村卫生室调查显示，室均医务人员3人，中专及以上学历2.3人，具有执业（助理）医师资格1.5人，占医务人员总数的50%。村卫生室卫生人力资源配置高于

国家卫生统计数据。另外，年卫生系统业务培训为4.1人次数。

2007年卫生部《中央预算内专项资金（国债）村卫生室建设指导意见》提出政府出资建立的村卫生室不超过60平方米，近年各省市对村卫生室的要求一般在60～120平方米。实地调查中，室均业务用房面积为111平方米，东部地区126平方米，西部95平方米，村卫生室的业务用房面积达到要求。79%的村卫生室符合将诊疗室、观察室、药品储藏按功能分开的要求。其中，东部地区占82.8%。根据卫生部村卫生室设备配置要求。基本设备缺失8.8种，缺失种类占应配置设备的28.4%。具体情况见表11。

表11　　村卫生室资源配置状况

	全国		东部		中部		西部	
	均值	中值	均值	中值	均值	中值	均值	中值
医务人员总数（人）	3	2.5	3.2	2.7	2.8	2.4	2.8	2.2
中专及以上学历数（人）	2.3	2	2.5	2.2	2.1	1.9	2.1	1.9
医学类中专及以上学历数（人）	2.2	1.8	2.4	2.1	2.1	1.5	2.1	1.8
具有执业医师资格人数（人）	1.5	1.2	1.8	1.4	1.3	1.1	1.2	1
卫生系统业务培训人次数	4.1	2.4	4.5	2.9	3.3	1.8	4.3	2.3
业务用房面积（平方米）	111.4	93.3	126.3	110.2	105.7	89.1	94.6	70.9
业务用房功能分开比例（%）	79.0	80.5	82.8	83.8	77.2	79.2	75.2	73.1
设备缺失的种类数（种）	8.8	8.1	8	6.9	9	8.7	9.8	9.5
设备缺失种类比例（%）	28.4	26.1	25.8	22.3	29.0	28.1	31.6	30.6

2. 村卫生室财务与管理状况

村卫生室的财务状况是村卫生室能否正常运转、执行其职能的物质基础。全国村卫生室年收入73 488元，东部多，为97 895元，西部少，为55 036元。有补助村卫生室占25.4%，东部低，西部高，分别为17.8%和40.1%。室均补助总额5 739元，占总收入的7.8%。其中，各级政府补助的比例最高，占75.5%，其次是村集体，占20.7%。乡镇卫生院和其他补助的比例微乎其微。村卫生室药品材料支出占总收入的68.9%。村卫生室的房屋或者由村提供，或者与生活用房连为一体，总收入除去药品材料支出基本为人员收入，其差为22 891元。据此估计，村卫生室人员收入不到2万元，人均收入6 000元左右，高于村人均收入20%左右。具体情况见表12。

表12　村卫生室财务状况

		全国		东部		中部		西部	
		均值	中值	均值	中值	均值	中值	均值	中值
年总收入（元）		73 488	42 875	97 895	52 854	57 047	33 795	55 036	38 456
获得任何补助村卫生室比例（%）		25.4	21.6	17.8	15.8	23.7	22.2	40.1	39.4
所有村卫生室补助收入总额（元）		5 739	5 905	7 079	6 200	5 972	5 905	3 220	2 775
其中	村集体补助比例（%）	20.7	10	35.2	33.3	12.9	8.3	7.2	5.0
	村集体补助金额（元）	1 129	210	1 721	1 600	888	50	472	83
	乡卫生院补助比例（%）	0.2	0.03	0.1	0.03	0.1	0.04	0.5	0.2
	乡卫生院补助金额（元）	745	278	857	119	808	500	478	278
	各级政府补助比例（%）	75.5	76.0	70.4	71.4	83.3	83.3	73.7	76.9
	各级政府补助金额（元）	3 839	3 530	4 464	4 332	4 270	4 340	2 237	1 500

（续表）

		全国		东部		中部		西部	
		均值	中值	均值	中值	均值	中值	均值	中值
其中	其他村卫生室比例（%）	2.6	0.0	3.3	0.0	2.2	0.0	1.8	0.0
	其他补助金额（元）	26	0	38	0	7	0	33	0
年药品材料支出（元）		50 597	28 195	68 154	35 298	41 004	23 538	34 364	22 655
占总收入比例（%）		68.9	65.8	69.6	66.8	71.9	69.7	62.4	58.9

2006年8月，卫生部等部门联合制定了《农村卫生服务体系建设与发展规划》，主张打破部门和所有制界限，建立起以公有制为主导、多种所有制形式共同发展的农村卫生服务网络，要建立投资主体多元化、投资方式多样化的农村卫生投入机制，鼓励社会和个人举办农村卫生机构。调查显示，村办、私人办和乡镇卫生院设点是主要主办形式，分别占36%、28%和26.2%。管理方式上，以乡镇卫生院代管为主，占52.2%，其次是私人管和村管。行医方式则以中西医和西医为主，中医只占1.2%。

在村卫生室医疗服务管理上，医疗废物的处理方式以上级医疗机构回收和随地处理为多，分别占45.3%和41.8%。东部地区上级医疗机构回收差距较大，高比例居多，中值大大高于均值，为71.4%。行医过程中，全部登记和部分登记的比例合计为90%多。全部开收据和部分开收据合计72.6%。具体情况见表13。

表13　村卫生室管理状况　单位：%

		全国		东部		中部		西部	
		均值	中值	均值	中值	均值	中值	均值	中值
主办形式	村办	36.0	36.1	32.2	33.3	40.0	39.1	36.8	36.4

（续表）

		全　国		东　部		中　部		西　部	
		均值	中值	均值	中值	均值	中值	均值	中值
主办形式	乡镇卫生院设点	26.2	27.1	31.1	35.7	21.1	21.2	24.9	31.4
	联合办	7.9	7.7	7.0	7.1	6.9	6.5	10.6	13.6
	私人办	28.0	24.6	27.2	22.4	30.3	27.8	26.4	19.0
	其他	1.9	0.0	2.4	0.0	1.7	0.0	1.2	0.0
管理形式	村管	18.9	16.5	20.5	17.3	19.0	22.8	16.1	14.3
	乡管	8.5	7.7	7.3	7.1	9.3	9.8	9.1	8.6
	乡镇卫生院代管	52.2	53.6	52.4	59.9	49.1	50.2	55.8	57.1
	无人管理	0.1	0.0	0.1	0.0	0.2	0.0	0.0	0.0
	私人管理	19.8	17.7	19.5	16.5	21.7	23.3	17.9	14.3
	不清楚	0.6	0.0	0.2	0.0	0.8	0.0	1.1	0.0
行医方式	西医	43.5	46.2	40.8	44.4	45.3	48.5	45.7	52.4
	中医	1.2	0.0	0.4	0.0	1.9	0.0	1.5	0.0
	中西医	54.8	51.6	58.3	54.9	52.5	50.6	52.1	47.6
	其他	0.5	0.0	0.5	0.0	0.3	0.0	0.8	0.0
医疗废物处理方式	上级医疗机构回收	45.3	38.8	58.6	71.4	32.8	30.0	39.9	40.0
	自行卖出	12.9	9.9	11.1	7.9	13.8	12.3	14.9	12.1
	随地处理	41.8	43.7	30.3	28.6	53.4	55.4	45.2	42.9
看病登记情况	全部登记	70.2	77.8	69.1	78.6	66.5	61.2	76.9	80.8
	部分登记	21.3	18.7	19.2	13.5	26.7	27.5	17.8	14.3
	不登记	8.5	6.4	11.7	7.1	6.9	5.5	5.3	5.7

（续表）

		全国		东部		中部		西部	
		均值	中值	均值	中值	均值	中值	均值	中值
收费记录情况	全部开收据	43.6	36.9	55.1	63.5	33.1	33.3	38.7	38.1
	部分开收据	28.9	30.4	23.1	20.0	30.4	32.3	36.6	33.3
	不开收据	27.4	26.6	21.8	25.0	36.6	31.4	24.7	25.0

3. 服务提供和使用状况

根据村卫生室作为农村基本医疗卫生服务提供者的功能和地位，我们调查了村卫生室提供计划免疫、妇幼保健、计划生育、慢性病管理、健康档案和常见病诊治的服务内容。常见病诊治首选和累计分别为53.5%和95.9%。其次是计划免疫，首选和累计分别为40%和74.3%。妇幼保健累计近70%，其他服务内容累计均达到50%多。可见，村卫生室主要服务内容依次为常见病诊治、传染病预防和妇幼保健。

表14 村卫生室医疗服务提供状况

			全国		东部		中部		西部	
			均值	中值	均值	中值	均值	中值	均值	中值
使用程度（%）	经常去		48.1	47.7	48.3	45.5	51.9	49.8	42.7	46.6
	不经常去		45.5	45.7	45.9	49.2	42.7	42.5	48.6	46.1
	不去		6.7	8.7	6.6	9.2	5.4	5.3	8.7	8.9
提供医疗卫生服务内容比例（%）	计划免疫	首选	40.0	36.8	36.5	34.6	40.4	37.0	45.2	50.0
		累计	74.3	75.9	65.2	68.4	79.4	80.3	82.5	82.8
	妇幼保健	首选	4.8	3.7	4.7	4.8	3.7	3.3	6.4	4.5
		累计	69.9	70.5	61.8	62.1	70.5	70.5	82.4	82.8
	常见病诊治	首选	53.5	53.7	57.3	57.9	53.6	58.3	47.1	44.2

（续表）

			全　国		东　部		中　部		西　部	
			均值	中值	均值	中值	均值	中值	均值	中值
提供医疗卫生服务内容比例（%）	常见病诊治	累计	95.9	96.6	96.0	94.3	95.1	96.6	96.8	96.6
	计划生育	首选	1.0	0.0	1.0	0.6	1.5	0.0	0.5	0.0
		累计	56.9	49.2	69.0	53.7	48.6	46.7	47.8	47.6
	慢性病管理	首选	0.2	0.0	0.3	0.0	0.0	0.0	0.2	0.0
		累计	53.9	56.7	52.3	55.3	51.4	55.2	59.8	57.4
	健康档案	首选	0.5	0.0	0.2	0.0	0.7	0.0	0.5	0.0
		累计	52.8	48.7	59.1	65.3	43.2	48.7	54.9	48.1
诊疗人次数（人次）/日			16.6	13.3	20.2	16.2	14.2	11.4	14.0	11.2
常见病首诊比例（%）			60.0	58.3	61.2	57.4	63.8	61.8	52.9	54.6
新农合定点医疗机构比例（%）			74.4	76.7	68.5	63.0	77.6	79.1	79.5	81.0
药品种类数（种）			243	220	248	238	232	196	249	223
其中	西药种类比例（%）		71.9	70.7	73.2	69.4	71.9	75.1	69.9	68.0
	非新农合药物目录比例（%）		18.1	8.3	18.5	8.5	16.2	6.9	14.0	9.7

74.4%的村卫生室是新农合定点医疗机构，患常见病不去村卫生室的比例仅占6.7%，常见病首诊率为60%。医务人员日均诊疗16.6人次，高于2008年乡镇卫生院医师日均诊疗11.1人次。村卫生室平均经营药品种类数为243种，已超过村卫生室应该配置西药160种、中药或中成药60种以上药品目录种类数。其中，西药占71.9%，非新农合药品目录种类占18.1%。

（四）农村医疗卫生保障的满意度评价

1. 新农合满意度

本次调查从报销比例、一般服务需求、药品和诊疗项目三个维度考察了村民对新农合的满意程度，一般（基本）满意（足）程度及以上的比例分别为87.4%、86.09%、82.9%，比较不满意及以下的比例为12.9%、13%、17.2%。整体看，村民对新农合的满意度较高，其中，对新农合报销比例的满意程度最高。一般医疗服务需求、药品和诊疗项目满足程度略低。如果不包含一般（基本）满意（足），比较满意和比较满足以上的比例为57%、48.9%和44.1%。

2. 县乡医疗机构的满意度

县医院和乡卫生院是我国农村主要的医疗卫生服务机构，建立以县医院为龙头、乡卫生院为中心、村卫生室为基础的农村医疗卫生服务网络体系是我国医药卫生体制改革和医药卫生事业发展的重要任务。县乡两级医疗机构满意度相比，医务人员服务态度处于一般的比例相近，较好以上比例县乡分别为62.5%和65.1%。诊疗服务质量比较满意以上比例县乡分别为69.3%和61.4%，县医院高于乡卫生院，但乡卫生院处于一般的比例高于县医院6.4%。药品种类乡卫生院处于基本满足的比例高于县医院，但比较满足以上的比例县乡分别为72.4%和58.0%，二者差距较大。

3. 村卫生室的满意度

村卫生室诊治一般常见病水平较高以上的比例只占48.1%，认为一般的比例高达44.8%。医务人员服务态度较好以上的满意度为68.6%，一般的比例为28.2%。药品种类比较满足以上的比例仅为42.3%，基本满足占40.3%。药品安全性的较好以上比例占61.4%。总的来看，村民对村卫生室医务人员的服务态度的满意度较高，对诊治一般常见病水平和药品种类的满意度不到50%。从地区看，西部地区诊治水平偏低，服务态度相对较好，药品安全性较高。东部地区诊治水平相对较高，药品种类满意度较高。中部地区处于一般水平的比例较高。

三、总体结论、主要问题和政策建议

（一）总体结论

截至2009年6月底，医疗保障制度作为农村社会保障的组成部分正在覆盖农村绝大多数家庭，已初步形成农村医疗卫生保障的基本框架。新农合成功实现制度创新，成为农村社会保障制度的重要组成部分。参合率由2004年的75%提高到2008年的90%多，基本医疗保障水平和参合农民的受益率不断提高，正在由制度变迁的初始阶段步入平稳发展的均衡阶段，发挥着农村基本医疗保险制度的功能。村民对新农合报销比例、满足一般医疗服务需求、药品和诊疗项目的满意度分别均达到80%以上。整体看，新农合满意度较好。

农村医疗卫生服务体系建设，尤其是基层医疗卫生机构建设取得明显成绩。村卫生室卫生服务队伍建设取得进展，具有执业医师资格的比例有较大提高，业务用房面积和设备基本符合卫生部要求。村卫生室提供较多的医疗卫生服务依次为常见病诊治、计划免疫和妇幼保健，首诊率为60%，48.1%的村民经常去村卫生室。在没有考虑人均诊疗时间和疾病严重程度的前提下，村卫生室医务人员的日均诊疗量高于2008年乡镇卫生院医师日均诊疗量和社区卫生服务站医师日均担负量。相对而言，医务人员服务态度的满意度村卫生室最好，县医院最差。诊疗服务质量和药品种类满意度县医院最高，村卫生室最差。孕产妇产前检查、儿童分娩地点和慢性病患者经常购买药物机构累计比例最高的均为县级及以上医院，慢性病患者经常购买药物机构位居其次的是药店。

现有研究证明，居民的健康状况受多因素影响，包括年龄、性别、家庭经济水平、生活环境（饮水、排污等）、医疗服务的可及性和服务质量、生活习惯等。我们将本次调查中自报健康状况非常好和很好的被访村民分为一组，运用Logistic回归方法分析影响其健康的因素。除了年龄和性别作为控制变量之外，对健康有正面作用的因素有：使用自来水饮水、收入、离医院（包括乡卫生院，下同）距离近、村卫生室有执业医师、村卫生室提供慢性病管理服务等。对健康有负面作用的因素有：距离医院5千米以外，村卫生室缺失设备数超出10件。私人办的村卫生室和村办卫生室相比，同健康水平正相关，没有其他数据证明私人办村卫生室对健康的影响要好于村办卫生室。从地区来看，西部和中部地区的健康水平低于东部。西部和中部在慢性病管理服务、计划生育和健康档案方面与东部有明显差距。

（二）存在的主要问题

1. 新农合筹资水平低，集体经济组织的作用甚微

卫生部统计显示，2008年新农合人均筹资96元，此次调查，新农合人

均筹资则为87元，最高的东部地区也不过109元，该结果出人意料。作者认为，国家确定的最低筹资水平是针对最贫困地区而言的，应该高于最低筹资100元水平。在医疗费用不断上涨、医疗需求不断增长的情况下，也难保证其保障水平。基本医疗保险虽然由政府主办，统筹单位承担着基金风险，由于借鉴商业保险的技术，遵循收支平衡的原则，筹资水平直接制约着保障水平。新农合个人平均缴费额仅为28元，只够买一盒药的费用。总之，本来新农合要求筹资水平已经非常低，实际执行中再出现漏出或缺位，势必影响其可持续发展。

新农合有村集体补助的行政村只占4.1%。村卫生室只有25.4%获得了各种补助，平均补助收入金额为5 739元，占村卫生室总收入的7.8%。该项指标均值和中值的差距较大，按中值计算，村卫生室补助收入占总收入的13.8%。其中，政府补助的村卫生室占75.5%，集体补助的村卫生室占20.7%，可见，集体经济组织在农村医疗卫生保障体系中的作用甚微。

2. 基本医疗保障制度难以抵御农村居民尤其是贫困人群和大病患者的疾病风险

新农合和农村医疗救助构成农村基本医疗保障制度体系。目前，新农合尚处于较低水平。由于新农合筹资水平低，必然会限制其保障水平。调查中，我国贫困户占户数（户籍）的6.7%，现有农村贫困人口的社会医疗救助水平偏低。医疗救助金额仅占救助总额的1/4，中西部地区更低，分别为政府补助金额的1.3%和3.4%，贫困人口的社会医疗救助的力度不足。农村大病患者占常住人口的7.6‰，其医疗费用高达34 389元，而在新农合报销的医疗费用不到30%，其他渠道获得报销金额的中值都非常低，平均值最高的仅为822元。可见，基本医疗保障制度已经难以保障农村居民，尤其是贫困户和大病患者的疾病风险负担。

3. 村卫生室服务和管理水平低下

据调查，绝大多数行政村有村卫生室。从资源配置上看，业务用房面积已完全达到卫生部的标准，村民对村卫生室医务人员服务态度的满意度在80%以上，基本设备达标率为70%以上，村卫生室按功能分开的占79%。尽管如此，尚需提高设备达标率和功能分开比例。虽然村卫生室常见病诊治累计选择比例高达95.9%，但是，村民对村卫生室诊治一般常见病水平和药品种类在比较满足以上的比例却不到50%。可见，村民如果就近就便，只能接受较低的诊疗水平和不太满意的药品供应。村卫生室除了一般常见病诊治外，还开展了一些计划免疫，其余各项服务均非常少。累计私人管理、无人管理和不清楚村卫生室比例占20.5%。医疗废物处理方式上，随地处理的比例高达41.8%。看病部分登记和不登记的比例为29.8%，不开收据和部分开收据的比例为56.3%。可见，村卫生室服务管理尚需加强。

（三）政策建议

1. 建立以新农合为核心，与当地经济水平相适应的多种疾病风险保障体系

此次调查显示，贫困户中有一半是因病致贫，疾病风险已经是农民面临的诸多现实问题中最为普遍的一种威胁。巨额医疗费用是每一个人都面临的风险，应该由基本医疗保险保障，基本医疗保险的最终目的是有效分散居民面临的医疗风险。为此，从整体上构建我国农村医疗保障体系，则应以疾病风险为对象，建立起以新农合为核心的，多种医疗保险和社会医疗救助共同组成的，包括普通居民和高低收入群体在内的疾病风险保障体系，从而全面保障农村居民以医疗费用为主的疾病风险负担。新农合仍需坚持保大病重病为主，在提高筹资水平前提下，重点提高对难以承担疾病风险群体的保障水平，而不是简单的受益面。另外，还要培育和发展商业医疗保险项目，作为农村居民疾病风险的补充保障，如对新农合封顶线以上和自费比例的再保险、特定病种的保险等。社会医疗救助制度首先帮助农民加入新农合，再对其不能负担的医疗费用施以救助，或者提供必要和适宜的基本医疗卫生服务，避免贫困人口有病难医，进而损害健康。

2. 测算新农合筹资水平和结构，中央政府投入向中部地区倾斜

近年，卫生支出增量已经开始向农村倾斜，尤其是农村基层医疗卫生服务体系建设和基本医疗保障制度，但是，总体来看，城乡居民卫生费用差距不仅没有缩小，反而越来越大。未来较长时期内，需要逐步增加农村医疗卫生投入，提高其占医疗卫生投入的比重，缩小城乡差距。

新农合应该根据医疗保险精算原理，根据疾病风险、医疗费用、医疗消费弹性、物价指数、管理成本等因素测算筹资总水平，探索建立合理增长的筹资机制，提高各方筹资水平和保障水平。

（1）增加政府投入。近年来，国家高度重视新型农村合作医疗制度，不断加大政府投入。2009年国家卫生部《关于巩固和发展新型农村合作医疗制度的意见》提出，到2010年新农合人均筹资水平达到150元，并增加各级政府补助。即便如此，总的来看，新农合政府补助仍处于较低的水平，尤其地方政府投入水平难以保证。新农合作为基本医疗保险制度应该形成较为稳定的筹资来源和水平，需要形成稳定的筹资机制，列入各级政府财政预算。

（2）提高个人缴费额。随着农民人均纯收入的增长和对健康的重视程度不断提高，健康需求会有所增加，需要适度提高缴费水平。根据已有研究成果和实践经验，个人缴费水平与当地农民平均收入挂钩，可考虑按人均纯收入1%～2%的比例征收。

（3）拓宽筹资渠道，鼓励集体和社会投入。目前，村集体对新农合补助的行政村只有4.1%。应出台鼓励村集体和社会资金投向农村医疗卫生保障，发挥村集体经济组织的作用。

新农合试行以来，中央政府承担起了主要的筹资责任，尤其对西部地区予以财政转移支付性补助，中部地区则因一方面本身经济发展水平偏低，地方政府缺乏财源，而中央政府在有限的财力下，只能首先支持更落后的西部地区，使得中部地区新农合政府补助额处于全国最低水平。为巩固和发展新农合，促进其可持续发展，中央政府在继续对西部实行财政转移支付制度的同时，还需加强对中部地区的财政补助力度，以扭转地区之间的不平衡状态。

3. 进一步加强村卫生室建设，推行乡村卫生服务一体化管理

村卫生室是农村医疗卫生服务的基础，是县、乡、村三级卫生服务的网底，起到保证基本医疗卫生服务可及性的重要作用。因患者跟着医生走，应从加强乡村医生的业务培训和服务管理、提高村卫生室医务人员诊疗水平、贯彻国家基本药物制度规范等入手，加强村卫生室建设。但是，基层医疗卫生服务的特性使村卫生室的规模和人员配置数量均不宜盲目扩大。不论村卫生室的举办方式和管理方式如何，均应实行全行业统一管理。为保证医疗服务的连续性，村卫生室应该和乡镇卫生院联合，分工协作，以乡卫生院为枢纽，推进乡村卫生服务一体化管理。

2010年

中国农民收入状况研究报告

一、基本情况与调查实施

2010年暑期，上海财经大学开展了以“全国农民收入问题”为主题的第三期千村调查，范围涉及全国除台湾地区、香港和澳门特别行政区之外的32个省、市、自治区，共有1 152支调查队、1 831名同学参加，发放问卷11 520份，回收有效问卷9 540份。调研完成后，共有954支队伍上传完整问卷954组。参加调查同学将调查问卷原件、调研报告（电子版、纸质版）、访谈个案、采访图片和DV等调研成果提交到项目组。截止到2010年10月1日，项目组共收到学生调研报告954篇。具体见下表。

表1　各学院（系、所）报名与立项情况

学院（系、所）	报名队伍	报名人数	立项队伍	立项人数
财经研究所	8	24	7	21
法学院	84	110	79	102
公共经济与管理学院	140	202	133	190
国际工商管理学院	166	271	160	265
国际文化交流学院	1	1	1	1
会计学院	224	406	214	389

（续表）

学院（系、所）	报名队伍	报名人数	立项队伍	立项人数
金融学院	122	172	114	161
经济学院	112	155	111	153
马克思主义研究院	1	1	0	0
人文学院	87	139	80	129
统计与管理学院	52	103	51	102
外语系	85	98	81	94
信息管理与工程学院	111	199	106	194
应用数学系	17	34	15	30
总计	1 210	1 915	1 152	1 831

2010年千村调查项目由专家组、学生处、团委共同负责项目统筹。专家组负责问卷设计、调研指导、数据处理、报告撰写以及优秀成果的遴选和最终成果的出版；学生处、团委、各院系（所）负责项目的日常推进工作；学生处、科研处、教务处、研究生部负责成果的表彰及配套奖励；宣传部、学生处、团委、“211办”、专家组在项目实施全过程中从不同渠道负责校内外宣传工作和成果报送工作。

本次调查涉及东部地区的11个省（直辖市）的145个市、区、县的506个村共5 010户，涉及中部地区的6个省（直辖市、自治区）的69个市、138个县的176个村共1 763户，涉及西部地区的12个省（直辖市、自治区）的84个市、164个县的205个村共1 993户。调查对象包括汉族、朝鲜族、黎族、回族、满族、蒙古族、苗族、土家族、壮族、白族、布依族、侗族、纳西族、羌族、彝族、水族、藏族、维吾尔族、哈萨克族、畲族和瑶族21个民族。

二、对我国农民收入现状与问题的基本判断

根据调查问卷反映的情况发现，我国农民收入总体呈现“农民收入稳步

提高，劳动力转移有所加快，收入结构有所改变，进一步提高难度不小”的趋势。“三农”问题的解决，成绩很大，也有隐忧。

根据本次调查，我国东北、东、中、西部农民的收入水平均有稳定的提高，这些地区农民年人均毛收入分别为12 368.75元、19 000.78元、9 174.10元和9 426.22元，扣除生产、生活支出以后尚可结余4 171.69元、7 688.63元、3 063.69元和4 142.20元，收入水平有了明显提高。随着经济建设的发展，农村劳动力向外转移速度加快，70%以上的受访农户均有劳动力在外打工，40岁以下的青壮劳力外出打工的比例接近90%，这一趋势在东、中、西部差别不大。随着劳动力的转移，农民收入结构发生改变，工资性收入的比重不断上升，家庭经营性收入的比重下降，受访农户中工资性收入的比重接近或超过50%的也超过一半。受制于规模、农产品价格、生产资料价格等综合影响，如果不能进一步加大各项农业补贴，减轻农民负担，那么，虽然农村家庭经营性收入可以稳定，但快速增长的可能性不大。由于工资性收入受到外出打工农民知识和技能的制约，因此如果不能增加外出打工人员，农村家庭收入持续快速增长的可能性也不大。由此可见，在我国农村，进一步持续提高未来农民家庭收入的难度比较大。

（一）东、中、西部地区农民收入差距明显，一半农民仍处于温饱水平

东部地区人口在1 000人以下的小规模村庄的比例约占1/5，人口在1 000～4 000人的中等规模的村庄占了近70%，人口在4 000人以上的大规模村庄约占11%。2009年，人均收入低于3 000元的农村仍占11.86%。所调查的东部地区农村人均纯收入高于6 000元的有63.63%，而其中15 000元以上的约占8%。中部地区规模在600户以下的行政村接近6%。中部农村77.84%的家庭人均收入在6 000元以下，超过万元的不到4.55%。西部地区规模在600户以下的行政村超过了65%。西部农村80%以上的家庭人均收入在6 000元以下，超过万元的不到5%。东、中、西部农民收入水平呈梯度下降，这与东、中、西部的社会经济发展水平相一致，尽管由于生活成本的差异，东、中、西部农民的实际生活水平不一定如收入统计的差异那么大，但尽快提高中、西部农民的收入水平，缩小区域差距，是“十二五”以及更长时期我们重要而艰巨的任务。

与收入水平相一致的是在受访农民对于自身生活水平的评定上，东部48%的样本户认为自己家庭生活停留在温饱水平，40%的样本户认为达到小康，而认为自己非常富裕的只占3%，比较贫困的比例占7%，非常贫穷者为1%。中部57.28%的样本户认为自己家庭生活停留在温饱水平，28.67%的样本户认为达到小康，比较贫困或非常贫穷者为11.22%。西部55.1%的样本户认为自己家庭生活停留在温饱水平，28.7%的样本户认为达到小康，比较贫困或非常贫穷者为11.3%。东部自我评定生活达到小康水平的农民要比中、西部高出三成左右，自认为温饱水平的农户东、中、西部基本都在50%上下，说明大多数农民的生活仍然比较艰辛，而比较贫困或非常贫穷的农户在中、西部超过10%，东部也在8%，说明我们还有占总人口5%左右的人生活在社会的最底层，他们是最弱势的群体，需要全社会特别对他们加以关怀。

在现行农村制度框架下，持续提高农民家庭收入的途径有限。据本次调查数据，我国东北、东、中、西部农户的农地平均经营规模为11.17亩、2.69亩、4.48亩、6.70亩。在现行农地经营规模、农业技术水平、农产品价格以及农户收入结构条件下，农业生产经营收入显然难以成为农户收入持续提高的增长极，劳动力转移外出打工则受到家庭劳动力数量、知识、技能、工资水平、工作地点生存成本的综合影响，如果将持续提高农民家庭收入的途径主要放在劳动力转移外出打工上，那么农业就必将萎缩。现在我们面临一种多难的选择，在持续提高农民收入、保持农业产业稳定发展、农村劳动力有效转移之间，存在有悖论的地方。不能脱离中国农业、农村和中国国民经济需要来简单提“要提高农民收入，必须减少农民”的说法，关键在于减少的是什么样的农民，留在农业产业内的又是什么样的农民，如果有知识、有文化的青壮年农民大量单向流出农业产业，就会出现“农村空心化”，这将会对我国农业的可持续发展产生毁灭性影响。因此，在“十二五”期间或更长的期间，需要我们在农村经营体制、农地流转、农村社会保障、农村科技与教育、农业现代化等方面做出突破性改革，以适应国民经济发展的需要，保证农业的可持续发展与粮食安全。

（二）农村年轻一代离农意识强烈，未来农村劳动力素质堪忧

在东部5 003户受调查户中，传统的农业生产已经不是农民的第一主业，

主要收入来源于农业生产的仅占样本的27%，取而代之的是打工（包括当地打工和外地打工），占样本的1/3。与此同时，东部民营经济的繁荣和公共服务需求的增加，吸纳18%的样本户成为工薪收入者，8%的样本户自主创办企业。相对而言，农村专业户和靠财产性收入维生者比例仍旧偏低，两项数据加总约占样本户的6%。在中部1 763户受调查户中，主要收入来源集中在农业生产的占38.17%，打工占36.35%，工薪收入者占6.64%，自主创办企业占4.82%，农村专业户和财产性收入维生者占4.26%，其他收入来源者占9.59%。在西部1 993户受调查户中，主要收入来源集中在农业生产的占47%，打工占30%，工薪收入者占5%，自主创办企业占4%，农村专业户和财产性收入维生者占6%，其他收入来源者占8%。

农业所得在农民收入中比重的变化以及农业生产本身比较利益低、劳动环境差、强度大等因素，对农村青年就业选择产生了重大的影响，从本次调研农村青年就业意向来看，在东部农村一半以上的初中、高中毕业生选择继续升学，约1/5的初中、高中毕业生选择外出务工，而选择务农的初、高中毕业生不到8%。中部农村青年初中和高中毕业后选择外出打工者接近40%、接近1/3继续升学，选择在家务农的略高于10%。西部农村青年初中和高中毕业后1/3以上外出打工、接近1/3继续升学，选择在家务农者占16.5%。

农村年轻一代的离农意识的形成在一定程度上来源于农村相对富裕家庭的示范效应。在本次调查中，东部农村经济相对富裕的家庭分布为：从事农业占9.88%，个体工商户占57.71%，外出打工占15.22%，干部占3.16%，专业技术人员占4.55%，其他占9.48%。中部农村经济相对富裕的家庭分布为：从事农业占7.95%，个体工商户占40.91%，外出打工占38.07%，干部占2.27%，专业技术人员占6.18%，其他占3.98%。西部农村经济相对富裕的家庭分布为：从事农业占20.81%，个体工商户占31.47%，外出打工占36.04%，干部占2.54%，专业技术人员占3.55%，其他占3.55%。

农村青年就业普遍选择脱离“三农”，青壮劳动力大量单向转移，可能会对未来农业产生严重影响。本次调研发现，40岁以下的青壮劳力外出打工的比例接近90%，30岁以下青年劳力外出打工的比例超过90%，对于初中以上学历农村青年工作意向的调研中，受访者100%选择离开农村外出打工。原因选择为农业生产太苦，赚不到钱。更为严重的是，这种转移基本是单向的，这些转移出去的青壮年劳动力大多数没有农业生产知识和技能，即使由于年龄、工作等原因回到农村，也不愿或者无法进行农业活动。尽管在调研中也发现一些回乡进行种植、养殖业生产并获得成功致富的例子，但目前看来均为个案，并不具备普遍性特征。

青壮劳动力大量单向转移，将可能使得未来我国农业劳动力以中老年为主，农村有出现“未富先老”的趋势，有可能影响未来农业产业发展的可持续性。农业劳动力老龄化是与青壮劳动力大量单向转移孪生的问题，在受访乡村中，真正从事农业生产的农村劳动力平均年龄接近50岁，上海市则达到61岁。农业劳动力老龄化、知识水平低、科技接受能力差的状况相当严重。调查发现，劳动力的大量转移、收入结构的改变、农业劳动力的弱化以及土地流转集中困难，使一些耕地相对稀缺的地区甚至是中、东部传统粮食产区，出现了种植业重回自然经济的苗头，受访农户对采用科技提高产量和收入兴趣不大，认为粮食够吃就行，一些受访乡村出现农田抛荒。农村劳动力老龄化、低质化是一个相当危险的问题，不仅会使农业新技术、新品种、新成果的推广失去了对象，影响我国农业现代化的步伐，而且有可能会影响未来我国的粮食安全。

（三）农民意识仍然比较传统，需要教育农民改变观念解放思想

从本次调查来看，我国农民对于生产劳动的意愿与态度仍然比较传统，东部地区敢于创业的家庭约占13%，51.84%的农村家庭属于吃苦耐劳、艰苦奋斗的类型，30.57%的农村家庭属于比较保守、安于现状，怕苦怕累、游手好闲的农村家庭也占了4.94%。

中部农村敢于创业的家庭为10.52%，有57.12%属于吃苦耐劳、艰苦奋斗型，属于比较保守、安于现状的占30.96%，怕苦怕累、游手好闲的占4.61%。

西部农村敢于创业的家庭为11.69%，有57.78%属于吃苦耐劳、艰苦奋斗型，属于比较保守、安于现状的占30%，怕苦怕累、游手好闲的占5.6%。

农民的意识偏于传统，一方面是由于本身的素质不高，另一方面也是由于我们对于农民现代意识的教育和宣传不够，这对于今后现代农业的发展产生一定的不利影响。未来我国要发展现代农业，并持续地使农民收入获得稳

定提高，就必须加强宣传、引导和教育，帮助农民打破长期以来形成的小农经济意识和观念，促使广大农民不断解放思想、更新观念，积极地适应随着经济、社会、科技的进步出现的新要求。只有农民的整体素质提高了，建立起现代化的观念，农民增收问题才可能彻底解决。

（四）农村致富示范效应明显，未来组织推进十分重要

对于成功农户对于当地产业的示范和带动作用的调查发现，东部农民认为很明显的占19.96%，明显的占52.17%，两者相加为72.13%；中部农民认为很明显的占16.48%，明显的占48.86%，两者相加为65.34%；西部认为很明显的占26.40%，明显的占42.13%，两者相加为68.53%。

农村致富带头人，植根于农村，创业于农业，他们在创业致富中的成功经验是农村经济发展中最鲜活、最生动的范例，是农民身边鲜活的致富典型，可以对周边农民产生极强的学习效应，具有其他组织无可替代的示范和带动作用。正因为如此，在“十二五”期间，大力培育农村致富带头人，实施致富示范的“农村创业致富酵母工程”，将是提高农业生产效率和提高农民收入的重要手段之一。

（五）惠农政策深得民心，进一步加大力度凸显重要

本次调查发现，农村最受欢迎的惠农政策，东部依次是直补、提供农业支持、提供市场信息、优惠提供农业生产资料、提高农产品价格、兴修水利、整顿农资市场秩序，中部依次是提供农业支持、兴修水利、粮食直补、提高农产品价格、优惠提供农业生产资料、提供市场信息、整顿农资市场秩序，西部依次是提供农业支持、兴修水利、粮食直补、优惠提供生产资料、整顿农资市场秩序。

从全国来看，直补（粮食直补、农资综合补贴）2006年为262亿元、2007年为427亿元、2008年为789亿元、2009年为946亿元、2010年预拨867亿元，尽管增长速度较快，但平均到单位产出水平上，力度仍显不足。以2009年为例，2009年全国粮食产量5.3亿吨，农民每生产1吨粮食所获得的直接补贴仅为178.5元。2009年我国农业的各项补贴总计约为1 542.4亿元，约占农业总产值的4.3%，而在21世纪初的2001年，美国给予农业的国

内支持就相当于其农业总产值的50%。因此，在“十二五”期间以及更长的时期，进一步加大对于农业的各项补贴，特别是直接补贴的力度，不仅必要而且必须，我们应该通过有力的农业支持来加强农业的后劲，保证粮食安全，保持农业的良性发展。

（六）农民有比较强烈的创业意向，需要强化专业知识和技能培训

通过对于农民对致富的路径认知调查，我们发现，在东部农村，53.40%的被访农民认为生活富裕的人致富靠的是自己办企业，以样本户较多的上海、江苏和浙江为例，认为“自己办企业”是最佳致富途径的样本户分别占当地样本总数的43.8%、58.7%和66.4%，平均值为56.2%，高出东部11个省市平均值近5个百分点；其次是依靠一技之长，包括依靠专业技术或专事农业的专业户，占样本户总数的21.91%，仅10.46%的农户认为外出打工可以发家致富，而认为当干部依靠权力致富的比例仅占样本总数的10.46%。

中部农村调查发现，36.37%的被访农民认为生活富裕的人致富靠的是自己办企业，占样本户总数的25.67%的被访农民认为依靠一技之长，包括依靠专业技术或专事农业的专业户可以致富，26.26%的农户认为外出打工可以发家致富，而当干部依靠权力致富的比例仅占样本总数的7.08%。

西部农村调查发现，20.07%的被访农民认为生活富裕的人致富靠的是自己办企业，其次是依靠一技之长，包括依靠专业技术或专事农业的专业户，占样本户总数的33.69%，25.70%的农户认为外出打工可以发家致富，而认为当干部依靠权力致富的比例仅占样本总数的7.26%。

尽管东、中、西部农民对于致富的路径认知有明显差异，但认为自己创业和依靠专业技术或专事农业的专业户是有效致富途径的被访户占到一半以上，说明各地农民有比较强烈的创业共识，同时也表明农户对教育、专业知识和技能有强烈的渴求。对于农民致富原因认知的调查充分反映了农户对教育、专业知识和技能的清醒认识和需求，农民认为致富的原因是由于教育和技术的占到了受访农民的70%。

东部农村调查发现，大约24.03%的农户认为高收入主要来源于学历，40.28%认为源于技术，12.25%认为源于聪明，20.06%认为源于社会关系。

中部农村调查发现，大约21.54%的农户认为高收入主要来源于学历，51.47%认为源于技术，8.98%认为源于聪明，13.64%认为源于社会关系。

西部农村调查发现，大约21.61%的农户认为高收入主要来源于学历，49.65%认为源于技术，10.08%认为源于聪明，14.77%认为源于社会关系。

（七）技术和知识是制约农民致富的主因，教育培训农民极其重要

对于制约家庭致富的因素，东部农村受访农户有43.85%认为缺乏技术和知识，有19.91%选择缺乏关系，占15.16%选择缺乏冒险精神，有9.19%选择缺乏劳动力，有6.53%选择缺乏土地。

中部农村受访农户有50.79%认为缺乏技术和知识，有11.54%选择缺乏关系，占9.83%选择缺乏冒险精神，有14.83%选择缺乏劳动力，有7.18%选择缺乏土地。

西部农村受访农户有44.86%认为缺乏技术和知识，有11.74%选择缺乏关系，占8.41%选择缺乏冒险精神，有20.84%选择缺乏劳动力，有9.44%选择缺乏土地。

由于农民科学素质普遍较低，又缺乏提升和掌握科技知识的有效途径和机会，缺技术、缺知识成为制约农民收入提高的“瓶颈”。他们最想的是致富，最盼的是服务，最缺的是科技。因此在“十二五”期间，进一步强化发展农村职业教育，开展农民科技培训，提高农民的科技文化素质和职业技能，帮助他们掌握先进实用的农业技术，提高科学种养水平，使科学技术成为农民致富的发动机，是我们有效提高农民收入的有力抓手。

三、来自调研分析的相关建议

通过对本次千村调查的情况和数据的分析，我们认为，农村劳动力转移，农村家庭收入结构变化，农业劳动力逐步老龄化将会是未来10—20年间我国农村不得不面临的问题。如果要保证我国农业保持可持续发展，农村经济社会持续进步，农民收入水平持续提高，必须解放思想，加快农村制度改革，构建新型的农业产业模式，扩大对“三农”支持和保护力度，打通城乡一体的社会保障。特提出以下建议，供参考：

（一）加快以土地流转集中制度为标志的农村制度改革步伐，促进现代规模化农业的发展

土地流转集中是一项系统工程，要制定全国统一的农村土地流转法规和具体实施细则，具体划定各级财政对土地流转集中的补贴与支持力度，具体落实各相关部门对于土地流转集中过程中的保障职责。使我们能够从容应对农业劳动力转移和农村劳动力老龄化对我国农业和粮食安全可能带来的影响。

（二）加快构建新型的农业产业模式的步伐，建立现代化大农业

要制定有关政策措施使现代企业借助农村土地流转进入农业领域，通过多种形式与农民合作，进行规模化、现代化、产业化的农产品生产，以提高农业的现代化水平和竞争能力。

（三）实施“新一代农民培育工程”

“十二五”期间，必须确定培育有文化、有技术、有头脑的新一代农民的具体方案，统筹教育培训、技术支持、经营辅导、资金援助、市场导入等一系列工作，使新一代农民真正能够在农业中发挥作用，成为未来中国农业的主力军。

（四）扩大对“三农”支持和保护力度

调查发现，农民对党和政府实施的一系列惠农政策十分欢迎和肯定，但力度上仍显不足，农业补贴收入占农民收入的比重不足5%。在“十二五”期间，应该考虑加大对农民的农业生产过程的直接补贴额度，来增加农民收入，稳定农业产业。

（五）打通城乡社会保障一体化体系

为农民提供充分的社会保障和农业产业保险是稳定农业产业、提高农民收入、吸引青壮农民从事农业的有效手段，目前农民在社会保障方面与城镇居民存在比较大的差距。在“十二五”期间，应该考虑将城乡社会保障体系一体化打通，使农民更好地享受国民经济发展的收益。

2011年

中国粮食安全问题调查研究报告

一、导论

粮食是农业的核心，粮食业现代化是农业现代化的核心内容，是保障我国粮食安全、保持国民经济持续稳定发展的重要战略举措。粮食业现代化在不同的历史时期有不同的特征。当前，粮食业现代化表现为物质装备现代化、生产技术科学化、生产方式产业化和劳动者知识化。实现粮食业的现代化需要用现代工业装备粮食业、用现代科学技术改造粮食业、用现代管理方法管理粮食业、用现代科学文化知识提高粮农素质，力争建立起高产优质高效的粮食业生产体系，使其经济效益、社会效益和生态效益可持续发展，大幅度提高粮食综合生产能力、不断增加粮食有效供给和农民收入。

中央政府2010年通过进一步强化强农惠农政策、稳定发展农业生产政策、改善农村民生政策和推进农村改革政策，促进了粮食生产连年丰收。2010年全国粮食总产量为54 641万吨（10 928亿斤），比2009年增加1 559万吨（312亿斤），增产2.9%，我国粮食连续第七年增产。

强农惠农政策方面：2010年，中央财政安排农业补贴1 345亿元，比2009年增加70亿元，对调动农民务农种粮发挥了积极作用。国家提高了小麦、稻谷的最低收购价，补偿了部分粮食生产成本的增加，促进农民改善粮食品种结构。中央财政累计安排小型农田水利设施建设补助专项资金172亿元，安排小型农田水利重点县建设资金100亿元，改善了农田灌溉和排涝条件，增强了粮食生产抗御自然灾害能力。

稳定发展农业生产政策方面：中央财政通过拨付185亿元奖励产粮（油）大县，调动了地方政府重农抓粮积极性。国家通过安排约55亿元固定资产投资，用于《全国新增1 000亿斤粮食生产能力规划（2009—2020年）》中的田间工程，支持规划范围内粮食生产核心区和非主产区产粮大县的1 380万亩农田建设，提高了全国高产稳产农田比例，改善了粮食生产条件。国家通过安排中央基础建设投资2亿元，在全国14个省、176个县、815个乡镇试点建设农技推广机构，为保障粮食再丰收提供了强有力的科技支撑。

改善农村民生政策方面：国家通过进一步加大财政投入力度，大力实施阳光工程，拓展培训领域，推动了农业教育发展，提高了农民素质。

推进农村改革政策方面：国家通过鼓励农民采取转包、出租、互换、转让、股份合作等方式流转土地承包经营权，促进了家庭农场、专业大户、农民合作社等规模经营主体发展的多种形式的土地适度规模经营，促进了粮食的规模化生产。

尽管我国粮食生产实现了连续第七年增产，但是我国粮食生产仍面临着粮食消费需求呈刚性增长、耕地数量逐年减少、水资源短缺矛盾凸显、供需区域性矛盾突出、品种结构性矛盾加剧、种粮比较效益偏低和全球粮食供求偏紧等严峻挑战，必须在深化工业化和城镇化的同时实现农业的现代化。这是因为实现农业现代化是社会主义新农村建设的首要任务，能够为新农村建设提供坚实的物质基础；实现农业现代化是维护国家粮食安全、增加农民收入、提高农业整体水平和竞争力的根本保障；实现农业现代化是实现我国整个国民经济现代化的基本要求。

因此，2011年度上海财经大学千村调查项目组于2011年暑期组成了1 138支队伍，分赴我国31个省（市、自治区）的1 138个行政村，走访了2 276户种粮大户和11 380户普通农户，就2010年我国粮食生产、流通、储备等领域的问题进行了实地调查，收回行政村调查问卷1 097份，种粮大户调查问卷2 121份，普通农户调查问卷7 192份。

本调查报告围绕粮食业“四化”特征，依据千村调查项目调查数据，从水利化、机械化、生产技术科学化、农民职业化、粮食经营组织化和适度规模化六个方面对我国粮食业现代化状况进行了调查，分析了存在的问题，并有针对性地提出了政策建议。

二、样本基本情况

（一）样本的行政区域分布

本次调查的有效样本涉及全国31个省（市、自治区），481个县（市、区、旗），721个村。累计获取有效农户家庭样本7 192个，其中样本分布集中度超过5%的有6个省（市），分别是上海13.70%[①]、江苏11.05%、浙江10.34%、山东6.12%、河北5.56%、安徽5.28%。6省（市）合计占总样本的52.06%。样本分布集中度在3%～5%之间的有6个省，分别是河南4.17%、四川3.89%、山西3.75%、湖南3.20%、辽宁3.20%、福建3.16%。以上12个省（市）合计占总样本的73.43%。样本集中度在2%～3%之间的有3个省，分别是贵州2.92%、江西2.92%、陕西2.59%。样本集中度在1%～2%之间的有9个省（市、自治区），分别是黑龙江1.95%、湖北1.95%、云南1.81%、重庆1.81%、新疆1.53%、广西1.39%、广东1.25%、吉林和甘肃均为1.11%。样本集中度不足1%的有7个省（市、自治区），分别是内蒙古0.97%、北京0.90%、天津0.83%、青海0.56%、宁夏0.42%、海南和西藏均为0.28%。从样本的区域分布不难看出，样本的获取受学校生源地影响，上海周边的华东地区是本次调查的核心区[②]，换言之，本次样本所反映的情况也相应地是以华东地区为重心的一个全国性问题。

（二）样本的自然与经济区域分布

从调查看，样本所在区域的自然分布为：平原或盆地区占59.16%，丘陵区占23.67%，山区占17.17%。经济区域分布为：城市郊区占26.92%，粮食主产区占12.24%，普通农区占60.85%。有66.31%的样本所在村经济是

① 单就上海看，985个样本主要集中在6个郊区（县），其中集中度最高的是崇明县，占25.38%；其次是浦东新区，占18.78%；第三是奉贤区，占14.21%；第四是青浦区，占10.15%；第五是金山区和松江区，各占9.14%。剩下的分布在闵行区（6.09%）、嘉定区（4.06%）和宝山区（3.05%）。

② 华东7省市调查样本占总样本的52.57%。

以粮食种植为主，有9.18%是以蔬菜和水果种植为主，有1.11%是以畜牧养殖为主，有1.53%是以水产养殖为主，有1.67%是以农产品加工为主，还有20.20%是以其他为主。自然经济区域①分布为：东部10个省（市）占53.20%，中部6个省占21.27%，西部12个省（市、自治区）占19.27%，东北3个省占6.26%。显然，我们的调查重心在东部沿海，本调查是一个以平原区农户为中心、普通农户为主体、粮食种植户为骨干的农户粮食种植行为调查。

三、我国粮食业现代化水平取得的成绩及原因探析

（一）2010年我国粮食总产量和单产均创新高

据国家统计局统计，2010年全国粮食总产量为54 641万吨（10 928亿斤），比2009年增加1 559万吨（312亿斤），增产2.9%。其中，夏粮播种面积27 421千公顷（4.11亿亩），扩大38.4千公顷（58万亩），夏粮总产量为12 310万吨（2 462亿斤），比2009年减少39万吨（7.7亿斤）；早稻播种面积5 794千公顷（8 691万亩），比2009年减少76.1千公顷（114.1万亩），早稻总产量为3 132万吨（626亿斤），比2009年减少204万吨（40.7亿斤）；秋粮播种面积76 657千公顷（11.5亿亩），比2009年增加924千公顷（1 386万亩），秋粮总产量初步统计为39 199万吨（7 840亿斤），比2009年增加1 801万吨（360.3亿斤）。

从播种面积来看，2010年全年粮食播种面积达到109 872千公顷（16.48亿亩），比2009年增加886千公顷（1 329万亩），因播种面积扩大增产粮食441万吨（88亿斤）。2010年粮食的单位面积产量达到4 973公斤/公顷，比2009年提高了103公斤/公顷，因单产提高，粮食产量增产1 118万吨（224亿斤）。

---

① 根据自然经济特征，我们将中国31个省（市、自治区）分成四片，东部10个省（市）分别是：北京、天津、河北、上海、江苏、浙江、山东、福建、广东、海南；中部6个省分别是：山西、安徽、江西、河南、湖北、湖南；西部12个省（市、自治区）分别是：重庆、四川、贵州、云南、西藏、陕西、甘肃、青海、宁夏、新疆，内蒙古、广西；东北3个省分别为：辽宁、吉林、黑龙江。

（二）我国农田水利基础设施为我国粮食安全做出了巨大贡献

在国家加大财政投入的情况下，我国小型农田水利建设实现了恢复性增长。“十一五”期间，我国农田水利基本建设完成投资4 865亿元，投入劳动工日143亿个，出动机械台班39 675万个，完成土石方662亿立方米，共修复水毁工程275万处，粮食生产灌溉排水条件有了明显改善，抗旱能力显著增强，增加了农田有效灌溉面积，提高了粮食单产和粮食总产量。

2010年，我国东北区、内陆河区、黄河中上游区、黄河中下游区、海河区、淮河区、长江中下游区、东南沿海区和西南区9个分区中，6个分区的农业抗旱能力较强，淮河区有效灌溉率为66.6%，黄河中下游区有效灌溉率为65.5%，海河区有效灌溉率为62.4%，长江中下游区有效灌溉率为60.0%，内陆河区有效灌溉率为56.8%，东南沿海区有效灌溉率为53.9%。

2010年，我国农田有效灌溉面积达到近9亿亩，占全国耕地面积的49%。有效灌溉农田单位粮食生产能力达到了全国平均值的1.8倍，旱地的2.9倍，且产量相对稳定，粮食产量达到了全国总产量的75%。2010年，我国实现粮食产量5 464亿斤，比2006年粮食产量4 980亿斤增产9.72%。

我国在全国耕地面积不到一半的灌溉面积上生产了占全国总产量75%的粮食，确保了我国用世界9%的耕地、6%的世界淡水资源，成功解决占世界22%左右人口吃饭的问题。我国农田灌溉排水为我国粮食业可持续发展及国家粮食安全起到了重要的支撑和保障作用。正如联合国粮农组织和世界银行的报告认为，我国稳定的人均0.65亩左右的“水浇地”是粮食生产和农村经济稳定发展的基础。

（三）农机合作社发展迅速，农机装备保有量大幅度增加，农业机械化水平大幅提高

农机专业合作社的发展是提高农民生产组织化程度的有效途径，是推动农业机械化发展的重要力量，是完善农村基本经营制度的重要内容，是提高土地产出率、劳动生产率、资源利用率的重要措施。农机专业合作社是农民专业合作社的重要组成部分，自2007年《农民专业合作社法》公布实施以来发展速度不断加快。2007年全国农机专业合作社总数4 435个，2008年

达到8 266个，2009年达到14 902个，入社人员总数达到25.5万人。农机专业合作社的服务方式不断创新，在开展农机跨区作业、代耕代种、订单作业的基础上，开展了土地托管、土地入股、全程承包、“一条龙服务”等农机服务新模式，较好地满足了农机户和广大农民的需要，推进了农机服务规模化、标准化和专业化。

农机购置补贴等强农惠农政策极大地调动了农民购买和使用机械化设备的积极性。截至2010年底，全国农业机械总动力达到9.28亿千瓦，比2005年增长35.2%，农机装备水平快速提高。目前，我国农业生产耕种收综合机械化水平已达52%，比2005年增长了16.38个百分点，农业综合生产能力明显增强。在小麦、水稻和玉米三大粮食作物中，小麦机播和机收水平均达到91.26%，基本实现了生产全程机械化；水稻机械化栽植水平为20.9%，比2005年增长13.8个百分点；玉米机收水平达到25.8%，比2005年增长22.7个百分点。

（四）政策支持力度不断加大，基层农业技术推广体系发展迅速

基层农技推广体系是国家设立在县乡两级为农民提供公共服务的组织，长期以来，在保障国家粮食安全和粮食有效供给、促进粮食业现代化发展中发挥了不可替代的作用。为了加强基层农业技术推广体系的发展，2006年国务院专门出台了《关于深化改革加强基层农业技术推广体系建设的意见》（国发〔2006〕30号），对基层农技推广体系改革做出了全面部署。2008年，中共十七届三中全会要求加强农业公共服务能力建设，创新管理体制，提高人员素质，力争3年内在全国普遍健全乡镇或区域性农业技术推广公共服务机构，逐步建立村级服务站点。2009年的中央“一号文件”进一步明确3年内在全国普遍健全乡镇或区域性农业技术推广机构的要求，逐步推进村级服务站点建设试点。

在国家政策的支持下，我国各地基层农技推广体系改革与建设取得了积极的成果。2010年底，我国农业行业5个系统共有基层农技推广机构9.5万个。农技队伍综合素质不断提高，人员结构进一步优化。2010年，基层农技人员中高级、中级职称人数的比例分别为6%、32.8%，比2005年分别提高2.5%、8.1%。工作保障能力有所增强，2010年县和县以下推广机构财政全

额拨款单位的比例分别为86.4%和69.8%；基层农技人员年平均工资24 307元，比2005年增长73.65%。

（五）随着整个中国社会的发展和政府与民众对教育认识的提高，农村居民的受教育时间明显加长

从调查结果看（见表1），本次调查的样本，户主受教育时间最长的16年，最短的0年，平均7.55年，受教育时间分布为：6年及以下的占37.08%，其中未受教育者占5.98%；小学学业完成一半及不到者占6.30%；7～9年的占41.41%；10～12年的占17.83%；13年及以上者占3.68%。在四大区域中，平均受教育时间最长的样本户主是东北，达到7.79年，其次是东部，为7.68年，第三是中部，为7.42年，受教育时间最少的是西部，为7.26年。

就样本户的户主性别特征分布看，本次调查的样本户主男女性别比大体为7 ∶ 3，即七成为男性，三成为女性。性别特征在区域上的表现为：东部与东北两片，男性比例略低于七成，而中部和西部两片则相反。

表1　　**样本户户主个人特征信息分布统计**　　单位：%

		东　部	中　部	西　部	东　北	总　体
户主年龄	≤25	2.25	2.16	2.38	3.11	2.31
	26～35	8.44	8.96	8.81	10.67	8.76
	36～45	22.89	29.56	32.85	26.89	26.48
	46～55	34.40	34.14	31.62	36.67	33.95
	56～65	23.62	19.69	18.56	15.78	21.32
	66+	8.39	5.49	5.78	6.89	7.17
平均年龄（岁）		50.04	48.25	47.77	47.82	49.08
户主受教育时间（年）	0	6.12	5.88	6.93	2.22	5.98
	≤3	6.22	6.14	7.36	4.22	6.30
	4～6	23.21	24.31	27.63	31.33	24.81

（续表）

		东 部	中 部	西 部	东 北	总 体
户主受教育时间（年）	7～9	41.09	43.59	38.74	44.89	41.41
	10～12	19.32	16.86	16.02	14.00	17.83
	13+	4.05	3.20	3.32	3.33	3.68
平均受教育时间（年）		7.68	7.42	7.26	7.79	7.55
男性比例（%）		69.34	71.24	71.65	69.33	70.19

结合图1可以看出，随着整个中国社会的发展和政府与民众对教育认识的提高，农村居民的受教育时间明显大大加长，特别是家庭户主受教育时间快速提升非常明显。户主年龄在66岁及以上者，平均受教育时间只有4.92年；当年龄下降10岁到56～65岁时，平均受教育时间则增长0.77年，达到5.69年；当年龄再下降10岁到46～55岁时，平均受教育时间则再增长1.93年，达到7.62年；当年龄进一步下降到36～45岁时，平均受教育时间则再增长0.85年，达到8.47年，此代人可以说是改革开放接受教育的一代。进入改革开放接受教育的二代户主，平均受教育时间则首次突破两位数，达到10.14年，进入改革开放接受教育的三代户主，他们的平均受教育时间则高达11.13年。与其父辈相比，最年轻一代户主的平均受教育时间提高了2.67年，提高幅度达31.47%。与其祖辈相比，最年轻一代户主的平均受教育时间提高了5.44年，提高幅度则高达95.57%。显然，文化教育的快速普及与提升是支撑整个中国经济30年高速发展的一个重要保证。在这一提升过程中，政府是当然的赢家，但民众也是受益者。农民们通过文化知识的武装，观念改变，传统的“脸朝黄土背朝天”的农业经营思路与现行做法相距越来越远，“白领农民”“工厂农业”等新型农业方式向广大中国农村渗透。被广泛转移了的农村核心劳动力的农业发展方式尽管不是政府期望的，但在支撑中国农业生产发展上，这种有效的方式恰恰证明中国农民的伟大。“386199”① 式的农业发展方式在一定时期内依旧是中国农业发展的主流方式。

① “38”指妇女；“61”指小孩；“99”指老人。

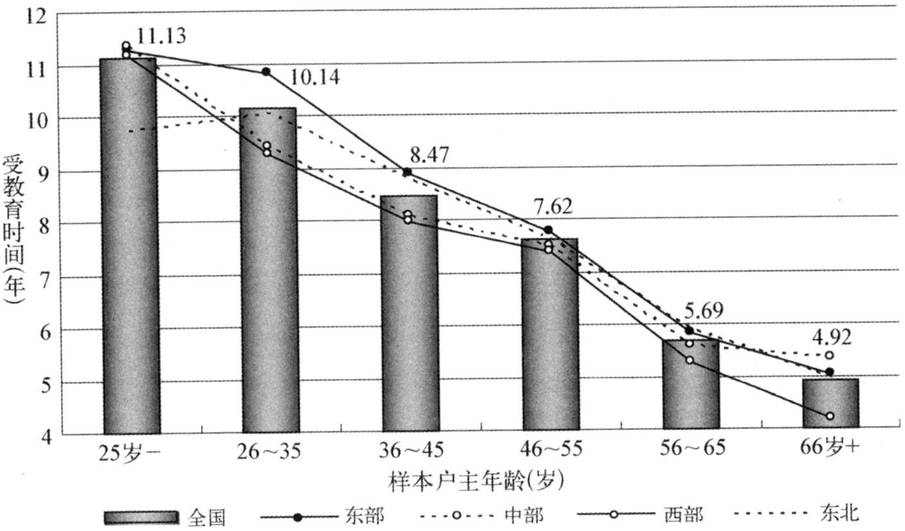

图1 样本户家庭户主的年龄与教育的关系

(六) 人口转移和种粮比较效益降低促进了粮食规模化经营

粮食业规模化经营是指随着工业化、城镇化水平的提高，大量农村人口从农业中游离出来，进入二、三产业和城镇，从而使农业经营规模在原有基础上不断扩大的过程。粮食的规模化生产可以有效使用先进机械，充分利用闲置、低效的耕地，通过集约化经营降低管理费用，更易于采用新的管理方法、新的生产技术、使用良种、科学施肥和植保，从而提高粮食生产率。

粮食规模化经营受农民对土地依存度和土地流转制度的影响。一般而言，东部发达地区，工业化、城镇化进程较快，农民进入二、三产业的比重较高，该地区农民对土地的依存度相对较低，甚至出现耕地撂荒现象，粮食经营规模化发展空间较大。而中西部劳动力转移规模较小的地区，农民对土地的依存度较高，粮食经营规模化发展空间较小。

由于种粮比较效益低、劳动力不足、季节性休耕等因素导致我国部分地区出现土地闲置，经对1 097个行政村进行调查，26.96%的行政村存在耕地闲置情况，西部地区存在耕地闲置的比重最高，达到38.68%；东部地区最低，为21.73%；西部地区居中，为30.00%。这为粮食规模化经营提供了客观条件。

政府鼓励土地流转政策的出台、财政金融政策向农业倾斜和农业补贴力度的加大，极大地调动了种粮大户的积极性，48.84%的种粮大户仍想扩大经营规模。这说明国家积极的支农政策得到了种粮大户积极的响应（见表2）。

表2 种粮大户想扩大经营规模统计表 单位：%

地　区	想扩大规模占比	不想扩大规模占比
东　部	46.80	53.20
中　部	55.88	44.12
西　部	46.06	53.94
总　计	48.84	51.16

四、我国粮食业现代化存在的主要问题及原因探析

（一）农田水利基础设施投资较少，年久失修，无法满足当地农业生产需要

从国家角度而言，中央政府主要从城市和工业获取利益，国内GDP也主要来自工业和城市领域，因此对与农业产出能力直接相关的农田水利建设投入少之又少。在农田水利投资结构中，国家目前仍主要投资在事关国家粮食安全的粮食主产区。从基层政府角度而言，由于市场化条件下的农田水利基础设施投资大、见效慢，地方官员为追求任期内政绩，导致对农田水利基础建设投资积极性不高。从民间资本角度而言，农村基础设施建设投资大、风险高、资金回收期长，加之农业比较效益低，投资纯粹为农业生产服务的基础设施很难获得预期收益。从农民角度而言，由于基本农田水利基础设施的公共性，农民既无财力也无积极性投资农田水利基础设施建设。结果导致我国大部分农村仍在使用三四十年前建起来的沟、塘、渠、堰，无法满足农业生产的需要，并且防洪抗旱能力差。

1. 水利基础设施完备度一般，无法满足农业生产的需要

经过对全国1 097个行政村就本村水利基础设施完备程度进行抽样调查，55%的行政村反映本村水利基础设施完备程度一般，23%的行政村反映完备

程度好，22%的行政村反映完备程度差。

粮食主销区和粮食主产区的水利基础设施完备程度要高于产销平衡区的状况。在被调查的样本中，认为本村水利基础设施完备度好或一般的行政村占比，粮食主产区和粮食主销区的占比均高于粮食产销平衡区；认为本村水利基础设施完备度差的行政村占比，粮食产销平衡区的占比（36%）高于粮食主产区的占比（26%）和主销区的占比（9%）。

这是因为粮食主销区的工业化和城镇化水平高，对国家GDP贡献度高，因此国家对粮食主销区的水利投资较大，粮食主产区的水利完备程度要好于其他地区。粮食主产区的粮食产量对我国粮食安全具有决定性的影响，因此，国家在农田水利投资中对粮食主产区的投资比重较高，同样粮食主产区的水利完备程度也高（见表3和表4）。

表3　　水利设施完备程度统计表（地形）

粮食功能区	地　形	样本数（村）	完备度占比（%）			
			好	一 般	差	合 计
产销平衡区	盆地	17	29.41	23.53	47.06	100
	平原	57	21.05	59.65	19.30	100
	丘陵	35	8.57	60.00	31.43	100
	山区	87	6.90	45.98	47.13	100
产销平衡区汇总		196	13.27	50.51	36.22	100
粮食主产区	盆地	8	12.50	75.00	12.50	100
	平原	319	20.06	59.87	20.06	100
	丘陵	144	13.89	50.69	35.42	100
	山区	67	7.46	55.22	37.31	100
粮食主产区汇总		538	16.73	57.06	26.21	100
主销区	盆地	3	0.00	66.67	33.33	100
	平原	267	38.58	56.18	5.24	100
	丘陵	64	31.25	53.13	15.63	100

（续表）

粮食功能区	地　形	样本数（村）	完备度占比（%）			
			好	一　般	差	合　计
主销区	山区	29	27.59	51.72	20.69	100
主销区汇总		363	36.09	55.37	8.54	100
总计		1 097	22.52	55.33	22.15	100

表4　　水利设施完备程度统计表（地区）

粮食功能区	地　区	样本数（村）	完备度占比（%）			
			好	一　般	差	合　计
产销平衡区	西部	163	13	50	37	100
	中部	33	15	55	30	100
产销平衡区汇总		196	13	51	36	100
粮食主产区	东部	262	24	58	18	100
	西部	49	12	53	35	100
	中部	227	9	57	34	100
粮食主产区汇总		538	17	57	26	100
主销区	东部	363	36	55	9	100
主销区汇总		363	36	55	9	100
总计		1 097	23	55	22	100

另外，经过对7 192名粮农进行调查，21.12%的粮农反映本村水资源不能满足农业生产需要，52.27%的粮农反映基本能满足，26.61%的粮农反映能完全满足。西部地区水资源形势严重，37.35%的西部粮农反映本村水资源不能满足农业生产需要（见表5）。

表5　　水资源满足农业生产状况调查（农户）

地　区		不能满足	基本能满足	能完全满足	总　计
东　部	户数（户）	551	2 145	1 359	4 055

（续表）

地　区		不能满足	基本能满足	能完全满足	总　计
东　部	占比（%）	13.59	52.90	33.51	100
中　部	户数（户）	450	964	336	1 750
	占比（%）	25.71	55.09	19.20	100
西　部	户数（户）	518	650	219	1 387
	占比（%）	37.35	46.86	15.79	100
总　计	户数（户）	1 519	3 759	1 914	7 192
	占比（%）	21.12	52.27	26.61	100

经过对1 097个行政村的调查，24.79%的行政村反映本村水资源不能满足农业生产需要，55.88%的行政村反映基本能满足，19.33%的行政村反映能完全满足。46.70%的西部地区行政村反映本村水资源不能满足农业生产需要。这一结论与对农户的调查结论基本一致，反映出我国水资源状况脆弱，正常状态下基本可满足农业生产的需要，要是遇到自然灾害的情况下，我国农田水利设施就会面临严峻的形势（见表6）。

表6　　水资源满足农业生产状况调查（行政村）

地　区		不能满足	基本能满足	能完全满足	合　计
东　部	户数（户）	90	363	172	625
	占比（%）	14.40	58.08	27.52	100
中　部	户数（户）	83	154	23	260
	占比（%）	31.92	59.23	8.85	100
西　部	户数（户）	99	96	17	212
	占比（%）	46.70	45.28	8.02	100
总　计	户数（户）	272	613	212	1 097
	占比（%）	24.79	55.88	19.33	100

2. 农田水利投资少导致水利基础设施差，年久失修

我国农田水利设施差有其深刻的原因。经过对1 097个行政村就本村水利基础设施运营过程中存在的主要问题（多选）进行调查显示，水利投资少是最主要的问题，其次是本村水利基础设施差和破坏严重（见表7）。

表7 水利基础设施主要问题（多选）调查统计表 单位：户

地　区	投资少	破坏失修严重	基础设施差	水源保障度低	管理人浮于事	合　计
东　部	385	183	286	155	67	1 076
中　部	189	113	173	65	36	576
西　部	134	88	127	83	30	462
总　计	708	384	586	303	133	2 114

我国农田水利基础设施差，年久失修。除了政府农田水利投资金额少之外，另一重要原因是我国实行农村税费改革后，与农田水利建设有关的公积金、“劳动义务工”和“劳动积累工”被取消，使农村基础设施建设筹资失去了制度基础。“两工”取消以后，农业基础设施建设新的投入机制一直没有建立起来。

（二）播种植保环节机械化水平和山区丘陵机械化水平双低

我国经济发达的东部地区机耕、机播、机收的机械化水平略高于被调查的平均水平，显著高于经济实力略次的中西部地区。经过对1 097个行政村的调查，东部地区被调查的72.96%、50.08%和76.48%的行政村实现了机耕、机播、机收的机械化水平，而这一指标在中部地区为66.92%、33.33%、33.33%，西部地区为43.40%、49.23%、70.38%，该指标平均值65.82%、45.76%、68.73%。

从生产环节的机械化程度而言，在被调查的行政村中，机耕的机械化水平均值为65.82%，东中部较高，西部较低，分别为72.96%、66.92%、43.40%；机播的机械化水平均值为45.76%，东西部较高，中部最低；机收机械化水平均值68.73%，东西部较高，中部水平最低。就机械化平均

水平而言，相较于机耕和机收，机播水平最低，为45.76%，明显低于前两者65.82%和68.73%的水平，中部的机播水平最低，为33.33%（见表8）。

表8　机械化水平状况（地区）　单位：%

地　区	耕地机械化水平	播种机械化水平	收割机械化水平
东　部	72.96	50.08	76.48
中　部	66.92	33.33	33.33
西　部	43.40	49.23	70.38
全　国	65.82	45.76	68.73

我国大宗粮食作物在平原地区的机械化水平要高于山区、丘陵地区的机械化水平。经过对1 097个行政村的调查，65.82%、45.76%、68.73%的行政村基本实现了机耕、机播、机收的机械化，实现机收的行政村占比最高，实现机播的行政村占比最低。

平原地区的机械化水平最高，机耕、机播、机收平均水平分别为80.87%、61.59%、84.29%，均高于山区、丘陵、盆地地区的平均值。山区的机械化水平最低，实现机耕、机播、机收行政村占比分别为29.51%、17.49%、26.78%，远远落后于平均水平状况。丘陵地区实现机耕、机收的行政村占比分别为55.14%、61.32%，盆地地区实现机耕、机收的行政村占比分别为50.00%、50.00%（见表9）。

表9　机械化水平（地形）　单位：%

地　形	耕地机械化水平	播种机械化水平	收割机械化水平
山　区	29.51	17.49	26.78
丘　陵	55.14	27.16	61.32
平　原	80.87	61.59	84.29
盆　地	50.00	28.57	50.00
全　国	65.82	45.76	68.73

（三）我国基层粮食技术推广体系建设不健全，农民获取农业技术的主要途径是人际传播

农业科学技术的推广应用是促进农业科技成果转化为农业生产力的主要手段。乡镇或区域性农业技术服务推广机构是国家设立在基层的公益性服务组织，是各级政府为农民提供农业技术服务的桥梁和纽带，是实施科教兴农战略的重要载体，是推动农业科技进步的重要力量。农民是科技成果的最终受益者。由于我国目前农业科技推广资金投入不足、农技推广队伍不稳定等问题导致我国农技转化率较低。

近五年来，在党和国家政策的支持下，村委会和村民小组在推广喷灌等节水技术、设备和及时宣传、采购、配送防虫农药方面做了大量工作。经过对7 192户农户的调查，18.38%的农户反映当地村委会和村民小组在应对农业灾害过程中和在推广喷灌等节水技术和设备方面做了大量工作；28.59%的农户反映当地村委会和村民小组在及时宣传、采购、配送防虫农药方面工作显著。

但是，这些工作仍然无法满足农民对农业科技的巨大需求，并且现有的农技人员和农技机构的作用也没有充分发挥出来。经过对1 092个行政村进行调查，53.78%的行政村反映需要政府加大农业科技支持，44.21%的行政村反映本村在农业灌溉和农业用水中存在灌溉技术落后、浪费水严重的问题。就最需要政府加大农业支持进行调查，经过对7 192户农户的调查，38%的被调查者认为在粮食生产过程中，农业技术人员和农技机构发挥的作用一般，35%的被调查者认为发挥的作用不大，只有27%的被调查者认为发挥的作用比较大。这些问题直接表现在是否有乡镇或乡镇以上的专家或技术人员来本村指导农民种粮和指导的人次与农民选择种子、化肥的途径两个方面。

1. 农技人员对粮食生产的贡献度较低

经对1 097个行政村的调查，41.84%的行政村2010年没有来自于乡镇及乡镇以上的专家或技术人员来本村指导种粮。在被调查的662个位于普通农区的行政村中，无农技人员来本村指导种粮的行政村占比为43.50%，劣于国家粮食主产区和城市郊区的情况，这反映了经济实力较弱的非主产粮食的

普通农区农技人员对当地生产的贡献度较低。

在对635个有农技人员对农民种粮进行指导的行政村进一步调查后显示，一半以上的行政村农技人员指导人次仅在0 ～ 9次，其次是10 ～ 19次，40次以上，20 ～ 29次，30 ～ 39次。这一状况在我国东、中、西部间表现的状况基本一致。这反映了农技人员在指导农民种粮过程中指导人次不足，效率较低（见图2和表10）。

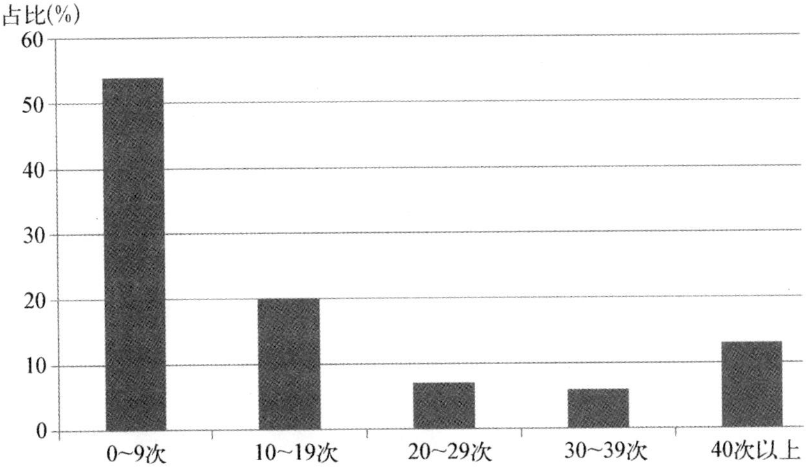

图2　农技人员指导农民种粮人次统计图

表10　农技人员指导农民种粮人次统计表

地区		0～9次	10～19次	20～29次	30～39次	40次以上	合计
东部	村数（村）	182	85	33	22	48	370
	占比（%）	49	23	9	6	13	100
西部	村数（村）	68	22	5	11	16	122
	占比（%）	56	18	4	9	13	100
中部	村数（村）	92	20	9	2	20	143
	占比（%）	64	14	6	1	14	100
总计	村数（村）	342	127	47	35	84	635
	占比（%）	54	20	7	6	13	100

2. 农民获取农业技术的主要途径是自己决定或人际传播

从理论上来讲，来源于农业技术员的专业推荐更科学、可靠，更能得到农民的信任，但统计数据表明，农技人员并不是农民现有技术的主要来源渠道。

经过对7 192户农户的调查，仅有27%的农户是通过农业技术员推荐选择粮食生产的种子的，37%的农户是自己决定的，36%的农户是通过人际传播选择种子的，其中，由村干部推荐的占14%，邻居推荐的占10%，跟着农业大户或村种田能手的占8%，其他情况占4%。这一状况在我国的东部、中部、西部普遍存在（见图3和表11）。

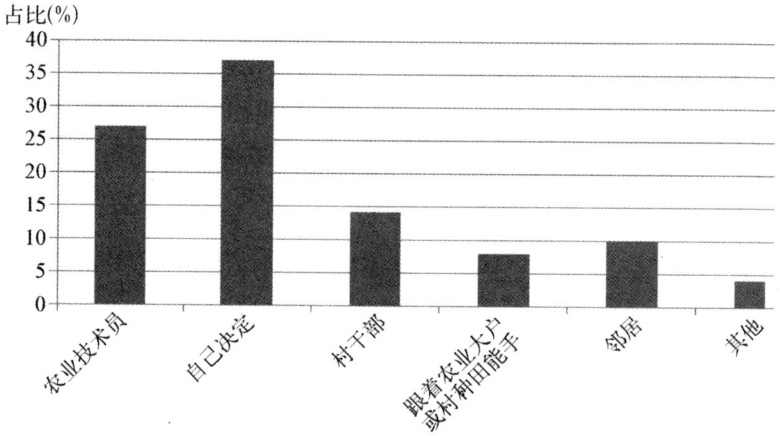

图3　农民选购粮种信息来源统计

表11　　农民选购粮种信息来源

地区		农业技术员	自己决定	村干部	跟着农业大户或村种田能手	邻居	其他	合计
东部	村数（户）	1 124	1 285	770	347	358	171	4 055
	占比（%）	28	32	19	9	9	4	100
西部	村数（户）	364	636	104	98	141	44	1 387
	占比（%）	26	46	7	7	10	3	100
中部	村数（户）	444	742	156	142	189	77	1 750
	占比（%）	25	42	9	8	11	4	100

（续表）

地区		农业技术员	自己决定	村干部	跟着农业大户或村种田能手	邻居	其他	合计
总计	村数（户）	1 932	2 663	1 030	587	688	292	7 192
	占比（%）	27	37	14	8	10	4	100

（四）粮农素质状况差，老龄化现象严重

随着我国粮食业机械化水平不断提高，粮食科技推广力度不断加大，粮食规模化经营不断扩大和农村青壮年劳动力的大量转移，目前我国农村发展的突出矛盾之一表现为粮农素质状况和粮食业现代化要求不相符合。主要表现在以下几方面：

1. 粮农受教育程度低

经过对7 192名粮农文化程度的调查，77%的粮农文化程度处于初中及初中以下，依次为初中40%、小学29%、文盲8%。23%的粮农文化程度高于初中以上，依次为大学3%、高中16%、中专4%。

在被调查的粮农中，东部地区的文化程度好于中部和西部，东部地区初中及以下文化程度粮农占比75%，中部地区为79%，西部为80%（见表12）。东部地区初中以上文化程度粮农占比高于中西部地区。这说明我国粮农文化程度低，直接影响了我国粮食业现代化的实现。

表12　　粮农受教育程度统计表

地区		大学	高中	中专	初中	小学	文盲	合计
东部	村数（户）	149	695	195	1 604	1 138	274	4 055
	占比（%）	4	17	5	40	28	7	100
西部	村数（户）	33	187	54	547	446	120	1 387
	占比（%）	2	13	4	39	32	9	100
中部	村数（户）	43	280	59	747	504	117	1 750
	占比（%）	2	16	3	43	29	7	100

（续表）

地区		大学	高中	中专	初中	小学	文盲	合计
总计	村数（户）	225	1 162	308	2 898	2 088	511	7 192
	占比（%）	3	16	4	40	29	8	100

2. 农村青壮年劳动力大量转移，粮农老龄化，体力状况差

经过对7 192名粮农调查后显示，81.55%的粮农年龄在40岁以上，只有18.45%的粮农年龄小于40岁。并且，40～70岁的粮农是种粮主力军，40～49岁、50～59岁、60～69岁的粮农分别占比达33.95%、28.73%和15.03%（见表13）。这一情况在东部、中部和西部普遍存在。这充分说明我国农村粮农老龄化情况严重，文化程度较低，身体状况较差，对新技术的接受能力和运用能力较弱。

表13　粮农年龄统计表

地区		15～19岁	20～29岁	30～39岁	40～49岁	50～59岁	60～69岁	70岁以上	合 计
东部	村数（户）	7	189	478	1 287	1 232	685	177	4 055
	占比（%）	0.17	4.66	11.79	31.74	30.38	16.89	4.36	100
中部	村数（户）	1	75	283	632	486	222	51	1 750
	占比（%）	0.06	4.29	16.17	36.11	27.77	12.69	2.91	100
西部	村数（户）	5	56	233	523	348	174	48	1 387
	占比（%）	0.36	4.04	16.80	37.71	25.09	12.55	3.46	100
总计	村数（户）	13	320	994	2 442	2 066	1 081	276	7 192
	占比（%）	0.18	4.45	13.82	33.95	28.73	15.03	3.84	100

（五）粮食业组织化程度低，合作组织贡献度低

粮食专业合作社是粮食生产经营者或粮食生产经营服务的提供者、利用者，是自愿联合、民主管理的互助性经济组织。粮食专业合作社以其成员为

主要服务对象，提供生产资料的购买和粮食的销售、加工、运输、贮藏以及与粮食生产经营有关的技术、信息服务。

粮食专业合作社可以促进粮食业产业化，提高农民组织化程度，它既可以为农民统一采购农用物资、良种和农机具等生产资料，降低粮食生产成本，又可以运用多种流转土地承包经营权的形式使土地集中起来进行机械化、集约化和规模化经营，提高生产效率和单位产量，提高粮食生产的商品化，还可以在粮食市场上获得话语权，从粮价的提高中获得应有的收益。

但是，在实地调查中，我国粮食专业合作社的组织情况和发挥的作用却不乐观。在被调查的全国1 097个行政村中，有粮食专业合作社的行政村占比34.85%，59.05%的行政村没有粮食专业合作社。东部、中部和西部省份被调查的行政村中，有粮食专业合作社的行政村占比分别为38.92%、27.69%和31.60%（见表14），东部地区略高于中西部，但与被调查的所有行政村的平均数相比，差距较小。这说明就全国平均状况而言，我国粮食业组织化程度普遍偏低，农民对土地的依赖性较大，我国小农户和大市场的矛盾仍很突出，农民在市场中的弱势地位没有改变。

表14　　粮食合作组织组建情况统计表

地　区	样本数（村）	结构占比（%）			
		有	没有	不知道	合计
东　部	627	38.92	53.91	7.18	100
中　部	260	27.69	68.46	3.85	100
西　部	212	31.6	62.74	5.66	100
总　计	1 097	34.85	59.05	6.1	100

经过对有粮食专业合作社的382个行政村进行调查，54.19%的行政村中的粮食专业合作社在粮食生产过程中发挥了比较大的作用，37.17%的行政村中粮食专业合作社发挥的作用一般，8.64%的行政村中粮食专业合作社发挥的作用不大。这说明，我国粮食业组织化程度不是很高，45.81%的粮食专业合作组织的经济功能没有充分发挥出来，没有充分达到利用自身的规模

优势和较强的市场地位为农户节约农资等生产成本和增加利润。这一现象具有普遍性，因为该指标在东、中、西部分别为56.38%、48.61%和52.24%（见表15），与该指标平均值差距较小，仍然表现出东部略高于中、西部的格局。

表15 农业产业化组织发挥作用统计表

地区	样本数（村）	结构占比（%）			
		比较大	一般	不大	合计
东部	243	56.38	37.04	6.58	100
中部	72	48.61	40.28	11.11	100
西部	67	52.24	34.33	13.43	100
总计	382	54.19	37.17	8.64	100

综合上述分析，在被调查的1 097个行政村中，仅有207个行政村中的粮食专业合作社对粮食的生产起到了比较大的作用，占比仅18.84%，这更加凸显了我国粮食业高效的组织化程度相当低、农民的生产风险和市场风险非常大。

（六）粮食规模化经营的成本升高、风险加大，单产水平和单位面积收入提高不明显

1. 粮食规模化经营的成本升高，风险加大

经过对2 021名种粮大户就在粮食规模化生产过程中遇到的主要问题（多选）进行调查，1 251名种粮大户反映种粮成本上升是主要问题之一，1 221名种粮大户反映粮价偏低，814名种粮大户反映生产风险大、保险不足，717名种粮大户反映农业补贴力度不够。这主要是因为我国近年来国民经济发展迅速，通货膨胀率上升，导致粮食生产的物质成本和雇佣劳动成本上升很快。同时，因为粮食价格在稳定国内物价水平中的地位比较特殊，因此，国内粮食价格偏低。近年来，随着全球温室气体排放增加，全球变暖，极端气候出现频繁，导致我国连年在不同地区出现干旱、洪涝等自然灾害，而在全国范围内，粮食生产的商业保险和政策性保险供给几乎空白，因此导致粮食生产的自然风险陡增、保险不足。上述四大因素严重制约了我国粮食

生产的规模化经营。这些问题在我国东部、中部、西部表现类似，在粮食主产区、平衡区、主销区表现也很突出。

另外，土地租金不稳定、土地合同期不稳定、补贴执行不到位和粮食储备难也是影响种粮大户规模化生产中遇到的主要问题，不容忽视。尤其是农业补贴，经过对2 121户种粮大户就农业补贴政策的满意度调查，仍有21.26%的种粮大户对农业补贴政策不满意（见表16和表17）。

表16　　种粮大户在粮食规模化生产中遇到的主要问题（分地区统计）　单位：户

地　区	土地合同期不稳定	土地租金不稳定	成本上升快	粮价偏低	农业补贴力度不够	补贴执行不到位	生产风险大、保险不足	粮食储备难	其他
东部	304	337	722	668	387	249	446	135	119
中部	118	130	312	312	182	100	204	76	54
西部	85	85	217	241	148	92	164	60	68
总计	507	552	1 251	1 221	717	441	814	271	241

表17　　种粮大户在粮食规模化生产中遇到的主要问题（分粮食功能区统计）单位：户

地　区	土地合同期不稳定	土地租金不稳定	成本上升快	粮价偏低	农业补贴力度不够	补贴执行不到位	生产风险大、保险不足	粮食储备难	其他
产销平衡区	78	90	195	226	135	78	141	53	59
粮食主产区	240	251	633	612	354	212	425	141	117
主销区	189	211	423	383	228	151	248	77	65
总计	507	552	1 251	1 221	717	441	814	271	241

2. 单纯依靠农地流转的规模化经营，农地单产水平提高不明显

结合图4和表18可以看出，实施农地流转政策，引导农地向种田能手集中，实现农地种植规模化，在某种情况下的确可以提高生产水平，承包规模在1～40亩之间，随着种植规模的扩大，生产水平明显呈提升趋势。承包规模在30～40亩之间的作物单产水平较承包规模在20～30亩之间者高出6.10%，较承包规模在10～20亩之间者高出8.97%，较承包规模在5～10亩之间者高出12.59%，较承包规模在1～5亩之间者高出15.52%，但当承包规模进一步扩大后，单产水平不升反降。似乎30～40亩是现阶段一个中国农户家庭耕地经营的极限。结合种植作物类型可以看出，这一规律并非在每一作物都如此，单纯地就三大作物看，显然，玉米的规模效应最为明显，其次是小麦，水稻则不明显。就区域看，不同区域的规模效应差异也很大，东、中部样本户家庭承包规模在30～40亩之间时，作物生产水平达到最高，西部样本户家庭作物生产水平最高点出现在承包规模在50亩以上，而东北样本户家庭承包规模达到10～20亩时，作物生产水平就达到最高。

表18　样本户家庭耕地经营规模与生产水平

经营规模（亩）	小麦				玉米			水稻			三种作物
	总体	东部	中部	西部	总体	西部	东北	总体	东部	中部	
≤1	348.76	353.86	436.48	287.67	514.70	539.31	436.59	539.11	525.37	539.16	490.05
1～5	358.20	359.56	391.24	304.63	428.53	379.58	536.50	510.09	494.87	564.71	445.19
5～10	368.65	369.60	390.99	323.66	470.79	399.87	564.74	522.30	500.48	577.20	456.76
10～20	361.03	371.56	372.68	308.01	516.86	432.58	644.23	505.91	489.49	535.69	471.94
20～30	370.66	372.14	406.50	324.16	522.41	501.25	552.60	532.13	511.63	579.96	484.73
30～40	394.52	379.75	450.14	338.07	590.66	520.81	617.59	544.01	524.39	613.26	514.29
40～50	341.63	358.31	450.00	296.15	493.34	424.10	531.94	519.57	548.83	493.10	448.74
>50	332.01	330.58	326.84	357.12	521.05	545.89	512.14	509.68	512.72	490.10	456.78

如果说，单纯地以农地承包去计算规模效应似乎有点粗糙，我们换一种思维，运用单一作物种植规模去计算，得到的结果基本相似（见图5）。无论是小麦、玉米，还是水稻，当播种规模达到30～40亩时，生产水平表现

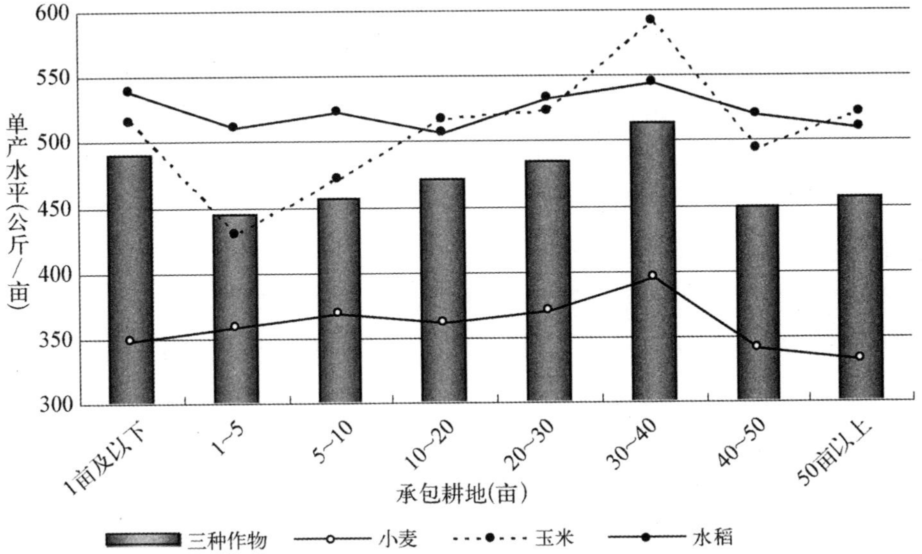

图4　耕地经营规模与生产水平的关系

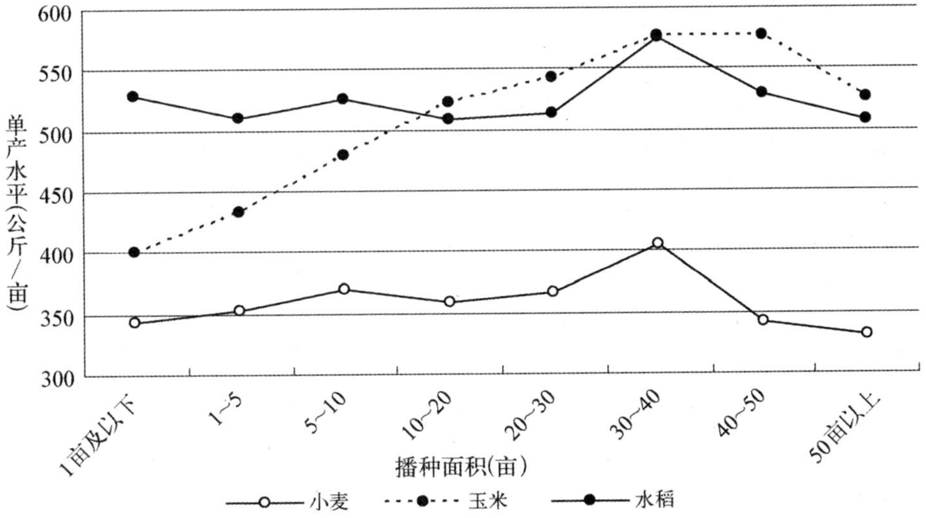

图5　作物播种规模与生产水平的关系

达到极限。这一结果从某种角度透露出，在中国这一人多地少的国度，受现有技术水平影响，引导农户农地规模经营应当有一个高限，30 ～ 40亩是一个重要边界。这一边界不只在北方小麦、玉米区适用，在南方的水稻区也适用。同时还应证了农民梦想[①]所富含的科学哲理。

为了验证本次调查的结果，我们调用全国农村固定观察点两万余个农户五年的跟踪观察数据进行复核。图6的结果令我们十分沮丧。在整个新农政实施的最初五年，观察农户家庭粮食作物种植规模与生产水平的关系总体表现为一种反向关系，即种植规模越大，生产水平越低。这一结果似乎预示着，在中国这样一个人多地少、人地矛盾非常突出的国度，提倡规模经营不利于农地的有效利用。但仔细观察图6也可以看出，若提供规模经营，农户承包农地的规模应控制在30～50亩之间，这是农地资源有效利用的最大边界。

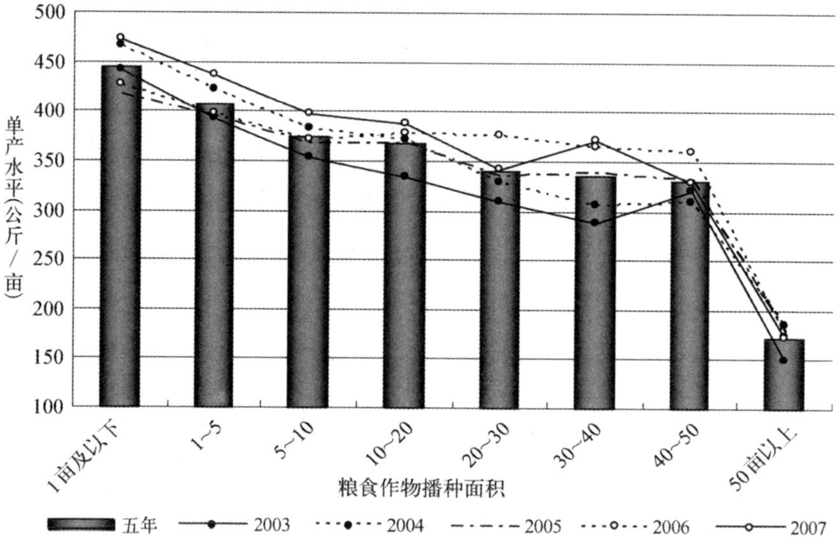

图6 作物播种规模与生产水平的关系（国家观察点数据）

3. 单纯依靠农地流转的规模化经营，农地单位面积收入提高不明显

结合表19可以看出，随着家庭承包或租赁的耕地规模增大，样本农户总收入呈现一种U形趋势。家庭收入结构呈现一种以粮食种植为核心的农业经营收入份额快速上升、外出打工与家庭农业经营收入份额显著下降趋势。规模性经营对农地经营户的增收来说有明显效应。

① “三十亩土地一头牛，孩子老婆热炕头”曾是农民追求幸福生活的梦想，没想到也是农业生产水平实现最佳的理想点。

表19　　样本户家庭2010年收入水平及构成

耕地规模	总收入（元/户）	收入来源（%）				总收入（元/人）
		农业经营	粮　食	非农经营	打工工资	
无地	55 633.59	8.33	—	25.81	65.68	12 922.13
≤1亩	38 796.38	6.15	1.63	24.58	68.56	9 600.19
1～5	32 015.76	16.49	8.15	22.58	60.28	7 461.09
5～10	32 162.21	33.24	21.41	20.86	44.11	6 702.52
10～20	38 182.77	50.77	34.94	14.94	33.65	7 772.10
20～30	47 131.08	68.57	50.89	12.78	18.66	10 078.34
30～40	64 326.96	69.10	55.76	12.49	21.25	12 955.78
40～50	63 490.58	80.60	68.37	4.24	15.00	13 771.85
>50亩	218 990.46	90.38	77.11	4.86	4.69	47 340.08
总体	42 356.44	39.61	28.81	17.63	42.15	9 434.40

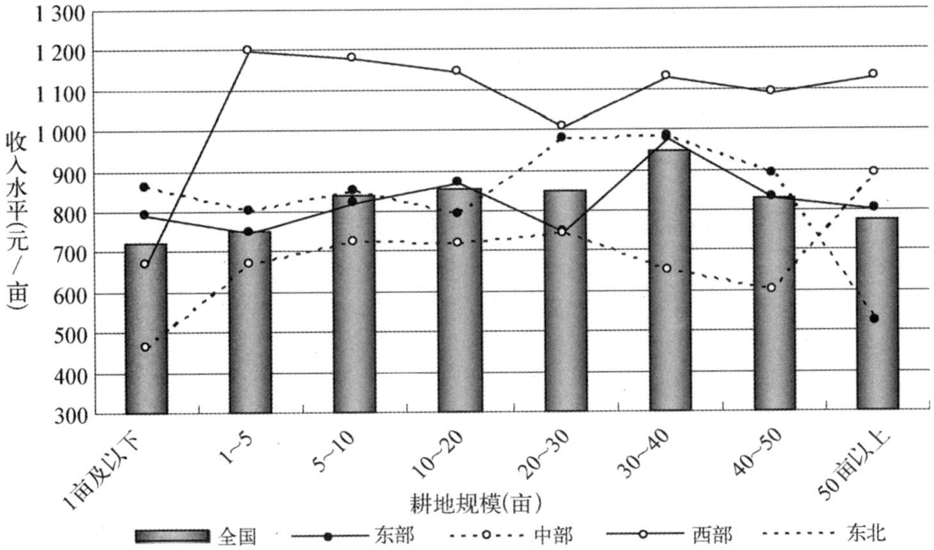

图7　承包耕地规模与生产效益的关系

结合图7可以看出，样本农户家庭的农地规模效应，确切地说规模效益在总量上的确有明显效果，无论是产量还是收入，都随着规模的扩大呈上升趋势，但当考虑到农地利用效率是否也随着规模的扩大而相应得到提高，前文对单位面积产量水平的分析未能给出肯定回答，现针对单位面积收入水平的分析同样未能得出肯定回答。可以肯定的是，在一定规模范围内，农户经营农地规模的增加会对农地利用效率提高起到促进作用，但当农地经营规模超越农户经营能力时，不仅不能提高农地利用效率，反过来可能会降低农地利用效率。调查的数据也完全证实了我们的分析。在经营农地规模处于30～50亩之间，农地的利用效率相对最佳；当经营农地规模超越这一界限，农地的利用效率会迅速下降。

五、对策建议

（一）加大财政金融支持力度，广泛吸引社会资金投资水利基础设施建设

充分发挥政府在水利建设中的主导作用，将水利作为公共财政投入的重点领域，大幅增加中央和地方财政专项资金，进一步提高水利建设资金在国家固定资产投资中的比重。综合运用财政和货币政策，引导金融机构增加水利信贷资金，支持符合条件的水利企业上市和发行债券，探索发展大型水利设备的融资租赁，鼓励和支持发展洪水保险，提高水利利用外资的规模和质量。地方政府应通过直接、间接融资方式，拓宽水利投融资渠道，吸引社会资金参与水利建设。

（二）优化农机产品结构，大力发展农机合作社

在开发大型农机的同时，积极发展适合家庭经营需要的中小型、轻简化农机，形成适应我国不同地区经济水平、地形条件高中低端产品共同发展的格局。重点突破水稻插秧、玉米收获机械，优先发展高地隙拖拉机、多功能谷物联合收割机、大中型动力机械配套机具、高效植保机械、适合丘陵山区使用的小型机械等。

大力发展农机合作社，推进农机服务组织建设和社会化服务。大力发展农机专业合作社，培育发展一批设施完备、功能齐全、特色鲜明的示范农机

合作社，带动大型、复式、高性能农机和先进农业技术的推广应用。培育农机作业、维修、中介、租赁等市场，扶持引导农机大户及各类农机服务组织购置先进适用的农机。继续抓好农机跨区作业，推动农机跨区作业由小麦向水稻、玉米等大宗农作物延伸，由机收向机耕、机插、机播等环节拓展。

（三）加强保障力度，创新工作机制，增强公共服务能力

政府要加强转移支付力度，提高保障水平。首先，要保障基层农机人员的基本工资，然后，根据东、中、西部地区实际情况，逐步提高工作经费保障水平，改善工作条件，增强推广能力。最后，引导和鼓励涉农企业、农民专业合作经济组织开展农业技术创新和推广活动，积极为农民提供科技服务。深入实施科技入户工程，加大重大科技推广支持力度，继续探索农业科技成果进村入户的有效机制和办法。

创新工作机制，切实增强公共服务能力。一是围绕农业中心工作搞推广，把保障国家粮食安全等作为工作重点，增强推广工作针对性和时效性。二是创新方式方法，充分利用现代信息技术以及现场教学、展示推广等多种途径开展技术推广，积极探索建立符合当地实际、灵活多样的推广机制。三是牢固树立“大推广”理念，支持和引导科研院所、龙头企业、合作经济组织、中介组织等社会力量参与农技推广，满足政府、社会、农民的多样化需求。

（四）加强农民的教育和培训，培养大批新型农民，实现农民知识化

农民知识化是实现粮食业现代化的关键。要提高粮食科技对粮食业的贡献率，实现粮食业增长方式的转变，就必须实现农民知识化。要采用优良品种、现代科学技术、现代技术装备和现代科学技术等实现粮食业的规模化经营，就必须实现农民的知识化。要使农民被动等待新技术、新产品的状态转变为主动地、自觉地追求新技术，必须实现农民知识化。

大力发展农村职业教育，完善农民科技培训体系，调动农民学科学、用科学的积极性，提高农民科学种粮技能。一是要大力加强现代粮食业科技知识培训。通过粮食科技推广、粮食科技人员下乡承包等形式，加强良种良法、传统耕作制度改革等知识的培训和普及，使广大农民掌握新的科学知识

和生产技术。二是大力加强市场知识方面的培训，大力加强对农民法律知识、市场管理等市场知识的培训，提高广大农民的市场知识水平，造就一大批既懂科技、懂生产，又懂法律、懂市场经营的农村复合型人才。

（五）鼓励支持粮食专业合作社发展，提高粮食业组织程度

发展粮食合作社是促进粮食生产的重要措施，它可以将小农有效组织起来，增强了抵御风险的能力，有利于新技术、新品种的推广和推动机械化的发展。因此，政府要严格按照《中华人民共和国农民专业合作社法》，鼓励农民充分利用国家的财政金融支持政策和税收优惠政策组建粮食合作社。

各级政府应高度重视鼓励创建粮食专业合作社工作，加大对农民粮食合作社的财政支持力度，建立农民粮食合作社专项资金，明确支持对象，并完善使用机制，保证资金真正用到粮食专业合作社需要的项目上去，按照存量不动、增量倾斜的原则，新增农业补贴适当向种粮大户、农民专业合作社倾斜。

加强人才教育，强化业务培训，规范和完善粮食合作组织的经营行为。应当利用多种方式，对农民专业合作社理事长和社员进行培训，大力发展农村职业教育、完善农民科技培训体系。引导中介组织开展对农民市场营销、信息服务和技术培训，增强农民市场意识，从而使粮食合作组织在粮食生产经营中发挥更积极的作用。

（六）加大政策支持力度，鼓励土地适度规模化经营

粮食生产实现规模化经营有利于解决土地条块分割经营状况，提高土地使用效率，有利于促进农村土地流转和劳动力合理流动，有利于节约交易成本，有利于提高农业劳动生产率和农民的人均收入，有利于提高获得金融信贷支持的可能性，有利于提高农业专业化经营水平，为使用先进技术和工具创造了有利条件。

首先，要搞好农田基础设施建设，推动粮食生产向种粮大户转移。当地政府要加强田网、路网和水网建设，调整田型，培肥地力，完善排灌渠系，硬化田间道路，实现田成型、路联网、渠配套。规模化粮食生产有一个渐进过程，一般是先小面积自由集中，经营者取得经验后再扩大生产规模，逐步

形成种粮大户。因此，当前要重点培育一批懂生产、会经营的种粮大户，让农民看到种粮致富的前景和途径，在其他鼓励政策的作用下，使稻田向种粮能手有序流转，杜绝撂荒现象。

其次，加大政府转移支付力度，继续加大对农业的补贴，补贴政策向种粮大户倾斜。增加对种粮农民的直接补贴。加大良种补贴力度，提高补贴标准。增加农机具购置补贴，将先进适用、技术成熟、安全可靠、节能环保、服务到位的农机具纳入补贴目录。加大农资综合补贴力度，完善补贴动态调整机制，加强农业生产成本收益监测，根据农资价格上涨幅度和农作物实际播种面积，及时增加补贴。根据新增农业补贴的实际情况，逐步加大对种粮大户的补贴力度。

再次，考虑到农地资源有限性约束，建议政府在推进农地规模经营过程中，对农地规模经营中的规模给予上限约束，把“存粮于地”作为一个重要的战略考虑，最好控制在50亩之内。

2012年

中国农村文化调查研究报告

一、搭建平台、引导需求，提升农民个人文化水平

文化的大发展最终需要落实到个人身上。研究农民的个人文化，有助于在认清当前农民个人文化表现特征的基础上，根据农民个人的实际文化需求，开展有针对性的文化活动，推动农民个人文化水平的提升。

（一）农民个人文化活动参与度不高

1. 农民的阅读量不高

农民个人通过阅读获取文化信息的积极性比较低。调查数据显示，只有52.2%的人表示自己曾在最近一年买过书[①]，农民平均每天看书报不到1小时[②]。中国农民文化程度普遍不高，初中文化以下的占到60.1%，还有8.8%的人完全不识字；农民获得书报途径受限制，近一半的人（49.4%）表示村里有图书馆，只有22.6%的人使用过该图书馆。

需求和供应“双不足”是造成农民阅读量不高的主要原因。另据有关调查，我国2 000多个县区图书馆中未达到国家最低标准的高达55%以上，农村图书馆更是难以为继。能够满足农民需要的书报供应不足，大部分书店内

---

① 样本总数为10 214，有效样本为10 018，有196份问卷此题为未作答或未填写，这里是以有效样本计算。文章中的比例都采用有效百分比计算。

② 有效样本为10 134，有效时间的限制条件为8小时以内。

供应最多的是学生教辅书籍，而科普类图书的读者也主要以中小学生为主。

2. 农民参观文化场馆的比例不高

在农民个人文化活动频次调查表中，受访者在最近一年没参观过任何文化场馆设施、没去过科技馆或自然历史博物馆、没去过动植物园的比例分别为42%、73%和62%。村里组织的文艺活动、公共图书馆和唱卡拉OK的参与频率很低，平均有70%的人一年中都只参与了一两次。

除了农民自身文化程度不高外，文化场馆设施长期以来供给不足是主要原因。调查数据显示，有73.1%的村表示文化建设资金不够用，有32%的村在文化基础设施方面没有任何投入。

3. 农民与亲友邻里共同参与文化项目的水平也不高

农民个人文化活动往往与亲友邻里的交往相结合。调查显示，除了与亲友邻居间的聊天比例较高（超过80%）外，经常参加棋牌娱乐和聚餐的比例不足30%，而做菜等技能类活动和一起参加唱歌跳舞等文艺活动的比例仅约10%，学画画或美工的比例不到5%。

农民个人文化的共同性参与水平不高具有多重原因。中国农村以亲友邻里为核心纽带的社会网络受到市场经济的冲击，邻里关系日渐淡薄，加上传统“喂食性”文化传播活动形式单一，对科技知识宣传不到位，仅有的一些科技展览虽然表面热闹，但农业科技要到达农田仍然困难重重。

（二）农民个人文化活动存在明显的娱乐化倾向

尽管个人文化活动的总体参与度不高，但存在明显的娱乐化特征。

1. 农民对娱乐性新闻比知识性新闻更感兴趣

农民最感兴趣的是中国传统文化（75.1%），其次是最新电影或电视剧的消息（71.4%），再次是科学技术（68.7%）、体育（64.6%）、政治（64.9%）、经济类新闻（61.1%），而对外国民俗文化最缺乏兴趣（32.7%）[①]。农民个人对娱乐性新闻的偏好大于知识性新闻。这种差异的主要原因在于，相对于轻松愉快的娱乐性新闻而言，知识性新闻本身需要思

① 问卷中将感兴趣程度分为“很感兴趣”“较感兴趣”“不感兴趣”和“毫无兴趣”四等，这里将前两等进行加总即是感兴趣的比例。

考、追问、解惑的深入了解，或者与农民切身利益密切相关才能引起关注。

2. 农民对娱乐性活动比知识性活动参与度更高

农民家中的漫画和小说书籍比例约占30%，农业科技和生活保健类书籍不足10%[①]。53.2%的人喜欢观看本地特色的舞蹈、37.1%的人会唱当地山歌。通过互联网浏览科技信息的只有17.4%，经常参观动植物园的为6.4%，经常参观科技馆和博物馆的只有3.3%[②]，“唱歌、跳舞”和“绘画、美工”分别为9.4%和3.3%。有68.8%的受访者完全没有观看过科普画廊。农民个人的文化活动大多集中于较低层次的娱乐性活动，高层次的精神需要很少表现出来或者很难通过文化活动来实现。

3. 农民个人文化娱乐化过度背后有三大原因

首先，严谨的科学知识性、教育性、深度思考型节目较少而且质量也不高，很难吸引农民的注意力。其次，文化场馆等基建设施大多集中于大中型城市，且文化展览的专业性较强，加上不少文化场所需要收费等原因，无法吸引文化程度较低的普通农民。此外，政府的相应投入不多，这也是导致适应农民个人的文化信息供应短缺的一个原因。

（三）网络平台成为农民个人获取文化信息的主要渠道

1. 网络、电视、电台成为农民文化信息输入主渠道

在网络技术不断发展的当今时代，农民能够选择更多方式获取文化知识。调查显示，有超过六成的受访者表示家里拥有电脑，有43.4%的人选择上网看新闻。从农民获取科技信息的渠道看，经常观看电视、收听电台广播和通过互联网浏览科技信息的比例分别占40.80%、17.9%和17.4%。农民获得科技信息的渠道依次为：电视、广播电台、科普出版物、互联网和科普画廊。中国农村的电视都能收到中央台和地方台，其中地方台的数目较多，内容也比较贴近当地风土人情，对当地农民较具有亲和力。在农村上网的大多为文化程度较高的青年人和中年人[③]。

---

① 此题是多选题，以上数据按照该选项被选中的频次计算。

② 经常参观场馆是指去过“三次”以上的。

③ 青年人和中年人利用社区公共网吧的比例分别为42.1%和47.7%，老年人仅为4.7%。在经常使用互联网浏览科技信息的人中，青年人占到48.2%，中年人为41.4%，老年人仅为2.6%。

2. 网络平台成为广大农民获取信息主渠道的原因

以广播电视“村村通”工程为代表的基础通信设施的搭建使农民能在家方便快捷地获取信息。调查显示，有74.9%的受访者表示听说过“广播电视村村通”工程，64.4%的受访者表示该村已经实施了广播电视“村村通”工程。农村经济水平提高、科技发展和农民个人文化需求的多元化也是推动信息网络平台发展的重要原因。

（四）提升农民个人文化水平的政策思考和建议

1. 提升农民个人文化水平，要注重“种文化”而非“送文化”

要把“文化下乡”变为“扎根在乡”，把农民从文化的看客变成主角。通过“种文化”活动，像种庄稼一样，普遍、经常性地开展自娱自乐的文化体育活动，把文化的“种子”“种”入乡村大地，让它生根、发芽、开花、结果，达到丰富和活跃农村群众精神文化生活，促进城乡经济社会协调发展，促进农村社会稳定的目的。

2. 搭建以地方电视台为主的网络平台，主动提供农民所需的文化信息

传统形式的文化建设往往大搞下乡宣传活动，不仅容易造成形式主义，而且往往与农民需求脱节，难以调动农民的积极性，既收效甚微，又造成了政府的资金浪费。我们的调查发现，农民获取信息以电视、网络为主，而电视又以地方电视台为主，但现阶段地方电视台的财政拨款少，缺乏对知识性节目的关注，主要是播放一些电影电视剧作品，加剧了农民个人文化关注对象的结构性差异，倾向于娱乐性而非知识性信息。

地方电视台要把增加知识性节目的数量和提高其文化质量作为服务“三农”和推动文化大发展的重大举措。地方电视台在搭建知识推广平台的初期，节目效果可能比较难以显现，地方政府可以采取部分补贴的方式，辅之以广告、赞助收入。当节目运行一段时间之后，通过认真调研，从农民群众的反馈中了解如何调整节目的内容和形式，以满足消费者的需要。在确保收视率的同时，也可以通过增加广告收入，逐步减少地方政府的财政补贴。

3. 采取适当方式，积极引导农民文化需求与生产活动相结合

尊重农民的个人文化需求，最重要的是建立个人文化与生产活动之间的联系。农民一旦认识到知识文化可以对其日常生产和生活带来现实利益，则

会更加自发积极地参与其中。

在鼓励地方电视台增加知识性节目数量的同时，也应考虑采用与农民个人情况相符的节目形式，如引入农民喜闻乐见的竞赛、擂台、游戏等。如农作物种植竞赛，既宣传了农业科技知识，又丰富了农民生产经验的交流，有利于农业合作和农业产业化的形成。农业科技知识擂台、冒险类游戏节目等等，也是吸引观众的常见形式。只要加以适当结合，就能将有用的知识穿插其中，不仅提高了参赛者的见识，也丰富了观看者的文化知识，营造了良好的学习氛围。竞赛、擂台、游戏等节目一般设有丰厚的奖金，较能调动起农民的参与热情，采用寓教于乐的方式，使农民自愿自觉吸收现代科学文化知识。

4. 建立绩效评价机制、改革文化事业单位管理体制等配套措施

建立文化绩效评价机制有助于激励政府官员将文化建设落到实处。长期以来，以经济建设为主要标准的考核机制使得地方政府在发展经济和文化事业时，重经济而轻文化，导致两者结构上的不平衡，不利于国家的长远发展。因此，建立农村文化绩效评价机制可以有效地约束地方政府行为，将资源向农村地区最薄弱的文化环节倾斜。此外，将“乡村文化站”等事业单位改为“以钱养事”的“文化中心”，采用招标形式吸引企业和个人经营，以市场运作机制来提高农村文化供给效率，使公共文化的提高进一步带动个人文化水平的提升。

二、促进农村传统文化精神价值、商业价值和学术价值的融合

农村传统文化作为中华民族五千年文明的结晶，具有丰富的精神价值、商业价值与学术研究价值，保护好农村传统文化并促进其商业价值、研究价值及精神价值的融合，对我国社会主义文化“大发展、大繁荣”战略的实施和“文化大国”目标的实现具有重要意义。

（一）农村传统文化保存整体水平不高

1. 传统物质文化保存情况堪忧

家谱、祠堂、新中国成立前留下来的古物及名胜古迹等整体保存和维系

情况堪忧。静态地看，目前有家谱的约占总样本的1/4，有新中国成立前传下来的古物的家庭则不到15%，有祠堂的家庭比例相对有家谱者较低，仅占总样本的14.87%；而附近有名胜古迹的比例则是所有被问到的物质文化中保有率最高的，为39.17%。动态上分析，曾经有家谱后被抄家或自毁的，占目前有家谱的比例达到17.79%；曾有新中国成立前物品后被抄家或自毁的，占目前仍然有的比例则高达31.56%。可见，传统物质文化的毁坏比例很高。

2. 非物质文化继承和发展总体状况亦不容乐观

（1）对传统非物质文化认同不高。根据调研，对于方言和民间舞蹈，喜欢的比例都在50%左右，27.6%的人认为民间舞蹈一般，16.23%的人则明确表示不喜欢本地区的民间舞蹈，这说明几乎一半的人不喜欢或者对当地舞蹈没有感觉；对于民间传说和手工艺品，超过一半的人（50.73%）不知道民间传说，愿意将当地手工艺品送人的也仅为37.32%。这说明，整体上有很多人不喜欢当地舞蹈与方言文化，对当地手工艺品不认可，对传统工艺不自信。

（2）民间舞蹈的传承面临挑战。虽然喜欢民间舞蹈的被访者比例较高（超过50%），但会跳民间舞蹈的仅为12.58%，不会跳的达82.07%，还有5.35%的受访者没有回答。可见，民间舞蹈等农村传统非物质文化面临严峻的传承问题。

3. 造成中国农村传统文化整体保存水平不高的主要原因

（1）价值缺失导致人们不重视甚至不愿意保护传统文化。目前经济社会中大多数传统文化因无商业价值或商业价值未能有效挖掘而被人们忽视，学术研究价值也未得到很好挖掘，再加上相对于文化带给人的精神价值，人们更加重视经济利益的实现，而大部分传统文化保存成本较高，有限的商业价值使人们保护传统文化的动力不足。

（2）现代文化对传统文化具有明显的挤出效应。调研发现，20世纪80年代前出生的被访者随着年龄的降低，对传统文化的认可也越低。可见，现代文明的渗透对传统文化存在明显的挤出效应。商业社会中，人们对于家谱这种血脉文化的精神价值重视程度下降，是导致其保存水平较低的重要原因。

（二）农村传统文化保存呈现三个地区差异特征

1. 物质文化传承：中部地区的总体略高于东部和西部[①]

在传统物质文化方面，中部地区祠堂、名胜古迹等保存整体水平较高，而东部和西部相对较低。调查数据显示，名胜古迹的保存率，中部（44.29%）最高，西部（39.59%）次之，东部（37.05%）最差；而祠堂的保有率，中部地区（47.56%）明显高于东部（13.11%）和西部（12.85%）。东部地区有家谱的比例较低（19.47%），中部与西部相等（均为33.83%）；新中国成立前传下物品的保有率，中部略高于东部和西部地区，但差异不显著。

2. 非物质文化传承：西部地区均高于东部地区

除麻将外，东部地区对非物质文化的保存和传承情况均低于西部地区。如西部地区会跳民间舞蹈的比例（20%）近西部地区的（10.46%）2倍；西部会传唱山歌、谚语及民间传说的比例（15.85%）略高于东部（11.00%）。麻将作为非物质文化的一个特例，东部地区略高于西部。因为麻将文化的发展是最依赖于地方经济发展水平和人们的闲暇时间，中部地区经济好于西部，但生活节奏慢于东部地区，所以会打麻将的比例也是最高的，其次是东部，西部最低。

3. 非物质文化传承：少数民族聚居地明显优于非少数民族地区

传统物质文化项目的保存水平在东、中、西部分布上没有明显差异，但在非物质传统文化的保存上，少数民族自治区明显高于其他地区。如手工艺品，少数民族自治区的保有率接近65%，但非自治区的不到55%；会民歌的少数民族自治区接近30%，而非自治区则不到22%；会民间舞蹈的少数民族自治区超过40%，而非自治区不到30%。

究其原因，我们认为，在少数民族聚居区，日常生活中的民族气氛相对较浓，大家有相近的民族意识和价值观念，相互联系更强，民族意识和民族自信心也更高，从而少数民族传统文化所传递的精神价值易得到较高认可和

---

① 中部包括内蒙古、山西、河南、江西、湖北、湖南、安徽、广西；东部包括黑龙江、吉林、辽宁、河北、北京、天津、山东、江苏、浙江、福建、广东、海南；西部包括陕西、重庆、贵州、云南、四川、甘肃、宁夏、青海、新疆、西藏。

重视，他们在自己民族文化的传承上也就有更高的兴趣和热情。因此，非物质文化作为区别于其他民族的核心民族文化，在少数民族聚居地具有更高的精神价值。

（三）传统文化传承水平的决定因素考察

1. 商业价值大小决定传统文化保存水平

调查发现，商业价值比较高或者相对容易产生经济利益的一类物质文化保有率比较高，其地区差异分化程度低于无商业价值的传统文化。如名胜古迹的保有率（39.17%）远高于商业价值不明显的家谱（25.35%）和祠堂（14.87%）的保存水平。商业价值较高的名胜古迹，其地区差异分化程度也远小于商业价值较低的祠堂。

名胜古迹往往是一个地区旅游业得以发展的原因，而旅游业的发展又使得当地在获得门票收入的同时也刺激了周边旅馆、餐馆及其他行业如手工艺品的繁荣。因此，政府有很大的动力去保存、修缮名胜古迹，在各地竞相发展的压力下，东、中、西部地区的保存差异不大。但家谱和祠堂仅仅是一个家族内部为了追根溯源或管理家族才保存和修缮，并不能为人们带来经济利益；虽然其所占土地具有一定的经济开发价值，但家族概念和传统的宗族意识在商业文化的冲击下日渐淡薄，缺乏持续保存的激励和动力，因此家谱和祠堂等保有率远低于名胜古迹，其地区差异也远大于名胜古迹。

2. 成本高低决定了非物质传统文化保存水平

（1）不同的非物质文化项目具有不同的保存成本。非物质文化项目的传承所要求的主客观条件的难易程度不同，决定了其保存水平存在结构性差异。调查发现，会打麻将的比例远远高于会传唱传说、谚语、民歌等和会跳民间舞蹈的比例，有约30%的人会一点民间谚语、山歌及传说，而不会跳民间舞蹈的比例超过了80%。

（2）不同非物质文化项目成本高低的原因分析。麻将文化是农村较为常见的一种，不需要什么文化知识，也无需什么天赋，只要花一点时间很容易学会，经济成本较低，而传说、谚语及山歌等的传承是通过人们之间口口相传完成的，这不仅需要传授者了解并记忆这些传说、谚语，而且需要被传授者具有一定的理解、记忆及领悟力；山歌还需要传承人具有一定的天赋，学习成本较高，所以传承水平较低；而民间舞蹈的学习则是成本最高的，不仅要求学习者花费一定时间、具有一定的天赋，而且要有人专门花时间和精力去编排、教授舞蹈，其对场地、人数等也会有一定的要求，因而其传承情况也是最差的。

3. 传统文化的保存与经济发展水平没有确定的数量关系

在现代文化的影响下，经济发展对传统文化保存的作用是双向的。一方面，较高的经济发展水平意味着有更好的生活条件，会促进民间传统娱乐类文化的发展和繁荣，也有更多可动用的财力去保护传统文化，因而经济发展有促进传统文化保护的一面。另一方面，经济发展一般都伴随着思想的开放和对外贸易的扩大，人们接触外界文化的机会也增多，因而传统文化面临的冲击和挑战也逐渐增多，经济的腾飞也由此促使传统文化快速地衰落和被取代。这两方面的合力作用，使得经济发展与传统文化保护之间的关系也无法确定。

（四）促进农村传统文化保护和发展的政策思考与建议

鉴于传统文化所包含的商业价值、精神价值及学术价值挖掘与实现的程度高低在不同程度上决定了其保存水平的高低，我们建议，政府可根据三种价值不同的实现情况制定不同的政策措施。

1. 政府监管：商业价值可完全实现的传统文化

对于商业价值、精神价值及学术研究价值能完全实现和挖掘的传统文化，政府应扮演好自己的市场监管者角色，积极引入市场机制，让市场解决其保存问题。政府可通过在保存传统文化真实性的前提下，积极引导特色文化商业价值的开发和挖掘，如发展特色旅游、特色小吃、传统手工艺品等。这不仅可以促进当地经济发展，增加农民收入，从而调动有天赋、有潜质、有兴趣的青少年加入到传统文化保护和传承行列的主动性和积极性，而且也解决了文物古迹修缮、保护等资金问题，从而减少传统文化保护对其他方面资金的依赖程度，提高传统文化在现代文明中自主存续的生命力。

2. 政府扶持：商业价值低但精神价值或学术价值高的传统文化

随着现代文化的冲击，秦腔、京剧、评弹等传统文化虽然具有较高的精神价值，但由于年轻喜爱者越来越少，正在逐步退化；而其传承人又多依靠其技艺谋生，传承成本较高。针对此类传统文化，政府应给予主要传承人一定的经济补贴，通过提高民间艺术主要传承人的物质待遇和经济地位，增强传承人荣誉感，为有天赋、有潜质、有兴趣的青少年自觉投入到非物质文化遗产保护提供动力。也可为从事此类文化教学、授艺的民间艺人或学习者一定的财政补贴，降低学习者的经济成本；还可组织或者鼓励组织此类文化的技能竞赛，为年轻人学习、传承这类文化创造更好的条件和更多的机会。

3. 政府包办：无商业价值但精神价值或学术价值较高的传统文化

对于精神价值较高或有一定学术价值但无商业价值的传统文化项目，如方言、民间舞蹈等，政府可主动承办或牵头负责相关文化活动的传承。此类传统文化一般有促进团结、提升凝聚力和促进社会和谐等重要的精神价值，具有明显的外部性，应该由政府包办或由非营利组织进行相关的传统文化宣传和保护活动。如方言，政府可通过增加方言在地方广播电台的使用频率等方式加强其保护。

另外，政府可通过加大传统文化知识的教育和普及，增加传统文化设施建设投入，提倡基层政府举办或组织如文化遗产知识下乡、广播电视宣传等多种活动，运用群众喜闻乐见的形式开展以展示民俗风情为主要内容的民俗节日和灯会、庙会等，在满足农民群众日益增长的精神需求的同时，促进百姓对这类文化精神价值的重视和追求。

三、适应农民需要，加强政府引导，提升农村公共文化水平

农村公共文化的内容主要包括三方面：一是政府主导实施的农村公共文化工程项目，包括广播电视“村村通”工程、乡镇综合文化站、送书下乡工程、文化遗产保护工程等；二是公共文化基础设施，包括文化活动室、图书室或农家书屋、电影放映室、社区公共网吧等；三是农村居民参与的公共文化活动，包括放电影、民间工艺、重大节庆活动、民俗旅游等。

（一）农村公共文化工程实施情况

1. 农民对农村公共文化工程的总体满意度较高

调查显示，对于目前在我国农村实施的广播电视“村村通”工程、农

村电影放映“2131”工程、乡镇综合文化站、流动综合文化服务车、送书下乡工程、文化遗产保护工程、农民体育健身工程和农村文化示范户创建工程等，农民的满意度普遍较高。农民对各工程“非常满意”的比例在40%～50%之间，“非常满意”和“比较满意”的比例平均在90%左右。这显示，持续多年的农村公共文化工程项目建设取得了较好效果。

2. 满足农村居民基本文化权利的公共文化工程实施情况较好

1998年，为解决广大农民群众听广播、看电视、看电影难的问题，国家率先开始实施了广播电视“村村通”工程和农村电影放映“2131”工程。调查显示，这两项工程开始较早，是农村居民了解最多的政府文化工程，其听闻比例分别为69%和48%；同时覆盖率也较高，在抽样调查的千个村庄中两项工程的实施比例分别为59.4%、37.9%。

3. 提高农民素养和农村自有文化资源的公共文化工程实施情况不佳

调查发现，2000年之后陆续开始实施的旨在提高农民素养和农村自有文化资源的公共文化项目中，除了农民体育健身工程外，其他项目的覆盖率还相对较低。其中，流动综合文化服务车工程以及文化遗产保护工程，不仅覆盖率最低（仅为13.1%和15.7%），而且满意度也最低（表示“不满意”的人群比例分别为11.9%和10.5%）。同时，大多数工程项目只注重“送文化”，使农村自有文化持续发展的项目只有“文化遗产保护工程”一项，且实施情况不甚理想。

（二）农村公共文化设施情况

1. 农村公共文化建设资金投入逐年增加

调查数据显示，被调查农村过去5年间在文化资金投入方面有明显增加、略有增加的比例最高分别为45.9%、31.8%。而由于我国公共文化设施硬件上还存在较大漏洞，投入资金的较大部分（54.3%）是用于基础文化设施建设和基础文化设施日常维护。

2. 农村公共文化设施保有率不高但有明显改善

（1）农村大多数公共文化设施保有率并不高。调查数据显示，文化活动室的保有率最高为64.43%，体育设施为51.19%，阅报栏为45.56%，儿童、青少年活动中心或老年活动中心为42.05%，图书室或农家书屋为41.51%。

电影放映室和社区公共网吧的保有率只有24.22%和12.56%。而农村居民最希望村里新增的基础设施便是电影放映室。

（2）农村公共文化设施有显著改进。虽然个别公共文化设施的保有情况仍有待提高，但总体而言，近年来农村公共文化设施的保有率在稳步上升，这不仅体现在资金投入上，对农村居民直观感受的调查也同样发现，农村居民认为公共文化设施与5年前相比有明显改善或略有改善的比例占83.4%。

3. 公共文化设施使用率偏低

调查中79.3%的受访者表示，从未使用过社区公共网吧；54.2%、52.1%的受访者表示，从未使用过图书室或农家书屋、阅报栏；体育设施和文化活动室的使用情况相对较好，表示未使用过的受访者比例分别为45.8%、36.9%。而使用者中还有相当比例的人群只是偶尔使用公共文化设施，经常使用的比例较低。

原因在于：首先，农村居民的教育程度普遍不高阻碍了公共文化设施的有效利用。其次，政府在公共文化设施建设前过于强调硬件上的均等或只是完成上级的指标而忽视了使用主体的需要，浪费了大量资源。此外，公共文化设施建设完成后的维护管理也存在诸多问题。

（三）农村公共文化活动状况

1. 娱乐性文化成主流

棋牌娱乐和看电影已成为各村覆盖率最广的公共文化活动。调查发现，覆盖比例分别为64.2%和56.1%；而民间工艺以及庙会、灯火、花会等农村传统公共文化活动的覆盖率仅为16.7%和30.2%。

棋牌和放电影也是“村民参加较多”和“村里组织较多”的公共文化活动。调查结果显示，选择棋牌娱乐、放电影的比例最高（32.6%和24%，29.8%和24.9%）；选择劳动技能比赛、民间工艺和其他活动的比例最低（4.2%、4.1%和2.5%，4.5%、4.1%和2%）。

除了不断加快的农村城镇化进程的巨大影响外，政府的组织引导不力也是造成农村公共文化娱乐化倾向的原因之一。

2. 农民对于公共文化活动缺乏自主性

（1）具有地方民俗特色的公共文化活动需求并未被完全满足。调查显示，对于民俗旅游、文化下乡、庙会、民间工艺等活动形式，村民“希望村内组织”的比例大于“村里举办较多”的比例。

（2）农村居民对村委会组织公共文化活动的依赖性较强。调查显示，57.3%的村民认为文化建设应该靠政府，仅有4.5%的村民认为应该靠社会组织，这说明农村居民参与公共文化活动的民主意识较低。

（3）缺乏将村民的真实需求落实到操作层面的发声渠道。调查数据显示，仅有29.6%的村民表示村内开展公共文化活动前征求过他们的意见，而这其中只有28.5%的村民认为他们的意见是有用的。

（四）提升农村公共文化水平的政策思考和建议

针对我国农村公共文化工程建设、公共文化设施和公共文化活动方面存在的问题，应该在顺应农村居民实际需要的基础上加强政府引导，以提升农村公共文化的水平和质量。

1. 搭建“分级管理”的农村公共文化管理体制

针对农村公共文化的组织引导不力，我们认为应该加强县级政府在农村公共文化方面的引导作用。对于中央、省和地市级政府可提供、可选择的公共文化项目、设施或活动的清单，提供菜单式服务项目和资金；由县有关部门根据各地乡镇、村的实际需要进行统筹安排；乡镇和村民委员会负责具体实施。

2. 建立“长效发展”的农村公共文化工程推进机制

广播电视、电影放映等公共文化工程项目注重硬件上的普及与均等，对农村公共文化的推进效果比较显著。而一些旨在提高农村居民文化修养工程项目则更需要长效机制的保障。如对于流动综合文化服务车等项目，要完善项目实行与管理过程的规章制度，同时定期收集村民的阅读需要，保证图书报刊的及时更新。另外，传统文化的保护不能只局限于“遗产”申报上，要通过适当方式满足农村居民对于传统文化的不同需要。

3. 构建“上下对流”的农村公共文化设施决策机制

各级政府在公共文化拨款前，由县级政府有关部门负责，要求乡镇和村委提交关于公共文化基础设施建设的具体方案；方案须与本村的经济、教育、城镇化发展水平以及公共文化设施的使用人群特点等相适应并征询本村居民意见；对于有突出问题的村庄，派专家到实地进行调研，从而使公共文化设施真正为民所用、为民所享。

4. 营造“主动觅食”的农村公共文化活动开展氛围

应充分发挥村委会和民间组织组织农村公共文化活动的主体作用，让农民以主动积极的姿态参与甚至组织多样化的农村公共文化活动，摆脱“被动哺养”的活动方式，从而最大限度地满足农民对于公共文化活动的需要。

四、包容与引导并重：中国农村宗教信仰的基本方针

当下农村宗教信仰问题实际上是农村社会转型阶段诸多社会矛盾和问题的集中体现。加强对于农村宗教的引导，对于全面贯彻党的宗教工作的基本方针，发挥宗教界人士和信教群众在促进经济社会发展中的积极作用，具有极其重要的现实意义。

（一）中国农村宗教信仰总体状况

1. 农村信教人员比例不高但总量庞大

（1）信教比例不高但总量庞大。调查显示，将近五分之一（18.4%）的被调查者明确表示信教，说明农村信教人员的比例不高。但是，考虑到中国农村人口的基数巨大，农村信教者的绝对数量庞大。根据第六次全国人口普查资料，截至2010年，中国总人口为13.397亿，农村人口比例为50.32%，如按上述比例推算，我国农村信教人口将达到1.24亿左右。这是一个数量庞大的群体。究其原因，改革开放以来，传统民间宗教信仰衰落与“信仰真空”同时存在，直接导致社会信仰危机。当传统信仰不能满足人民的需要时，宗教的盛行就会成为必然。

（2）存在大量潜在的信教者。调查发现，有45.6%的人对“是否信教”不做回答。但当他们被问及是否相信灵魂、是否相信“善有善报、恶有恶报”以及是否“请巫师做法事”等问题时，很多人都对此做了肯定回答。这意味着农村中大量有宗教意识的潜在信教者在调查中并未能识别和测量出来。因此，从是否具有宗教意识的角度来看，当前中国农村真实信教状况，无论总量还是具体比例都应放大看待。

2. 农村宗教信仰以佛教等传统宗教为主

调查发现，当前农村宗教信仰主要集中在佛教、基督教、伊斯兰教和道教，其中佛教居第一位，占到三分之二。在明确表明自己宗教信仰的人群中，佛教占信教总数的64.6%，基督教占18.6%，两派合计占总数的83.2%，伊斯兰教6.8%、道教3.9%，所占比重均不显著。

3. 信教者具有明显的功利性和实用性

调查发现，三成左右的农村信教者对本教戒律并不了解。一些农村老人并未阅读过宗教典籍，也不知道信仰的“神灵”都具有哪些神迹。他们信教主要是为家人祈福、保家人平安。他们的宗教活动多注重现实利益，而非精神上的深化。这说明，信仰宗教的村民中大多数是为了消灾免难和寻求心灵安慰，更多带有一种功利性色彩和实用主义色彩。

（二）中国农村宗教信仰的结构特征

1. 性别结构：女性信教明显高于男性

在所有被调查者中，男性信教者的比例为16.0%，而女性信教者的比例多达21.2%，比男性高出5.2%，呈现出较为明显的“女多男少”信教性别结构特征。

2. 年龄结构：年龄越大，信教者的比例越高

我们按照年龄将所有被调查的对象分为四组：青年、中青年、中年与老年。调查结果表明，四组被调查对象的信教比例分别为15.3%、16.1%、20.1%和20.6%，呈现出明显的年龄结构特征，即年龄越大，信教的比例越大。这在一定程度上反映出农村中老年人群在面临社会压力情况下更容易转向从宗教获得精神支持。

3. 文化结构：文化层次越低，信教者比例越大

从文化程度看，文化层次越低，信教者比例越大。其中，大专以上文化程度的人群信教的比例为14.3%，中专技校文化水平的人群信教的比例为15.1%，具有高中、初中、小学文化程度的群体，信教比例分别为16.2%、17.9%和21.9%，文盲信教的比例高达26.9%。文化结构的差异反映出现代教育与科学精神的传播对农村宗教具有反向的作用。

4. 经济水平结构：收入水平越低，信教者的比例越大

就经济水平看，中下等和低收入人员的信教比例明显高于中等以上收入

人群。上等收入群体、中上等收入群体、中等收入群体、中下等收入群体、低收入群体信教者的比例分别为16.4%、15.7%、17.8%、20.9%和24.3%。其中的原因，主要在于农村信教者往往会出于功利性和实用性选择信教，尤其是那些市场竞争和自我保障能力更弱的底层人群，面临的社会压力更大，也就更易于转向宗教，寻求排解和释放压力。

（三）中国农村宗教群体的组织化程度

1. 我国农村宗教信仰组织化程度不高

（1）从入教手续看，农村宗教信仰的组织化和制度化程度普遍不高。信教者中正式办理入教手续的比例低，其中，基督教正式办理入教手续的比例最高，达48.2%，将近一半，其次是佛教，约占三分之一，占31.6%。

（2）就入教方式，农村不同宗教的组织化程度差异较大。基督教中通过亲朋好友介绍和教会组织发展的入教比例最高，相对其他教派均十分显著。伊斯兰教和佛教通过其他方式入教的比例较高，道教通过自己寻求入教的方式比例最高。

2. 农村信教人员的身份存在模糊化和边缘化

（1）信教者与非信教者之间的身份区别并不明确而清晰。很多人介于信教与不信教之间，也有的处于宗教与迷信之间。选择不信教即表示没有宗教信仰的人中也有参加宗教活动，或者对相关人员和活动不排斥，可说是宗教边缘上的观望者。

（2）从事过宗教仪式的村民众多，但真正登记加入的却寥寥无几。以江苏省某村为例，村庄共1 800户，总人数约6 120人。根据随机抽样调查，结合村委干部给的数据，大约有5 385人曾有过信仰，或至少从事过一次烧香拜佛一类的仪式。这占到了总人数的88%，是相当高的一个比例，但真正入了教籍或者登记在册的人员却仅仅只有40人。

3. 以基督教为代表的外来宗教组织化程度相对较高

（1）传统宗教组织化程度不高。虽然佛教徒数量上多于基督教徒，但佛教无基督教徒那种严密的入教仪式，更多的是“我认为我是佛教徒”这样一种自我认同。调查表明，有一半的被调查者在过去一年中从未对宗教成员提供过帮助，尤其是佛教，而基督教为组织成员提供的帮助最多。

（2）外来宗教的正式化和组织化程度较高。调查显示，农村基督教信徒的宗教活动参与度最高，其次是伊斯兰教，但是整体上宗教活动的参与度较低，调查中从来没有宗教组织活动的占85.1%。其中没有参加过宗教组织活动的教徒中，佛教占比最大；且佛教中有67.4%的教徒没有参加过宗教组织活动，占比也为最大。

（3）基督教等外来宗教顺应了中国农村底层人民的心理需要。基督教作为一种外来宗教之所以发展最快，实际上是中国人传统宗教信仰在新时期发生了信仰对象上的转移和移情，它的教义与精神与当前农村尤其是那些处在社会底层的农民的心理需求恰好不谋而合。农民信教动机就是为了积德行善，在自己的生活中寻求心理安慰，在信教的过程中得到了心灵上的满足。调查中还发现，非法的“家庭教会”在一些农村地区发展迅速。当前基督教在中国农村出现传播速度快、信众规模大的发展趋势，究其原因，主要是基督教的宗教形态比较成熟，也比较适合现代社会，它成功地与世俗结合，能有针对性地指导世俗生活的体验。

（四）引导我国农村宗教信仰的政策思考和建议

1. 要以宽容之心对待农村宗教信仰

对当前中国农村现存的各种宗教，在确保不影响社会稳定的前提下总体上应保持尊重和包容的态度，鼓励信教群众积极融入当地社会生活，正面引导宗教活动与党和政府的政策方针保持一致。

2. 要防止传统宗教过度商业化、庸俗化的倾向

调查发现，当前很多农村地区的以佛教为代表的传统宗教迅速复兴，尤其是随着市场经济发展，在经济发达地区宗教活动出现异化。因此，应该有效引导信教群众回归宗教的本质，避免庸俗化、商业化，加强宗教活动的自律和规范化管理，促进宗教应有的积极意义的发挥。

3. 要加强对基督教等外来宗教的管理和规范

在所有信教类型中，当前农村基督教传播的正式化和组织化程度最高。在所有农村宗教中，基督教发展教徒更加积极主动。在办理入教手续的信教人群中，基督教的比例最高；在入教方式的选择中，基督教由教会组织发展的入教比例最高。但是，作为一种根植于西方文化的发展成熟的外来宗教，

是否能与中国国情相适应并不确定，尤其需要加强管理和规范。

五、当前的农村基层治理：丰硕成果与改进空间

1982年的中国宪法正式确立村民委员会为“基层群众自治组织”，之后全国各地陆续推动村委选举，落实“村民自治”，历经30多年的推动与发展，形成了今日中国农村的基层治理结构。

（一）农村基层选举制度基本落实

在我国农村，以村委会为核心，在村党支部领导、上级政府指导之下，由村民行使选举与自治权力的基层治理体制已成型并得以良好运行。

1. 农村定期换届选举常态化

根据3年换届的规则，将最近一次换届在2009、2010、2011与2012年视为“定期换届”（因为调查时间是2012年的暑期，虽然多数村庄在上半年已经完成换届，但仍有少部分尚未进行），而其他年份则属于未能满足“按时换届”的标准。关于“定期换届”的比例，分别为96.6%（调查村干部）和95.9%（调查村民），两者相差不多。反之，关于未能达到“按时换届”的比例分别为3.4%（调查村干部）和4.1%（调查村民），数据同样相当一致。这说明，村委会选举已经在绝大多数村庄成功地生根发展，充分而高度的“制度化”了。

2. 候选人产生与确定机制在较大程度上能够体现民意

调查发现，“由下而上”产生候选人的村庄分别达到90.8%（调查干部）与68.5%（调查村民）；反之，“由上而下”产生候选人的村庄则分别只有7.6%与12.3%。两类调查的数据，虽然“由下而上”产生的比例部分差别较大，但“由上而下”产生候选人的比例则十分接近，其中的落差主要可能是由于村民对于情况不了解（占16.3%，远高于调查干部所得的1.6%的10倍）所致。综合上述调查结果，可见在中国农村中，绝大多数村庄已经将“候选人如何产生”交由村民或村民代表来决定了。

需要说明的是，后文有关选举的候选人的确认、写票和计票程序，村规民约的认可和评价，村委会主任的选举方式等方面的调查问题，调查村干部

和村民所得的比例有较大差别，其原因是相同的：一方面是因为村民不了解情况，另一方面可能是干部有故意掩盖问题或高估成绩的倾向，故不再赘述。

同样地，对于“候选人如何确定”问题，调查发现：“由下而上”确定候选人的村庄分别达到94.4%（调查干部）与74.9%（调查村民）；反之，“由上而下”确定候选人的村庄则分别只有4.2%与8.2%。与之前情况类似的，两类调查的数据，虽然“由下而上”确定的比例差别较大，但“由上而下”产生候选人的部分，则两者比例十分接近。可见，在中国农村中绝大多数村庄已将“候选人如何确定”交由村民或村民代表来共同决定了。

3. 投票程序公正公开度较高

根据西方选举制度的发展，“秘密写票”与“公开计票”两项规则，便成为选举制度是否公平公正的另一类重要指标。我们的调查发现，“特别设有秘密写票处”的比例分别达到74.6%（调查干部）与43.0%（调查村民）；反之，“未设秘密写票处”的比例则分别只有22.3%（调查干部）与29.2%（调查村民）。可见，在中国农村中大多数村庄“秘密写票”工作做得较好。当然，各地在执行过程中也许有些未尽完善的地方，例如未就“写票的空间”做好完整的隔离措施，这可以再做持续改进。

此次调查发现，在中国的农村基层选举中，“公开计票”的比例分别达到96.5%（调查干部）与77.9%（调查村民）；反之，“未公开计票”的比例则分别只有2.0%（调查干部）与5.2%（调查村民）。同样可见，在中国农村中，大多数村庄已经将“公开计票”工作执行得较为彻底。

（二）村民自治形成有效的制度支撑

一个比较良善的治理体制，往往需要一整套“规约”与“传统”在背后支撑，制度运作才会比较好。“村规民约”或“自治章程”就是农村基层治理的制度支撑。

1. 村民自治有规可循

调查发现，在中国的农村中，已经具有“村规民约或自治章程”的村落，其比例分别为90.4%（调查干部）与62.0%（调查村民）；反之，不存在“村规民约或自治章程”的比例则分别只有8.2%（调查干部）与14.7%（调查村民）。可见，在中国农村，大多数村庄的确具有相当效力的“村规民约或自治章程”，从底层支持以“村民自治”“村委选举”为中心的“基层治理”体制。

2. 村规民约或自治章程较大程度获得村民理解和支持

调查发现，村规民约或自治章程“曾经征询”的比例分别为87.4%（调查干部）与47.5%（调查村民）；反之，“未曾征询村民意见”的比例则分别只有6.8%（调查干部）与14.7%（调查村民）。可见，中国农村中大多数村庄在形成其“村规民约或自治章程”的过程中，曾经与村民共商共议、获得村民支持。

3. 村规民约执行绩效较好

调查发现，认为“绩效较好”的比例分别为77.8%（调查干部）与47.3%（调查村民）；反之，觉得“绩效较差”的比例则分别只有1.3%（调查干部）与3.0%（调查村民）。可见，大多数村庄在落实其“村规民约”与“自治章程”的过程中，获得了村民比较正面的肯定。

（三）农村基层治理中的村民参与度和满意度总体较高，但仍有一定改进空间

1. 村民投票参与度高

以“村委选举”为基础的“村民自治”体制，必须获得村民的支持与参与，才能够谈得上“制度的落实”，因此村民是否“参与投票”，便成为反映村民认可的前提，这也是最直接、最有效的指标。此次调查发现，中国农村居民中有71.5%回答他们参与了投票，只有16.8%的村民回答他们未曾参与。可见，村民选举的施行得到了多数村民“以自己的行动来支持”。

2. 村委会主任普遍采取竞争性的差额选举方式

与此有关的是村委选举的竞争程度。由于缺乏对于“竞争程度”的度量方式，我们只能依据村委主任的产生过程，将村委的选举分为“等额选举”和“差额选举”两类。我们可以发现，村委主任采“差额选举”的村庄分别达到83.8%（调查干部）与60.6%（调查村民）；反之，村委主任为“等额选举”的村庄则分别只有11.5%与10.0%。

3. 村委会选举的公平公正性获相当程度的村民认可，但仍有改进空间

根据此次调查所得发现，中国农村居民觉得选举“相当公平”的占

74.7%，认为“不太公平”的占7.4%，但同时比较可惜的是，也还有14.3%的村民表示“不清楚”。“不清楚”一般会视为对此问题的保留意见。换言之，有约3/4的村民认为选举极其公平，而另有约1/4的村民并未认同这样的评价。这说明，村民选举制度的施行在得到多数村民认可的同时，也还是存在不少的努力空间，去创造一个“更公平、公正的村委选举”。

4. 村民对村自治成效的评价总体较高，但仍有不满

对于“村干部能否代表群众利益”，村民认为“充分代表”者占全体受访村民的72.9%，认为“存在落差”的占14.7%，表示“不清楚”者占10.9%。对于“实施村民自治成效如何”，村民认为“成效良好”者，占全体受访村民的过半，为51.2%；认为“成效不佳”者占4.5%；认为“成效一般”者占23.3%；表示“不清楚”者有16.1%。从中可以看到，虽然仍然有约3/4的村民对干部予以肯定，但也同时存在近1/4的村民或者未表态，或者有些失望。这也代表对我国农村基层干部的素质仍然存在加强考核与管理的必要。此外，虽然有约1/2的村民对村民自治予以肯定，但也同时存在约1/4的村民有异议。这也说明我国农村基层的“村民自治”仍然存在进一步提升与改进的空间。

（四）农村干部的威望普遍较高

1. 农村党政干部在公共事务决策中仍然扮演核心角色

我们将村民的评价划分为两类对象："党政领导"（包括“村党支部”与“村委会”）与“社会人士”（包括“宗族首领”与“企业家”）。调查发现，认为“党政领导”仍然扮演核心角色的分别达到97.6%（调查干部）与92.9%（调查村民）；反之，认为“社会人士”取得核心地位的，则分别只有2.4%（调查干部）与7.1%（调查村民）。两类调查的数据十分接近。可见，绝大多数村民认为，决定“公共事务”的核心力量仍然是“党政系统”，并没有因为“村民自治”而有所改变。

2. 农村党政干部的威望普遍较高

调查发现，认为“村党支部”威望较高的占77.1%，认为“村委班子”威望较高的占51.7%；另一方面，认为“宗族首领”威望较高的占8.0%，认为“富户业主”威望较高的占14.7%，认为“专业人士”（代表为教师与

医生）威望较高的占19.4%。这说明，农村党政领导的地位仍然无人能代替，宗族首领的声望衰退极快，不但不如专业人士，甚至不如村内的新富阶层。而作为能人的“企业家群体”相较于专业人士群体，其威望和号召能力也不高。农村中并没有任何可以替代“党政领导”地位的社会群体，这点也同样没有因为“村民自治”而有所改变。

3. 农村党政干部在回应村民急需时扮演重要角色

依据“私人性”到“公共性”的排序，依次询问了“（1）遭遇不测”“（2）遭遇不公”“（3）审批需要”与“（4）纠纷帮忙”四个社会生活的层面问题，对党政干部和社会人士参与角色进行观察。调查发现，在“遭遇不测”方面，会找“党政班子”和宗族亲友帮忙的比例分别为9.3%和12.2%。在“遭遇不公”时，会找“党政班子”和宗族亲友帮忙的比例分别为19.6%和6.5%。在“审批需要”时，会找“党政班子”和宗族亲友帮忙的比例分别为27.1%和2.9%。与在“纠纷协调”有关时，会找“党政班子”和宗族亲友帮忙的比例分别为27.9%和23.0%。可见，在属于“公共事务”性质的社会活动中，“党政班子”的地位领先于“社会人士”。换言之，从社会网络的角度来看，中国农村并不存在任何有意义的社会力量可以在公共事务上扮演比党政班子更活跃的角色和更广泛的参与。

（五）政策思考和建议

根据上述调查发现，我国现行农村基层治理体制历经多年发展，影响巨大，成果丰硕，但是仍有部分不足。为了有利于进一步提升农村公共治理体制的水平，使其发挥出更良好的绩效，我们提出如下三项建议：

1. 通过“制度接轨”提升治理绩效

通过修订现行“村规民约或自治章程”，扩大并充分征询村民的意见，并纳入修订，尽量将现有治理办法与地方“村规民约或自治章程”相结合。这样，既可以发展出具有“村庄特色”的治理模式，又能获得村民的理解与支持，强化村民对于村庄治理模式的整体支持与肯定。

2. 通过“差额选举”来充分吸取民意

我们对村民的调查发现，在村委主任选举中采取“差额选举”的村庄只达到60.6%。这说明竞争性的差额选举有继续提升的空间。根据许多国家选举的经验，一定竞争压力下的选举是搜集民意的利器。当然，意见呈现的过程中，也许会出现部分批评与质疑，但若本着“有过则改”“无过则可辩”的精神，反而可以有效杜绝谣言，防患于未然，将选举发展成为提升治理效能的工具。

3. 通过“村务公开”吸引更多村民参与公共治理

要加强农村公共决策和执行的公开透明机制，使村公共事务获得更多村民的理解和支持，也使村委会的公共权力受到村民的监督和制约。只有这样，农村基层治理体制才能富有活力和生机，才能符合全体村民的公共利益。

2013年

中国农村劳动力城乡转移状况调查报告

一、劳动力城乡转移状况调查与思考

(一) 调查介绍

1. 调查背景及意义

党的十八大提出要走“新型城镇化”的道路，指出“新型城镇化的核心在于不以牺牲农业和粮食、生态和环境为代价，着眼农民，涵盖农村，实现城乡基础设施一体化和公共服务均等化，促进经济社会发展，实现共同富裕”。在此基础上，2012年底召开的中央农村工作会议也提出了“要有序推进农业转移人口市民化”的口号，而“市民化”的概念就是要让农村劳动力在文化、生活方式等方面融入城市，而不仅仅只是让他们生活在城市。因此，只有为在城镇生活工作的农村劳动力提供与城镇户籍居民均等的社会和医疗方面保障、为他们的子女提供均等的受教育的机会，他们才有机会实现“市民化”，完成真正意义上的城镇化。在本次调查中，我们将对农村劳动力城乡转移状况进行调研。调研内容包含农村劳动力参与非农就业的基本情况；农村劳动力向城镇转移的基本情况；农村劳动力在向城镇转移过程中遇到的影响因素和障碍；农村劳动力在向城镇转移过程中对农业生产的影响等。

本次调研将帮助我们全面地了解农村劳动力向城镇转移的现状、影响农村劳动力向城镇转移的因素及影响农村劳动力成为真正城镇居民的障碍。基于此的调研报告在当前我国积极推进“新型城镇化”建设的背景下有着重要的意义，将为政府在制定“新型城镇化”建设相关的政策方面提供第一手的调查数据及实证依据。

2. 调查内容

农村劳动力城乡转移状况调查，课题组共对以下六大主题进行了调研（见表1）：

表1　　农村劳动力转移状况调查六大主题

A	家庭成员基本情况表	
B	就业经历	
C	健康和社会保障	
D	子女教育	
E	住户家庭基本情况	家庭公共服务情况
		家庭土地情况
		能源及生态环境状况
		村庄治理
F	2012年住户家庭收支及资产情况	家庭收入
		家庭支出
		家庭储蓄
		家庭资产
		家庭负债

3. 调查对象和目标样本量

本次农村劳动力城乡转移状况调查对象为中国（不含中国香港、中国澳门、中国台湾以及新疆维吾尔自治区、西藏自治区、青海省、内蒙古自治区、宁夏回族自治区、海南省）25个省（市、自治区）中所有满足项目访问条件的农村地区家庭和这些家庭中所有满足项目访问条件的家庭成员。调研的目标样本总量为6 000户。

4. 数据代表性

为评估数据的代表性，将从两个方面进行数据代表性的指标比较，分别是人口统计学特征和农民收入与消费支出。

（1）人口统计学特征。千村调查与国家统计局2010年人口普查的男性比例非常接近，人口年龄结构分布与全国农村人口年龄结构分布基本相同，平均每户常住人口也比较接近。千村调查的样本数据具有较高的全国代表性。具体情况见表2。

表2　千村调查与国家统计局农村人口结构的比较

指　　标	国家统计局	千村调查
2012年农村总人口	642 220 000	19 320（按地区）
		26 367（按户口）
平均每户常住人口	3.90	3.25
男性比例	51.19%*	52.34%
平均年龄	35.92*	37.34
16岁以下人口比例	20.59%*	18.45%

注：带*数据来自2010年人口普查，其余均为国家统计局2012年统计数据。

（2）农民收入与消费支出。表3列出了千村调查与国家统计局在农民收入和消费支出上的各项指标对比，可以看出，无论是绝对数还是相对数，两者都具有广泛的一致性，表明千村调查的收入支出状况具有较好的全国代表性。

表3　千村调查与国家统计局农民收支状况对比表

指　　标	国家统计局	千村调查	国家统计局/千村调查
全国农民收入总额（元）	5 084 455 740 000	5 223 156 263 732	0.973
人均收入（元）	7 917	8 133	0.973
农业生产收入所占比重	34.38%	27.44%	1.220

（续表）

指　　标	国家统计局	千村调查	国家统计局/千村调查
全国农民消费支出总额（元）	3 794 235 760 000	3 961 409 242 597	0.958
人均消费支出（元）	5 908	6 168	0.958
食品消费支出所占比重	39.33%	34.65%	1.087

注：千村调查每户家庭样本代表33 241个家庭。

（二）让农民工真正“进城”

1. 当前我国农村劳动力转移的基本状况

（1）从驱动因素来看，农村转移劳动力为农村文化素质较高群体，外出务工主要是为了提高收入水平

从表4中所给出的数据来看，对于农村适龄劳动力群体，外出务工或是在家从事一项以上工作无疑是提高家庭收入的主要途径。调研显示，88.41%的农民工提出经济因素是他们外出务工的主要动因。

表4　　留守农村16～65岁适龄劳动力就业及年平均收入情况

就业情况	年平均收入（元）	百分比（%）
自营性农业	5 687.696	53.17
自营性非农业	33 403.99	9.11
工资性工作	27 045.084	19.55
从事一项以上	35 302.38	18.17
合　　计		100.00

同时，当前农村外出劳动力中有近七成完成了九年义务教育，其中有近10%接受过高等教育，总体受教育程度较留守劳动力高。

（2）从流动方向来看，农村转移劳动力较为集中地流向粤、浙、苏、鲁

等沿海省份，呈现就近跨省打工和高流动性特点

从当前外出农民劳动力总体分布来看，全国较为集中的区域有广东、浙江、江苏、山东和河南。河南、山东等传统外出务工大省当前已分别吸纳了81.2%和66.26%的省内农村转移劳动力。

课题组以三大块经济区（长三角、珠三角及京津冀）划分打工目的地，并统计相对应的来源地数据（见图1、图2、图3）。从调研数据来看，除本省内就近打工人员以外，跨省就业的外出劳动力大部分选择就近省份作为其目的地。

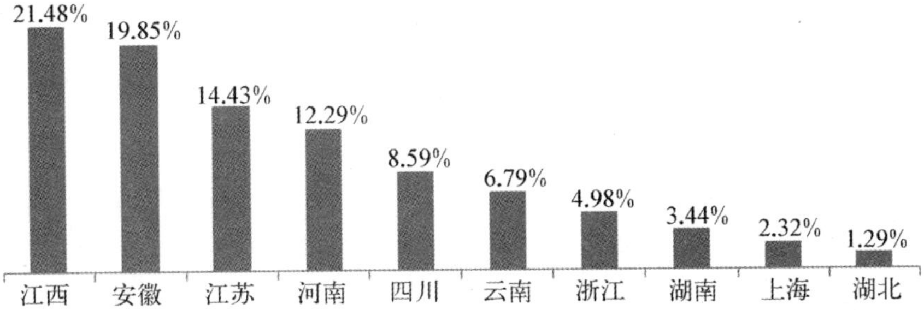

图1　长三角（沪苏浙）农民工主要来源地

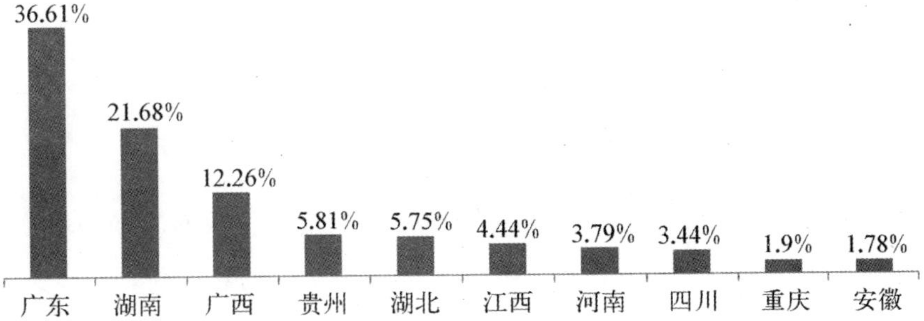

图2　珠三角（广东）农民工主要来源地

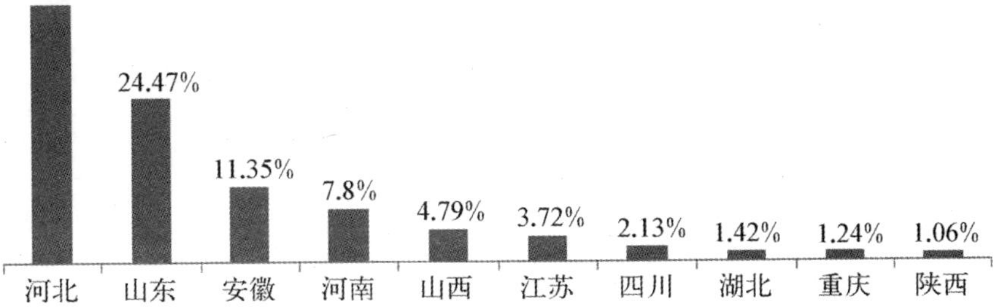

图3　京津冀农民工主要来源地

（3）从行业分布来看，农村转移劳动力集中分布于低技能劳动密集型行业，工业对他们的吸纳能力正在变弱

以工厂生产为主的制造业及工地施工为主的建筑业依然是农村转移劳动力群体分布较广的两个行业；而一些就业门槛相对较低、与日常生活有较大关联的行业也是外出务工群体较为偏好的选择。

（4）从返乡情况来看，农村转移劳动力返乡比例呈波动上升态势，非经济收入因素成为返乡主因

在本次调查中，外出务工后曾经返乡的人数占外出务工总数的69%；务工人员返乡的主要原因大多数是非经济收入类因素，见图4。

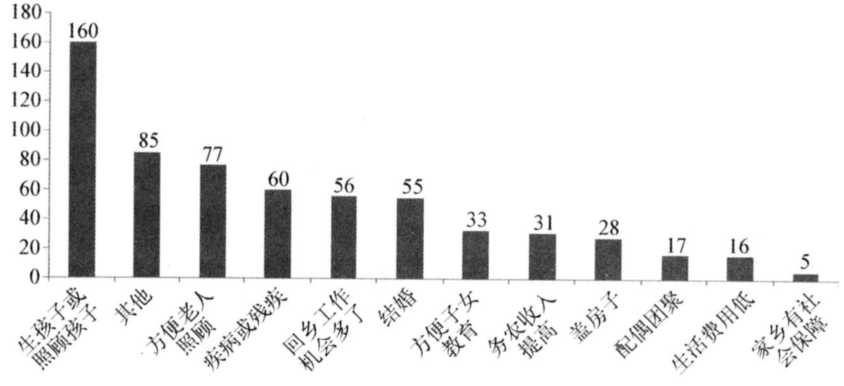

图4 返乡两年以上群体返乡原因（2002—2011年）

纵观近十年长期返乡的人群整体比例随着时间的推移而波动增加（见图5），这与国家大力推广惠农政策、农村整体就业发展前景走高有一定关系。

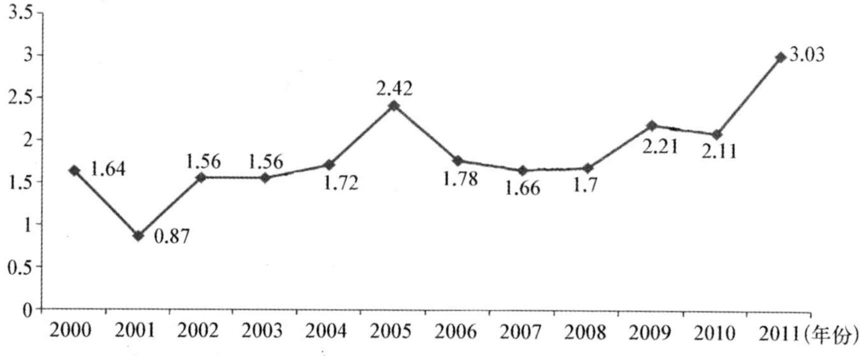

图5 近十年返乡人数比例趋势图（返乡两年以上）

2. 农村劳动力转移现状给农民工市民化带来的挑战

（1）城市生活的经济成本与压力是农村转移劳动力市民化面临的首要问题。

对于农村外出劳动力来说，一方面由于本身所获得的薪资较少，另一方面城市物价水平的上涨较工资水平的上涨幅度相对较大，这都将带来较大的经济成本与压力，也成了农村外出劳动力城镇化面临的首要问题。

（2）留守儿童、留守老人等非经济因素成为农业转移人口市民化重要的后顾之忧。

近年来，外出劳动力所面临的非经济类困难已日益凸显，而这一类非经济因素引发的最大问题就是留守老人和留守儿童，成为农村转移劳动力市民化的主要后顾之忧，而这使得农村劳动力在外出务工后，无法真正实现“流得动”和“留得住”。从表5中外出务工群体家庭陪伴情况的数据可以看到，留守儿童的比例在75%以上，而留守老人比例更是高达90%以上。

表5　外出务工者家庭陪伴情况

家人陪伴情况	百分比（%）
与配偶在一起	60.31
与配偶不在一起	39.69
与子女在一起	23.69
与子女不在一起	74.14
与有的子女在一起	2.17
父母已过世	3.56
与父母在一起	4.1
与父母不在一起	90.77
与父亲或母亲在一起	1.57

（3）农村劳动力就地城镇化进程缓慢，消化返乡劳动力有限。具体情况见表6。

表6 当前返乡人员2012年就业情况

就业情况	百分比（%）
只从事自营性农业	22.51
只从事自营性非农业	4.38
只从事工资性	8.35
只在外打工或经商	26.42
皆不从事	28.38
从事一项以上	9.95
合计	100.00

当前常住在家的人口中有1 688人曾经外出务工过，虽然职业非农化的在家劳动力比例已超过半数，但是返乡后在家从事务农活动的仍有22.51%，同时还有28.38%的劳动力是不从事任何工作的。在现有的城镇化进程下，“就地城镇化”的进程还是显得较为缓慢，大城市无法消化过多的外来劳动力，而就地城镇化模式进程又无法消化返乡的劳动力。

（4）农业转移人口集中流入沿海和大中城市，给这些地区公共服务、资源环境造成巨大压力。

对于就业城市，大批农村转移人口的集中流入，给当地的公共服务、资源环境等造成了巨大的压力，本地政府在对外来人员的福利保障上可能会无法到位或是满足其要求；而农村劳动力在所在城市无法得到有效的福利保障，感觉受到了一定程度的户籍歧视，仅停留在“半城镇化”阶段，从而形成了两难的矛盾局面。

3. 顺应农村劳动力转移状况，推进人的城镇化

（1）以新型工业化为导引，带动农村富余劳动力向第二、三产业转移。

农村现代化建设是吸纳农村剩余劳动力的一个重要途径。在第一产业吸纳农业劳动力的基础上，通过大力发展农村第二、三产业，创造了更多的工作岗位，带动农村富余劳动力向非农产业分离，实现就地城镇化。

（2）加强就业服务和就业培训，提升农村转移劳动力的职业技能，增强其就业效率。

应建立城乡统一的就业服务平台，加强劳动力资源信息库和劳务需求信息库建设。同时，应制定农村转移劳动力培训的相关制度和政策，整合农村劳动力转移就业培训资源，适应市场用工需求对农民工进行培训。

（3）推进城乡社保体系整合和户籍改革，消除后顾之忧及身份歧视。

应充分协调中央政府、人口流入地政府与人口流出地政府三者关系，建立统一的城乡居民医疗、养老保险制度，加快推进医疗保险关系跨制、跨区域转移接续。进一步推动城镇户籍"模糊化"、消除户籍体制障碍，从根本上改善农民工子女的地位，并加大财政支持力度，扶持农民工子弟学校。

（4）优化中小城市和小城镇功能定位，增强就地安置农村剩余劳动力的承载力。

真正落实《国家新型城镇化规划（2014—2020年）》提出的"加快发展中小城市，有重点地发展小城镇"要求，关键还是要通过产业发展和集聚来解决就业岗位不足、就业质量不高的问题。

（5）合理引导人口流向，避免外来人口在沿海特定区域大规模聚集。

落实大中小城市和小城镇协调发展的"两横三纵"城镇化战略格局，在大城市人口趋于饱和的现状下，重点应推进小城镇户籍管理制度改革，探索建立以居住地登记户口的管理制度。

二、城乡转移过程中劳动力及其家庭面临的困境与阻碍

（一）授人以渔与授人以鱼——关于加强农村转移劳动力技能培训和困难补助的建议

1. 政府在农民工技能培训和农村困难家庭补助方面有所缺位

（1）技能培训占劳动人口比例低，地区差异大。

从表7来看，22.69%的基层政府没有提供农业技能培训，平均农业技能培训人数占农村劳动人口（16至60周岁之间）比例仅为6.7%；对于非农业技能培训，有42.57%的农村基层政府没有提供培训。

表7 农业和非农业技能培训人数总体分布

分 位 数	农业技能培训人数	非农业技能培训人数
1%	0	0
5%	0	0
10%	0	0
25%	2	0
50%	47.5	8
75%	120	35
90%	280	100
95%	412	200
99%	600	563

在政府组织农业技能培训方面存在一定的地区差异，西南地区是北部沿海地区的3.5倍；而非农业技能培训的地区差异则更为明显，中原北部地区是沿海北部地区平均培训人数的44倍。

（2）对困难家庭的补助水平低，很难满足基本的生活需要。

① 低保。

从对村干部的调查来看，有1.75%的基层政府还没有建立相应的保障。同时，农村的最低生活保障线也表现出明显的地区差异，最高的是中部沿海，最低的是南部沿海，差距达到5.4倍。具体见图6。

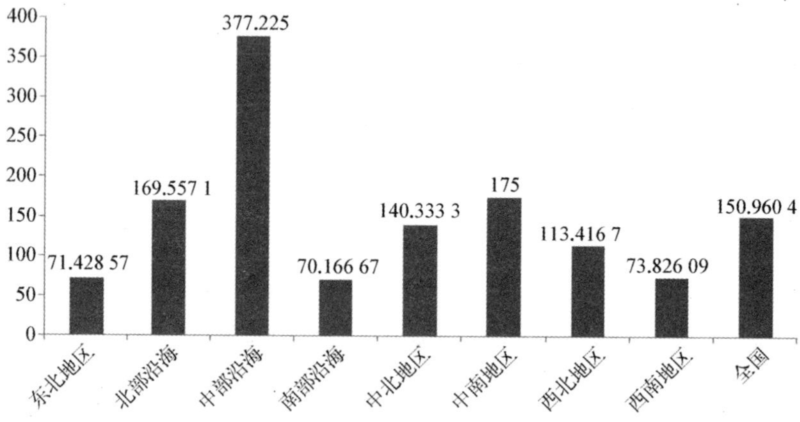

图6 各地区平均最低生活保障线

② 五保户补助标准。

调研数据显示：五保户补助标准中间值为174元/月，平均值为198元/月。低于每月100元补助标准的比例为19.3%，低于150元标准的比例为44.7%，低于200元标准的比例为71%。具体见表8。

表8　　农村五保户情况

分　位　数	五保户户数	五保户供养标准
1%	0	0
5%	1	60
10%	1	100
25%	4	120
50%	6	174
75%	15	225
90%	32	350
95%	39	416.7
99%	60	600

各地区的五保户补助标准水平也各不相同，最高的是南部沿海，接着是中部沿海，最低的3个地区分别是中南地区、北部沿海和中北地区。具体见图7。

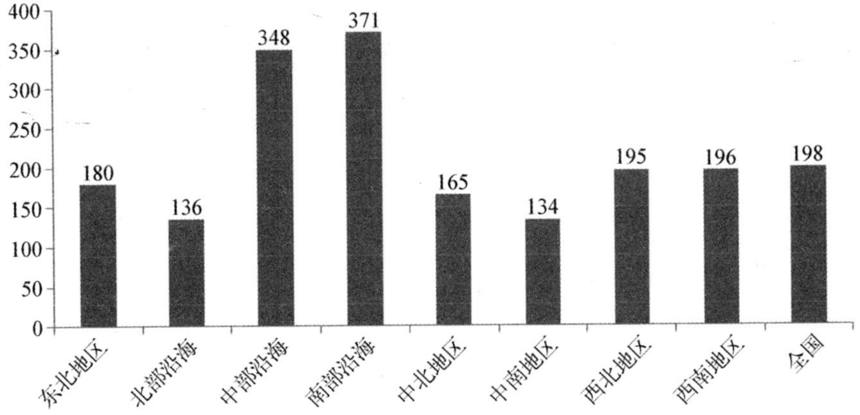

图7　各地区五保户补助标准平均值

2. 农民工技能培训和困难家庭最低生活保障的影响因素

（1）技能培训的影响因素。

表9中参加农业技能培训与农业生产机械化率的相关系数最大，达到0.31，这说明参加农业技能培训与农业技术密切相关，同时在农业上的收益（粮食作物的年亩产值）也会激励农民参与农业技能培训。农业技能培训与村财务中的自有收入的相关性（0.24）也说明了财政收入水平是影响政府公共服务方面的供给能力的一个重要因素。

表9 与农业技能培训相关因素分析

相关系数	参加农业技能培训	粮食作物年亩产值	农业生产机械化率	村自有收入
参加农业技能培训	1			
粮食作物年亩产值	0.113 4	1		
农业生产机械化率	0.307 5	0.073 5	1	
村自有收入	0.242 3	0.072 1	0.204 5	1

从表10可以看到，参加非农业技能培训与外出打工人数、本地的乡镇企业从业人数和乡镇企业产值正相关。

表10 与非农业技能培训相关因素分析

相关系数	参加非农业技能培训	外出打工人数	乡镇企业从业人数	乡镇企业产值
参加非农业技能培训	1			
外出打工人数	0.104 9	1		
乡镇企业从业人数	0.113 2	0.306 9	1	
乡镇企业产值	0.469 9	0.211 7	0.236 4	1

（2）与最低生活保障相关的因素分析。

对调研数据作进一步统计分析（见表11），可以发现五保户的补助标准与经济发展水平密切相关。而五保户补助标准与村财务收入及上级政府的拨款正相关，则反映了基层政府的财政收入水平会直接影响政府提供公共惠民服务的能力。另外，五保户补助标准与中位数家庭的支出水平正相关，可能反映了补助标准的制定与当地的消费水平是密切联系的。

表11　　与五保户补助相关的因素分析

相　关　系　数	五保户补助标准	五保户户数
五保户补助标准	1	
五保户户数	−0.096 3	1
上一年农村人均家庭收入	0.459 1	−0.169 9
村财务收入	0.409 9	−0.175 7
上级政府的拨款	0.586 7	−0.175 8
中位数家庭的支出	0.458 2	−0.116 5
中位数家庭的食品支出	0.440 6	0.055 8
中位数家庭的医疗支出	0.228 1	−0.061 2

表12反映的低保补助标准与前面的五保户的因素类似。它们的差别主要体现在财政收入来源上：五保户更多的是与上级（乡镇、县级）政府的补助联系较为密切，低保则是与中央财政收入和上级政府的扶贫资金来源联系较为密切。

表12　　与低保补助标准的相关因素分析

相 关 系 数	低保补助标准	低保户户数
低保补助标准	1	
低保户户数	−0.105 4	1
上一年农村人均家庭收入	0.470 1	−0.230 1

（续表）

相关系数	低保补助标准	低保户户数
村财务收入	0.409 1	−0.106 5
中央财政补贴	0.284 3	−0.021 4
上级政府的拨款	0.357 6	−0.126
上级政府的扶贫资金	0.156 9	0.144 5
中位数家庭的支出	0.273 6	−0.054 8
中位数家庭的食品支出	0.328 8	0.056 1
中位数家庭的医疗支出	0.086 8	−0.141

3. 更好发挥政府在农民工技能培训和最低生活保障上的作用

（1）加大财政支持力度，发挥基层政府职能。

基层政府由于贴近市场，所以在技能培训方面有一定的优势。中央政府在财权上应适当向基层政府倾斜，有助于提升基层政府的作为能力，同时将农业技能培训纳入到对基层政府的工作考核中，进行长期跟踪监督。

（2）及时了解市场需求，建立健全培训机制。

非农业技能培训更多可能来自企业的需求。为此，政府可以引入规范的中介机构，搭建起农民与市场间的信息沟通渠道，有针对性地对农民进行非农技能培训。

（3）中央政府统筹管理，完善社会救助体系。

在最低生活保障方面，五保户和低保的补助标准都与经济发展水平、地方政府的财政收入水平高度相关，而这也造成了各地的补助标准差别大，需要来自相对高层政府来统筹。

（二）农村留守失能老人社会化照护体系建设

1. 当前我国农村老年人口的基本状况

（1）农村常住人口老龄化程度相对较高，空巢化和隔代化现象较为严重，家庭照料缺失。

从课题组调研数据来看，当前农村常住人口中，60岁及以上人口占比为18.4%；65岁及以上人口占比为12.2%。同时，大量农村青壮年劳动力向城市转移，空巢化和隔代化的现象趋向严重：近四成老人属于空巢老人①。

从老人与子女的联系方式与频率上看，空巢与非空巢老人之间存在较为显著的差异，超过七成的空巢老人依靠电话与子女联系，仅有两成多是通过见面与子女联系；而非空巢老人正好相反。在联系频率上空巢老人也远不如非空巢老人密切。

（2）从健康状况看，近百分之四的老人生活不能自理，平均长达两年以上，且四成以上重度失能。

课题组调研了老人的基本生活活动，并通过吃饭、洗澡、穿衣、室内活动、上下床、上厕所是否能够自己完成六项指标数据来衡量老人的生活自理能力。在受调查的所有老人中，有3.56%（152位）的老人至少有一项生活不能自理，在这部分老人中，有四成以上属于重度失能。截至调研时，失能老人中已经处于生活不能自理状态的时长中位数为24个月。

2. 农村老龄人口生存窘境

（1）农村社区养老机构缺乏，农民不愿在机构养老。

通过与村干部的访谈，课题组了解到，86%的行政村中没有任何养老机构，难以依靠社会、社区养老。在农村老人中，近四成的老人不仅面临空巢化，同时也被迫承受了空巢化所带来的生存压力：在调研中，仅有14.19%表示有意愿在机构养老。

而农村老人不愿意参加机构养老的原因（见图8）最多的是子女不同

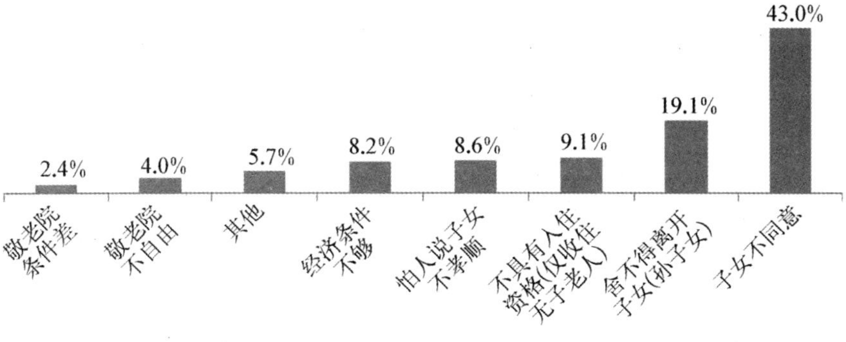

图8　农村老人不愿参加机构养老的原因

① 本章中的空巢老人泛指不与子女同住且子女也不住在本村的情况。

意，占大约四成。值得注意的是，有9.1%的老人表示是因为不具有入住资格，因此没有参加机构养老。

（2）失能老人境遇堪忧——收入微薄，支出较高，政府救助缺失。

从收入情况来看，失能老人的收入虽然较健康老人低一些，差距不大，然而失能老人的医疗支出明显较高，超出了失能老人的生活费；而另一方面，失能老人的生活照料主要依靠家人，152位失能老人中有91.4%是由家人照料，数据显示（见表13），有失能老人的家庭平均每周需花费54个小时照料失能老人。

表13 各类人群每周照料失能老人时间的各分位值 单位：小时

	1%	5%	10%	25%	**50%**	75%	90%	95%	99%	**均值**
家人	2	5	10	24	**24**	70	168	168	168	**54**
朋友邻居	1	1	1	1	**1**	10	10	10	10	**4**

从政府部门提供的救助来看，各行政村提供的养老服务和老年福利存在差异；而失能老人中，仅有不到两成的人获得了政府提供的现金补贴。

3. 政府牵头，建立社会化养老照护体系

（1）探索失能救助制度，建立社会化失能老人保障机制。

国家承担对人民“生存照顾”的责任，是世界各国经济发展、社会进步的必然趋势。我国应积极探索针对失能老人的社会救助制度，强化社会保障体系在失能老人基本生活保障中的作用。

（2）鼓励失能老人居家养老，试行给予家庭照料提供者收入补贴等激励机制。

居家养老是我国政府以及其他国家政府都在大力提倡和推崇的养老方式。为了鼓励并支持居家养老，经济合作与发展组织（OECD）国家多对居家养老照料者提供经济资助、发放工资或是补助家庭受护理者。四分之三的经济合作与发展组织国家为老年人和残疾人提供补贴。此外，一些国家还为家庭照料提供者提供休假或替班服务等。我国也应当借鉴国外的经验，对居家养老照料者实行政策上的激励和支持。

（3）探索农村社区和机构养老模式，建立多层次养老服务体系。

探索社区养老和机构养老模式，建立起多层次的农村养老服务体系。在此过程中，还要适度引导农村养老观念转变。养老模式转变是大势所趋，应加大宣传、积极引导，转变农村老人传统观念。

（三）留守儿童和随迁儿童教育公平问题

1. 当前我国农村教育及留守儿童教育的基本情况

（1）农村教育后义务教育阶段参与度较低，初中毕业即外出打工成为常态。从调查所反映的总体情况来看，我国农民的受教育程度仍然普遍较低，16～30岁中青年群体中，初中文化水平人群占比最高。同时，小学以下文化水平的农民仅占5%，说明农村基础教育的普及情况较为良好。

分地区来看，我国农村教育发展水平在不同地区间差异仍然较大。中部沿海地区高中及以上文化水平的比例远高于其他地区；从小学以下文化水平比例来看，西南地区最高，中部沿海最低。

在6～16岁青少年中，辍学比例仅为1.95%；而在17～18岁青少年中，这一比例上升到了17.81%。义务教育阶段适龄青少年的辍学率远低于后义务教育阶段，后义务教育阶段参与度较低。在调查中，42.9%的学生是在初中毕业（9年级）后辍学。而在初中毕业以前辍学的比例占到了所有辍学的44.3%。具体情况见图9。

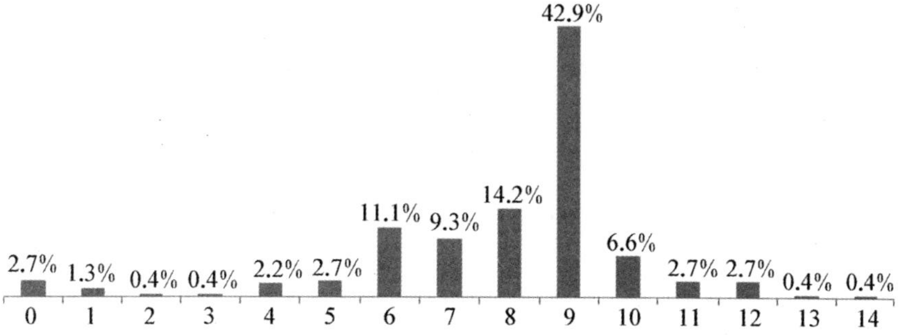

图9　辍学年级（0为从未上学）

在青少年辍学后的现状方面，过半青少年选择了外出打工，其次为在家待业。在6～16岁辍学青少年中，51.4%选择了外出务工；在17～18岁辍学青少年中，62.2%选择了外出务工。

（2）学龄儿童留守现象尤为突出。在幼儿园儿童当中，与父母共同居住的仅有53.1%，有15.5%与父母单方居住（半留守状态），更有31.5%的儿童处于完全留守状态，且留守儿童大多由其祖父母照看。

在接受小学教育的儿童当中，情况与幼儿园儿童大致相同，但与父母同住以及住在寄宿学校的比例有所上升。同时值得注意的是，与祖父母同住的比例仍然较高。

在初高中学生中，住在寄宿学校的学生比例大幅增加。其中，初中进入寄宿学校的学生比例达到了29.1%，而高中这一比例高达57.5%。与父母居住在一起的比例逐渐下降。

2. 留守儿童和随迁儿童教育面临的主要困难

（1）父母外出务工工作繁忙和随迁生活成本高昂是留守儿童无法随迁的主要原因。针对不同阶段儿童不与父母共同居住的原因，课题组发现不论儿童处于哪个阶段，主要原因均为父母外出务工工作繁忙以及随迁生活成本过高。

在幼儿园阶段，儿童与父母分离的主要原因为父母外出打工没时间照顾孩子以及在务工地的生活成本太高。同时可以看到，23.75%的人认为借读费太高是子女与父母分离的主要原因。具体情况见图10。

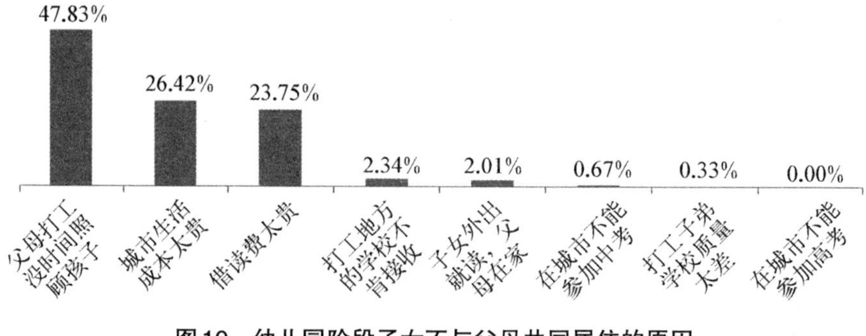

图10 幼儿园阶段子女不与父母共同居住的原因

小学阶段所呈现的原因与幼儿园阶段大致相同，且“借读费太贵”因素的比重已超过“城市生活成本太贵”因素的比重，成为第二大导致分离的因素。具体情况见图11。

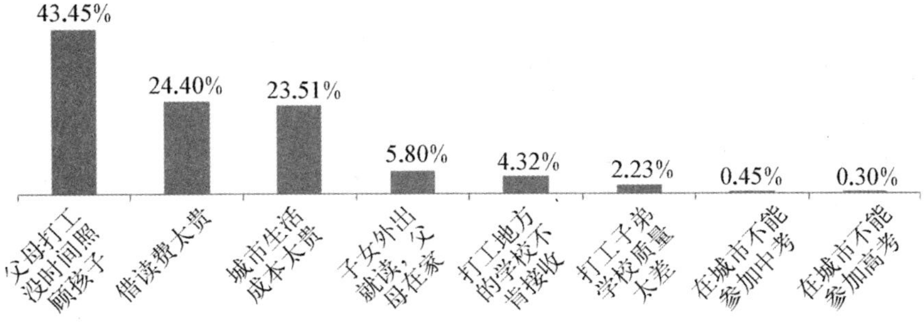

图11　小学阶段子女不与父母共同居住的原因

在初中阶段，子女外出就读的比例显著上升。目前很多初中阶段学生因为父母没有时间照顾，或者当地没有好的学校，从而进入初中寄宿学校就读。具体情况见图12。

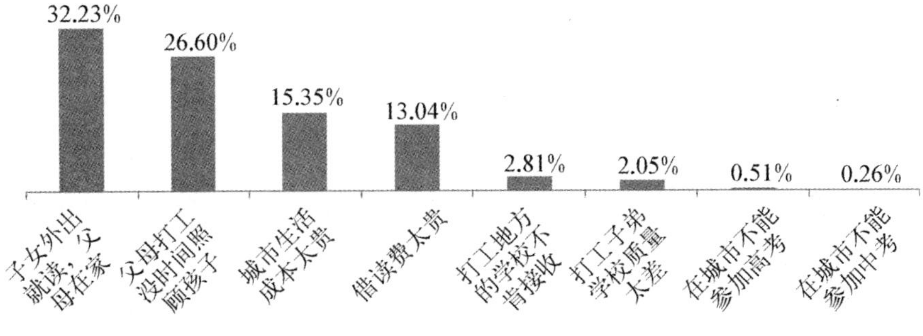

图12　初中阶段子女不与父母共同居住的原因

在高中阶段，子女外出就读的比例继续上升，这与高中教育本身学习强度大、学校数量较少等特点有关，课题组认为这属于较为正常的现象，仅有1.42%的子女由于异地高考原因与父母分离。具体情况见图13。

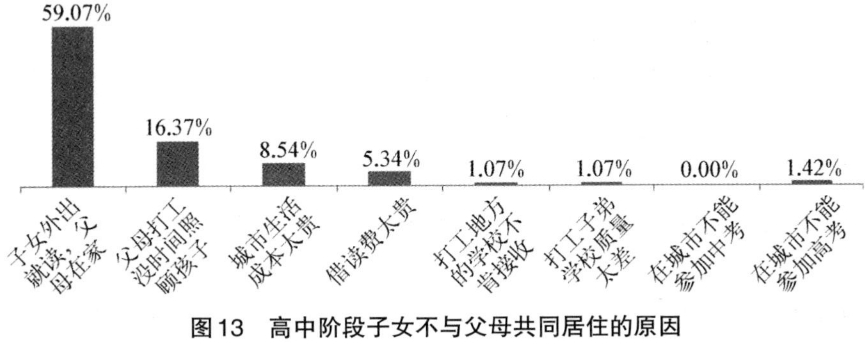

图13　高中阶段子女不与父母共同居住的原因

（2）外出务工人员家庭面临的教育文化支出相对较重。对于家庭成员有在外务工的农村家庭来说，由于在外务工的收入相较留守在家的务工收入来得高，那么相应的家庭人均消费水平也会有所提高，这是所谓的“财富效应”造成的结果——收入增加，消费也会相应增加。家庭成员中有在外务工的教育文化支出占比近15%，而家庭成员均留守本地的仅有7%，外出务工的家庭教育支出占比也明显高于留守本地的家庭。

3. 从促进教育公平切入，合理解决留守儿童和随迁儿童问题

（1）推行村镇“教育券”方案，保证义务教育资源。乡镇政府可以在公立与私立学校中做好协调工作与相应的财政款项划拨变更工作，效仿一些省政府在鼓励城镇化进程中发放的帮助随迁子女在父母务工地学校就读的“教育券”：在经过当地教育部门同意后，由公立学校开立给这部分儿童，这些儿童持有“教育券”在私立学校就学后，他们所应享受的义务教育权利就由公立学校“转移”至私立学校，从而达到保证义务教育资源的有效发放，也缓解了农村外出务工家庭在教育方面的经济负担。

（2）进一步加大公办学校向随迁儿童开放的力度，扩大开放层面，建立从学前教育开始的开放机制，促进教育公平。如果城市能够加大公办学校向随迁儿童开放的力度，扩大开放层面，建立从学前教育就开始的开放机制，情况应大有好转。同时，在开放学校的范围上，不仅要涉及小学、初中等基础教育，更要涉及幼儿园等学前教育。放开学前教育，对于实现外出农民工随迁子女的教育公平以及缩小他们与流入地学生的差距非常有帮助。

（3）进一步加强民办学校管理与建设，发挥其作为随迁儿童教育的重要补充与辅助功能。根据上海财经大学高等研究院的《民工子弟学校与流动儿童教育：基于上海的跟踪实证研究》的结果：由于政府对民办小学在财政上的补助不断增加、投入不断增多，尽管民办小学的学生和公办小学的学生在成绩上仍然有所差距，但是相比照民办小学的学生在后一次（2012）标准化数学考试上所取得的成绩与前一次的差距几乎缩小一半，民办学校办学质量显著提升。因此，需要进一步加强民办学校管理与建设，发挥其作为随迁儿童教育的重要补充与辅助功能，从而为外来儿童提供更优质的教育。

（4）未雨绸缪，政府需对随迁儿童的教育问题做长期全面规划，尤其后

义务教育阶段教育问题应通盘谨慎考虑。对于外出农民工随迁子女的教育吸纳必须要突破9年制义务教育的框架，向初中后延伸，办好职业技术教育，赋予其向上流动的空间，使外出农民工随迁子女克服升学和就业瓶颈。另外，政府亦可考虑通过设立专门高中或者与流出地政府合办学校的方式，解决其后义务教育阶段的教育问题。

（5）鼓励社会组织发挥积极作用，使其成为政府力量的重要有益补充部分。目前正兴起一些社会组织创立公益机构，为外出农民工随迁子女提供服务。这类组织除了起到教育培训的作用外，本身可起到除学业时间外对务工人员子女的一种“托管”作用和功能，这无疑可相对有效解决父母外出务工工作繁忙的后顾之忧。因此，课题组建议鼓励民间组织发挥积极作用，使其成为政府力量的重要有益补充部分，两者相互推进，共同有所作为。

三、城镇化进程中农村遇到的问题与挑战

（一）深化征地制度改革，均享土地增值收益

1. 我国农村土地征用的基本现状

（1）过去5年随着工业化和城市化的加速，征地拆迁涉及全国12.2%的家庭。调查数据显示，过去5年间曾发生土地征用的农户占调查总户数的12.2%。这一比例虽然看上去不高，但考虑到所涉及农户的绝对数，这一比例实际上是相当可观的。各地区在征地范围上也存在显著差异，其中西北地区农户征地发生率最高为22.8%，南部沿海最低仅为2.74%。具体情况见图14。

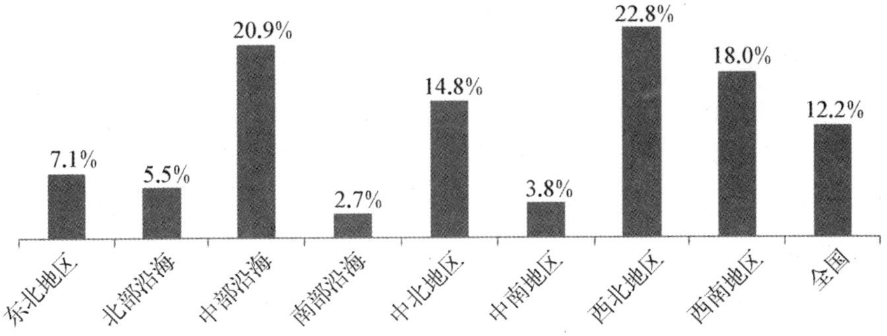

图14　土地征用情况

从征地面积看（见图15），全国范围内发生征地的农户户均征地面积为3亩。分区域来看，各地户均征地面积差异很大。其中，中部沿海地区户均征地面积最大，南部沿海户均征地面积最少，仅为0.97亩。

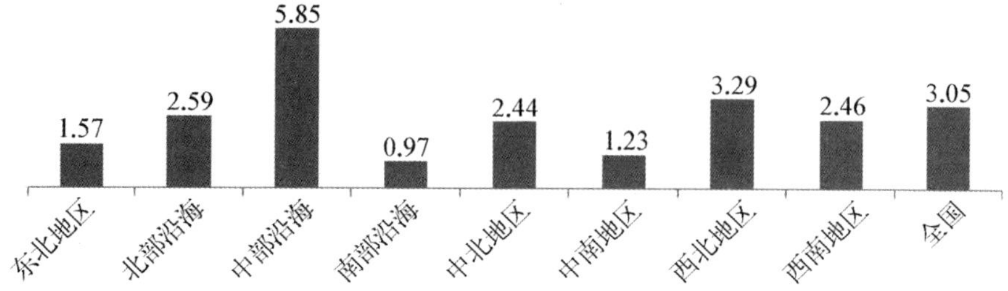

图15 户均征地面积（亩）

（2）除了用于兴建国家基础设施外，大量征地用于兴建开发区及商品房。从土地征用的用途来看，农村土地征用主要用于基础设施建设，也有大量征地用于兴建工业开发区和进行房地产开发。

（3）征地补偿以现金补偿为主，社保或安排就业等长效补偿机制比例低。调查数据显示，当前我国的征地补偿以现金补偿为主要形式，占全部征地农户的74.4%。以社保、安排就业和划地安置等长效补偿机制进行补偿的比例较低，合计仅占全部征地农户的14.7%。

值得注意的是，高达10.2%的农户征地拆迁后没有获得任何补偿安置。这说明许多地方安置补偿款的发放存在着“延迟”或“截留”问题，农民的合法权益未能得到有效保障。

（4）当前的征地补偿标准较低，普遍低于农户的意愿补偿金额。调查发现，目前各地制定的征地补偿标准普遍较低。整体来看，全国的征地补偿标准为28 558元/亩。分地域看，补偿标准最高的是中部沿海地区，每亩补偿价格高达61 080元。同时，除了中部沿海地区外各地规定的征地补偿标准远低于农民的意愿补偿金额。

（5）农户实际领取的征地补偿标准远低于法定补偿标准。调查显示，除了北部沿海、中北地区两者相对比较接近外，其余各地区农户实际领取的征地补偿标准均远低于法定补偿标准。

（6）仅四成农户愿意以现金补偿方式放弃土地承包权，另有两成农户更愿意以社会保险或安排就业等补偿方式放弃土地承包权。多数农户不愿意以现金补偿的方式放弃土地承包经营权，愿意以现金补偿的方式放弃土地承包权的农户不足半数。分区域看，中部沿海地区农户愿意以现金方式放弃土地承包权的比例最高。具体情况见图16。

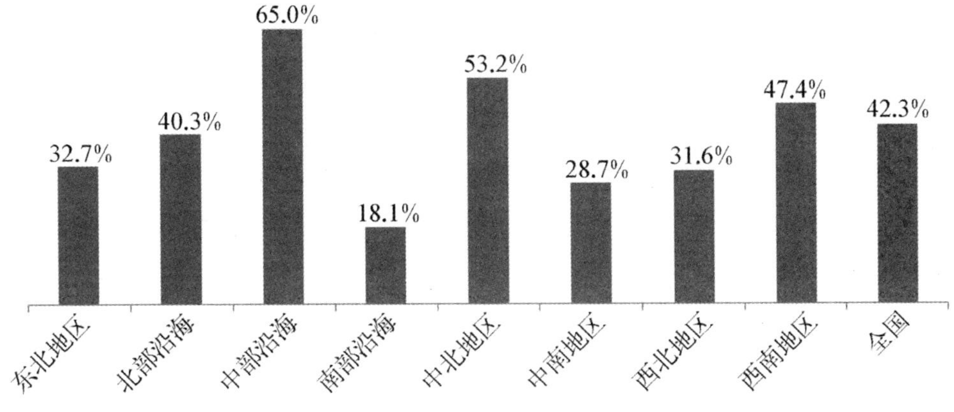

图16　愿意以现金补偿方式放弃土地承包权的农户比例

在不愿意以现金补偿方式放弃土地承包权的农户中，有22.1%的农户愿意以社会保险或安排就业的方式放弃土地承包权。

2. 当前征地制度中存在的主要问题

（1）"符合公共利益需要"的征地原则在现实生活中并未得到很好的执行。我国宪法规定，为了"公共利益需要"可以征地。然而，课题组调研数据显示，现有的土地征用除了用于国家基础设施建设外，高达36%的土地被用于兴办工业开发区或商品房建设。

（2）当前的征地补偿标准过低，远低于农民的期望补偿标准。现行的安置补偿标准主要是依据《土地管理法》第四十七条中规定，"征收土地的，按照被征收土地的原用途给予补偿。土地补偿费和安置补助费的总和不得超过土地被征收前三年平均年产值的30倍"。然而，这一补偿标准已经不能完全适应当前土地的快速升值趋势。

（3）现有征地的补偿安置方式依然以货币安置为主，这与农民的意愿补偿方式形成较大反差。课题组在调研走访过程中注意到现有征地补偿绝大多数采取了一次性现金支付方式，而多数农民不愿意以这种方式放弃承包经营权。对多数农民而言，农地依然是最主要的生计来源，具有生产资料和社会保障的双重职能。

（4）征地补偿的落实情况不尽如人意。补偿安置款在发放过程中发生的截留现象，既与补偿安置款的发放方式有关，也与当前农村土地所有权与使用权两权分离的产权结构以及村庄政治的民主程度有关。一方面，许多地方在支付征地补偿款时采取了层层拨付的方式，这就为各级政府的层层截留和挪用提供了便利；另一方面，征地补偿款拨付到村后，村集体往往凭借土地所有者身份抽取一定比例的留成。

3. 破解征地制度难题的改革思路

推进征地制度改革是一件大事，必须要高度重视，我们提出了如下建议：

（1）准确界定“公共利益”内涵，逐步缩小征地范围。改革征地制度的一项当务之急是要明确界定“公共利益需要”的含义，并依此制定一份符合公共利益需要因而可以征地的土地用途目录。征地目录制定后，所有建设用地可以相应划归为公益性建设用地或经营性建设用地。如果属于前者，则可以继续（但不限于）原有国家征地方式，但是要改变补偿安置的方式和水平；如果属于后者，将不再走政府征收之路，要改由市场配置。通过将经营性建设用地剥离出来，可直接缩小征地范围。

（2）积极探索集体建设用地入市的形式，建立和完善城乡统一的建设用地市场。通过允许集体经营性建设用地直接入市用于城市化和工业化建设，可以为非公共需要的经营性建设用地提供土地来源，这将直接有助于缩小征地范围。同时也可以使集体和农民参与分享城市化和工业化所带来的土地增值收益，缩小城乡收入差距。并且将有助于构建城乡统一的建设用地市场，由此可以形成真正反映市场需求的土地使用权价格。

（3）现阶段在制定征地补偿标准时，要引入政府、用地方、集体、被征地农民等多方谈判协商机制，保障农民的合理补偿意愿能够得到充分表达和尊重。现阶段在制定补偿安置标准时有必要引入征地方和被征地方的谈判协商机制。征地补偿标准的制定应该以“不降低农民原有生活水平、长远生计有保障”为基本原则。在谈判过程中，有必要引入双方都信任的独立的第三方不动产价值评估机构。在征地相关各方无法就征地补偿标准达成一致时，要建立一套完善的行政复议或法庭裁决程序，来对征地补偿标准进行仲裁和判决。

（4）在征地补偿款的发放上应确定“先补偿安置后拆迁交付”的原则。应该以法律的形式明确确立“先补偿后拆迁”的原则，即征地方先按照协议落实各项补偿安置措施后，被征地农民再进行拆迁并交付土地。

同时，为避免村集体等截留这一情况，要依据被征用土地的不同性质，依法规定集体和农民的分成比例；对于属于农民的安置补偿款应通过银行直接发放到被征地农户的个人银行账户或社保基金账户上，以最大程度上减少截留问题。

（5）征地制度改革要与财税体制改革、社保制度改革、农民市民化等配套改革相衔接。征地制度改革是一项系统性的工程，涉及政府、用地方、集体和农民等多方利益，必须要与相关配套改革协同推进。需要协同推进的配套改革包括：

① 以取代“卖地财政”为目标的财税制度改革。要改革征地制度必须同时进行财税制度改革，包括征收房地产税、清理和调整涉地税费以及完善转移支持办法等，使地方政府具有与其事权相匹配的、稳定的财税收入，以取代“卖地财政”，这样征地制度改革才能启动。

② 以探索和完善“规范、合理、多元化的安置补偿方式”为基本内容的农民市民化和社保制度改革。下一步征地制度改革的一项重要内容是要改变单纯货币安置的补偿方式，探索和完善规范、合理、多元化的安置补偿方式。当前在各地试点并深受农民欢迎的补偿安置方式包括：“土地换社保”模式、就业安置模式、“划地安置”或“留地安置”的补偿方式。

（二）我国农村基础设施建设的现状、问题及对策

1. 当前我国农村基础设施建设的基本现状

（1）农村道路大部分硬化，但西南、西北等偏远地区公路建设不佳。根据调查显示，我国农村道路大部分已实现硬化，且状况基本良好。道路已经硬化并且质量较好占了调查样本的近60%，18%虽然道路已经硬化，但质量不好。而还有22%的农村道路未硬化。

分地区来看的话，经济较为发达的中部沿海、南部沿海、中南地区以及中北地区道路硬化状况要好于全国平均水平，而相对偏远的西南地区、西北

地区、北部沿海和东北地区道路硬化情况相对不佳。

（2）经济发达地区自来水覆盖率高，而西南地区以水井为主要水源。调查结果显示：除了西南地区，所有地区的农村家庭生活用水都是以自来水供应为主，其中中部沿海的江浙沪的比例最高。西南地区以水井为主，其次才是自来水供应。

虽然目前大部分农村生活用水以自来水为主，但只有一半左右的农村地区真正实现了全天候的自来水供应。而来自江河水等其他水源的用水，则可能因为农业生产过程中使用的农药、化肥，农村小型企业排放的废气、废水、废物，以及农村及城镇生活垃圾、污水、畜禽粪便遭到污染而对农民的健康产生危害。

（3）我国农村电网基本实现全覆盖，但电网较薄弱，断电现象普遍。调研结果发现，目前我国的电网覆盖率约为99%，几乎所有的农村都已通电。然而，目前农村电网线路“卡脖子”、设备“过负荷”现象十分普遍。根据课题组调研数据显示，农村断电较频繁的地区主要集中在广西、河南、重庆、湖南和江西等地区。

（4）农村炊事燃料以薪柴为主，冬季取暖则以煤炭和薪柴为主，不同地区有所差异。调研结果发现，农村用于炊事的能源仍以传统能源为主，而比较现代化的清洁能源如电力和天然气等在农村家庭使用的比例较低；同时，煤炭在农村家庭中被用于炊事的比例也较低，仅占6.86%；其他的炊事燃料则主要是秸秆或沼气。

在我国的大部分地区（东北地区、北部沿海、中北地区、中南地区、西南地区和西北地区），农村炊事燃料以薪柴为主。而在中部沿海和南部沿海，炊事燃料则以液化气为主。而在西南地区、西北地区以及东北地区，将液化气作为炊事燃料的家庭很少。

与炊事燃料差异较明显的是，用于取暖的燃料主要是煤炭，约占31.2%，其次是薪柴。在农村，很少有家庭购买空调等家用电器专用于取暖，因此采用电和天然气取暖的家庭非常少。

细分地区来看，东北地区主要采用薪柴和秸秆取暖；北部沿海接近3/4的农村家庭采用煤炭取暖，其次是薪柴；中部沿海使用电取暖最多；南部沿海主要采用液化气，其次是煤炭取暖；中部地区取暖燃料使用比例依次是煤炭、薪柴和电；西南和西北地区则主要采用煤炭和薪柴取暖。

2. 农村基础设施建设所面临的现实问题

我国农村基础设施建设还很滞后，各种公共服务体系还很不健全，目前面临的现实问题主要有几点：

（1）缺乏科学合理的规划和管理。我国目前农村基础设施建设存在缺乏科学规划、布局不合理等问题。基础设施建设具有很强的地域依附性，但当前的农村基础设施规划管理是滞后于农民生产和生活的要求。此外，农村基础设施建设大多采取的是“自上而下”的方式，而不是根据农村的真实需求来决定，导致与农民生活相关的基础设施建设不足。

（2）农村基础设施投融资资金有限、渠道有限。农村基础设施建设不是财政的投资重点，即使近年来农村基础设施建设的投资增长较快，但绝大多数也是用于重大水利工程和生态建设等，真正用于改善农村居民生活条件方面的投资较少。

（3）农民参与农村基础设施建设积极性不高，侵害农民利益的现象不断出现。由于村基础设施建设基本都是由政府在没有农民参与的情况下决定的，农民只是被动地接受，同时还要被动地承担部分费用，同时，在新农村建设过程中也存在一些腐败行为等，因此农民参与农村基础设施建设的积极性不高。

3. 进一步加强农村基础设施建设的建议

新农村建设与新型城镇化建设相辅相成，建议从以下几个方面加强农村基础设施建设：

（1）增加政府投资，加强管理。基础设施建设投资巨大，而农民收入普遍较低，关键还是要依靠政府的财政投资，并拓宽投资和融资渠道。同时，建立基础设施的管理和维护机制，明确政府的管护职责，调动农民管护的积极性。

（2）强化统一规划，明确建设重点，重点就是农村公路、农村电力、农村饮水、户用能源等与农村居民生活密切相关的基础设施和公共服务建设。并且，农村基础设施的建设规划应放在城乡统筹的背景下来设计，做好规划对接。

（3）加大对低收入农村地区农民的扶持，建立健全农民生活用电、用水、用气价格机制，建立科学合理的能源补贴机制，确保农民基础生活能源使用。补贴机制重点是针对性，防止补贴泄露。鼓励农村地区充分利用自然资源，如太阳能、风能等新能源的开发与利用。此外，通过各种机制提高农民的收入水平，改善其能源消费结构，才是真正解决农民能源消费症结的途径。

（三）农村环境污染与治理现状及问题、对策

1. 当前我国农村环境污染与村民健康损害现状

（1）近1/3农村居民认为自身健康受到环境污染侵害。在定点调查数据中有超过三成的村民认为自己的身体健康因为当地的环境污染而受到了影响，而入村问卷中的数据也体现了这一情况。在村干部的认识中，有27.12%的人认为环境质量问题已经对当地村民的健康构成了威胁。

（2）农村环境污染类别繁杂，废水污染最为严重。在农村废水污染、空气污染和固体垃圾污染较为严重，其中最为严重的是废水污染，占比达49%，而空气污染和固体垃圾污染则各占比24%和23%。

（3）农村成为企业污染的避风港，私营企业被认为是主要污染源。有近一半的村民认为污染是由本地企业造成。而村民家庭的生活垃圾一般任由村民随意搁放，无专人处理，因此容易导致农村生活污染严重。同时课题组还了解到，农村农业生产过程中使用的大量化肥、农药，足以导致一定程度的环境污染。具体情况见图17。

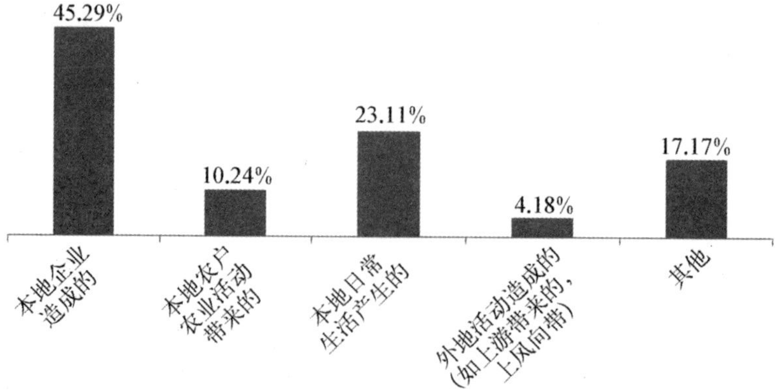

图17 全国农村环境污染因素分析图

村民认为，造成环境污染的企业主要为私营企业，这部分的比例达到了80.28%（见图18）。村干部的认知基本与村民相同，认为污染企业中属于非公有制企业的比例达到了77%。

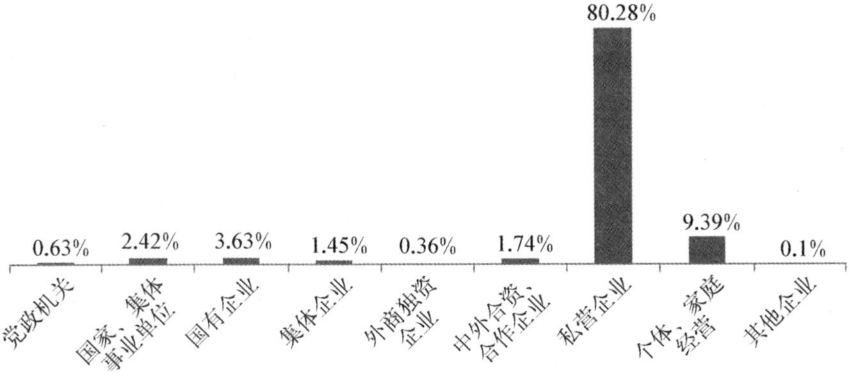

图18　全国农村造成污染企业所有制分布图

2. 农村环境污染治理面临的现实问题

（1）农村居民资源环境保护意识不足，环境损害让渡于经济收益。在村民的认知中，我国农村地区超过80%的区域未出现自然资源被过度开发的情况（见图19），这与现阶段农村资源利用的客观现实情况不符，一定程度上反映了农民的资源环境保护意识缺乏。

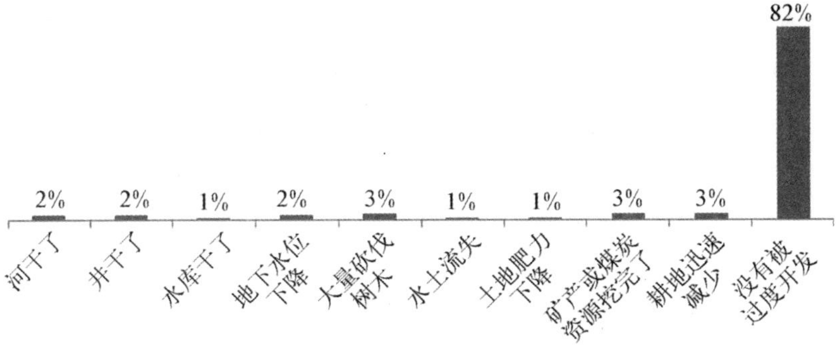

图19　全国农村过度开发自然资源分类图（基于农民自身认识）

与此同时，有25%的企业对当地造成了严重的环境污染和能源耗竭，而没有影响的企业比例仅为33%，说明在大部分农村地区，能源耗竭的状况是相当严重的。

面对环境污染与破坏，村民们态度不一。虽然上述私营企业对当地环境造成了极大的污染，但仍有53.74%的村民希望这些企业能留下来，因为村民经济收入来源有限、收入微薄，而可以提供就业机会、相对稳定收入的当地企业对村民具有极大的吸引力。

（2）政府污染治理职能缺位，农村居民对此满意度极低。课题组调研数据显示，对当地农村环境污染治理“很负责任”的政府占比不足一成，而“置之不理”与“效果不大”的占比分别达到了60%与18%，说明我国政府在农村环境治理上，工作漏洞很大，没有重视此类问题。

3. 解决农村环境污染问题的几点建议

（1）培养和提高农村居民环保意识，建立农民环境权利表达机制。从调查中可以看出，我国农村居民环保意识薄弱。要加强治理农村污染、保护农业生态环境的宣传，使农村居民充分认识到环境污染的危害性和保护环境的重要性。同时，还应增强农民的环保参与意识，积极调动农民的参与热情，提升农民环境保护权利的行使意识。

（2）严格农村招商引资准入门槛，杜绝污染企业“上山下乡”。在招商引资、项目建设上提高准入门槛，把符合环保要求的项目引进来，否决消耗高、污染重、难治理的项目。坚决落实环保“一票否决”制，防止城市污染向农村转移，坚决制止在农村地区建设高耗能、高耗水、高污染项目，严格执行环保标准，实行污染物源头控制。

（3）加强农村环境治理体系的建设，建立和健全环境责任追究制度。组建由政府牵头，协调土地、环保、农业、科技、技术监督等部门技术人员组成的农村生态环境服务组织，建立农村环境治理的完整体系。在执行过程中将环保责任制工作纳入干部政绩考核体系，并建立环境目标责任制。

（四）缓解农民消费压力 优化农村金融服务

1. 我国农村劳动力的金融与消费现状

（1）劳动力消费结构无明显地区差异，整体消费水平相对较低、负担较重。从表14显示的数据看，在人均总支出上，除了中部沿海，其他各地区间的差异并不太大，基本与总样本相差不大；同时，国家统计局数据显示，

2012年城镇居民人均消费支出为16 674元，为农村人均消费的2倍左右，可见当前农村在家劳动力的消费水平相对较低。

表14　　在家个体人均消费情况

	东北地区	北部沿海	中部沿海	南部沿海	中南地区	中北地区	西北地区	西南地区	总样本
总支出	8 079	8 735	14 295	·8 677	7 128	7 911	7 982	7 355	8 436
其中：									
食物支出	21.45%	31.45%	29.77%	44.22%	29.58%	25.47%	20.10%	29.17%	29.24%
衣着支出	6.50%	6.55%	9.16%	4.17%	4.61%	6.24%	7.47%	5.65%	6.31%
医疗支出	15.81%	16.22%	10.87%	8.18%	16.14%	17.89%	15.19%	15.16%	14.69%
家电支出	0.91%	3.02%	5.96%	2.16%	3.96%	5.38%	3.30%	4.45%	4.13%
交通通信支出	6.44%	6.45%	8.51%	6.99%	4.63%	6.94%	8.16%	6.23%	6.73%
教育文化支出	13.22%	9.71%	8.81%	12.72%	19.01%	13.59%	21.64%	11.36%	13.17%
休闲娱乐支出	0.55%	0.26%	1.64%	1.30%	0.84%	1.38%	1.45%	0.83%	1.06%
人情支出	21.84%	9.30%	10.49%	2.37%	11.49%	10.37%	6.45%	13.74%	10.65%
日常支出	4.92%	4.08%	5.31%	5.69%	3.67%	4.73%	3.48%	5.38%	4.71%
居住支出	2.18%	2.63%	1.91%	1.95%	0.47%	1.96%	4.59%	1.00%	1.85%
电费支出	3.04%	3.70%	4.08%	3.61%	3.64%	3.99%	3.33%	3.74%	3.74%
水费支出	0.13%	0.44%	1.11%	1.17%	0.26%	0.45%	0.99%	0.20%	0.56%

（续表）

	东北地区	北部沿海	中部沿海	南部沿海	中南地区	中北地区	西北地区	西南地区	总样本
燃料支出	2.16%	5.75%	1.73%	4.76%	1.31%	1.34%	3.68%	2.84%	2.73%
有线电视支出	2.16%	5.75%	1.73%	4.76%	1.31%	1.34%	3.68%	2.84%	2.73%

从消费结构上看，生存型消费，如食物支出、衣着支出、医疗支出等合计比例将近65%；而发展型消费，如教育文化支出、交通通信支出等合计比例约为1/3；而人情支出这一我国传统文化下独有的消费产物，占比已达到一成，逐渐成为我国农民的新型负担。

课题组对数据进行分组处理，分别得到两种情况的在家劳动力消费结构。总体上看，家庭成员中有在外务工的平均消费水平略高于家庭成员均留守本地的，两个群体的消费支出分布大致相同。而家庭成员是否有在外务工对消费支出的结构最明显的影响体现在教育文化支出上。

（2）农村家庭的"资产赤字"现象——负债较高、资产较少。从表15可以看出，当前农村家庭的人均储蓄率普遍在20%上下；而在人均金融资产方面（含存款、股票、证券、基金等），中部沿海地区与其他各地区之间的差异十分显著，大多为5～10倍。

表15　　农村家庭金融资产情况

地　　区	储蓄率	人均储蓄额（元）	人均金融资产（元）
东北地区	25.73%	1 576	1 672
北部沿海	24.51%	1 659	2 324
中部沿海	34.68%	4 925	11 403
南部沿海	23.24%	1 022	1 027
中南地区	24.48%	1 136	1 818
中北地区	19.19%	1 326	2 643

（续表）

地 区	储蓄率	人均储蓄额（元）	人均金融资产（元）
西北地区	19.84%	1 088	1 636
西南地区	21.37%	1 027	1 137
总样本	23.44%	1 605	2 781

注：人均储蓄额是在剔除负值之后计算的。

对农村家庭的负债情况调研显示（见表16），当前农村家庭约有三成背负债务，而在有负债的家庭中平均负债为50 000元左右，其中最高为中部沿海。

表16 农村家庭负债情况

地 区	家庭均负债额（元）	有负债家庭均负债额（元）	有负债家庭比率
东北地区	13 332	38 343	34.77%
北部沿海	16 466	58 731	28.04%
中部沿海	24 075	117 167	20.55%
南部沿海	12 668	47 087	26.90%
中南地区	12 649	42 264	29.93%
中北地区	17 228	51 167	33.67%
西北地区	23 661	47 087	50.25%
西南地区	16 996	38 982	43.60%
总样本	16 863	50 004	33.72%

对于农村劳动力来说，住房负债与生产性负债是最主要的债务来源。

表17 农村家庭负债债务结构

	银行贷款	民间借款	其 他
东北地区	42.68%	32.96%	24.37%

（续表）

	银行贷款	民间借款	其　他
北部沿海	50.26%	29.38%	20.36%
中部沿海	65.31%	28.78%	5.92%
南部沿海	19.56%	55.93%	24.51%
中南地区	20.11%	55.65%	24.24%
中北地区	33.86%	43.88%	22.27%
西北地区	33.89%	47.76%	18.34%
西南地区	41.11%	42.57%	16.31%
总样本	42.48%	40.25%	17.27%

但细化看负债的方式（表17），课题组发现大部分地区的民间借款比例基本持平或超过银行贷款比例，其中，南部沿海和中南地区在生产性负债的比例分布上差异较大，民间借款超过银行贷款15%左右，而南部沿海同时也是住房负债中比例分布差异最大的，民间借款超过银行贷款近两成。

2. 当前我国农村家庭的消费负担与资产隐忧

（1）农村家庭收支倒挂，消费压力重。根据课题组调研数据，2012年农村家庭人均年收入为8 242元，而家庭人均消费为8 436元，出现收支倒挂的现象；而进一步观察各地区间的收入基尼系数，总体水平高于消费基尼系数。农村家庭虽然消费力仅为城镇居民的一半，但其收入却仅为城镇居民的1/3，且略低于自身的消费水平。

表18　　在家个体人均收入基尼系数

地　　区	所有个体
总样本	0.586 355
东北地区	0.538 722
北部沿海	0.486 285
中部沿海	0.478 487

（续表）

地　　区	所有个体
南部沿海	0.709 608
中南地区	0.550 907
中北地区	0.614 552
西北地区	0.454 698
西南地区	0.553 298

（2）农村家庭资产管理弱，金融机构扶持力度不够。由于农村居民相较于城镇居民的收入低一些，在经济方面的知识与信息接触面较少，最常见的为自己与家庭存下将来经济保障的资产的方式就是进行储蓄，然而考虑当前的通胀系数相对较高，他们的存款就变得相对“不值钱”。

另一方面，农村家庭选择的负债方式中银行贷款和民间借款的总体平均比例基本持平，而且在经济越不发达的地区民间借款的比例相对越高，这很大程度上会让农村家庭的经济状况和资产都无法得到改善。而对于民间借款中出资的一方，在当前农村群体相对收入较少的情况下，他们所承担的资产损失风险也是相对较大的。

3. 以人为本，优化农村金融资产

（1）提升收入与提振消费双管齐下，确保收支结构平衡。加强基础设施建设，改善生产条件，提高综合生产能力。乡镇部门要积极引导、大力支持，以提高农民科技素质为重点，开展农民技术普及培训和新型农民新科技培训。国有商业银行特别是农业银行以及农村信用社应把扶持农业产业化经营作为信贷支农的重点。农村市场潜力巨大，但消费能力不足，农村消费的健康发展需要依靠一系列政策长期配套实施，其中包括稳定增加农民收入、提高农村社会保障水平、改善农村消费环境等。

（2）巩固并完善农村金融机构服务体系。农村金融机构的信用体系和支付体系需要进一步健全；在农村贷款类型上因地制宜地开发新种类贷款，并继续增加小额信用贷款的投放，建立灵活的贷款机制。政策上需将农村土地抵押担保等有效做法进一步制度化、规范化；同时央行可适当降低农村信用社等农村金融机构服务主体上缴的准备金，并加大对其再贷款力度。

（五）农村基层民主与治理现状、问题及对策

1. 选举：民众意愿与程序公正基本得到保证

调研主要是通过村民对于选举过程、影响因素和选举结果的主观性评论，发现村干部选举程序基本符合相关法律（即《中华人民共和国村民委员会组织法》）和政策，村民评价也基本是正面。

（1）村干部选举公平度得到大多数村民的认同，但地区差异比较明显。

其一，大多数村民认为选举过程公平，但不同地区评价差异明显。总体看，超过半数的村民对选举过程的公正性持肯定态度。按地域进一步分析发现，村民对选举过程公平度的评价呈现出一定的地域梯度差异。

其二，村委会委员候选人绝大多数是由群众直接提名产生。在实地走访中，村庄选举中村委会委员候选人绝大多数是由群众提名产生。同时，不同地区间有一些差异。在东北地区和中南地区，100%的受访户表示候选人都是由群众提名产生；而中北地区和中部沿海的比例为75%左右；认为选举过程不公平分布最广的西北地区，比例为86.7%，在几个地区排序中居中上。

其三，大多数外出务工农民的选票是根据选民意愿委托他人投票。按照选举法，规范的处理方法是根据选民意愿委托他人投票。在调查中，我们发现有73.48%的村庄选择了这种方式。

与此同时，不同地区在处理外出民工选票中也有一些差异。其中值得注意的是，对选举过程公平性认可度高的地区其外出务工农民选票主要是根据选民意愿委托他人投票，充分尊重村民选举权利。

综合以上三组数据，课题组分析得出村干部选举过程的公平性与民主参与度正相关，且外出务工村民的参与度是其中一个非常重要的影响因素。

（2）家族势力和上级政府对选举结果的影响有限，村民选举意愿得到尊重。

在中国农村地区，家族势力一直是一个重要的因素，此外上层政府也可能会对选举结果施加一些影响力。

其一，家族影响力对选举的影响力总体不大，相对而言西北地区家族势力的影响力较大。在对农村民众的调查中，有48.54%的受访户认为家族势

力对选举的影响力不大。从地域来看，西北地区认为家族势力对选举结果影响很大的比例最高。

其二，村干部绝大多数由民众选举意愿产生，上层政府对选举的影响力不大。在由谁决定村委干部的问题上，大多数受访户认为是由村民意愿选举产生。不同地域中，村民和上面政府对村委干部的影响力存在一些地域差异。

（3）大多数民众对在任村干部是满意的，但不同地区的差异明显。

有33.04%的受访户对在任村干部的评价是“很满意”，有40.93%的受访户对在任村干部的评价是“比较满意”。不同地区的民众对在任村干部的满意度差异比较明显，满意度最高的是东北地区，最低的是中北地区和西北地区。

2. 治理：民众对村务的参与和监督问责不足

课题组对村民村务参与程度和村财务监督等问题均进行了调研：

（1）村里事务主要是由村干部决定，民众参与程度不够。

在受访家庭中，回答村里的事务主要由村干部决定的占55.86%；认为由村民参与村里主要事务的比例占28.08%。民众参与村里主要事务程度最高的地区是中部沿海，占35.26%，其次是东北地区，占32.32%，民众参与村里主要事务程度最低的是北部沿海，占21.5%。

（2）村委会财务支出透明度低，监督不足。

其一，财务支出的透明度低，大多数民众并不清楚。课题组在实地调研中发现，绝大多数受访户对村财务支出不清楚，比例达68.79%。不同地域的村民对村财务的支出了解也存在一些差异性。

其二，财务支出合理性有待提高。绝大多数村民对村财务支出情况并不上心。不同地区也体现了村民对财务支出评价的地域差异。

3. 政策建议

基层民主是让民众参与村庄事务并监督基层政府的制度保障。尽管在目前选举程序上基本上都符合政策和法律，但是现实中真正达到基层民主还有很长的路要走，其中最重要的是强化实际问责。

为此建议：

（1）建立以民众投票为基础的决策机制。不仅要在村干部选举中遵循民主选举，在涉及村民切身利益或村庄的重大事务时也必须强调参与程度。应该进一步完善《村委会组织法》，在选举方面，要保证选举程序的细化。可以规定村民投票赞成的最低比例或最低投票人数，将村务公开纳入制度化、规范化管理轨道。

（2）以财务公开为核心，建立村务监督长效机制。在村庄事务管理中，以财务公开为核心和重点，建立和健全村务公开制度，规范村务公开的时间、形式、程序和范围。加强乡镇相关机构对村务公开情况的监督，涉及部门不定期开展检查、核定工作，确保村务公开的真实性。

（3）重视和保护外出务工农民合法权益。现代通信设备发达，在村委会选举、重大事务投票中可以通过各种渠道接受外出村民信息与意见，杜绝其没有投票权或由村委会代投情况的发生。

（4）提高村民文化素质，强化权利意识和监督意识。一方面要抓好对村干部的教育、培训工作，使之具备必需的政策水平和法律、法规知识，具备依法决策、依法管理、依法办事的能力和带领村民致富奔小康的真实本领。另一方面，通过各种有效途径，着重培养广大农民权利与义务相一致的法治观念，使之了解自己的权利和应尽的义务。

2014年

中国农村养老现状调查报告

一、导论

在《中国人口老龄化发展趋势预测研究报告》中可以了解到，自2001年起，我国已正式进入快速老龄化阶段；未来20年，老龄人口的年均增长速度将超过3%；到2050年，中国的老龄人口总量将超过4亿人，老龄化水平将超过30%以上。走出陈旧的养老理念、养老模式的迷宫，用今天中国人的智慧去创新21世纪养老新型模式，尤其是中国版的新型农村养老模式，这是摆在我们面前刻不容缓的历史重任。中国梦是人民的梦，是解决老百姓生活质量、生命质量问题的梦。中国是一个农业大国，农民问题的解决关涉到十几亿中国人的幸福感的提升。对政府而言，更为根本的问题是，如何将改革开放三十余年的成果汇集到人数众多的中国农村老人群体中。

本报告在2014年上海财经大学千村调查的基础上，注重六项关键调研指标的数据库检索与处理；从100多个专项问题回答的结论中，综合出具有舆情意义和学术价值的更为基础的问题域，为创新解决当下中国农村养老问题提供战略思考和智力支持。

本报告注重在实证调研的基础上提出相关的对策分析和建议。重点有三个向度：第一，作为中央政府在出台农村养老政策问题上，我们应该在哪些重大方面给予投入、政策性扶持和制度性调整。尤其是，在地方乡镇政府的制度养老方面，提出符合当下国情又具有一定的改善力的政策创新，以及国家出台养老保险方面加速城乡并轨和缩小城乡差距的政策。第二，从养老模式创新的向度提出，按不同的地区、不同的经济发展的能级水平、不同的宗教文化信仰、不同的老人群体诉求，从物质生活、精神生活、社会生活综合考量的角度，构建社会主义新农村多元养老模式，重在解决农村养老的制度优越性、公共产品的公平性和普惠性、老人体验的习惯性和丰富性等问题。第三，围绕当下农村老年存有的五大失衡问题给予对策性的解决方案：子女外出务工老人留守农村的情感失衡；亲情关系的空间失衡；老年人自身在身体关照和疾病治疗方面尚存在着服务产品与实际需求的失衡；公共服务需求与供给的失衡；传统观念与现实生活变化所导致的失衡。农村老人往往缺乏自觉的心理调适，它需要外部的环境、氛围、有组织的活动来加以平衡和慰藉。本课题在对策研究方面分别就当前我国农村养老所关涉的六大养老问题提出了诸多建设性意见和建议，并分解为六份舆情报告，呈送政府有关部门。

上海财经大学2014年千村调查共组织本、硕、博学生3 000人，组织31个定点调查小组和数百个非定点调查小组，31名教师参与调研指导，以社会学系为主体的调研专家组负责了调研设计、实施及研发，对全国31个省市的10 421名老人进行入户访谈，调研周期历时2个月，涉及百余项社会学观察指标和数据采集预设，从数据库分析的综合反映来看，本次调研已获得2014年当代中国农村养老问题值得重视的信息，对农村养老问题的研究具有较高的学术价值及实践意义。考虑到本课题研究数据的科学性、专业性以及引证的规范性，本课题组特将所有的万名老人及其537份村问卷，在上海财经大学数据库专家韩冬梅教授为首的数据处理团队的协助下，较好地完成了调研信息的数据化处理。以下各章所采纳的相关数据分析均出自《2014上海财经大学千村调查数据库》（2014 SUFE_QIANCUN DATABASE v2014.11）。

二、调研基本情况

（一）研究设计

本次调研对象为中国农村老人（60岁及以上）。抽样方法采取定点追踪调查[①] 和返乡调查。返乡调查主要是大学生返回自己的家乡进行调研，返乡调研的农村分布在全国31个省（市、自治区）。

通过数据清理，由定点调查和返乡调查共获得有效样本10 421份。

（二）问卷设计

本项调查分为对样本村落的调查和对样本村落的抽样老人的入户调查。

（三）研究执行

上海财经大学2014年度千村调查项目在2014年4月18日召开启动会议，会议由蒋传海副校长主持，2014年度首席专家及项目组成员、2013年度项目组专家代表，以及发展规划处、学生工作部（处）、团委、教务处、研究生院、科研处、财务处、党委宣传部等职能部门相关负责人参加了本次会议。会议的召开标志着2014年度千村调查项目正式启动。

2014年7月2日中午，上海财经大学千村调查第七期出征仪式在武东路校区学生中心大厅举行，校党委副书记刘永章、副校长蒋传海出席，千村调查第七期首席专家、人文学院院长张雄，第七期专家组成员郝云、陆绯云、杨乐、魏南海等，发展规划处、科研处、教务处、校团委、宣传部、信息管理与工程学院等相关部门负责人，各学院（系、所）分管学生工作书记和学生代表共计100余人参加了出征仪式。

2014年千村调查的主题是“农村养老模式现状调查”。本次调查采取定点调查和学生返乡调查相结合的方法，其中定点调查覆盖全国19个省（市、自治区）的31个县，首席专家为人文学院张雄教授，课题组由人文学院有关专家组成。2014年5月12日开始网上报名，截止到2014年6月27日，全校共有13个学院（系、所）712支队伍、1 400名学生报名，经各专家组、学院（系、所）、学生处审核，全校共有693支队伍、1 062名同学获得立项。

---

① 自2013年起，上海财经大学的千村调查项目在原有的返乡调查基础上增加采取随机抽样方法抽取了30个县为以后每年追踪调研的地点。2014年的千村调查项目中定点调查的31个县在2013年千村调查抽取的30个县的基础上增加了一个县。其抽样方法与2013年的基本一样。下面对定点追踪抽样调查方法的介绍除特殊说明外，主要引自《2013年上海财经大学“千村调查”农村劳动力城乡转移状况调查抽样设计》，这里特此说明，后面就不再一一注释。

炎炎夏日，上海财经大学以“农村养老模式现状调查”为主题的2014年千村调查全面展开。同学们走出校园，深入基层村社，实地调查农村养老现状。本次千村调查共有693支队伍、1 062名同学参加。

自2014年千村调查出征仪式于2014年7月2日顺利举行后，到2014年8月底，前后历时2个月，上海财经大学的师生们行走在祖国的最基层农村，问询情况，填写问卷，撰写报告。

三、样本基本信息

通过定点调查和返乡调查，我们共获取10 421份有效样本，通过统计分析，其基本信息如下：

（一）性别情况

男性被访者5 302人，占总体的50.9%；女性被访者5 119人，占总体的49.1%。

（二）年龄情况

60～64岁有2 934人，占总体的28.4%；65～69岁有2 750人，占总体的26.6%；70～79岁有3 480人，占总体的33.7%；80岁及以上有1 176人，占总体的11.4%。

（三）文化程度

文盲3 634人，占总体的34.9%；初小3 346人，占总体的32.1%；高小1 610人，占总体的15.4%；初中1 349人，占总体的12.9%；高中/中专402人，占总体的3.9%；大专/大学72人，占总体的0.7%；大学以上8人，占总体的0.1%。

（四）婚姻状况

未婚127人，占总体的1.2%；已婚7 808人，占总体的74.9%；离婚59人，占总体的0.6%；丧偶2 366人，占总体的22.7%；同居61人，占总体的0.6%。

四、农村老人健康与医疗的状况及分析

(一) 农村老人健康“自我感觉”指标：四成以上老人认为较好

在让老人对自己身体状况进行评价时，46.6%的老人认为健康或很健康，34.6%的老人认为一般，16.2%的老人认为较差，2.6%的老人认为很差。由此可以看出，18.8%的老人认为身体状况不佳。

进一步分析发现，东部老人身体状况自我感觉最好。如表1所示，东部、中部、西部和东北部的老人中认为身体状况处于健康或很健康状态的比例分别为52.9%、40.7%、42.5%、44.2%。东部、中部、西部和东北部的老人认为身体状况处于较差或很差状态的比例分别为13.2%、23.1%、23.3%、21.1%。

表1　　不同区域的老人身体状况自我评价情况　　单位：%

身体状况	地区				合计
	东部	中部	西部	东北部	
很健康	14.4	8.4	10.3	10.9	11.5
健　康	38.5	32.3	32.2	33.3	35.1
一　般	34	36.1	34.2	34.8	34.6
较　差	11.7	20.1	19.3	18.7	16.2
很　差	1.5	3	4	2.4	2.6
合　计	100	100	100	100	100

数据来源：2014上海财经大学千村调查数据库（2014 SUFE_QIANCUN DATABASE v2014.11）。

(二) 农村老人常见病特点：近四成患高血压，二成多患颈椎、腰椎病

在对老人患病类型的调查中发现，患有高血压的老人比例最高，达到37%；患有颈椎、腰椎病的老人达到21.9%；患有心脏病、听力疾病和糖尿病的比例分别为12.5%、11.4%和9%（见表2）。在老人疾病防治中尤其值

得关注上述五种病。

从区域差异来看，不同区域的老人患病类型存在一定的差异。东部老人患高血压和糖尿病的比例远高于其他地区，西部患高血压和糖尿病的比例最低。这说明经济发达地区的老人更容易患上所谓的"富贵病"。东部、中部和西部患病最多的两种病都是高血压和糖尿病，唯独东北部的老人患心脏病的比例非常高，高达25.5%，是该地区患病比例第二高的病。同时东北部患脑梗的比例也远高于其他区域，大约是东部和西部的3倍，是中部的2倍。

表2 不同区域老人患病类型 单位：%

疾　病	地　区				合　计
	东部	中部	西部	东北部	
糖尿病	10.6	9.2	6.1	8.1	9.0
高血压	41.9	35.4	30.3	36.5	37.0
脑　梗	4.4	6.0	4.3	11.1	5.2
白内障	6.5	5.4	5.4	8.7	6.0
心脏病	11.6	13.6	9.7	25.5	12.5
听力疾病	11.3	11.1	12.5	9.6	11.4
肿　瘤	1.3	1.1	0.9	0.7	1.1
肢体残障	2.2	3.5	3.2	2.5	2.8
皮肤病	2.1	2.6	1.4	1.3	2.0
颈椎、腰椎疾病	19.8	23.5	23.9	22.4	21.9
其他疾病	29.7	38.1	43.1	31.3	35.3
合　计	100	100	100	100	100

数据来源：2014上海财经大学千村调查数据库（2014 SUFE_QIANCUN DATABASE v2014.11）。

（三）吃药状况：近五成农村老人每天都需要吃药，8.1%的老人倾向于吃中药

调查显示，27.4%的老人每天都要吃几种药，21.5%的老人每天吃一种药。这意味着近五成的老人每天都需要吃药，20.3%的老人不定期吃药，不吃药的老人仅占30.8%（见表3）。进一步分析发现，女性老人中每天都要吃几种药的比例高于男性老人，不吃药的男性老人比例高于女性老人。同时，随着年龄的增长，老人中吃药的比例不断提高。具体到吃药的类型上，45.3%的老人表示倾向于服用西药，仅有8.1%的老人表示倾向于服用中药，17%的老人表示倾向于中西药并用，29.6%的老人表示听医生的，对中西药没有明显偏好。

表3　　不同性别的老人每天吃药情况　　单位：%

每天吃药情况	性　　别		合　计
	男	女	
每天吃几种药	23.3	31.7	27.4
每天吃一种药	21.8	21.2	21.5
不定期吃药	19.6	21	20.3
不吃药	35.3	26.1	30.8
合　计	100	100	100

数据来源：2014上海财经大学千村调查数据库（2014 SUFE_QIANCUN DATABASE v2014.11）。

（四）根据16项测量指标显现：66.4%老人生活能自理

本次调查设计了16项日常生活自理能力指标，包括两部分内容：一是躯体生活自理量表，共7项，包括上厕所、进食、穿衣、梳洗、室内活动、大小便控制、洗澡等；二是工具性日常生活能力量表，共9项，包括打电话、购物、做饭、打扫卫生、洗衣、使用交通工具、服药、看病和自理经济。通过对上述16项指标汇总发现，满分为48分的即能完全自理的占66.4%，其余老人在完成上述指标活动上存在不同程度的困难。如表4所示，

分数越低表示存在困难的指标活动越多。

表4 老人自理总得分分布情况

自理总得分	比　例
32	1.00%
33	0.30%
34	0.40%
35	0.50%
36	0.50%
37	0.50%
38	0.80%
39	1.20%
40	1.40%
41	1.60%
42	1.70%
43	2.20%
44	3.40%
45	4.60%
46	5.50%
47	8.00%
48	66.40%

数据来源：2014上海财经大学千村调查数据库（2014 SUFE_QIANCUN DATABASE v2014.11）。

具体而言，19.5%的老人自行看病有困难；18.1%的老人自行外出购物有困难；21.1%的老人自行使用公交有困难；15.8%的老人自行打电话有困难；10%左右的老人打扫卫生、做饭、洗衣有困难；7.5%的老人自行洗澡有困难。

（五）体检状况：过去一年中63.4%的老人参加过体检，其中六成以上在乡村医疗机构体检

调查显示，在过去一年中有63.4%的老人参加过体检，未参加过体检的比例为36.6%。从不同区域的老人体检情况来看，东部老人参加体检的比例远高于其他区域。东北部老人参加体检的比例最低，仅为46.6%。从年龄段的差异来看，70岁以下的老人参加体检的比例低于70岁以上的老人。60—64岁老人中仅有58.1%参加体检。70—79岁老人中参加体检的比例最高。

（六）就医便利性：农村医疗机构增多，道路通畅，为老人就医提供了便捷

在就医便捷度问题上，如表5所示，69.7%的老人表示村卫生所离家十分钟的路程，非常方便；52.8%的老人表示平时上镇医院需要耗费半小时左右的时间，另有37.8%的老人表示前往镇医院耗时一小时左右，时间非常长；只有18%的老人前往医疗条件相对较好的县医院在半个小时以内，30.7%的老人表示前往县医院需要一到两个小时；7.8%的老人去县医院需要两到三个小时；还有3.5%的老人去县医院需要三个小时以上的路程。

从区域的差异性来看，如表5所示，东部和西部的老人中距离村卫生室十分钟以内路程的都占到七成以上。西部和东北部老人中有六成以上距离村卫生室十分钟以内的路程。东部老人中选择县乡医院距离老人半小时以内路程的比例高于其他区域。

表5　　不同区域老人就医便捷度情况　　单位：%

	所用时间	地区				合计
		东部	中部	西部	东北部	
村卫生所离您家的距离	十分钟以内	73.1	73.6	61.4	60.5	69.7
	半小时以内	24.8	22.3	33.4	34.6	26.7
	半小时以上	2.1	4	5.3	4.9	3.6
	合计	100	100	100	100	100

（续表）

	所用时间	地区				合计
		东部	中部	西部	东北部	
镇医院离您家的距离	半小时以内	59	49	47.7	44.5	52.8
	半小时至一小时	35	41.1	38.7	39.3	37.8
	一小时以上	6	9.9	13.6	16.1	9.5
	合计	100	100	100	100	100
县医院离您家的距离	半小时以内	21.5	11.8	19.3	15.3	18
	半小时至一小时	43.7	41	31.4	43.4	40
	一小时至二小时	28.2	35.2	33.7	16.1	30.7
	二小时至三小时	5.5	8.1	8.6	20.7	7.8
	三小时以上	1.1	3.9	7	4.5	3.5
	合计	100	100	100	100	100

数据来源：2014上海财经大学千村调查数据库（2014 SUFE_QIANCUN DATABASE v2014.11）。

五、农村老人的经济状况及分析

本课题组在调研农村养老的经济状况领域中，主要就老人职业状况、收入来源、子女支持、土地收入及利用、消费支出和养老储蓄等问题进行了深入且实证的分析调研。

（一）职业延续状况：54.6%的农村老人还在从事职业性劳作；几乎所有老人都仍然从事一定程度的家庭劳作

就其职业分布来看，从事农业和半农业的比例达到了48.0%，说明当前农村老人仍还是以农业或者半农业为主；其他职业类别都相对比较少，如个体私营者占2.9%，村干部为1.0%，建筑业为0.7%，教育工作者为0.4%，交通运输业与国家工作人员均为0.2%，反映出农村职业结构仍然较为单一。需要指出的是，农村的很多职业难以归类，所以其他选项的比例也达到了45.4%。具体分析其他项的选填内容，可以看出，大多数老人都选择“无业”或者“退休”“做家务”等，基本上我们可以把这接近50%的其他项认为是已经退出了职业生活，至少从这些老人实践来看，他们虽然目前还在进行某些劳动，但是从自我意识上已经告别了职业生活。

从职业的性别分布来看，男性在各种职业的从业比例上均超过女性，而女性在其他项也就是“无业状态”的比例要高于男性（见表6）。由此可见，就目前而言，男性老人更多地从事劳动，反映出男女老人在身体素质方面的差异，即相对于女性老人，更多的男性老人的职业生涯要更长。

表6　　基于性别的职业分布差异　　单位：%

职　业	性　别	
	男	女
纯农业	41.7	39.4
半农业	8.5	6.4
建筑业	1.0	0.3
交通运输业	0.4	0.1
个体私营	3.2	2.6
教育工作者	0.6	0.3
村干部	1.5	0.5
国家工作人员	0.3	0.1
其　他	42.8	50.4
合　计	100	100

数据来源：2014上海财经大学千村调查数据库（2014 SUFE_QIANCUN DATABASE v2014.11）。

（二）多元化养老经费支撑：子女资助是农村养老最主要的收入来源，新农保对经济较发达地区养老经费贡献率占比很高，土地收入对农村养老经费的影响力仍然是基本的

从收入来源上看，超过样本68.4%的人主要靠子女的资助来生活；其次是新农保，比例为53.1%；然后是土地收入，其比例为51.4%（见表7）。由此可见，在农村养老中，依靠子女居家养老的比例仍占到了绝大多数。正如前文所述，大多数农村老人处于无业状态，由此，其收入来源也更多地来自子女、国家（农保）以及自己所拥有的土地。

表7 **主要收入来源** 单位：%

主要收入来源	百分比	
	响应百分比	样本百分比
土地收入	19.9	51.4
副业收入	6.4	16.6
以往的积蓄	13.3	34.3
新农保	20.6	53.1
工资性收入	5.5	14.3
子　女	26.5	68.4
投资性收入	1.3	3.3
做生意	1.2	3.1
其　他	5.3	13.6
合　计	100	258.1

数据来源：2014上海财经大学千村调查数据库（2014 SUFE_QIANCUN DATABASE v2014.11）。

从其他收入来源看，70.3%的老人没有其他生活来源，这也说明除了以上所显示的主要经济收入来源，绝大多数老人并没有其他收入；此外，有其他政策性补贴的老人比例为17.8%，领村镇互助金和救济金的老人比例分别为5.9%和5.7%；此外，有商业保险的老人占1.8%，有乡镇企业分红的比例为1.1%。由此可见，老人除了子女、新农保与土地收入以外，其他收入都相对较少。

（三）空巢老人子女支持状况：42.9%的空巢老人获得子女的货币资助

正如前文所述，子女和国家等外部性资助在农村老人的收入中占有较大的比例。在不与子女同住的老人中，子女的资助相对来讲较为缺乏，但其无论多少，对于老人应该都具有较为重要的情感意义。从子女资助内容来看，子女资助老人的主要类型是以金钱资助为主，其比例达到了56.8%；而以粮食资助的比例最低，仅为5.7%；既给粮食又给钱的比例达到了13.0%；需要注意的是，既不给钱也不给粮食的比例达到了24.5%（见表8）。

表8　　子女资助状况　　单位：%

资助来源	资助类型		
	粮食资助	金钱资助	既给粮食又给钱
儿　子	2.7	10.6	3.2
女　儿	0.8	4.0	0.9
两者都资助	4.8	28.3	10.7
两者都不资助	91.7	57.1	85.2
合　计	100	100	100

数据来源：2014上海财经大学千村调查数据库（2014 SUFE_QIANCUN DATABASE v2014.11）。

从子女资助的主要形式来看，主要以共同资助为主，其相关比例分别为4.8%、28.3%和10.7%；如果是单独资助的话，则以儿子为主，其比例分别为2.7%、10.6%和3.2%；此外，需要注意的是，两者都不资助的比例分别达到了91.7%、57.1%和85.2%，由此可见，子女对于父母资助的现象较不普遍，这也成为他们养老物质基础薄弱的原因之一。

从子女的粮食资助来看，从每月资助来看，基本上每月给父母20斤和10斤及以下最为普遍，其比例均为1.4%，然后每月给30斤以上的比例为1.2%；与此相对照，定期给粮食中每年给300斤左右的比例为1.9%，其次是每年给100斤以下，比例为1.0%，每年给500斤以上的比例也为1.0%。在不定期给粮食中，平均每年给300斤以下的比例为2.4%，300斤以上到500斤的比例为1.1%，500斤以上的为0.3%。需要指出的是，96.2%的老人没有得到粮食的资助，虽然可能由金钱资助所替代，但是这一比例也相当低，对于老人的经济生活产生了消极的影响。

表9　　粮食资助状况　　单位：%

粮食资助频率与额度					
每月给		每年给		不定期给	
10斤或以下	1.0	100斤以下	1.0	年均300斤以下	2.4
20斤左右	1.4	300斤左右	1.9	300～500斤	1.1
30斤及以上	1.2	500斤以上	1.0	500斤以上	0.3
缺　失	96.4	缺　失	96.1	缺　失	96.2
合　计	100.0	合　计	100.0	合　计	100.0

数据来源：2014上海财经大学千村调查数据库（2014 SUFE_QIANCUN DATABASE v2014.11）。

从金钱资助老人来看，每月给钱在300元以上的比例为9.9%，其次是每月给200元左右，比例为8.0%；然后是每月50元及以下，比例为2.2%。从每年给钱的金额来看，每年给钱的均值为3 548.43元，中位数和众数均为2 000元，不定期给钱的均值为1 310.67元，中位数为500元。总体上看，子女对老人的经济支持总体上还处于比较低的水平。

表10　　金钱资助状况

金钱资助频率与额度					
每月给（%）		每年给（元）		不定期给（元）	
50元及以下	2.2	均　值	3 548.43	均　值	1 310.67
200元左右	8.0	中位数	2 000	中位数	500
300元及以上	9.9	众　数	2 000	众　数	0
缺　失	79.8	缺失个案	4 752	缺失个案	4 462
合　计	100.0				

数据来源：2014上海财经大学千村调查数据库（2014 SUFE_QIANCUN DATABASE v2014.11）。

（四）农村老人获得的土地收入，因地区不同而多寡不一，呈现东部地区高、西部地区低的态势

在农村居民中，其重要的财产就是住房及其土地，这也是他们养老生活的重要依托。在调查中，我们了解了居民住房和土地拥有的现实状况，同时这些土地收入也为老人养老提供了现实的基础。但从农村老人的收入来看，来自土地的收入比例还比较低，所以这也是今后推动土地流转、提高农民收入一个极为重要的途径。

从土地拥有的状况来看，宅基地均值为2.69亩，自留地面积均值为1.19亩，承包地面积为2.0亩。引入地区变量之后，我们发现，在三种类型土地的拥有上，存在着基于地区之间的差别。

经过多重比较之后，我们发现，宅基地年均收入的地区差别来自东部与中部、东北部，中部与西部；自留地年均收入的地区差别来自东部与中部；承包地年均收入的地区差别来自西部与东部、东北部和中部，东北部与东部、中部和西部。其中所反映的问题在于不同地区的土地价值存在相当差异，由此导致不同农村老人所拥有的土地收入呈现出不同。

（五）农村老人所面临的土地使用情况：全部抛荒和部分抛荒合计占比10.3%，土地流转或被征用占比25.8%

当下，中国农村农民的土地收入主要来自自主耕种所获得的收入。从某种程度上看，土地的利用状况也决定了老人经济状况可以扩展的空间。在调查中，我们还关注了土地抛荒现象，也就是土地没有得到充分利用。数据显示，这一比例并不高。没有抛荒的比例达到了89.7%，部分抛荒的比例为6.6%，全抛荒的比例仅为3.8%（见表11）。由此可见，土地的利用率还是比较高的。

表11　　基于地区的土地抛荒　　单位：%

土地利用状况	地区			
	东　部	中　部	西　部	东北部
全抛荒	3.1	4.2	5.3	0.2

（续表）

土地利用状况	地区			
	东部	中部	西部	东北部
部分抛荒	4.1	7.2	11.5	0.8
无抛荒	92.7	88.5	83.2	99.0
合计	100	100	100	100

数据来源：2014上海财经大学千村调查数据库（2014 SUFE_QIANCUN DATABASE v2014.11）。

从表11中可以看出，除了东北部的抛荒现象较少外，从东部到西部，土地抛荒情况逐次提升，但总体上看，仍然处于较低水平；无抛荒的情况从东到中，再到西依次降低，反映出东部和东北部的土地利用较为充分，而中部尤其是西部的土地抛荒现象较为明显，但仍处于较低水平。

此外，土地流转也是农民收入的主要来源。调查数据显示，土地流转面积的均值为2.96亩；从流转或征用的比例来看，74.2%的人表示土地不存在流转，部分流转的比例为6.0%，全部流转的比例为8.5%；完全被征用的为7.2%，部分被征用的比例为4.2%（见表12）。说明农村土地的改革尚未深入，土地流转仍然较为缓慢，这也影响到了农民获得来自土地的收入。在土地流转方面，也存在着基于地区的差异。

表12 基于地区的土地流转差异 单位：%

土地流转状况	地区			
	东部	中部	西部	东北部
不存在流转	71.7	74.5	76.8	80.3
部分流转	6.0	7.4	5.4	2.5
全部流转	10.7	8.6	3.4	11.9
部分被征用	2.8	4.1	7.6	0
完全被征用	8.8	5.4	6.7	5.2
合计	100	100	100	100

数据来源：2014上海财经大学千村调查数据库（2014 SUFE_QIANCUN DATABASE v2014.11）。

（六）农村老人消费支出：饮食、医疗与人情往来居前三位

数据显示，人情往来的支出已成为当下我国农村老人较大的经济负担，一方面显示了传统中国亲情往来、友好相助的传统美德；另一方面也说明农村传统习俗在一定程度上仍然贯通着农民生活方式；再一方面，如何将现存的人情关系费用转换为合理的、理性的、文明的家庭支出，也是农村基层政府助农、助老一项有深刻意义的工作任务。

作为人们生活的重要内容，消费生活基本上反映了人们的生活质量。而农村老人的消费则反映了他们的养老生活质量。在调查中，我们对老人的日常消费状况进行了分析。数据显示，饮食、医疗与人情往来是目前农村老人日常消费的最大开支项目，而娱乐、旅游与住房则在其日常消费中占比最少。具体情况见表13。

表13　消费支出类型　单位：%

消费支出项目	百　分　比	
	响应百分比	样本百分比
饮　食	33.6	92.9
医　疗	27.5	75.9
养生保健	3.5	9.8
交　通	2.9	7.9
娱　乐	1.3	3.7
旅　游	0.9	2.4
人情往来	17.8	49.3
补贴晚辈	4.4	12.2
烟　酒	5.0	13.8
住　房	0.7	2.0
其　他	2.3	6.4
合　计	100	276.3

数据来源：2014上海财经大学千村调查数据库（2014 SUFE_QIANCUN DATABASE v2014.11）。

通过单因素方差分析，数据显示，除了住房开支和其他开支之外，总的消费支出与分项消费支出都存在着基于地区之间的差异。经过多重比较进一步发现，东、中、西部之间在各项消费支出上的差异均较为明显，这反映出两方面的特征：首先是东、中、西部由于在经济收入水平上的差异，由此导致了在支出水平上的不同；其次是东、中、西部的消费习惯不同，由此导致在不同消费项目上的投入也体现出相应的差异。

六、农村养老与家庭关系的状况及分析

本次调研重点围绕家庭结构、对家庭关系的满意度、子女对老人的照顾情况、老人对子女孝顺与否的评价、老人与家族亲情关系的来往情况5个方面，以及18个观察点，展开了较为全面、深入的调研。

（一）家庭结构：从传统大家庭转变为小家庭，子女外出导致在身边扶养比例降低，空巢家庭超过半数

农村老人独居的比例为11.8%；与配偶同住的占66.7%；与子女同住的为45.4%；与孙子女同住的为6.7%（见图1）。其中，三代同堂的，也即选项包括配偶、子女与孙子女，为1 514人，占总被访老人（10 421）的14.5%；与子女、孙子女同住的为699人，占总被访老人的6.7%。

与子女同住的比例为45.5%，超过一半的家庭没有年轻子女在身边对老人直接进行照顾。三代同堂的比例比较低，说明传统大家庭的比重正在降低。

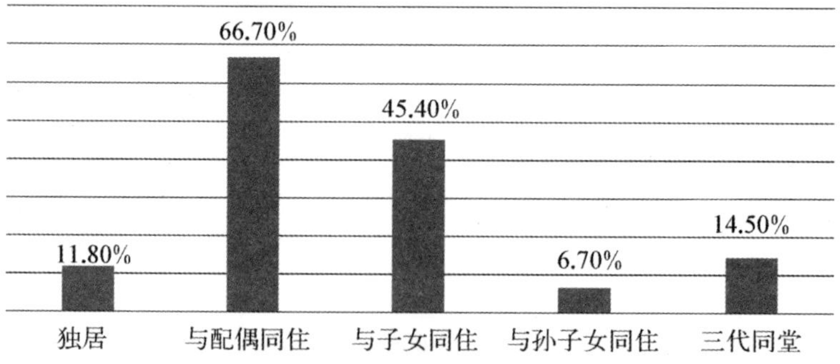

图1 中国农村老人家庭的同住对象

数据来源：2014上海财经大学千村调查数据库（2014 SUFE_QIANCUN DATABASE v2014.11）。

（二）对家庭关系的满意程度：对家庭关系、配偶关系和子女关系满意程度都较高，均逾八成

1. 对家庭关系的满意程度

对家庭关系整体比较满意，表示满意（非常满意和比较满意）的老人占大多数，为83.6%。

2. 对配偶关系的满意程度

农村老人对配偶关系的满意程度整体较高，满意（很满意和比较满意）的比例为83.6%。从性别交互来看，男性对配偶关系的满意程度要高于女性对配偶关系的满意程度。从访谈来看，在农村家庭中，男性老人还是担任着一家之主的角色，对家庭事务的决定程度高，对家庭资源具有绝对的分配权。而女性更多处于常年的劳作，为家务和儿女抚养操劳，社交活动少，与老伴的关系也并不都是自己能选择和改变的。因此，对配偶关系的满意程度较男性老人低。文化程度对与配偶关系的影响明显，文化程度越高的，对配偶关系的满意程度越高。这可能与更高的文化程度在夫妻相处以及沟通方式上做得更好有关。

3. 对子女关系的满意程度

对于子女关系的满意程度比较高，满意的比例为85.3%。从孩子个数与子女关系的满意程度来看，孩子个数与对子女关系的满意程度相关性不大。

（三）子女的照顾情况：子女对老人的照顾主要以给钱为主，比例已超过半数

子女对老人的照顾，主要以给钱为主，为55.9%，既给粮食又给钱的为13.7%，既不给粮食又不给钱的为24.8%，不给粮食也不给钱的情况中多数为生活照顾。从不同资助形式中不同资助者的比例来看，在粮食资助、金钱资助以及既提供粮食资助又提供金钱资助的形式中，占比例最高的是“儿子、女儿都资助”，其次为“儿子资助”，再次是“女儿资助”。

对在外单过的老人，从子女资助的比例来看，一般是儿子和女儿共同资助，其次是儿子资助，最后才是女儿资助。这与传统观念的影响有关。

传统社会老人在经济上所受到的支撑，往往是“分家不分田、分房不分

钱”，长者主管着整个家族的财物，在同一大家庭里不同辈分、不同小家支付费用几乎都在大家庭的一本账上。据此次调研数据显示，儿女在经济上以货币形式支持农村老人的比例已过半，说明农村的家庭经济关系发生了较大变化，由传统的实物财富为主变为货币财富为主。

（四）子女居住地与孝顺状况：农村老人的子女多居住在本地本村，老人对儿女的孝顺状况比较满意

子女在外地的比例为26%，在本地的比例为74%，其中住在本村的比例最高，为37%。与前面农村老人的同住者数据对比可以看出，很多农村老人的儿女居住在本地，但并没有跟老人居住在一起。这说明传统的家庭观念正在发生变化，年轻一代更多选择独立居住。但这也给养老带来了一些问题。

老人们对子女的孝顺程度的评价是好的，其中“很孝顺”比例为43.1%，“比较孝顺”为45.0%，占大多数。

（五）老人与父母兄弟的来往情况：农村老人对自己还健在的父母探望和照顾的比例较高，而老人兄弟姊妹之间的关照比过去有所弱化

老人们父母还健在的，探望的比例比较高，每周去探望的为22.9%，逢年过节去探望的为16.6%，不定期去探望的为16.4%（见图2）。经常去探望

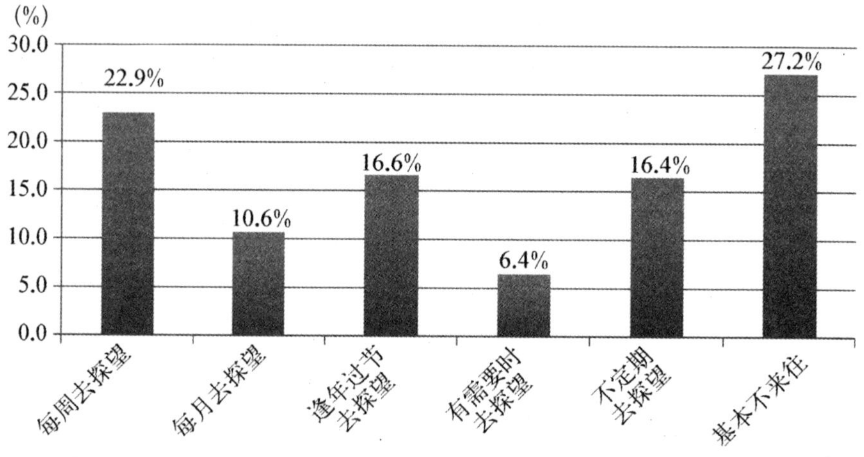

图2 农村老人与父母来往的情况

数据来源：2014上海财经大学千村调查数据库（2014 SUFE_QIANCUN DATABASE v2014.11）。

的一般会关照下父母的生活。基本不来往的原因多为父母过世、住得太远或自己的身体状况问题。

与兄弟姐妹的来往情况看，比例最高的是基本不来往（23.1%），主要原因是没有兄弟姐妹、兄弟姐妹已经过世或住得远、自己身体状况欠佳；其次是逢年过节来往（22.1%）；再次是每周来往（20.8%）。具体情况见表14。

表14　　**农村老人与兄弟姐妹来往的情况**　　单位：%

<table>
<tr><th colspan="3">类　　型</th><th>频率</th><th>百分比</th><th>有效百分比</th><th>累积百分比</th></tr>
<tr><td rowspan="7">定点</td><td rowspan="7">有效</td><td>每周来往</td><td>767</td><td>20.8</td><td>20.8</td><td>20.8</td></tr>
<tr><td>每月来往</td><td>303</td><td>8.2</td><td>8.2</td><td>29.1</td></tr>
<tr><td>逢年过节来往</td><td>815</td><td>22.1</td><td>22.1</td><td>51.2</td></tr>
<tr><td>有事情时来往</td><td>356</td><td>9.7</td><td>9.7</td><td>60.8</td></tr>
<tr><td>不定期来往</td><td>573</td><td>15.6</td><td>15.6</td><td>76.4</td></tr>
<tr><td>基本不来往
（原因请注明）</td><td>869</td><td>23.6</td><td>23.6</td><td>100.0</td></tr>
<tr><td>合　计</td><td>3 683</td><td>100.0</td><td>100.0</td><td></td></tr>
</table>

数据来源：2014上海财经大学千村调查数据库（2014 SUFE_QIANCUN DATABASE v2014.11）。

（六）农村老人的心理感受：中国传统家庭伦理影响至深的中国农村老人面临新环境带来的心理冲击

根据调研数据显示，老人的心理感受：觉得自己记忆变差，负担减轻、休闲感增强和觉得自己越来越不中用的比例较高，体现出农村老人与城市老人一样感受到生活负担的减轻，但个人效能感变差。具体情况见表15。

表15　　**农村老人的心理感受**　　单位：%

	感到紧张、害怕的频率	觉得孤独的频率	觉得越老越不中用的频率	对未来担忧的频率	觉得自己记忆越来越差的频率	负担减轻，休闲感增强的频率
总是	1.8	2.7	5.4	5.4	11.1	9.0

（续表）

	感到紧张、害怕的频率	觉得孤独的频率	觉得越老越不中用的频率	对未来担忧的频率	觉得自己记忆越来越差的频率	负担减轻，休闲感增强的频率
经 常	6.7	9.6	18.1	18.1	29.4	22.9
有 时	22.9	23.6	30.8	30.8	30.2	27.7
很 少	29.9	27.7	23.8	23.8	17.3	23.8
从 不	36.3	34.7	20.2	20.2	10.7	12.0
说不清	2.5	1.7	1.8	1.8	1.4	4.6
合 计	100.0	100.0	100.0	100.0	100.0	100.0

数据来源：2014上海财经大学千村调查数据库（2014 SUFE_QIANCUN DATABASE v2014.11）。

七、农村老人养老方式的状况及分析

课题组梳理了当前农村老人的社会生活状况及养老方式状况，揭示了在现代生活方式趋强而传统“养儿防老”观念固守情况下农村老人面临着养老困境，需要通过养老模式创新逐步解决。

（一）农村老年人养老方式现状描述

1. 农村老年人的当前具体养老方式

通过对全国31个省（市、自治区）376个县的537个村的10 421名农村老人进行问卷调查，可知农村老年人的养老方式如下：

（1）在原居住地居家养老情况。在10 421份入户调查问卷中，选择在原居住地居家养老的老人有10 266人，占比98.5%，可见，在原居住地居家养老是农村老人目前主要的养老方式。在原居住地的老年人，“身边无子女居家养老”的老人比例为39.8%；“身边有子女居家养老”的比例为59.7%；“其他”占0.5%。不同地区老人在原居住地居家养老情况如表16所示：

表16　　不同地区老人在原居住地居家养老情况　　单位：%

在原居住地居家养老	地区				合　计
	东部	中部	西部	东北部	
身边无子女居家养老	37.5	44.4	38.4	41.7	39.8
身边有子女居家养老	62.1	54.8	61.2	58.0	59.7
跟随其他亲戚养老	0.4	0.8	0.4	0.3	0.5
合　计	100.0	100.0	100.0	100.0	100.0

数据来源：2014上海财经大学千村调查数据库（2014 SUFE_QIANCUN DATABASE v2014.11）。

可见，中部、西部老人中“身边无子女居家养老”比例分别为44.4%、38.4%，高于东部地区的37.5%。东部老人中“身边有子女居家养老”比例为62.1%，高于其他地区。主要原因如下：随着我国城市化速度的加快，农村劳动力不断向城市转移，农民工开始市民化，离开农村的青壮年劳动力增多，农村留守的老年人增多。留守老人是指那些因子女离开户籍地进入城镇务工或经商或从事其他生产经营活动（通常在半年以上）而在家留守的父母。在跨省流动的农民工中，由中西部向东部发达地区流动是我国农业劳动力转移的趋势，因此，中西部身边无子女居家养老的老人比重偏高。

（2）随子女外出养老方式。在10 421份入户调查问卷中，选择随子女外出养老的老人有1 316人，占比12.6%。在随子女外出的老人中，“候鸟式跟随子女”占40.3%；“长期跟随子女”占59.7%。不同地区老人随子女外出养老方式如表17所示。

表17　　不同地区老人随子女外出养老方式　　单位：%

随子女外出养老方式	地区				合　计
	东部	中部	西部	东北部	
长期跟随子女养老	55.2	56.1	67.2	82.8	59.7
候鸟式随子女养老	44.8	43.9	32.8	17.2	40.3
合　计	100.0	100.0	100.0	100.0	100.0

数据来源：2014上海财经大学千村调查数据库（2014 SUFE_QIANCUN DATABASE v2014.11）。

可见，各地区老人中长期跟随子女养老比例都高于候鸟式随子女养老比例，超过一半的老人为长期跟随子女外出养老。

（3）子女轮流养老方式。在10 421份入户调查问卷中，选择随子女轮流养老的老人有1 649人，占比15.8%。子女轮流养老方式中，不定期轮换养老占35.8%，每年轮换养老占10.5%，每月轮换养老占19.0%，其他占34.7%。不同地区老人子女轮流养老方式如表18所示。

表18　　不同地区老人子女轮流养老方式　　单位：%

子女轮流养老方式	地区				合计
	东部	中部	西部	东北部	
每月轮换养老	20.0	17.9	17.8	24.6	19.0
每年轮换养老	11.3	11.4	8.4	7.0	10.5
不定期轮换养老	37.6	32.8	35.0	40.4	35.8
其　他	31.1	37.9	38.8	28.1	34.7
合　计	100.0	100.0	100.0	100.0	100.0

数据来源：2014上海财经大学千村调查数据库（2014 SUFE_QIANCUN DATABASE v2014.11）。

可见，各地区不定期轮换养老比例均高于每月轮换养老和每年轮换养老的比例，超过三成的家庭老人养老何时轮换一般会遵循老人的意愿和想法，表现为不定期；也有近三成的家庭为每月轮换养老和每年轮换养老。

（4）农村留守老人增多。目前，农村外出打工人数较多，根据千村调查的村问卷资料显示，我国东部、中部、西部、东北部各村外出务工人数占村户籍人口的比例分别为32.2%、36.2%、34.8%、30.0%，全国各村整体的外出务工人数比例为33.6%。我国东部、中部、西部、东北部各村留守老人户数占村总户数比例分别为17.7%、19.6%、19.5%、21.8%，全国整体各村留守老人户数比例为19.1%。我国东部、中部、西部、东北部只有老人和小孩的户数占村总户数的比例为11.4%、11.9%、12.8%、14.2%，全国整体各村只有老人和小孩的户数比例为12.0%。农村老人留守现象增多，影响老人的生活，有些老人不是在养老，而是在隔代抚育。中西部地区外出务工人数占户籍人口比例高于东部、东北部地区，中西部地区有留守老人户数比例也高于东部地区，这主要是由于我国农村劳动力主要是由中西部地区向东部地区转移，中西部地区是农村年轻劳动力的流出地区，东部地区是流入地区。受户籍制度影响和城市较高的生活成本等因素的影响，中西部老人们一般选择留在家中或原地区。具体情况见表19。

表19　　各村外出务工和留守老人情况表

各村平均数	地区				全国
	东部	中部	西部	东北部	
平均户籍人口数（人）	2 593	2 700	3 018	3 297	3 297
平均外出务工数（人）	835	978	1 049	987	924
外出务工人数占户籍人口比例（%）	32.2	36.2	34.8	30.0	33.6
平均户数（户）	835	978	1 049	987	924
平均有留守老人户数（户）	148	192	204	215	176
有留守老人户数比例（%）	17.7	19.6	19.5	21.8	19.1
只有老人和小孩的户数比例（%）	11.4	11.9	12.8	14.2	12.0

数据来源：2014上海财经大学千村调查数据库（2014 SUFE_QIANCUN DATABASE v2014.11）。

2. 农村老年人的养老意愿和态度

通过此次千村调查可知老年人的养老意愿和态度如下：

（1）农村老年人对进城养老态度："不喜欢进城养老"的老年人有7 055人，占67.7%；"喜欢进城养老"的老年人有3 366人，占32.3%。不同地区老人对进城养老的态度如表20所示。

表20　　不同地区老人对进城养老的态度　　单位：%

进城养老的态度	地区				合计
	东部	中部	西部	东北部	
喜欢	30.5	31.9	36.0	32.4	32.3

（续表）

进城养老的态度	地区				合计
	东部	中部	西部	东北部	
不喜欢	69.5	68.1	64.0	67.6	67.7
合计	100.0	100.0	100.0	100.0	100.0

数据来源：2014上海财经大学千村调查数据库（2014 SUFE_QIANCUN DATABASE v2014.11）。

可见，各地区不喜欢进城的农村老人比例都超过了六成。不喜欢进城的主要原因排序为：生活不习惯占42.2%，没有亲友熟人说话占21.5%，生活费用高占11.1%，怕拖累子女占8.2%，空气不清新占9.6%，家庭走不开占4.1%等。具体情况见表21。

表21　　不喜欢进城养老的原因

不喜欢进城养老的原因	频数	百分比（%）
生活不习惯	4 994	42.2
空气不清新	1 133	9.6
没有亲友熟人说话	2 546	21.5
生活费用过高	1 311	11.1
家庭走不开	481	4.1
怕拖累子女	964	8.2
其他	394	3.3
总计	11 823	100.0

数据来源：2014上海财经大学千村调查数据库（2014 SUFE_QIANCUN DATABASE v2014.11）。

（2）农村老年人喜欢的养老方式为："与子女居住"占42.3%，排在第一位；"独居或与配偶住，子女在附近"占39.3%，排在第二位；"独居或与配偶住，子女不在附近"占16.3%，排在第三位；"进敬老院、福利院养老"仅占1.3%；选择"商业性老年公寓"占0.1%，选择"村里日托所"占0.2%，其他占0.6%。不同地区老人喜欢的养老方式如表22所示。

表22　不同地区老人喜欢的养老方式　单位：%

喜欢的养老方式	地区				合计
	东部	中部	西部	东北部	
独居（或与配偶住），子女不在附近	17.2	15.6	13.9	21.8	16.3
独居（或与配偶住），子女最好住在附近	41.0	42.3	32.2	41.8	39.3
与子女一起居住	39.7	39.4	52.1	33.6	42.3
敬老院、福利院	1.2	1.9	0.8	2.0	1.3
商业性老年公寓	0.2	0.1	0.0	0.0	0.1
村里的日托所	0.2	0.1	0.3	0.0	0.2
其　他	0.4	0.5	0.8	0.7	0.6
合　计	100.0	100.0	100.0	100.0	100.0

数据来源：2014上海财经大学千村调查数据库（2014 SUFE_QIANCUN DATABASE v2014.11）。

可见，各地区老人喜欢的养老方式有些共同点，即都有八成左右的老人们喜欢子女最好住在附近或与子女一起居住。这主要是受传统孝顺文化的影响，老人们“养儿防老”的观念根深蒂固。老人们总认为子孙满堂是一种福气，是天伦之乐。老人进养老院说明孩子不孝顺，自己脸上会很没有光彩。他们认为只有无儿无女的孤老才会进养老院。同时，村里没有养老院，养老院对农村老人来说是可望而不可即。而部分养老院高昂的费用也让老人们望而却步。尽管有些老人的子女远在他乡，但多数老人喜欢的养老方式是与自己的子女住在一起，或者子女住在附近，能够守望相助。

（3）农村老年人对进养老院的态度：回答“不能接受”有4 926人，占47.3%；“能够接受”有2 855人，占27.4%；“迫不得已才接受”有1 368人，占13.1%；“无所谓”有1 272人，占12.2%。

老人们不愿意进养老院的原因排序如下：“认为孤老才进养老院”占25.4%，“经济不能承受”占16.3%，“不自由”占16.1%，“怕子女被指责”

占10.5%，“不光彩”占14.0%，“服务质量低”占4.8%，“不喜欢垂暮的环境”占4.6%（见表23）。

表23 不愿意进养老院的原因

不愿意进养老院的原因	频　率	有效百分比（%）
孤老才进养老院	2 238	25.4
自己觉得不光彩	1 231	14.0
经济不能承受	1 438	16.3
服务质量问题	422	4.8
怕子女被人指责	923	10.5
在养老院不自由	1 418	16.1
不习惯垂暮老人集聚的生活环境	407	4.6
其　他	742	8.4
合　计	8 819	100.0

数据来源：2014上海财经大学千村调查数据库（2014 SUFE_QIANCUN DATABASE v2014.11）。

愿意进养老院的原因排序如下：“子女不在身边，无子女照顾”占30.7%；“生活不能自理”占29.2%；“有专业服务”占18.5%；“减轻子女负担”占9.8%；“结交同龄朋友”占2.7%；其他占9.1%（见表24）。

表24 愿意进养老院的原因

愿意进养老院的原因	频　率	有效百分比（%）
子女不在身边或无子女照顾	2 179	30.7
生活不能自理	2 074	29.2
有专业服务	1 313	18.5
减轻子女负担	700	9.8

（续表）

愿意进养老院的原因	频　　率	有效百分比（%）
结交同龄朋友、扩大社交圈	194	2.7
其　他	648	9.1
合　计	7 108	100.0

数据来源：2014上海财经大学千村调查数据库（2014 SUFE_QIANCUN DATABASE v2014.11）。

（4）农村老人喜欢的养老院类型："公办养老院"占65.6%，"社区互助式养老院"占16.5%，"民营养老院"占7.1%，"其他"占10.8%。

可见，各地区有超过六成的老人都首选公办养老院，其次才是社区自助互助式养老院或民营养老院，这与公办养老院信誉好、费用公道等有关。这也说明我国民营养老院在提高质量、降低费用等方面还有很长的路要走。社区自助互助式养老是有发展潜力的一种形式。

（5）农村老年人对养老状况满意程度的回答："很满意"有2 263人，占21.7%；"比较满意"有5 605人，占53.8%；"一般"有2 042人，占19.6%；"比较不满意"有413人，占4.0%；"很不满意"有88人，占0.8%；"其他"有10人，占0.1%。

（二）农村老年人养老方式分析与思考

根据以上分析可知，我国农村老年人对自己的养老状况满意程度高，他们是知足常乐。但通过分析，也不难发现我国农村老年人养老问题存在隐忧，值得引起高度重视。

1. 我国农村老人存在"未富先老"的现象

通过问卷调查得知，农村老年人中有养老储蓄的人口比重低，仅为40.20%，金额也少，尚有59.80%的老年人没有存款。当老年人身体状况不好时，就很难通过劳动获得收入。目前，农村老人通过"新农保"取得的养老金还不足够。子女是农村老年人主要经济来源，老年人对子女的依赖程度很高。如果子女出现变故或子女不孝顺，那么老年人会立刻陷入养老困境中。

2. 我国农村留守老人增多

随着我国城市化速度的加快，农村劳动力不断向城市转移，农民工开始市民化，离开农村的青壮年劳动力增多，农村留守老年人增多，空巢老人增多。根据此次调查，村问卷调查反映出的外出人口占户籍人口的比例为33.6%，目前农村家庭“有留守老人”的户数比例为19.1%，只有老人和小孩的户数比例为12.0%。农村老人留守现象增多，影响老人的生活，有些老人不是在养老，而是在隔代抚育。我国中、西部老人对养老状况的满意程度远低于东部、东北部农村老人，与子女外出打工而不在身边也有关联。当这部分老人失去劳动能力、无生活自理能力时，儿女又不在身边，他们将面临养老难题。

3. 我国农村老人不愿意到养老院养老

受传统文化的影响，老人们“养儿防老”的观念根深蒂固。他们认为，自己辛辛苦苦把孩子拉扯大了，自己付出了很多，在自己老了的时候，儿子们也应该给自己养老，这是理所当然的事情。他们认为只有无儿无女的孤老才会进养老院。同时，村里没有养老院，养老院稀缺。而部分养老院高昂的费用也让老人们望而却步。老人们喜欢的养老方式是与自己的子女住在一起，或者子女住在附近，能够守望相助。从老人们的意愿上看，多数老人愿意居家养老，也愿意与孩子住在一起。

4. 孤寡老人和患重病老人需要关心和帮助

在农村独居的丧偶老人，缺少精神慰藉，存在孤独感，对生活的满意度较低。老人年龄大了后，一般不能进行劳动了，这意味着他们没有了主要经济来源。每月几十元的养老金和养老补贴，相对于走高的物价和必需的日常支出来看，已是杯水车薪，只能够简单维持生活。农村老人们一般不体检、不看病。但一旦染上重病如癌症或残疾等，医疗支出大幅增加，而“新农合”的保障有限，家庭往往会入不敷出。患病的老人和家人精神压力很大，家庭也往往会因病致贫。这部分老人的生活质量下降，满意度很低。

5. 大部分农村老人对我国现行养老政策还不是很了解

一些老人还不了解农村养老保险政策，也不了解统筹城乡养老保险的具体内容，也不会主动参与进去。根据调查，对我国现行的养老政策不了解的老人占48.5%，对最新的“统筹城乡养老保障制度”了解的仅占8.0%。即使交了钱，参加了养老保险，也不了解具体内容，许多老人处于茫茫然的状态，这不利于国家统筹城乡养老保险政策的推广和具体实施。

八、农村老人生活质量的状况及分析

农村老人的生活质量同时兼有个体和群体的属性，对农村老人客观生活水平和主观生活感受的测量，突出地反映出当下中国农村的社会经济发展现状及其问题。

（一）客观生活水平

1. 家庭物品占有

调查显示，总体上被访老人家中拥有物品比例最高的是“电话机/手机”“电冰箱”“洗衣机”和“煤气灶”，拥有物品比例最低的是“微波炉”“网络”和“照相机、摄影机”。具体而言，75.0%的被访老人家中有电冰箱，65.9%的被访老人家中有洗衣机，61.7%的被访老人家中有煤气灶，41.3%的被访老人家中有热水器，80.5%的被访老人家中有电话机/手机，18.3%的被访老人家中有网络，20.6%的被访老人家中有电脑，30.5%的被访老人家中有太阳能，33.8%的被访老人家中有收音机，10.6%的被访老人家中有照相机、摄影机，33.5%的被访老人家中有空调，22.1%的被访老人家中有微波炉，还有5.3%的选择其他。

2. 居住状况

总体上看，农村老人住房条件有了实质性的提高。商品房占比虽然不高，但也说明农民不动产投资意识增强，住房市场化、货币化、商品化已成为解决我国农村养老问题的新视点，如此需求趋势，为我国房地产在农村住房资源开发方面提供了新的机遇和空间。

从老人的居住状况来看，总体上还是以自建房为主，比例高达91.6%，商品房比例仅为5.2%。从自建房类型来看，主要是楼房，其比例为51.9%，其次是瓦房，比例为39.9%，土房和草房的比例分别为8.0%和0.1%，说明总体上老人的居住环境得到了极大的改善。

3. 休闲与闲暇

农村老人的闲暇生活比较单调，被访老人闲暇时间从事活动最多的选项分别是：看电视、串门聊天和遛弯散步。首选项显示：老人闲暇时基本上有一半左右（40.9%）的时间都是在看电视，其次有19.6%的串门聊天，还有10.5%的选择“遛弯散步”。综合排序下来，还有少量老人闲暇时会选择打麻将/打牌、听收音机和喝茶/喝酒，而其余选项均十分稀少，比例均低于5%。

4. 健康养生

对健康养生的态度。调查显示，老人注重养生，但是缺乏行动。老人对于健康养生知识，有37.4%表示“不关心”，有一半左右（48.6%）的老人相信健康养生知识，其中相信并有行动的占24.8%，相信没有自觉行动占23.8%，还有8.9%的老人不相信所谓的健康养生知识。相对而言，男性老人“相信并有行动”的比例略高于女性，而女性老人不关心健康养生的比例更高。具体情况见表25。

表25 农村老人知道并相信健康养生知识情况

性 别	知道并相信健康养生知识情况				
	相信并有行动	相信没有自觉行动	不相信	不关心	其他
男性	31.1%	32.3%	8.6%	25.9%	2.1%
女性	28.1%	31.8%	7.4%	30.6%	2.1%

数据来源：2014上海财经大学千村调查数据库（2014 SUFE_QIANCUN DATABASE v2014.11）。

（二）主观生活满意度

1. 百年后的人生态度

被调查老人对人生态度比较豁达，有一半（49.8%）左右的老人对百年后事选择“听其自然”，有近1/3（35.9%）选择“无所牵挂”，只有6.0%会感到“遗憾”，4.6%会“留恋人生”，更只有1.0%的人“相信来世”。

2. 生活满意度

调查发现，农村老人对于人生态度大多积极正面，选择坚强、乐观地面对生活。在被问及对目前的生活状况是否满意时，大多数老人往往笑着回答："有什么不满意的呢？不满意也要满意！"，有81.3%的老人对目前的状况表示"满意"。具体而言，22.1%的被调查者认为目前的生活状况"非常满意"，59.2%的被调查者对目前的生活状况表示"比较满意"，只有14.3%的被调查者认为目前的生活状况"一般"，选择"不太满意"和"非常不满意"的只有3.9%和0.5%。老人们这种坦然、乐观的生活态度令人心生敬意。

3. 生活满意程度具体评价

农村老人对生活满意度具体评价见表26所示。

表26 生活满意程度具体评价 单位：%

评价内容	很满意	比较满意	一般	比较不满意	非常不满意
经济条件	14.4	45.4	27.3	11.1	1.8
身体状况	15.8	41.7	24.5	15.1	2.9
与配偶关系	32.0	51.5	11.9	1.3	0.5
与子女关系	35.1	51.4	10.9	1.8	0.6
居住条件	23.6	49.9	18.8	6.3	1.3
村里的环境卫生状况	22.0	51.4	20.0	5.1	1.5
村里的治安状况	26.0	55.2	14.7	3.4	0.6
与邻里关系	35.7	53.5	10.1	0.7	0
村里对老人的照顾	21.0	49.3	21	6.8	1.8
村里的土地政策	20.0	48.7	25.1	4.5	1.8

数据来源：2014上海财经大学千村调查数据库（2014 SUFE_QIANCUN DATABASE v2014.11）。

首先，老人对社会关系和社会支持的生活满意程度最高，尤其是"邻里关系""与子女关系""与配偶关系"三个方面。具体而言，被调查老人对"邻里关系"的满意程度最高，表示"很满意"和"比较满意"的合计为

89.2%，甚至所有的被调查老人没人选择“非常不满意”;“与子女关系”，表示“很满意”和“比较满意”的合计86.5%;“与配偶关系”，表示“很满意”和“比较满意”的合计占83.5%。

其次，老人对客观社会水平和自身状况的生活满意程度最低。具体而言，被调查老人对“身体状况”和“经济条件”的满意程度最低，表示“很满意”和“比较满意”的合计分别为56.5%和59.8%，特别是表示“很满意”的分别只有15.8%和14.4%，远远低于生活满意度的其他选项。而表示“非常不满意”的分别为2.9%和1.8%，表示“比较不满意”的分别为15.1%和11.1%，远远高于生活满意度的其他选项。

九、农村老人的社会支持的状况及分析

（一）老人的社会支持情况

1. 农村老人社会支持来源：主要依赖家庭

老人日常生活照顾的首选渠道为“子女或其配偶”，占被调查人数的53.9%，为5 489人；其次为“配偶”，占被调查人数的“41.0%”，为4 178人。生病时照料看护的首选渠道也是“子女或其配偶”，占被调查人数的67%，为6 818人；其次是“配偶”，为2 908人，占被调查人数的28.6%。日常烦恼倾诉的主要对象也是“子女或其配偶”，占被调查人数的44.8%，为4 519人；其次也是配偶，占35.7%，为3 606人。不过，相比日常生活照顾和生病时照料看护，老人们向邻居和朋友倾诉的比例有所提高，分别为7.1%（714人）和4.8%（488人）。当老人有经济需求时，其对“子女或其配偶”的依赖也是最高的，占79.7%，为8 098人；而其次依赖配偶，占10.5%，为1 064人；排列第三的为村委会，占被调查人数的3.2%、330人。当老人遇到法律纠纷时，首选的支持渠道也是“子女或配偶”，占38.8%，为3 908人；其次为“村委会”，占30.1%，为3 036人；之后是“法院”，占12.5%，为1 258人；然后是“乡镇政府”，占7.8%，为784人。由此可见，老人在日常生活照顾、生病时照料看护、日常烦恼倾诉、经济需求、法律纠纷方面，首要的社会支持都是来自子女或其配偶。最主要的依赖方面是经济依赖和日常生活照料方面。当老人遇到法律纠纷时，虽然大部分老人还是向

子女寻求帮助，但也会考虑向村委会或法院寻求解决途径。在日常烦恼倾诉方面，他们也会考虑朋友。具体情况见表27。

表27　　老人的社会支持状况途径　　单位：%

社会支持途径	社会支持类型				
	日常生活照料	生病时照料看护	日常倾诉	经济需求	法律纠纷
配　偶	41.0	28.6	35.7	10.5	4.4
子女或其配偶	53.9	67.0	44.8	79.7	38.8
孙子女或其配偶	0.8	1.1	1.8	1.2	0.4
其他亲属	0.7	0.9	2.5	1.2	1.1
邻　居	1.1	0.8	7.1	0.6	0.6
朋　友	0.1	0.2	4.8	0.6	0.6
族　亲	0.2	0.1	0.6	0.4	0.7
村委会	0.7	0.4	0.6	3.2	30.1
乡镇政府	0.1	0.1	0.1	1.1	7.8
法　院	0.0	0.0	0.0	0.1	12.5
其　他	1.4	0.9	2.1	1.4	3.0
合　计	100	100	100	100	100

数据来源：2014上海财经大学千村调查数据库（2014 SUFE_QIANCUN DATABASE v2014.11）。

2. 老人的“被尊重感”：半数以上的老人感受到较高的社会尊重

在被调查的老人中，60%的老人感觉社会对老人是“比较尊重”的，为6 279人；20%的老人感觉社会对老人的尊重程度“一般”，为2 047人；感觉社会对老人“非常尊重”的占被调查老人的18%，为1 907人；感觉社会对老人“比较不尊重”和“非常不尊重”的老人很少，仅为2%（178人）和0.1%（10人）。由此可见，大部分老人还是感觉社会是尊重老人的。老人对于社会尊重程度的感觉，在性别、文化程度、年龄上没有差异，但在地区上存在差异。在不同地区，感觉“非常尊重”的东部老人比例最高，为19.7%，其次是西部老人，为19.5%，然后是中部老人，为16.1%，感到“非常尊重”比例最低的是东北部的老人，为13.8%。

3. 老人的社会交往情况：仅三成的老人积极参加公共活动

在被调查的老人中，“不愿意参加”村里组织活动的老人最多，为3 246人，占被调查人数的31.3%；其次为“有选择参加”村里组织活动的老人，为3 212人，占被调查人数的30.8%；“积极参加”村里组织活动的老人也不少，为2 658人，占被调查人数的25.5%；“被组织参加”村里活动的老人比较少，为1 305人，占被调查人数的12.5%。由此看出，老人对村里组织的活动有很强的自主性，但参与的积极性不高。此外，男性老人比女性老人更加积极地参加村里组织的活动情况。在被调查的男性老人中，1 467人表示积极参加村里组织的活动，占被调查老人的27.7%，而只有1 191名女性老人表示积极参加村里组织的活动，占被调查老人的23.3%；同样，不愿意参加村里组织活动的男性老人为1 521名，占被调查男性老人的28.7%，不愿意参加村里组织活动的女性老人为1 725人，占被调查女性老人的33.7%。

4. 老人对待遗产的态度：多数老人不重视

大部分被调查的老人对遗嘱和遗产等都感到“无所谓”，这些老人的比例占被调查老人总人数的46.9%，为4 886人。此外，“很重视遗嘱”和“不重视遗嘱”的老人分别占被调查老人的25.9%和27.3%，分别为2 694人和2 841人。

（二）村或乡镇的养老设施情况

1. 村一级的养老设施状况：缺乏宣传养老保健知识和互助活动

在被调查的老人中，村里有建养老院的老人为1 649人，占被调查老人的15.8%；村里有建老年活动室的老人为4 748人，占被调查老人的45.6%；村里有组织老人娱乐活动的老人为3 317人，占被调查老人的31.8%；村里有宣传养老保健知识的老人为2 225人，占被调查老人的21.4%；村里有互帮互助的老人为2 097人，占被调查老人的20.1%；村里有节庆日访老探望的老人为1 765人，占被调查老人的16.9%。由此可见，大部分老人所在的村庄都有老人活动室，但仅为1%的村庄有养老院；约有1/3的老人参加村里组织的娱乐活动，仅有1/5的村子宣传保健知识，并举办互帮互助活动。

在建养老院、老年活动室，组织村里老人娱乐活动方面，没有太大差别，但是在互帮互助方面，男性老人要比女性老人获得更多的帮助，为1 096人，占被调查男性老人的20.7%，而女性老人只有1 001人享受到村里的互帮互助，占被调查女性老人的19.6%。

2. 老人对村委会养老设施态度：三成以上的老人感到满意

在被调查的老人中，对村委会养老措施感到满意的老人人数最多，为4 168人，占被调查人数的40%；其次是对村委会养老措施感到“一般”的人数，占被调查人数的37.8%。对村委会养老措施很满意的人数较多，为1 152人，占被调查人数的11.1%。由此可以看出，老人们对村委会养老措施的满意度总体上还是比较高的。在对村委会养老措施的满意程度上，男性老人和女性老人没有太大差别。不同年龄段的老人，对乡镇助老服务的满意度相差不大。

3. 乡镇一级的养老设施状况：缺乏助老组织和老人经济组织

在被调查的老人中，乡镇有建养老院的老人为5 826人，占被调查老人的56.8%；乡镇有建老年活动室的老人为5 839人，占被调查老人的56.9%。在被调查的老人中，乡镇有助老组织的老人为1 672人，占被调查人数的16.3%；乡镇有老人经济组织的为299人，占被调查人数的2.9%。

4. 老人对乡镇助老服务态度：三成以上的老人感到满意

在被调查的老人中，对乡镇助老服务满意度为“一般”的老人最多，为4 356人，占被调查老人的41.85%；其次是对乡镇助老服务“满意”的老人，为4 011人，占被调查老人的38.5%。“不满意”和“很不满意”的老人人数较少，分别为913人和149人，仅占被调查人数的9.5%和8.8%。由此可见，大部分老人对乡镇助老服务的满意度还是比较高的。不同年龄段的老人，对乡镇助老服务的满意度相差不大。不同地区的老人对乡镇助老服务的满意度不同。东部和东北部对乡镇助老服务的满意度较高，“很满意”的比例分别为13.7%和7.7%，“满意”的比例分别为39.9%和42.2%；中部的满意度最低，“很满意”的比例为4.7%，“满意”的比例为34.6%。

（三）养老政策的落实情况

1. 养老政策的落实情况：多数老人对养老政策不了解

在被调查的老人中，56.8％的老人知道“特殊年龄段老人享有的月津贴”，为5 826人；56.9％的老人知道“老人健康状况信息网络”，为5 839人；知道“节庆日的老年慰问金发放”的老人和知道“政府发放给孤寡老人的特殊补贴”的老人最少，分别为16.3％（1 672人）和2.9％（299人）。在被调查的老人中，对于国家的养老保障政策，55.7％的老人知道“五保户政策”，人数为5 809人；30.5％的老人知道“孤老进敬老院政策”，为3 177人；50.6％的老人知道“农村养老保障制度”，为5 268人；13.3％的老人知道“统筹城乡养老保障制度”，为1 384人。

在被调查的老人中，知道区县政府有养老政策，但不了解的老人数量最多，为4 159人，占被调查人数的39.9％；而知道区县政府有养老政策，但了解甚少的老人数量也不低，为3 703人，占被调查人数的14.9％；对于区县政府养老政策了解的老人比例较低，占14.9％，为1 550人。

2. 老人对养老政策的满意度：多数老人对养老政策感到满意

对政府当前养老措施的态度方面，大部分老人还是“比较满意”的，占48％，为5 004人；其次是觉得政府当前养老措施“一般”的老人，占被调查对象的32.6％；而感到非常满意的老人占被调查人数的12.9％，为1 344人；“不满意”或“很不满意”的老人，仅为5.7％和0.8％。

被调查的老人对现行国家养老政策落实情况，回答“不了解”的老人占被调查老人的48.5％，人数为5 056人；而感觉没有落实的老人，为1 092人，占10.5％；感觉到已落实的老人为4 111人，占被调查人数的39.4％。

2015年

中国农村普惠金融发展差异性调查报告

一、引言

普惠金融的主战场在广袤的农村，发展普惠金融，就是让原先被金融排斥的穷人和偏远地区的人们能以一种可负担的方式持续地获得所需的金融服务，如存款、贷款、汇款、理财和保险等。普惠金融提倡基础金融服务的全覆盖，符合十八届五中全会提出的五大发展理念。

党的十八届五中全会通过的《中共中央关于制定国民经济和社会发展第十三个五年规划的建议》明确指出，“十三五”期间的一项重要任务是“发展普惠金融，着力加强对中小微企业、农村特别是贫困地区金融服务”。而《推进普惠金融发展规划（2016—2020年）》也已印发。在推进普惠金融中，如何对各地的普惠金融状况进行科学合理的评估与监督关系到推进的效果。

普惠金融，也称包容金融，体现了联合国在被确定为“国际小额信贷年”的2005年倡导的“在金融服务的获取上人人平等”理念。该理念反对金融排斥与金融歧视，认为只要是正当合理的金融需求，就应该有相应的金融组织通过适当的途径或渠道以合适的产品予以有效满足。从而在普惠金融下，处在贫困地区的人们或实体经济相对薄弱领域（如“三农”和小微企业）不再被“边缘化”，在获取金融服务，尤其是基础金融服务方面，与其他主体待遇相同。该理念一经提出，就获得了不少国家的响应。如印度和墨西哥等国均将建立普惠金融体系确立为国家战略（吴国华，2013）。一些国际组织，如WB、IMF在建立全球各国普惠金融数据库方面也不遗余力（高亮，2014；伍旭川等，2014；肖翔等，2014；王婧等，2013），为普惠金融相关理论与实证研究提供了基础的数据支持。此外，一些专门组织也已诞生，如普惠金融联盟、普惠金融专家组和全球普惠金融合作伙伴组织等，为各国落实普惠金融任务提供指导（姜丽明等，2014；中国银监会合作部课题组，2014）。

为了较客观地了解我国各地农村普惠金融的开展情况，特别是捕捉各地及不同家庭在基础金融服务的渗透、使用、成本等方面的差异性，上海财经大学组织全校部分师生在2015年暑期走访全国农村，开展主题为“农村基础金融服务的覆盖与使用”的第八期千村调查。通过对30个县域、60家乡镇级基层金融机构以及15 387户家庭进行侧重点各有不同的问卷调查，我们发现，普惠金融既有明显的区域差异，也有不容忽视的家庭差异。这说明推进普惠金融既要有统一的顶层设计，也要走差异化发展道路，因地制宜地解决好农村基础金融服务、特殊群体服务的“最后一公里”问题。

二、文献综述

普惠金融最早经由杜晓山（2006）、焦瑾璞（2009）等人通过著书立说渐次传播到国内，直至2013年，“发展普惠金融”被写入党的文件（中共十五届三中全会）。周小川（2013）在《求是》上撰文宣扬普惠金融理念，同年底中国社科院等机构联合发布《2014中国普惠金融实践报告》。一时间国内掀起了研究普惠金融的热潮。

普惠金融的反面是金融排斥。建立普惠金融的前提是了解为何一些人会被金融排斥（高亮，2014），据此可知建立普惠金融的抓手所在。Sharma（2009）认为造成金融排斥的因素主要有：低收入、低储蓄、金融文盲、社会排斥、失业或就业不足、不良的理财习惯、经济剥削、缺乏认识、地理位置偏远、烦琐的程序、员工的服务态度、经济上的歧视、不能接入互联网以及复杂的金融产品等。何德旭、苗文龙（2015）从政策导向、信用评估方法、风险管理水平、金融交易机会和社会关系等方面分析金融排斥的诱因。

叶兴庆（2014）认为在我国农村开展普惠金融面临成本高的难题。而王婧等（2013）、郭田勇等（2015）则试图通过实证研究来捕捉普惠金融的影响因素，郭田勇等（2015）更是发现在发达国家和发展中国家，普惠金融的影响因素存在差异。

对普惠金融进行科学测度是推进普惠金融的起点。国际社会普遍认为普惠金融有三个特性（谢升峰等，2014）：渗透性（金融组织与从业人员在地理与人口方面的分布情况）、可得性（获得金融服务的便利程度）、使用性（低收入阶层和小微企业对金融服务的使用情况）。Sarma（2008）和Ramakrishnan（2010）正是选取此三方面的指标来度量普惠金融。Arora（2010）则从银行服务的范围、便利性和成本三方面找出不同国家的差异性。前者没有考虑使用金融服务的便利性与成本；而后者没有考虑金融服务的使用情况。Gupte等（2012）弥补了两者的缺陷，使用更加综合的指标体系来考察印度普惠金融的历年变化情况。此外，WB和IMF在相关数据库中使用的各具特色指标为比较各国的普惠金融提供了权威的视角。在国内研究方面，伍旭川等（2014）立足于三个维度（可得性、使用与服务质量），选取了11个指标，加以综合并将中国与其他国家作比较。结果显示，在金砖五国中，中国的普惠金融只是好于印度；而在133个样本国家中，中国居71位。王婧等（2013）分别从金融服务的供给与需求角度，选取若干指标，对我国整个国家的普惠金融进行测度。而石建民等（2014）从普惠金融的前提、过程与结果三方面构建指标，对山东菏泽市普惠金融进行测度。以上研究属国家层面，或针对某国局部地区。田霖（2012）和焦瑾璞等（2015）则针对中国各省份进行研究，前者从农户、企业和区域三个维度建立指标，对31个省（市、自治区）的农村普惠金融进行测度；后者从可得性、使用情况、服务质量三个维度建立19个指标，对各省（市、自治区）的普惠金融进行测度与比较。不同研究选取的指标大同小异，因此为本课题选取适当的指标进行区域层面的研究提供了有用参考。

为了提高对普惠金融的认识，一些人指出了金融不普惠的危害。Chattopadhyay（2011）研究得出，如果一国银行体系缺乏包容，甚至是排斥，将导致GDP损失1%。也有人指出，普惠金融比金融发展本身对经济增长更加重要（宋汉光等，2014）。

在建设中国特色普惠金融体系过程中，要吸收别国经验。焦瑾璞（2014）、杨伟坤等（2013）、范秀红（2014a；2014b）、姜丽明等（2014）和谢升峰等（2014）均介绍了典型国家在建设普惠金融方面的经验。比如，肯尼亚通过手机银行将服务送到缺乏物理网点的穷乡僻壤；俄罗斯通过实施金融扫盲五年计划（2011年7月—2016年6月），来促使更多的人有机会获取必要的金融服务；而墨西哥和秘鲁均将普惠金融工作重点放在加强金融消费者的权益保护、普及金融知识和推动本国金融机构的透明化上；巴西则通过代理银行模式有效拓展了金融服务的覆盖面；印度尼西亚通过颁布专门法律来推动普惠金融建设，如该国《小额信贷法》允许小额信贷机构吸收有限规模的存款，从而解决了小贷机构的资金来源问题。我国的两个邻邦——日本和韩国，作为农村普惠金融的先进国代表，通过发挥基层农民组织——农协的作用，走合作金融之路，从而在广大农村实现了普惠金融目标。

回到国内，在如何建设普惠金融上，学者们见仁见智。潘功胜（2015）一方面指出普惠金融不能单纯依赖政府补贴和政策支持，另一方面强调要建立普惠金融政策保障体系。叶兴庆（2014）给出了普惠金融的四条发展路径，其中一条是拓展抵押物的范围，还有一条是政府给予普惠金融机构适当的补偿，以降低其运营成本。高彦彬（2014）认为应颁布《农村普惠金融法》，明确三类新型机构法律地位；并且要允许农村金融机构提供一站式的基础金融服务，包括贷款、存款、汇款、结算、缴存社保金、领取补贴、保险、债券、股票及购买理财产品等。而王守淦（2014）主张在立法方面分两步走：先由国务院出台《发展普惠金融的暂行办法》，再由相应的立法机构制定《普惠金融促进法》。范秀红（2014b）认为普惠金融机构在初期不适合审慎监管，审慎监管的结果可能“好心没办成好事”。谭文培（2013）认为在构建农村普惠金融体系中，要处理好市场、政府与社区三者之间的关系。曹凤岐（2010）认为不仅需要发挥各类微型金融机构的作用，还要发挥其他金融组织的作用，如吸引商业银行及PE、VC等机构参与“三农”项目。宋汉光等（2014）则认为可在国家层面设立普惠金融发展基金。吴国华（2013）建议由中央农村工作办公室具体负责全国农村普惠金融的规划、协调与监督等工作。综合来看，这些主张要么停留在整个金融体系上，没有突出农村金融体系（毕竟农村是普惠金融的主战场）；要么没有考虑到不同农村地区在金融发展的基础与环境方面存在差异性。

三、县域调查

作为千村调查的定点，30个县域是从全国所有县级行政单位中按一定的方法随机选出的。自2013年开始，上海财经大学固定地对这30个县域进行调查。在2015年的调查中，由于河南省南阳市卧龙区数据不可得，代之以调研河北省保定市竞秀区，保证样本数仍是30，从而可以对整个样本按人均GDP的高低进行三等份分组，依次为发达组、一般组和欠发达组。同时，我们也将30个县域按东、中、西进行分组，东部和中部的县域各有11个，而西部有8个。经过分组，就可以捕捉一些指标在组间的差距。

第一，在金融机构家数、金融保险业增加值/GDP、每万人中金融从业人数、每万人拥有的金融机构网点数等指标上，西部地区明显落后于东部地区；而欠发达地区也明显落后于发达地区（见表1）。具体而言，西部地区在机构入驻方面的吸引力远不如东、中部，而中部与东部的差距不大。因此，在机构布点上，今后政策导向应是鼓励更多的机构开拓西部地区的市场，西部市场的渗透率亟须提高。一个有趣的发现是，经济一般组拥有的金融机构家数竟然高于发达组，可能的解释是发达地区的市场需求已被充分挖掘，竞争过于激烈，对机构的吸引力不如一般组。在金融保险业增加值、金融从业人数、机构网点数三个指标上，从东到西，从发达到欠发达，大体呈递减之势。说明金融与经济密切相关，经济发达的地区，金融业也发达。一个有趣的现象是，尽管经济一般组拥有最多的金融机构家数，却拥有最少的机构网点数，说明在这些县域，机构进来的动力强，开设新网点的动力却不强。

表1　　县域的各项指标均值

指　标	全样本	东 部	中 部	西 部	发达组	一般组	欠发达组
金融机构家数	23.4	27	26	16	25.9	28	17.2
金融保险业增加值/GDP（%）	1.38	2	0.92	0.92	2.62	1.02	0.68

（续表）

指　标	全样本	东 部	中 部	西 部	发达组	一般组	欠发达组
每万人中金融从业人数	17.6	19.9	17.7	14.3	26.07	14.25	13.74
每万人拥有的金融机构网点数	1.31	1.62	1.16	1.1	2.42	0.95	1.22
全部金融机构资产总额/GDP（%）	140	126	150	140	113	111	198
保费收入/GDP（保险深度）（%）	1.36	1.16	1.48	1.49	1.13	1.55	1.43
不良贷款率（%）	3.55	5.01	2.76	2.73	3.48	3.61	3.57
每百人拥有的存款账户数	166	163	152	188	188	182	141

第二，在金融机构资产/GDP、不良贷款率、存款账户数、保险深度四项指标上，东部县域都弱于西部，经济发达地区都弱于欠发达地区（存款账户数除外）。东部拥有最多的机构家数，却在资产规模/GDP上垫底，说明单体的规模尚有提升空间，不仅要做强，也要做大。而欠发达县域虽在机构资产/GDP上遥遥领先，但在增加值/GDP上却被其他两组甩得很远，说明这些县域的金融机构迫切需要提高资产运用效率。东部的不良贷款率最高，可能有两个原因：一是贷款利率最高（见表2针对乡镇机构的调查结果），较高的贷款利率会使违约风险上升；二是两个县域的该指标较高（分别是10.59%和13.7%），而我们不能确定它们为异常值。普惠金融的开展不能以增加银行经营风险为代价，机构在西部或欠发达地区开展业务，服务的对象更多为普惠金融关注的人群，但其不良贷款率并不高。从存款账户数看，西部银行业机构的业务覆盖甚至胜过中、东部，说明在全国农村，存款服务的可得性已不是需要重视的问题。但是，需要重视的是保险尤其是商业保险在农村的覆盖。首先，所有组别的保险深度都大幅低于全

国水平（2014年，全国保险深度为3.2%）；其次，东部地区的保险深度明显低于中、西部；最后，发达地区的保险深度明显低于其他两个地区。第一种情况不足为怪，第二、三种情况出乎我们的意料，说明人们的保险意识并没有随着经济收入的提高而同步增强，保险业在经济发达农村遇到的困难反而更多。这可能与发达地区保险从业人员采取不当营销造成人们对保险产品的信任度下降有关。

四、机构调查

为了更全面了解农村金融服务的覆盖情况，我们在县域的基础上，通过设计针对基层金融机构的问卷，将调查活动下沉到乡镇层面，从而有助于掌握乡镇层面的金融服务覆盖情况。我们针对每个定点县域，都选择两个乡镇，一个经济稍好，另一个经济稍差，总共60个乡镇。在这些乡镇中，选择市场份额最大的金融机构进行调查。其中位于东部的有20家，位于中部的有24家，位于西部的有16家。

第一，在贷款账户数、存贷比、农户贷款利率上浮比例、涉农贷款比重、贷款申请被拒的比例等指标上，西部的金融机构表现均明显优于中、东部。西部的机构以最低的成本（只在基准利率基础上上浮33.7%）为数量最多的主体（2 173户）提供贷款，而且这些贷款以最高比例（93.2%）流向“三农”。从信贷可得性看，贷款申请被拒的比例为西部机构最低（仅为8.63%）；从存贷比指标看，西部机构在存款资源极其有限的情况下（西部贫瘠且人口稀少，这可从存款账户数看出），却将最高比例的存款用于当地贷款（部分机构甚至使用上级行调拨的资金来弥补存款缺口）。这些事实表明，在贷款服务的提供上，西部金融机构更具普惠性。首先，西部提供服务的成本明显低于中、东部，保证客户能以经济上可负担的方式获得信贷资金。其次，西部信贷覆盖的人群更多，贫困人口出于改善生活的强烈意愿，对信贷有现实需求，而其存款能力明显不足（这可从西部较高的存贷比和较少的存款账户数看出）。再次，西部信贷资金更多流向“三农”这一实体经济薄弱领域和环节，符合国家政策导向。最后，西部信贷约束程度较轻，贷款申请被拒的比例较低，这或许有两个原因：① 西部尽管相对贫穷闭塞，但信用环境尚好（这可从西部机构不算高的不良率看出）；② 贫困人口的信贷需求具有金额低、与实体（实际生活）联系紧密的特点，决定了其信用风险一般是可控的。

第二，在存款账户数上，西部机构明显处于下风，这不足为奇：西部乡镇的人口数一般较少，并且越贫困的家庭拥有的存款账户越少。

第三，在不良率上东部机构表现最佳，同时考虑到其发放的贷款利率最高，说明它们商业化最彻底，以利润最大化为目标的结果必然是牺牲覆盖面，产生嫌贫爱富倾向。这种脱离合作金融本质的倾向要引起足够的关注：因为它与普惠金融背道而驰。承载普惠金融重任的要么是新型机构，要么还是现有机构，但必须及时纠正上述倾向。相比而言，西部机构此种倾向并不严重，它们正是普惠金融建设的主力军。同时，给穷人提供信贷服务并不意味着不良率的上升：西部的不良率低于总体平均水平（4.41%）。一个值得警惕的现象是，在三个区域中，中部的不良率和被拒率最高，说明中部农村的信用风险最高，或许可以从两方面来解释：一是信用环境差；二是信贷投向脱离“三农”，中部的涉农贷款比重最低。若是第一方面的原因居主导，则全国信用重建工作的重点区域应是中部。

上述调研数据见表2。

表2 乡镇机构的各项指标均值

指　　标	全样本	东　部	中　部	西　部
存款账户数（户）	32 398	34 394	36 949	24 018
贷款账户数（户）	1 808	1 394	1 907	2 173
存贷比（%）	57.5	51.3	45	84.6
农户贷款利率上浮比例（%）	47.4	58.8	46.8	33.7
涉农贷款比重（%）	84.6	85.1	78.7	93.2
贷款申请被拒的比例（%）	12.54	11.25	15.88	8.63
不良贷款率（%）	4.41	2.21	6.44	3.84

五、家庭调查

测度普惠金融的一个重要指标是相关人群（穷人、偏远地区的人群和小微企业等）对金融服务的使用情况。农村家庭对传统和新型金融服务的使用情况如何？这种使用是否存在家庭与地区的差异？为了回答这些问题，我们采取定点调查和学生返乡调查相结合的方式对全国31个省（市、自治区）490个县域的15 395户家庭进行实地问卷调查，剔除8份不合理问卷（受访者年龄太小），余下有效问卷15 387份。

（一）传统金融服务的使用

在受访者中，有16.6%的人表示在最近一年未曾去过银行。按家庭收入从高到低，不去银行的占比呈递增态势，表明收入越高的人越需要银行服务。就全部样本而言，他们一年平均去银行9.97次，收入越高的人去银行的次数也越多。

去银行网点的步行时间平均为32.42分钟，东部的家庭耗时最短，为25.2分钟；西部耗时最长，为39.8分钟。这说明在东部使用银行服务最为便利，这有两个原因：① 西部地广人稀；② 西部的地形多以山地、高原为主，东部则以平原、丘陵为主。窗口排队等候时间为15.35分钟，西部最长（17.7分钟），中部最短（13.7分钟）。以上事实告诉我们，在西部加强网点建设迫在眉睫。

有13.9%的家庭从银行获取过贷款。收入越高的家庭获取贷款的比例也越高：年收入在10万元以上的家庭，有22.2%的比例获取过贷款；年收入在5 000元以下的家庭，只有10.6%的比例获取过贷款。

从申请贷款到成功获得款项，一般需要18个工作日，银行的信贷审批效率尚有很大提升空间。

（二）保险服务的使用

有40.3%的家庭曾经买过商业保险，在农村，保险的覆盖率严重偏低。这说明保险知识在农村的普及不高。从收入分组看，高收入家庭购买商业保险的比例较高：收入在10万元以上的家庭购买商业险的比例为61.0%；收入在5 000元以下的家庭只有22.3%的比例买过商业险。在实际调研中，我们发现一些居民表示保险是奢侈品。看来提高保险覆盖率关键在于开发适合穷人的小额保险。从受教育程度看，高学历的家庭购买商业险的比例较高，可以认为受教育程度的提高有助于保险意识的增强。具体情况见图1。

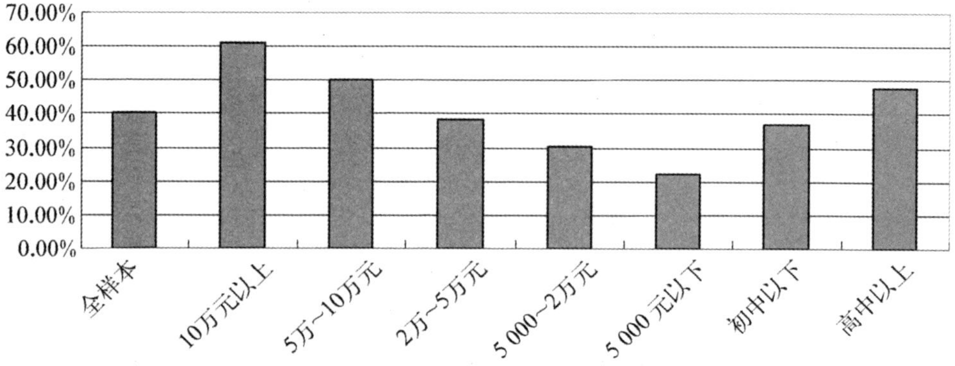

图1 家庭购买商业险的情况（按收入、学历分组）

在买过商业险的家庭中，对“保费支出占年收入的比例”问题，有36.5%的比例回答在1%～5%，有26.8%的比例回答在1%以下。总体上，农村家庭对保险的使用程度并不高，与县域调查的结果相一致。

（三）互联网金融的使用

有25.7%的家庭使用网络银行服务。网络银行在农村的普及率很低，可能跟村民不会使用、担忧其安全性等因素有关。此外，随着家庭年收入和家庭成员学历的提高，使用网银的比例越来越高。特别是，高中以上的家庭有44.3%的比例使用网银，而初中以上的家庭这一比例仅为17.2%，差距甚大。

有36.4%的家庭使用第三方支付。按收入与学历分组，结果与网银惊人相似。

有3.4%的家庭购买过宝宝类理财产品，有8.1%的受访者表示听说过P2P。为了了解农村居民使用互联网金融的意愿，我们设计了4个选项：非常愿意、愿意、不太愿意和根本没必要。结果出乎我们的意料：40.4%的人选择“不太愿意”，27.6%选择“根本没必要”。进一步，追问他们不使用互联网金融的原因，44.4%的人说“不了解”，27.9%的人说“不会用”。互联网金融近年来在城市风生水起，在农村却接受度极低，形成冰火两重天格局。农村对互联网金融来说是一块尚未开垦的处女地，但互联网金融在农村的发展需要一些条件，包括通讯设施的改善、观念的转变、知识层次的提升等，这些都需要经历一个长期的过程。正是因为农民对互联网金融这种新事物的不接受或抵触，我们才可以理解为什么他们愿意在路上行走半小时以上、排队一刻钟以上去网点现场办理有关业务，而不是借助互联网。在农村，互联网金融远不能构成对传统金融的冲击。

（四）民间借贷的参与

当被问及“近几年，您家里有没有人加入过互助会（呈会、合会、标会等）”时，只有2.2%的受访者给出肯定的答复。与此形成鲜明对照的是，有87.8%的受访者表示“手上的余钱愿意借给亲戚朋友”。这说明随着正规金融、私人借贷在农村的日益发展，民间借贷组织作为正规金融的替代，其作用逐渐减弱。需要指出的是，目前农村熟人间的借贷行为存在着写借条的比例偏低（31.4%）、借款长期收不回的比例不低（15.9%）等问题，应引起警惕和重视。

六、主要结论及建议

（一）本次调查的结论

（1）西部县域无论是金融机构家数还是每万人的网点数，都不如东部多，加上西部地形复杂，导致西部的家庭去银行网点的途中时间，以及在现场办理业务的排队等候时间都较长。西部机构的服务便利性不尽如人意，需重点解决“最后一公里”问题。

（2）东部县域虽拥有数量最多的各类金融机构，但在机构的资产规模上不占据优势。单个机构的实力尚需提升。东部县域的银行业机构整体不良贷款率偏高，商业化经营的不良后果是信用风险与贷款利率的上升，从而违背普惠金融。

（3）在全国农村，居民存款需求普遍容易得到满足，但在贷款需求上，东部的金融机构在覆盖面、成本、可得性（被拒率）等方面都表现欠佳。从普惠金融大业讲，西部的机构成了主力军，而东部的机构已进化为商业性机构，出现嫌贫爱富、脱农等倾向。调查还发现，西部机构在开展普惠金融、履行社会责任的同时，并没有出现想象中的信用风险上升。

（4）农村家庭总体上对传统金融、物理网点高度依赖。由于观念、知识等方面的原因，他们对以互联网金融为代表的新型金融业态缺乏信任感，比较疏远相关产品与服务。

（5）在农村，保险尤其是商业保险的覆盖率很低。农民的投保意识很薄弱，或者贫困的家庭无力投保。对于后者，需要保险公司开发小额保险这类普惠性产品，为贫困家庭提供保障。还有一个怪象，就是位于东部地区或经济发达地区的县域，保险深度明显低于其他地区，保险业在发达农村遇到的问题反而更多，更显“举步维艰”。

（二）推进普惠金融的对策

1. 农村总体都需要加强物理网点建设，而西部更显迫切

在完善财政补贴政策、合理补偿成本风险的基础上，继续推动农村基础金融服务全覆盖工作，将符合条件的简易网点改造为标准化网点，逐步实现乡镇金融机构全覆盖。截至2014年底，全国尚有金融机构空白乡镇1 570个，乡镇全覆盖刻不容缓。

在县域的调查中，我们发现，西部县域无论是金融机构家数还是每万人的网点数，都不如东部多，加上西部地形复杂，导致西部的家庭去银行网点的途中时间，以及在现场办理业务的排队等候时间都较长。西部机构的服务便利性不尽如人意，需重点解决“最后一公里”问题。随着新型城镇化的推进，将会有越来越多的农民工选择返乡，从而增设网点成了统筹城乡发展的重要一环。在一些地方，人口的相对稀疏及贫穷地区人口对金融服务需求的不密集，金融机构可创造性地通过定期运行流动服务车等方式，来弥补物理网点的不足。

调查还发现，在全国农村，居民存款需求普遍容易得到满足，但在贷款需求上，东部的金融机构在覆盖面（贷款账户数）、成本（贷款利率）、可得性（贷款申请被拒率）等方面都表现欠佳。西部的机构俨然成了普惠金融发

展的主力军，而东部的机构已进化为商业性机构，出现嫌贫爱富、脱农等倾向。在西部，加强网点建设，会使普惠性增强；而在东部，应该提防商业化倾向对普惠金融带来的负面影响。

2. 利用手机银行、代理银行和金融电子机具，实现对网点的有效替代

从国际经验看，肯尼亚通过手机银行将服务送到缺乏物理网点的穷乡僻壤，巴西则通过代理银行模式有效拓展了金融服务的覆盖面。在我国农村，手机的普及率非常高，发展手机银行业务的基础已具备，关键是普及相关知识；同样，可考虑将药店、邮局、超市等发展为银行代理机构，它们经授权可代办银行的部分业务。

在具备条件的行政村，扎实推进基础金融服务“村村通”。采取定时定点服务，广泛布设ATM、POS机、转账电话和自助服务终端等金融电子机具，方便村民利用电脑、电话、手机等网络通信终端在线自助办理金融服务，大幅提高电子业务替代率，推进基础金融服务向村一级加快延伸。

3. 为互联网金融进入农村创造便利条件

调查发现，村民不使用互联网金融的主导原因分别是“不了解”“不会用”。可见，提高互联网金融在农村的渗透性，关键在于金融教育与培训。在此方面，别国提供了丰富的经验，比如俄罗斯通过实施金融扫盲五年计划（2011年7月—2016年6月），来促使更多的人有机会获取必要的金融服务；而墨西哥和秘鲁均将普惠金融工作重点放在加强金融消费者的权益保护、普及金融知识和推动本国金融机构的透明化上。第三方支付机构、网络信贷、金融电商、众筹融资、互联网金融门户等互联网金融机构可以在政府的协助下，进入农村进行适当的宣传与营销，促使更多的村民了解并信任相关产品与服务，进而提高互联网金融对传统金融的替代率。

应该说，在穷乡僻壤，或人口稀少且居住分散的地方，设网点并不现实，也无必要，可以考虑用互联网金融来完全替代传统金融的部分功能。

4. 推行全民小额保险，提高农村居民的保险意识与保险覆盖率

在农村，商业保险的覆盖率很低，即使买了保险，保险支出占家庭总收入的比重也微乎其微。村民的投保意识很薄弱，或者贫困的家庭无力投保。对于后者，需要保险公司开发小额保险这类普惠性产品，为贫困家庭提供保障。政府在财力允许的情况下，替全体村民购买小额保险，既是一项惠民实

事工程，也能培育村民的保险意识。在县域的调查中，我们发现一个怪象，就是位于东部地区或经济发达地区的县域，保险深度明显低于其他地区，保险业在发达农村遇到的问题反而更多，更显“举步维艰”，这应当引起警惕。

5. 设立国家普惠金融发展基金并颁布《普惠金融法》

其一，设立国家普惠金融发展基金，引导社会资本进入普惠金融领域。

其二，印度尼西亚通过颁布专门法律来推动普惠金融建设，如该国《小额信贷法》允许小额信贷机构吸收有限规模的存款，从而解决了小贷机构的资金来源问题。借鉴印度尼西亚的经验，可在适当时机颁布《普惠金融法》，至少含有三项内容：① 明确三类新型机构法律地位。② 允许农村金融机构提供一站式的基础金融服务，包括贷款、存款、汇款、结算、缴存社保金、领取补贴、保险、债券、股票及购买理财产品等。通过混业经营，降低成本与风险。③ 微金融组织之类的普惠金融机构在初期不适合审慎监管，审慎监管的结果可能“好心没办成好事”，只有当普惠机构发展到一定规模，能够获得吸储资格时，审慎监管才真正需要。

2016年

中国农村创业现状调研报告

改革开放30多年来，中国经济快速增长的同时也面临着一些严峻的问题，其中“三农”问题不容忽视。自2004—2017年期间，党中央连续14年发布以“三农”问题为主题的一号文件，强调了“三农”问题在中国的社会主义现代化建设中的重要性。农业问题、农村问题及农民问题成为关系社会稳定、国家富强的“瓶颈”。农民创业是促进农村经济增长和农村经济活力、减贫增收、带动就业的重要力量，鼓励农民创业已成为解决“三农”问题的一项重要措施。2016年度上海财经大学国际工商管理学院开展了主题为“中国农村创业现状调查”活动，此次调研在全国30多个省、直辖市、自治区、特别行政区随机抽样出共计1 500个村寨，分别对镇长、村主任／支书、村委会班子、创业者、非创业者等完成调查问卷，共获得各类访谈问卷总计3万余份。

一、调研目标

近年来，国家颁布了一系列支持农民创业的相关文件，将促进农民创业带动就业提到了新的战略高度，同时为对接“大众创业，万众创新”及“精准扶贫”的国家战略，2016年“千村调查”的主题定为“中国农村创业现状调查”，希望通过对中国“千村万户”的社会调研，挖掘影响中国农村创业活力的关键性因素，评测中国农民企业家的创业特质，构建一个农民创业的动机模型，找到农村创业者的成败逻辑，最终确定农民创业企业的成长路径，为政府解决农村实际民生问题提供新的视角和解决思路。

二、调研方法

2016年千村调查的调研方法与历次千村调查的方法相一致，即包括了定点调研与返乡调研两种方式。其中定点调研的方式与流程为：30位带队老师带领300名学生组成调查团队，深入全国22个省（市、自治区）定点调研了30个县。调查对象则依据多阶段系统规模成比例的不等概率抽样法而确定。首先根据与人口规模成比例的入样概率抽取了30个县，从每个县中抽取了具有代表性的2个乡镇，再从入选的每个乡镇中分别抽取10个行政村，最后从入选的每个行政村中随机抽取5户创业农户和10户非创业农户。返乡调研则是通过大学生暑假返回村落的机会要求学生完成调研活动，每位返乡学生完成1～2个村的调研活动。

2016年的千村调查活动共有2 188位大学生报名参与，从中择优选取了302位学生参与定点调研活动，1 886位同学参与返乡调研活动。选择访谈者的要求与标准是：(1)懂得当地方言，能够与当地村民顺利地进行交流；(2)参加过类似的社会调研活动，具有一定的实践活动经验；(3)学生所在村庄具有一定的代表性，符合抽样的基本原则，不至于导致此次调研的样本过于集中于某个区域。另外，为了确保调研的质量，在开展千村调查之前学校对调研人员进行了严格的培训：(1)学校团委与学生处组织富有调研经验的教师对参与调研活动的学生进行专业培训；(2)由问卷设计者对暑假带队千村调查的老师进行培训；(3)制作了非常详细的调研手册，并建立相应的微信群以供访谈者讨论问题，负责调研的专家则留下联系方式以解决调研过程中所可能发生的各种问题。

样本具体分布情况见表1。其中华东地区样本村落455个样本，占总样本量的37.63%；华中地区样本村落194个，占总样本量的16.05%；西南地区样本村落187个，占总样本量的15.47%；华北、西北、华南地区的样本村落分别为128个（10.59%）、108个（8.93%）、71个（5.87%）；东北地区样本村落66个，占总样本量的5.46%。2015年中国村落居民人均纯收入为10 772元，人均消费支出9 223元，样本地区村落2015年人均纯收入为15 595元，人均消费支出为9 146元，接近全国平均水平。本文通过t检验方法发现样本与全国之间并不存在显著差异，说明调查样本具有较好的代表性。

表1　　受访村落的地区分布情况

区　域	频　数	百分比	区　域	频　数	百分比
华东地区	455	37.63%	华南地区	71	5.87%
山　东	71	5.87%	广　东	39	3.23%
江　苏	81	6.70%	广　西	25	2.07%
安　徽	68	5.62%	海　南	7	0.58%
浙　江	77	6.37%	华中地区	194	16.05%
福　建	23	1.90%	湖　北	28	2.32%
上　海	135	11.17%	湖　南	44	3.64%
西北地区	108	8.93%	河　南	73	6.04%
宁　夏	7	0.58%	江　西	49	4.05%
新　疆	28	2.32%	华北地区	128	10.59%
青　海	13	1.08%	北　京	8	0.66%
陕　西	33	2.73%	天　津	7	0.58%
甘　肃	27	2.23%	河　北	64	5.29%
西南地区	187	15.47%	山　西	36	2.98%
四　川	60	4.96%	内蒙古	13	1.08%
云　南	43	3.56%	东北地区	66	5.46%
贵　州	45	3.72%	辽　宁	22	1.82%
西　藏	5	0.41%	吉　林	26	2.15%
重　庆	34	2.81%	黑龙江	18	1.49%

数据来源：根据上海财经大学2016年千村调查数据整理。

三、调研层次与对象

本次调研主要关注中国农村地区的农民创业现象，而农民在城市的创业行为并非千村调查的范围之内；因此，有必要对本报告中的农村地区进行界定。一般而言，广义上的农村地区指的是县域以下的地区，而狭义的农村仅指“以农业经济为主”的地区（黄惠春，2011）。本调研报告中的农村地区取广义上的含义，是指县域以下地区，包括乡镇及以下的行政村、自然村等地区。本次调研涉及镇和村两个层次。2016年千村调查的对象包括镇长、村主任/支书、村委会班子、村民（包括创业者和非创业者）。镇长问卷包括个人基本信息、个人对乡镇城乡基本情况的评价和认识、对乡镇农民创业的评价和认识等部分；村主任/支书问卷包括村主任/支书个人基本信息、村主任/支书的生活体验、村庄的基本信息等部分；村委会班子问卷包括个人基本信息、个人在村落的生活体验和总体感受等部分；创业者问卷包括创业者的社会网络、创业者家庭成员社会结构、企业经营状况、创业情况及制度与环境等部分；非创业者的村民问卷包括家庭成员社会结构、个人在村落的生活体验和总体感受、家庭社会网络等部分。除了镇长等领导班子成员可能为公务员之外，其他的调研对象都是农民。目前，学术界对于农民的定义有不同的标准。在发达国家，农民是一种职业概念，就是从事农业生产、经营的人。而在发展中国家，农民不完全是一种职业的概念，而是一种社会身份的象征或代表了某一类社会阶层，是处于较低的经济地位和政治地位的社会群体。现阶段我国的农民概念具有户籍与身份特征，因此，本报告中的“农民”是指具有农村户籍者。

另外，关于农民创业的界定还存在不同的观点，比如国内一些学者将农民的非农经营视为农民创业，也有学者认为扩大农业生产规模或改变生产经营方式都是农民创业活动；国外学者对于农民创业的定义也不尽相同，比如有学者在研究中往往将农民创业界定为农村地区的非农经营以及规模化农场经营活动，而一些发展中国家学者普遍将农民创业界定为农村地区的非农经营活动。本研究认为，就个体创业的层面而言，农民创业是指具有农民身份的个体对创业机会的识别和开发利用，通过创建新组织来提供新的产品或服务的价值创造过程。

四、调研的主要内容

（一）中国农村创业者的创业动机与创业方式

个体创业的动机可分为机会型、生存型及混合型，本次调研拟探究中国农村创业者的创业动机是出于生存需求，还是其他原因（比如“没有更好的工作选择”“改善生活”“寻求更大独立”“成就一番事业”等），同时还调查了中国农村创业者创业机会的来源、创业投入程度、具体的创业方式选择以及行业进入情况等。

（二）中国农村创业者的个体特征

创业者处于创业活动的中心地位，本次调研详细描述了中国农村创业者的个体特征，包括年龄、性别、学历、宗教信仰、政治身份（比如是否是或曾经是共产党员、是否是或曾是村干部、是否是或曾是各级人大代表、是否是或曾是各级政协委员），以及工作经历（比如是否曾在或正在政府各部门工作、是否曾在或正在国企工作、是否曾在或正在集体所有制企业工作、创业前的经历）等。

（三）中国农村创业者的家庭背景

创业者的家庭背景会影响其个体认知，而个体认知是创业能力形成和发展的前提，也是创业行为的重要组成部分，家庭背景是影响农民创业的重要因素之一。本次调研重点讨论中国农村创业者的家庭情况，具体包括家庭基本信息、社会网络关系、家中老人与小孩情况、家庭经济状况、家庭创业支持、创业资金情况，以及家庭政治地位等。

（四）中国农村创业者的社会背景

社会资本是创业者获取创业资源的主要渠道之一，社会背景对于中国农村创业者而言至关重要。本次调研重点考察了中国农村创业者的社会网络

（包括亲友在银行等金融机构的任职情况等）、社会职位（是否参加过行业/商业协会等）、人缘关系、家庭社会地位（是否为全村最大的宗族/第一大姓、是否有族谱/家谱等）。

（五）中国农村创业者的组织与治理模式

合理的组织结构与治理模式是创业企业成功的关键，本次调研着重分析中国农村创业企业组织模式的选择、治理模式的选择、规模大小，具体包括：企业的员工结构、家庭成员在企业的任职情况、企业组织与治理结构、企业初创时的股东结构、管理团队结构、与其他企业或组织的合作情况等。

（六）中国农村创业者的市场竞争力

本次调研还分析了中国农村创业者主要涉及的行业范围、多元化与专业化经营情况，并从多个角度反映中国农村创业企业的市场竞争力状况。比如企业是否掌握了核心技术、创业项目是否得到有关部门的高科技认定、是否设立专门的销售部门等。本次调研还全面了解了农村创业企业的顾客覆盖情况、产品销售情况、技术与市场开发情况、自有品牌与所获得荣誉情况，以及创业绩效情况（包括排名、员工数、销售额、利润等指标）。

（七）农村创业者的制度环境

制度环境与创业活动之间具有密切的关系，良好的制度环境对于培育创业精神至关重要，较少的政府规制、顺畅的融资渠道、便利的技术支持、到位的培训和咨询服务以及税收和其他方面的激励，不仅能够提高新企业的创办率，而且有助于新企业的生存和发展。考虑到中国转型经济和制度环境的特殊性，本次调研将重点分析中国农村创业者的制度环境感知，具体包括农村创业者所感知到的当地政府的资金扶持情况、监管情况、审批流程的复杂程度，创业过程中的商业纠纷情况，纠纷的解决方式，以及创业者对于政府的满意度等。

（八）中国农村创业者的生活状态

本次调研将通过幸福指数来反映中国农村创业者的生活状态，具体包括“总体家庭幸福满意度”“家庭生活满意度”以及“家庭就业满意度”三个维度。

本次调研内容非常广泛，现仅就中国农村创业活力及其影响，以及中国农村创业者及创业企业的基本特征进行简要描述。

五、中国农村创业活力及其影响

（一）中国农村创业活力现状

1. 创业人数

创业人数的多少可以从直观上反映农村村民的创业参与度，根据调查和数据整理，受访村镇创业人数的描述性统计如表2所示。根据表2，全国农村平均创业人数为184.84人，创业人数最多的村有12 000人正在创业。在所有受访村镇中的创业人数的标准差为656.87。

表2　　中国农村创业人数统计表

指　　标	均　　值	最大值	最小值	标准差
创业人数（人）	184.84	12 000	0	656.87
创业人数/常住人口	0.06	4.01	0	0.17
创业人数/现有外出务工人数	1.67	257.77	0	9.86
创业人数/返乡人数	1.92	158.73	0	9.43

为了更好地展现农村创业活力程度，我们增加了“创业人数/常住人口”“创业人数/现有外出务工人数”“创业人数/返乡人数”三个比例指标，在村主任调查问卷中找出常住人口数据，剔除掉7个无效数据，之后用创业人数除以常住人口，得到表2中的数据。根据表中数据，中国农村创业人数占常住人口的6%，创业人数除以外出务工人数的均值是1.67倍，是返

乡人数的1.92倍。这说明虽然创业人口在农村总人口中所占比例较小，但是相比于外出务工来说，更多人选择创业，创业活力程度表现积极但仍有很大发展空间。

2. 近一年新增创业人数

中国各村庄近一年新增创业人数的基本信息如表3所示。从表中得知，平均而言，中国农村最近一年新增创业人口为55人，最大值为400人，标准差为102.86。标准差的数值说明近一年来创业人口在全国各村存在较大差距。

表3 中国农村近一年创业人数统计表

指　标	均　值	最大值	最小值	标准差
近一年新增创业人数	55.02	400	0	102.86
近一年新增创业人数/常住人口	0.026	0.8	0	0.086
近一年新增创业人数/现有外出务工人数	0.71	56.66	0	3.37
近一年新增创业人数/返乡人数	0.43	28.23	0	1.49

通过比例指标，我们能更好地了解近一年农村创业活力程度。近一年新增创业人数与常住人口的比例均值为0.026，比例较小，说明农村创业活力程度还有很大提升空间。近一年新增创业人数与外出务工人数的比例的均值为0.71，新增创业人口与返乡人数的比例为0.43，这意味着近一年选择创业的村民要少于选择外出打工的村民。

3. 未来一年内具有创业机会的居民人数

在“未来一年内具有创办企业机会的人数”这一数据，是村主任根据对村内情况的调查和掌握而预测的，基本结果如表4所示。平均而言，每个村在未来一年内具有创办企业机会的居民人数为31人，最大值为200人，最小值为0人，标准差为130.41人，说明在这一问题上，全国各农村的情况存在较大差异。

表4　　未来一年内具有创办企业机会的居民人数统计表

	平均值	最大值	最小值	标准差
在未来一年内具有创办企业机会的居民人数	31	200	0	130.41
在未来一年内具有创办企业机会的居民人数除以户籍人口	0.01	1	0	0.07
在未来一年内具有创办企业机会的居民人数除以常住人口	0.01	1	0	0.05
在未来一年内具有创办企业机会的居民人数除以现有外出务工人数	0.19	20	0	1.08
在未来一年内具有创办企业机会的居民人数除以返乡人数	0.27	40.15	0	1.99

在未来具有创业机会的居民人数这一问题上，我们增加了三个比例指标：一是在未来一年内具有创业机会的人数除以户籍人数，该指标的平均值为0.01，说明每个村的户籍人口中，大约有1%的人在未来一年内有创业机会。二是未来一年内具有创业机会的人数除以现有外出务工人数，该指标反映了未来一年内具有创业机会的居民和现有外出务工人数的比例，得到这一比例的平均值为0.19。三是未来一年内具有创业机会的居民与返乡人数的比例，该比例的平均值为0.27，最大值为40.15，最小值为0。总体来讲，这些数据反映出我国农村在未来一年内具有创业机会的人数并不乐观。

4. 具有创业技能和经验的居民人数

与“未来一年内具有创业机会的村民”一样，“具有创业的技能和经验的居民”数量也是根据村主任的估计和了解而得出的估计值。从表5中可以看出每村平均有创业技能和经验的居民为52人，最多一村有600人有创业技能和经验，最少一村没人具有创业技能和经验。该指标的标准差为161.05，说明“具有创业技能和经验的人数”波动很大，即在受访的全国农村中，具有创业经验和技能的人数相差很大。

表5 具有创业技能和经验的居民人数统计表

	平均值	最大值	最小值	标准差
具备创业技能和经验的居民	52.00	600.00	0	161.05
具备创业技能和经验的居民除以户籍人口	0.03	0.87	0	0.07
具备创业技能和经验的居民除以常住人口	0.03	0.89	0	0.06
具备创业技能和经验的居民除以现有外出务工人数	0.50	36.00	0	2.41

为了更好地衡量中国农村创业活力程度，我们用具有创业技能和经验的居民除以户籍人口得到的比例指标反映具有创业能力的居民在每村户籍人口中所占的比例。得到全国范围内这一数据的平均值为0.03，最大值为0.87。说明在全国范围内，平均来说，具备创业能力的人占户籍人口的3%；具备创业能力的人占常住人口的比例也呈现出与上述指标相似的结果。第三个比例指标是具备创业技能和经验的居民除以现有外出务工人员的比例，平均值为0.5，最大值为36，最小值为0。这一数据说明农村具有创业经验和技能的人占比并不理想，在创业能力方面，农村创业活力程度有待提高。

5. 小微企业数量

中国农村小微企业的统计结果如表6所示。结果表明，中国农村现有小微企业的平均值是25家，最多的村有1 300家，最少为0，标准差为82.84，说明小微企业数量在中国各个村镇中的差异较大。

表6 中国农村小微企业数量统计表

	均　值	最大值	最小值	标准差
现有小微企业的数量	25.61	1 300	0	82.84
现有小微企业的数量/现有企业单位	0.57	1	0	0.32

除了绝对数据之外，本部分增加现有小微企业数量与本村现有企业单位之比作为比例指标。从1 210个数据中剔除无效数据之后，将现有小微企业

数量与本村现有企业单位数量相除，得到在中国农村创业企业中平均有57%的企业是小微企业。最大值是1，表示有的村镇所有企业都是小微企业，最小值为0，因为有的村镇没有小微企业。标准差为0.32，说明小微企业占比在全国各个村镇上情况基本相似，变化不大。

6. 近一年新创企业数量

基于村主任的数据，我们得到了中国农村近一年新创企业数量的描述性结果。如表7所示，中国农村近一年新创业企业数量平均值为19家，最大值为近一年新创1 300家企业，最小值为0，表明有的村镇近一年没有新创企业，标准差为73.09，表示近一年新创企业数量在全国各个村镇之间差别较大。

表7　　中国农村近一年新创企业数量统计表

	平均值	最大值	最小值	标准差
近一年新创的创业企业数量	19.49	1 300	0	73.09
近一年新创的创业企业数量/现有小微企业的数量	0.32	2	0	0.79

针对近一年新创企业数量，我们增加比例指标：新创企业/现有小微企业数量。用近一年新创的创业企业数量除以现有小微企业数量，得到有效数据775个。在有效数据中，平均值为0.32，表示近一年新创的小微企业占比平均为0.32；最大值为2，表示近一年新创的小微企业是原有小微企业数量的2倍；最小值为0，表示有的企业近一年没有新创企业。标准差为0.79，数值较大，说明近一年新创企业与现有小微企业比例在全国各个村的差异较明显。总体来说，根据近一年新创企业的数据来说，中国农村创业活力指标比较乐观。

7. 近一年已经退出的创业项目数量

中国农村近一年已经退出的创业项目统计结果如表8所示。结果表明，中国农村近一年已经退出的创业项目的均值为1.81家，最大值为300家，标准差为10.90，表示近一年退出的创业项目数量在全国范围内的波动较大。

表8 中国农村近一年已经退出的创业项目数量统计表

	平均值	最大值	最小值	标准差
近一年已经退出的创业项目数量	1.81	300	0	10.90
近一年已经退出的创业项目数量/现有小微企业数量	0.13	13.67	0	0.65
近一年已经退出的创业项目数量/近一年新创的创业企业数量	0.27	20.5	0	1.14

为了更好地衡量活力指数，我们增加了两个比例指标：近一年已经退出的创业项目数量与现有小微企业数量的比值，该指标衡量近一年来农村创业企业的退出率；近一年已经退出的创业项目数量与近一年新创企业数量的比值，这一指标可以衡量近一年来农村创业企业的更新率。近一年已经退出的创业项目数量/现有小微企业数量的平均值为0.13，说明农村创业企业的退出率较高，最大值为13.67，最小值为0，标准差为0.65，数值较小，表示数据在全国差异不大。近一年已经退出的创业项目数量占近一年新创的创业企业数量平均值为0.27，说明平均来说，农村企业的更新率比较乐观；这一指标的最大值为20.5，最小值为0。根据这两个比例数据，我们可以得到，农村创业企业的退出率和更新率都比较高。

8. 近一年面临停产、整顿、清算的创业项目数量

中国农村近一年面临停产、整顿、清算的创业项目数量统计结果如表9所示。数据显示，中国农村近一年面临停产、整顿、清算的创业项目平均为1.06家，最多为220家，最少为0家。从近一年来平均每村仅有1.06家企业面临停产、整顿或者清算来看，情况要比已经退出经营的企业平均值好一点。但每年平均每村有1.06家企业面临停产、整顿和清算，这一情况依然值得注意和重视。

相比于只关注停产、整顿和清算的企业数量，比例指标更能反映农村创业项目的现状。从表9中可以得到，近一年面临停产、整顿和清算的企业占现有小微企业数量的占比为0.08。这一比例衡量农村创业企业的停产率，从

表9 中国农村近一年面临停产、整顿、清算的创业项目数量统计表

	平均值	最大值	最小值	标准差
近一年面临停产、整顿、清算的创业项目数量	1.06	220	0	7.13
近一年面临停产、整顿、清算的创业项目数量/现有小微企业的数量	0.08	0.92	0	0.81
近一年面临停产、整顿、清算的创业项目数量/近一年新创的创业企业数量	0.36	0.80	0	0.82

平均值情况看，要比上述的退出率情况稍好，但最大值达到了0.92。对于比例较大的村镇，需要找出问题并提出解决方案。另外，从近一年面临停产、整顿、清算的创业项目与近一年新创的创业企业数量的比例，可以看出农村创业企业的更新情况。这一比例的平均值为0.36，最大值为0.80，标准差为0.82。说明近一年来新出现的创业企业要比面临停产、整顿和清算的企业多，农村企业更新速度比较乐观。

9. 中小企业的平均研发投入分析

中小企业的平均研发投入反映了农村创业企业的创新意识和对技术的重视程度。从村主任数据中删除无效数据后，得到表10所示的中小企业平均研发投入情况。中国农村中小企业的平均研发投入的平均值为59.82万元，也就是说，在中国农村，每个中小企业每年投入59.82万元用于研发和创新。最大的投入为4 000万元，最小值为0元，标准差为224.23。说明在中国农村创业企业中，研发投入的差别非常大。

表10 中国农村中小企业的平均研发投入统计表

	平均值	最大值	最小值	标准差
中小企业的平均研发投入（万元）	59.82	4 000	0	224.23

（续表）

	平均值	最大值	最小值	标准差
中小企业的平均研发投入除以创业（包括做生意）人数	0.71	83.33	0	3.97

中小企业平均研发投入除以创业人数表明了每个创业者每年投入多少资金用于研发，反映了创业者的创新意识和对技术研发的重视程度。但是根据表10，平均每个创业者每年投入近7 100元用于研发，最多有创业者每年投入83.33万元用于研发，最小值为0，表明有的企业并没有创新研发投入。该指标的标准差为3.97，说明研发投入状况在全国范围内有一定差别。这一比例指标，说明创业者对研发创新投入的重视程度并不高，政府和社会可以加大对于创新研发重要性的宣传和对创新研发的奖励力度。

10. 创业企业近一年申请专利数量分析

中国农村创业企业的专利申请数量反映了中国农村创业企业的创新能力。从村主任提交的数据进行统计结果如表11所示，结果显示中国农村创业企业近一年平均申请0.84个，最大值为110个，最小值为0，标准差为6.22。这些数据说明农村创业企业的创新能力比较差，平均每家企业专利占有量不到1个。

表11　　　　中国农村中小企业近一年专利申请数量统计表

	平均值	最大值	最小值	标准差
中国农村创业企业近一年专利申请的数量	0.84	110	0	6.22
近一年专利申请的数量除以创业人数	0.12	33.33	0	1.22
近一年专利申请的数量除以现有小微企业的数量	0.05	6.67	0	0.37

用中国农村创业企业近一年专利申请的数量除以创业人数，可以反映农村创业者的创新能力，得到的比例指标的平均值为0.12，说明农村创业者创

新能力很低；该比例指标标准差为1.22，说明创新能力在全国农村创业者中的差异较大。另外，用近一年专利申请的数量除以现有小微企业数量，可以反映农村小微企业的创新能力，结果表明，情况并不乐观，每个小微企业拥有的专利数量仅为0.05个，最大值为6.67个，并且标准差为0.37，说明全国的情况相差较大。

11. 创业园区数量分析

衡量中国农村创业的活力程度，除了从人口和企业角度，还有一个重要的方面就是创业环境。创业环境对创业活力的影响非常大，而衡量一村创业环境，我们可以把有无商贸市场、工业园区、开发区作为一个指标。基于村主任提供的数据，我们发现有商贸市场、工业园区、开发区的村镇有314家，占比27%；没有商贸市场、工业园区、开发区的村镇有828个，占比73%，见表12所示。

表12　　中国农村具有商贸市场、工业园区、开发区的村镇数量统计表

	数　量	占　比
无商贸市场、工业园区、开发区	828	0.73
有商贸市场、工业园区、开发区	314	0.27

总体来说，从村民角度分析中国农村创业活力程度，可以得到村民的创业参与度比较低，但是增长速度很快；村民的创业能力和未来一年有创业机会的居民人数占比相对较少。从企业层面来看，中国农村创业企业的退出率和更新率都较高，但对于创新研发的投入和以专利数量衡量的创新能力比较低。从创业环境来看，中国农村创业环境还有很大提升空间，大部分村镇没有商贸市场、工业园区、开发区等有利于激发创业积极性、提高创业活力的基础设施。这说明依然需要加大投入力度改善创业环境，为创业者提供便利。

（二）中国农村创业活力的区域差异

我国地区之间的创业现状存在显著差异。第一，无论是从创业人数的绝对值还是相对值来看，东南地区的创业活力要大于其他地区，其中福建和广东两省农民的创业人数更是居于全国各省（市、自治区）的前两位。同时，东南地区农村目前的小微企业数量也最多，特别是江苏、浙江和上海。第二，就村内工业园区、开发区的覆盖率来看，北京与天津这两个直辖市园区覆盖率要多于其他地区。第三，新创企业数量浙江省名列第一，平均值为10.849，而在本次调研中，青海省所有样本中均没有出现新创企业。第四，本次调研的创新指标为专利申请和企业研发投入两类，其中以村为单位计算得到的专利申请最高的为处于东南地区的浙江省，达到人均值8.31，而处于东北地区的辽宁省的专利申请数则为0；而研发投入最多的也是处于东南地区的浙江省和江苏省。第五，本次调研的新创企业的潜力指标为“在未来一年内具有创办企业的机会的居民人数”和“具备创办企业的技能和经验的居民人数”两类，从“在未来一年内具有创办企业的机会的居民人数”数据来看，广东省列东南地区的第一，为58.486人；河北省列环渤海地区的第一，为157.53人；湖北省列中部地区的第一，为8.956 5人；黑龙江省列东北地区的第一，为22.33人；重庆市列西南地区的第一，为57.06人；宁夏列西北地区的第一，为50.57。从“具备创办企业的技能和经验的居民人数”来看，广东省列东南地区的第一，为76.80人；北京市列环渤海地区的第一，为45人；湖北省列中部地区的第一，为23.160 0人；黑龙江省列东北地区的第一，为30.75人；重庆市列西南地区的第一，为66.06人；甘肃省列西北地区的第一，为268人。

（三）中国农村创业活力的影响

1. 农村创业活力提升了居民生活水平

“三农”问题关系着国家政治和经济全局的根本，农民收入是农村经济发展的基础，也是农村经济发展的“指南针”，农民收入问题是“三农”问题中的重中之重，关乎农民切身实际利益。我国大力推进“大众创业，万众创新”，提出“双创”是发展的动力之源，也是扩大就业和实现强国富民的根本举措。由于我国农村人口众多，农民创业创新是助推“大众创业，万众创新”的重要力量，也是带动农民就近就业增收的有效途径。本项目的调研结果证实了农村创业活力对居民生活水平提高的显著正向作用。具体从调研数据的相关系数分析结果来看，衡量创业活力的指标与居民人均纯收入在

90%的置信水平上正相关；同时，创业活力与人均消费水平也在90%的置信水平上正相关。因此，继续积极合理地鼓励农户创业是增加农民收入的有效途径，这既是“创新创业”可持续发展的关键所在，也符合我国特色社会主义市场经济的根本要求。

2. 农村创业活力提升了居民幸福度

改革开放以来，中国的经济增长取得了质的飞跃，而经济增长的终极目标则是提高国民的幸福感。中国在2004年提出了更加重视人文关怀的建设社会主义和谐社会的目标，更加重视改善民生和提高居民幸福感。本次的问卷调查发现，目前中国农村表现出和谐度较高、村民较幸福的状态，并且无论是从家庭幸福度还是就业幸福度来看，地区之间的差异都比较小。比如，从家庭幸福度的评分来看，最高的东北地区评分为4.64，而最低的西北地区评分为4.35；从就业幸福度的评分来看，最高的东北地区评分为4.33，最低的西北地区评分为4.21；从村庄和谐度的评分来看，最高的东北地区评分为4.77分，最低的西南地区评分为4.46分。纵观上述结果，发现东北地区的家庭幸福度、就业幸福度和村庄和谐度都是全国最高的。

另外值得重视的是，本调查的结果还发现我国农村创业活力与居民幸福感之间有显著的正向作用，可能是由于创业显著带动了村庄整体经济水平的发展，进而提升了村民幸福感和村庄整体社会和谐度。以上结果说明在我国广大农村地区，客观生存条件对于民众幸福感的制约作用是不容忽略的，就现有状况来看，提高农村创业活力在一定时期和一定程度上就是提高农村居民的幸福感。因此，各级决策者应当进一步提升农村创业活力，为农村居民收入增长提供条件，在最大范围内消除贫困。与此同时，还要通过配套设施的完善，不断提升各级政府提供公共服务的能力，满足民众的基本公共需求，提供良好的社会保障，从而建设出幸福度更高的新农村。

六、中国农村创业者及创业企业的基本特征

（一）中国农村创业者的特征表现

通过对创业者问卷的梳理，我们得到中国农民创业者的主要特征统计表，详见表13。

表13 中国农民创业者主要特征统计表

个体特征变量	均 值	最小值	最大值	标准差
性 别	0.80	0	1	0.40
宗 教	0.11	0	1	0.31
年 龄	44.59	14	80	10.13
受教育程度	2.30	1	6	1.16
是否为党员	0.20	0	1	0.40
是否为村干部	0.10	0	1	0.30
是否为人大代表	0.04	0	1	0.20
是否为政协委员	0.01	0	1	0.11
是否在政府部门工作过	0.03	0	1	0.16
是否在国企工作过	0.03	0	1	0.18
是否在集体制企业工作过	0.06	0	1	0.23

中国农民创业者多为40～50岁之间的中年人，其中年龄最大的为80岁，最小的只有16岁，创业者的平均年龄为44.59岁。41.6%的农民创业者年龄在40～50岁之间，30～40岁的占21.8%，51～60岁的占20%。中国农村创业者大部分为男性，女性创业者的比例约为20%，远远落后于男性。中国农民创业者多无宗教信仰，且学历普遍较低，中专、高中学历的人数最多，占35.2%，其次是初中以下学历的，占28.8%。大学本科、硕士和博士学历的比例分别为10.8%、5.5%和0.2%。创业者人群普遍受教育程度不高。中国农民创业者中仅有20%是共产党员，且多数不具有显赫的政治身份，较少有担任过村干部、人大代表、政协委员或在政府部门任职的情况，被调查的农村创业者当中10.4%的人是或者曾经是村干部，担任（过）人大代表、政协委员或在政府部门任职的比率分别为3.28%、0.92%和2.17%。这与前面分析的以改善型创业为主导相一致，因为通常高学历、高政治地位的个体的生活水平往往较高，因而其为改善生活而创业的动机不是很强。

多数被调查者（约80%）为首次创业，尽管有些农民创业者（近14%）在创业之前有过工作经验，但很少在央企和国企工作过，也多没有参加过任何培训，这说明中国农民创业者的创业经验相对不足、关系网络相对匮乏。调查结果表明，约有近五成的农民创业者拥有某种手艺活技艺，说明个人能力可能是促使农民创业的重要因素之一。另外，很多农民创业者（约40%）有外出打工的经验，但这些经历基本与创业项目没有太大的相关性，但打工所得却是创业初始资本的重要来源。

（二）中国农村创业企业的特征表现

1. 以改善型创业为主导，创业方式较为传统

根据GEM全球创业观察，创业主要分为生存型创业和机会型创业两大类。本次千村调查的结果表明，中国农民创业者中有将近一半（47%）是出于改善生活而选择创业，中西部地区的改善型创业比重明显大于东部地区，可能的原因是这些地区的经济基础相对较落后，农民期望通过创业来改善现状，机会型创业则主要集中在江浙沪一带。相对而言，中国农民生存型创业（被迫创业）的比重较小，基本集中在华中、华北地区，说明我国大部分地区农民的基本生存问题已经得到较好的解决，创业的主要动机以改善生活为主导。尽管多数农民创业者选择放弃原有的农业、林业、牧业和渔业而专心投入到创业项目中去，但也有近五成的农民创业者在经营现有创业项目的同时并没有放弃原有产业。相对而言，江浙沪地区的农民投入程度较其他地区更高，而东北、西部地区的创业投入相对偏低，说明落后地区的农民创业者相对而言比较保守。另外，农民创业项目多受到家人和亲戚朋友的启发，同学、政府官员、媒体、网络等的影响作用相对较弱。农民创业基本集中在本地创业，少数异地创业者多处于更好的创业机会，或因为家人在异地，说明农民创业者的家庭意识相对比较浓。

中国农民创业的主要方式是独立创建新业务，其次是承包和子承父业，收购、品牌代理经销及网络创业的比重相对较小。从调研数据看，农村网络创业的比重不到1%，这说明互联网思维并未深入渗透到农村。这一方面是由于农村基础设施薄弱，互联网普及率低，网络不畅通，农村信息“最后一公里”问题可能是制约农村互联网创业的巨大障碍；另一方面，很多农民并

不懂得如何利用互联网创业，其思维模式可能还固化在传统的创业模式上，农民互联网创业需要相应的互联网基本技能培训进行配套。

2. 家庭创业氛围浓厚，社会背景较为薄弱

农村家庭创业的现象比较普遍，有四成的被调查者表示自己的父母或者兄弟姐妹也正在创业，近六成的被调查者身边有亲戚朋友在创业，这从某种程度上可以反映出农民创业具有一定的“羊群效应”，某一农民的创业行为可能会带动其周边的亲戚朋友加入到创业的行列中去。中国农村广泛存在家庭创业的现象，由此带来的创业收入也提高了中国农村创业者的整体家庭收入水平，多数农民创业者的收入水平与村平均水平持平或更高，六成以上受访者近三年年均家庭总收入（包括工作、政府补贴、退休金以及其他来源的收入）在10万元以上，甚至有不少超过100万元以上，而创业收入基本上是家庭收入的主要来源。尽管农民创业者收入水平较高，大部分也都有一定的存款，但绝大多数农民创业者家庭中均有未成年的孩子需要抚养（一般为1～2个），以及年迈的老人需要赡养（一般为1～4个），所以在经济上依赖创业者的人数仍比较多，这也给创业者带来了比较大的创业压力，进而派生出家庭创业的现象。在家庭创业过程中，农民创业者基本能得到家庭成员的大力支持，多数家庭能够理解创业者因创业导致的生活方式的改变，并能在创业者遇到挫折和困难时给予精神和行动上的支持和安慰，比如配偶会主动处理家庭琐事和照顾好孩子、老人，以解决创业者的后顾之忧。部分创业者还可能得到父母的资金支持，但该现象并不十分普遍。值得注意的是，中国农民创业项目投入的总资金主要来自个人储蓄，其次为银行贷款，之后是家人、亲戚和同事、朋友这些血缘和社会关系来源，民间金融组织和互联网金融新渠道提供资金较少。

中国农村创业者的社会背景相对比较薄弱。在中国农村，家庭宗族是否是村落最大的宗族、姓氏是否为村落第一大姓、是否有宗族祠堂以及是否有族谱/家谱等都是衡量家族社会地位的重要客观指标。若以这些客观指标来衡量，则多数中国农村创业者的整体社会地位并不高，仅有两到三成农村创业者享受着较高社会地位。另外，调查结果表明，农民创业者中参加了行业协会/商会的微乎其微（均不到10%），但自2010年以后农村创业者参加行业协会/商会的人数逐渐增多，并呈现稳步上升的趋势，说明农

民创业者慢慢了解这种民间组织在政府与企业之间起到的桥梁和纽带的重要作用。再者，农民创业者亲友中在银行（含农村合作社、农商行、信用社）或其他金融机构（小额贷款公司、互联网金融等）任职或担任领导的也很少，这很大程度上也说明为什么农民创业者的项目投入总资金基本来自个人或亲友，而通过银行贷款的相对较少。最后，本次千村调查同时设立了若干主观题项让创业者评判自己所感知到的社会地位，结果绝大多数（90%以上）的农民创业者均认为自己处于较高的社会地位，在当地拥有很好的人缘，并在村落中具有一定的话语权，这一方面可能是农民创业者较为乐观，另一方面，传统的反映社会地位（宗族、族谱等）的条条框框可能并不适用于当下的农村社会。

3. 产权形式较为单一，治理模式有待完善

中国农村创业企业的规模普遍较小，平均员工人数不到20人，且员工学历普遍较低，高中以下占多数，基本为合同工或者临时工。农村创业企业的员工大多来自本地，而上海、浙江等省市的外来打工者相对较多，可能的原因是这些地区经济较为发达，劳动力成本相对较高，因而外来务工人员相对较多。这些企业的产权形式多以个体为主，其次是私营企业，而承包形式、股份制形式、租赁形式以及其他形式的相对较少。个体企业的家庭成员持股比重较大（平均高达60%左右），创业者多担任公司董事长兼任总经理职位（23%），或在公司其他岗位任职（25%），极少有农民创业者退居二线。

绝大多数企业没有设立董事会和党组织（约占95%），少部分企业有与政府部分对接的专员及协调与当地农村之间关系的专员。多数企业没有加入行业或贸易协会（约占90%），因为农民创业者普遍认为是否加入行业或贸易协会无关紧要，说明对中介机构的认识不够、眼光不够长远。经营管理的骨干及公司大股东多为一起共事的朋友或熟人，其次是夫妻、亲戚、兄弟姐妹等，陌生人及儿女的比重相对较低，陌生人骨干及股东较少的原因是彼此之间缺乏信任机制，儿女较少担任骨干或股东可能是由于多数儿女尚未成年。但是农村创业者的合作对象（包括供应商和客户）却主要来自陌生人，工作关系的朋友或熟人相对要少一些。总体看来，中国农村创业企业的治理模式不够完善，任人唯亲的现象较为普遍。

4. 客户不够多元化，市场竞争力偏弱

中国农民创业企业主要客户群体集中于本地企业。受访者普遍表示自己的客户主要为其他企业单位，政府订单相对较少；最大客户基本位于本地、本县城（约占75%以上），产品销往省外的为数不多，仅占10%，出口到国际市场的更少（不到2%）。尽管受访者们基本同意自己应该着手开发新的市场，但目前在其他地区或其他国家挖掘并扩大市场的情况很少发生，所有被调查者中没有一家企业的最大客户来自国际市场，设立专门销售部门的仅占20%左右，说明目前中国农民创业企业的客户较为单一，不够多元化，且主要局限于国内创业，基本没有走向国际市场。

另外，中国农民创业项目的市场竞争力不足，主要表现为以下几个方面：首先，中国农民创业项目技术含量普遍较低。农民创业企业中掌握核心技术的比例不到20%（主要集中在环渤海地区与东南地区），得到有关部门的高科技认定的项目更是寥寥无几。其次，农民创业者普遍缺乏品牌意识。多数农民创业企业没有品牌或者认为企业名字就是品牌，仅8%的受访者表示除了企业名字外，产品或服务还有另外的品牌名称。最后，企业规模变化不大，超过五成的企业认为过去一年与2012年相比员工人数不会有明显的变化，预计2019年与过去一年相比也不会有明显的增加，说明企业成长乏力。尽管多数企业（约占60%）认为销售额、产能、利润及资产与2012年相比有少量或明显增加，且预计2019年同样会有少量或明显增加，其余企业的销售额、产能、利润及资产多保持不变，并预计2019年变化趋势不大，且总体增幅并不是很大。

5. 人力资本水平较低，但主观幸福感较强

中国农民创业者多为40～50岁之间的中年人，以男性创业者居多，多无宗教信仰，且学历普遍较低，本科学历以上的农民创业者不足17%。农民创业者多数不具有显赫的政治身份，较少有担任过村干部、人大代表、政协委员或在政府部门任职的情况，这与前面分析的以改善型创业为主导相一致，因为通常高学历、高政治地位者的生活水平较高，因而其为改善生活而创业的动机不是很强。尽管有部分农民创业者（近14%）在创业之前有过工作经验，但多数被调查者（约80%）为首次创业，且很少在央企或国企工作过，也多没有参加过任何培训，这说明中国农民创业者的创业经验相对不

足、创业知识相对匮乏，更加没有强大的背景作为支撑。但调查结果表明，有多数农民创业者拥有某种手艺或技艺，说明个人能力和技能可能是促使农民创业的重要因素之一。另外，很多农民创业者（约40%）有外出打工的经验，但这些经历基本与创业项目没有太大的相关性，而打工所得收入却是创业初始资本的重要来源。

中国农民创业者的人力资本含量并不高，但幸福指数却普遍较高，总体而言，农民创业者的生活满意度普遍高于就业满意度，女性创业者的幸福满意度水平略高于男性创业者。东部及沿海地区的农村创业者幸福指数普遍高于中部地区农村创业者，中部地区农村创业者幸福指数高于西部地区农村创业者，这可能是由于东、中、西部地区经济发展程度及农村的生活、就业等方面资源的差异引起的。具体而言，环渤海地区的农村创业者主观感知到的幸福满意度普遍高于其他地区，总体幸福满意度、生活满意度以及就业满意度的主观评分均最高；相比之下，西南地区的农民创业者的幸福指数最低。

七、中国农村创业效率的改进机制

（一）改善农村创业环境

创业环境作为企业发展的重要外部介质，是创业活动得以开展的关键资源。从新创企业创立过程入手，创业环境是能够对企业成长产生影响的一系列外部因素所组成的有机整体；创业环境是创业者进行创业活动过程中能够利用且必须面对的各种外部影响因素的总和，一般包括政府政策、基础设施、金融支持、技术环境、市场环境、教育与培训环境等方面。本次调研过程综合考虑了以上环境因素，发现就农村的实际情况而言，基础设施、融资环境、教育培训水平以及外资流入对农村创业活力有显著的正向影响。

制度环境对于农村创业者来说是非常重要的外部环境，政府支持、监管以及创业手续复杂程度对于创业者或者潜在创业者而言意义较大。总体看来，中国农村创业者所感知到的制度环境相对较好。很少有农村创业者通过非常规手段向政府官员寻求帮助，且多数受访者认为与前三年相比该情况得到了较大的改善，这从侧面反映出十八大以来反腐工作稳步推进的成果。另外，农民创业者对乡村政府、地方政府及中央政府的满意度较高，其中对中央政府的满意程度明显高于地方政府和乡镇政府，可能是由于地方及乡镇政府在落实中央政策上尚有距离，有时间延滞现象。十八大以来各级政府反腐倡廉工作成为党的政治工作的一个重要方面，多数农民创业者认为十八大以来反腐运动的效果非常明显，很少有地方官员贪污受贿的行为，但仍有个别地区的部分农民创业者认为"大部分地方官员"或"基本每个官员"都存在贪污受贿的行为，这从某种程度上说明反腐工作依然任重道远。另外，农民创业过程中发生商业纠纷的情况较少，近八成受访者表示在创业过程中不曾发生任何商业纠纷，即使有也是私底下解决，通过打官司等法律途径或调解员调解等正式解决的相对较少，目前样本中的农村创业者更加倾向于通过非正式渠道来解决商业纠纷。可能的原因是农民创业者法律意识不强，不懂得如何通过正规的法律渠道保护自身的合法权益，或者通过司法途径解决纠纷的成本过高，也有可能是相关法律不能完全保障农民创业者的利益。

最后，多数农民创业者表示创业审批具体流程相对比较复杂，平均而言一个项目需要走大约十个程序、盖十个章，等待时间约一个月。值得注意的是，尽管东南地区创业活力较强，但审批流程相对于其他地区却更复杂，等待时间也更久（平均约40天），这在某种程度上可能会削弱当地农民创业的积极性。

（二）提升村民教育水平

长期以来，农村教育一直是我国教育事业发展的薄弱环节，它不仅关涉到教育事业发展的全局，而且关系到国家现代化的整体走向。本次调研的结果发现对于农村创业企业而言，教育水平的提高有着十分重要的作用，即农民受教育程度与创业之间有着显著的正向关系。但同时，调研结果也表明目前我国农村居民的受教育水平仍比较低，平均而言，农村现存户籍人口中拥有初中学历的人数最多，其次为高中学历，拥有大学以上学历的人口数量与文盲数量相当。因此，在政府政策制定过程中，仍需要进一步加强对农村教育的重视，从而统筹解决农村义务教育、职业教育、成人教育等事宜，增强教育政策实践回应重大教育问题的力度，凸显政府施政的公平性和民生取向，大力推动"城乡教育一体化发展"，力争为最终破解农村教育问题积累经验和创造条件。

（三）改进农村金融服务

本次调研的结果发现对于农村创业企业而言，资金获取的便利性有着十分重要的作用，即金融服务业的发达程度对农民创业发挥了显著的正向作用。但长期以来，我国农村金融服务体系发展仍不完善，农村金融资源供给不足，农民普遍面临着信贷约束。此次调研的数据就发现平均而言，每个村庄有0.84家银行、储蓄所或合作社，而58.54%的村主任表示自己所在村并没有金融机构，同时，股份制银行和民间金融机构在中国农村的分布也较少，使得许多进行自主创业农民的信贷需求无法得到满足，极大影响了农民创业的可行性和积极性。这就要求在中国未来的金融改革中，政府适当降低农村金融市场的准入门槛，引导建立多样化、竞争性的农村金融组织体系，特别是要建设能够直接为农民提供全面信贷服务的中小型金融机构，从而推动金融资源向农村地区和低财富家庭流动，促使其积极开展创业活动，利用创业带动就业，增加非农就业机会，以此来提高农村地区和低财富家庭的收入水平，进而缩小城乡收入差距。

（四）加大吸引外资力度

已有研究发现，外资进入可以带来先进技术和管理经验，同样重要的是可以带来正的外溢效应，比如竞争示范效应、人员流动效应和供应链效应等。本次调研的结果也显示外资流入显著促进了农村地区的创业活力。但与实际需求形成鲜明对比的是，目前外资进入农村的程度非常低，因此，如何引导更多外资进入农村地区，进而发挥其正向溢出效应仍需要政府和各界的共同努力。

（五）完善基础设施建设

本次调研的结果发现对于农村创业企业而言，基础设施建设的完善有着十分重要的作用，即基础设施的完善程度对农民创业发挥了显著的正向作用。但调研结果也发现农村的基础设施建设仍有相当大的提升空间。比如快递服务设施比较落后，有823个村庄没有快递点；距离最近的火车站的平均距离较远，为37.97公里；客运码头数量较少，超过3个的村庄仅有1.38%。这可能是由于我国城乡分治的二元经济社会观念和一系列相关政策影响了我国农村基础设施建设的水平。为此，政府部门仍需进一步加大对农村基础设施建设的财政投入，保证农村基础设施建设资金的持续性和稳定性，从而为农民提供更优质的创业环境。

第二部分

咨询建议

千村调查　十年回眸

上海财经大学千村调查项目研究成果

建议1

粮食安全问题的隐患及对策建议

上海财经大学2011年千村调查课题组以中国粮食安全问题为主题，组织3 000多名学生，对全国31个省（市、自治区）1 092个行政村、10 870户农户、2 123户种粮大户进行大规模入户访问和问卷调查，发现在粮食生产连年丰收和粮食补贴政策发挥积极效应的同时，也存在一些粮食安全隐患，需要引起高度重视。

一、粮食生产和储备总体形势向好，粮食补贴取得直接效果

自2002年以来，我国粮食产量已经保持了10年持续增长。预计2011年的粮食产量将达到历史上的最高点57 121万吨，比2010年增长4.5%。按照人均粮食消费量确定的人均占有国家粮食储备量，历年来均保持在较高水平，2004年为722.4斤，2006年提高到757斤以上，国家粮食储备总量保持在1.25亿吨～1.5亿吨。我国近年来的农村水利建设发展迅速，2009年，大、中、小型水库的数量分别增长了2.8%、2.5%和0.9%，大、中、小型水库库容量分别增长了2.2%、1.2%和1.3%，节水灌溉面积和水土流失治理面积分别增长了5.4%和2.9%。

自2004年我国开始大规模实行粮食直接补贴政策以来，已经形成了以粮食直接补贴、农资综合直接补贴、良种补贴、农机具购置补贴以及最低收购价政策为主要内容的粮食补贴政策体系。并且补贴项目不断增多，补贴标

准不断提高，补贴资金规模越来越大。调查显示，88.6%的农户获得粮食直接补贴，86%的农户对国家粮食直接补贴政策感到满意和基本满意，81%的受访者认为基层政府执行国家补贴政策认真负责，将中央政府政策落到了实处。2011年国家用于粮食直接补贴、农资综合补贴、良种补贴和农机具购置补贴总额将达到1 406亿元。

二、粮食生产、流通、储备和补贴环节存在的主要问题

我国粮食生产诸领域的发展非常健康，粮食安全尚不构成“问题”。但粮食事关国计民生，我们不能掉以轻心。“千村调查”从种粮农户的微观层面，实际考察了我国粮食生产、流通、储备和补贴诸环节中的实际情况，发现存在一些安全隐患。

（一）种粮劳动力年龄偏高、种商品粮动力不足

我国粮食产量连年增长的主要原因来自于良种改良、水利建设、化肥使用以及政府补贴等外在因素的支撑，可是内在要素即种粮劳动力的质量状况却不容乐观。根据调查，我国种粮劳动力质量持续下降，将加剧粮食生产要素结构的严重失衡，进而会导致粮食生产的发展后劲乏力。具体表现在：

第一，种粮农户的高龄化与低技能倾向严重。调查显示：种粮农民平均年龄近50岁，其中东部地区平均年龄为50.42岁，东北地区平均年龄为48.01岁；45岁以上的种粮农民占63.24%，35岁以下的青壮年劳动力仅占10.23%。种粮农民的平均文化程度大约处于小学水平，小学以下程度的占比高达37.55%，高中以上程度的仅占20.52%，其中大学程度只占到2.93%。

第二，商品生产意识不强。针对粮食种植动机的调查显示：75.3%的种粮农户是为了满足自己需求，尤其在西部地区，有80%以上的农户是以满足自我需求为主。可见我国大部分粮农的商品意识较低，缺乏粮食生产扩大规模、提高质量的内生动力。

（二）农户家庭粮食储备意识不强、储备量下降、储备周期缩短

完备的粮食储备体系应当是国家储备与农户储备相互结合。自2000年

以来，虽然我国的国家级粮食储备得到高度重视，但农户家庭粮食储备问题却被长期忽视，已经显现出粮食储备体系结构的严重失衡倾向。据统计，农户家庭粮食储备呈下降趋势，农户家庭年均储粮由2008年的89.4公斤/人，降到2009年的82.8公斤/人，降幅为8%。本调查证明了农户家庭粮食储备量减少、粮储条件落后以及农户储粮意识减低等方面的问题。

第一，农户家庭粮储周期偏短。26.86%农户家庭粮食储备时间不足半年，45.43%的家庭储备时间在6～12个月，粮储时间超过1年及以上的家庭比例仅为27.71%。总体看，72.3%的农户家庭粮食储备量在一年内。同时出现农户家庭粮食储备量下降趋势，与5年前相比的农户家庭粮食储备，回答“有所减少”的占30.58%，回答“基本不变”的占46.77%，回答“有所增加”的仅占22.65%。可见随着粮食连年丰收，农户自有粮食储备保持基本不变和减少的达到77.3%，出现“丰收储备悖论”现象。

第二，农户家庭粮食储备设施较差。农户粮食储备条件好的仅占23.21%，约占76.79%行政村的粮食储备条件均较差。可见农民为了规避粮食储备的高成本，自然会减少粮食储备。

第三，“手中有粮，心中不慌”传统观念发生动摇。种粮农户家庭总收入中，粮食经营收入仅占28.81%，非粮与打工收入却占到69.78%。可见，农民主要收入来源已不再是种粮，也不期望通过储备过多的粮食以备在市场价格高时出售粮食，“手中有粮，心中不慌”的传统观念自然被“手中有钱，心中不慌”的观念所替换。

（三）水利设施差、水资源短缺、灌溉水污染较严重

国家水利项目建设的成就有目共睹，但是在种粮水利的应用与管理方面还存在一些不能令种粮农户满意的地方。主要表现在：

第一，水资源短缺，水利基础设施差、灌溉技术低下。以行政村为单位，水资源总量不足的占35.37%，存在季节性缺水的占41.29%。水利基础设施差的占53.42%，水利基础设施失修严重的占35.00%，农业灌溉技术落后的占44.21%。主要原因是水利投资少所致。

第二，水污染比较严重。灌溉用水存在水资源污染严重的占20.97%，特别是经济发达地区江苏、上海、浙江等省市水污染的严重程度要高于其他

地区。

第三，西北部地区水价偏高。甘肃、内蒙古、宁夏、山西等地的村庄普遍感觉水价偏高，分别为40.00%、41.67%、42.86%和45.45%。主要原因是水资源成本较高所致。

（四）粮农对农资补贴、按种植规模的直接补贴和粮食保护价的国家粮食政策认可度较低

总体而言，国家粮食补贴政策对调动农户种粮积极性起到较大的作用，但是对于不同补贴形式的认可度却存在一定的差异。

第一，关于粮食补贴形式。粮农最认可的是粮食直接补贴，认可度为44.65%，粮食保护价补贴为35.03%，农资综合补贴为20.33%。需要对现行粮食补贴政策进行进一步的宣传和改进。

第二，关于粮食补贴政策效果。对于最受认可的粮食直接补贴方式，主张按照种植规模进行补贴的粮农仅36.37%，赞同按出售粮食数量进行补贴的粮农却为52.09%。对于粮食保护价政策，约61.4%的农户认为对提高种粮积极性的作用不大或一般。

三、进一步夯实我国粮食安全基础的对策建议

（一）进一步提升粮农素质和粮食生产组织，保持粮食生产持续增长

1. 提升粮农素质

针对粮农年龄偏大、文化偏低的情况，制定教育下乡政策，通过政府购买专项服务，采用集中教育与个别辅导相结合的方式，加强粮农的种粮技能培训和提升相关知识水平；通过财政补贴政策，鼓励大学生参与粮食生产与管理活动，吸引外出务工的年轻人回乡种粮；通过针对专业机构的扶持政策，借用“外技”与“外智”，积极培育适度规模化的粮食生产，鼓励支农组织的社会化与专业化，推进农业科技的广泛应用，以弥补粮农知识结构的缺陷。

2. 大力支持粮食合作社发展

发展粮食合作社是促进粮食生产的重要措施，鼓励农民充分利用国家财

政金融支持政策组建粮食合作社。各级政府应高度重视鼓励创建粮食专业合作社，加大对农民粮食合作社的政策支持力度，建立农民粮食合作社专项资金，明确支持对象，并完善使用机制，保证资金真正用到粮食专业合作社需要的项目上去。新增农业补贴适当向种粮大户、农民专业合作社倾斜。调查显示，农地流转政策的实施，引导农地向种田能手集中，实现农地种植规模化，粮食生产水平明显呈提升趋势，规模性经营对农地经营户的增收来说有明显效应。

（二）进一步调动国家和粮农两个积极性，完善粮食储备体系

1. 健全和完善中央储备和地方储备、政府储备和企业商品最低库存，以及家庭储粮相结合的粮食储备体系

根据“规模确定，逐步到位”的原则，在农户粮食储备相对减少的情况下，适当加大中央和地方两级政府粮食储备，调整和提高国有粮食企业最低库存标准和质量标准，改善粮食储存设施。

2. 采取有效措施积极引导农户增加家庭粮食储备能力

对农户家庭粮食储备减少的现象要引起足够的重视，建立农户粮食储备补贴制度以及粮食储备社会保险机制等措施，辅之以政策宣传教育，提高农民粮食储备的积极性，使农户家庭粮食储备“有利可图”。通过政府购买服务方式，派技术人员上门服务，免费指导粮食储存技术，提高农户粮食储备管理水平。

（三）进一步整合粮食补贴项目，提高粮食补贴绩效

1. 优化粮食补贴政策结构，逐步增大补贴强度

按粮食大类确定补贴项目和标准，简化程序、体现公平，鼓励种粮；主要以实际粮食产出量为计算依据确定粮食补贴，以保证国家粮食实际产出，辅之以粮食播种量为依据确定粮食补贴计算依据，以提高粮农播种粮食积极性，为粮食产出奠定良好基础；制定严格的规范和控制程序，加强对补贴政策宣传和执行过程的监管，让老百姓充分了解政策，拿得放心，拿得清楚。

2. 建立粮食收购价格自动浮动机制和农资财政补贴联动机制

对于粮食价格，根据市场供求关系以及国际粮食市场价格行情，建立政

府收购粮食价格自动浮动的定价机制，以稳定和提高粮食生产收益；对农资价格，以与农业生产资料价格上涨指数相挂钩为原则，建立财政补贴自动对接机制，及时弥补因农资价格上涨而增加的种粮成本缺口。

（四）进一步强化水资源管理，提高农业生产用水利用效率

在对可利用的水资源量进行科学规划基础上，加强水资源开发、利用和管理，通过制定用水节流办法，切实保护水资源。

1. 加强农村水污染防治的管理制度

改变现行立法只关注城市和大中企业水污染控制的状况，建立起城乡统筹发展的水污染防治法律机制，健全农村水污染防治制度和监管体制，特别是农村工业和农业生产的环境监管制度、污水处理制度和防止城市污染转嫁制度等。

2. 制定粮食生产的水价调控机制

构建合理的水价形成机制，将水资源费、环境成本和机会成本等要素纳入水价制定的“篮子”之中，通盘协调考虑，增强水价的合理化程度。推行科学的分类水价制度，对粮食、蔬菜生产和牲畜用水与农村工业用水实行分类定价管理，从而有利于水资源配置的科学化。逐步改革农业供水管理体制，考虑到农业水价的特殊性，在水价未达到成本之前，免征各种税收，还要建立农业用水的群众参与、民主管理的管水体制。

（刘小川）

建议2

农民收入走向与提高路径

2010年暑期，上海财经大学开展了“全国农民收入问题”的千村调查，这是我校组织的第三次大学生暑期千村调查活动，本次调查范围涉及全国除台湾省、香港和澳门特别行政区外的31个省（市、自治区），共有1 152支调查队、1 831名同学参加，发放问卷11 520份，回收有效问卷9 540份。根据调查问卷反映的情况发现，我国农民收入总体呈现“农民收入稳步提高，劳动力转移有所加快，收入结构有所改变，进一步提高难度不小”的趋势。“三农”问题的解决，成绩很大，隐忧不少。

一、农民收入走向及存在的问题

一是农民收入水平有了显著提高。据本次调查，我国东北、东、中、西部农民的收入水平均有稳定的提高，农民人均毛收入分别为12 368.75元、19 000.78元、9 174.10元和9 426.22元，扣除生产和生活支出后尚可结余4 171.69元、7 688.63元、3 063.69元和4 142.20元，收入水平有了明显提高。

二是东、中、西部地区农民收入差距明显，一半农民仍处于温饱水平。东部地区人口在1 000人以下的小规模村庄的比例约占1/5，人口在1 000～4 000人的中等规模的村庄占了近70%，人口在4 000人以上的大规模村庄约占11%。2009年人均收入低于3 000元的农村仍占11.86%。所调查的东部地区农村人均纯收入高于6 000元的有63.63%，而其中15 000元以上的约占8%。中部地区规模在600户以下的行政村接近6%。中部农村77.84%的家庭人均收入在6 000元以下，超过万元的不到4.55%。西部地区规模在600户以下的行政村超过了65%。西部农村80%以上的家庭人均收入在6 000元以下，超过万元的不到5%。东、中、西部农民收入水平呈梯度下降，这与东、中、西部的社会经济发展水平相一致。尽管由于生活成本的差异，东、中、西部农民的实际生活水平不一定如收入统计的差异那么大，但尽快提高中、西部农民的收入水平，缩小区域差距，是"十二五"以及更长时期我们重要而艰巨的任务。

与收入水平相一致的是受访农民在对自身生活水平的评定上，东部48%的样本户认为自己家庭生活停留在温饱水平，40%的样本户认为达到小康，而认为自己非常富裕的只占3%，比较贫困的比例占7%，非常贫穷者为1%。中部57.28%的样本户认为自己家庭生活停留在温饱水平，28.67%的样本户认为达到小康，比较贫困或非常贫穷者为11.22%。西部55.1%的样本户认为自己家庭生活停留在温饱水平，28.7%的样本户认为达到小康，比较贫困或非常贫穷者为11.3%。东部自我评定生活达到小康水平的农民要比中、西部高出三成左右，自认为温饱水平的农户东、中、西部基本都在50%上下，说明大多数农民的生活仍然比较艰辛，而比较贫困或非常贫穷的农户在中、西部超过10%，东部也在8%，说明我国还有占总人口5%左右的人生活在社会的最底层，他们是最弱势的群体，需要全社会对他们加以特别关怀。

三是在现行农村制度框架下，持续提高农民家庭收入的途径有限。据本次调查数据，我国东北、东、中、西部农户的农地平均经营规模为11.17亩、2.69亩、4.48亩、6.70亩。在现行农地经营规模、农业技术水平、农产品价格以及农户收入结构条件下，农业生产经营收入显然难以成为农户收入持续提高的增长极，劳动力转移外出打工则受到家庭劳动力数量、知识、技能、工资水平、工作地点生存成本的综合影响，如果将持续提高农民家庭收入的途径主要放在劳动力转移外出打工上，那么农业必将萎缩。现在我们面临一种多难的选择，在持续提高农民收入、保持农业产业稳定发展、农村劳动力有效转移之间，存在有悖论的地方。不能脱离中国农业、农村和中国国民经济需要来简单提"要提高农民收入，必须减少农民"的说法，关键在于减少的是什么样的农民，留在农业产业内的又是什么样的农民，如果有知识、有文化的青壮年农民大量单向流出农业产业，就会出现“农村空心化”，这将会对我国农业的可持续发展产生毁灭性影响。因此，在“十二五”期间或更长的期间，需要我们在农村经营体制、农地流转、农村社会保障、农村科技与教育、农业现代化等方面做出突破性改革，以适应国民经济发展的需要，保证农业的可持续发展与粮食安全。

四是进一步持续提高未来农民家庭收入的难度比较大。随着经济建设的发展，农村劳动力向外转移速度加快；70%以上的受访农户均有劳动力在外打工，40岁以下的青壮劳力外出打工的比例接近90%，这一趋势在东、中、西部差别不大。随着劳动力的转移，农民收入结构发生改变，工资性收入的比重不断上升，家庭经营性收入的比重下降，受访农户中工资性收入的比重接近或超过50%的亦超过一半。由于受制于规模、农产品价格、生产资料价格等综合影响，如果不能进一步加大各项农业补贴，减轻农民负担，农村家庭经营性收入可以稳定，但快速增长的可能性不大。工资性收入由于受到外出打工农民知识和技能的制约，如果不能增加外出打工人员，农村家庭收入持续快速增长的可能性也不大，因此，在我国农村，进一步持续提高未来农民家庭收入的难度比较大。

二、提高农民收入的建议

鉴于以上问题，我们认为，如果要保证我国农业可持续发展，农村经济社会持续进步，农民收入水平持续提高，必须解放思想，加快农村制度改革，扩大对“三农”支持和保护力度，打通城乡一体的社会保障。为此建议：

第一，土地流转集中与农村土地整理协同推进。适度规模化经营和建设旱涝保收高标准农田是保证我国粮食安全和农民、农业收入稳定提高的重要手段，必须将农村土地流转集中与农村土地整理协同推进，这样才能有效地促进未来现代农业的发展，通过土地有效集中经营，推进农村土地整理，使农业适度规模化经营和高标准农田能够落到实处，使现代农业生产能够切实提高作业农民的收入，保障我国农业和粮食安全。

第二，扩大“多予少取”的政策范围。提高农民收入关键在于“多予少取”，特别是要多给予农民生存空间和发展机会，除了持续加大“三农”投入，完善强农惠农政策外，要强化对于农村耕地保护、农业生态保护和环境治理的直接转移支付和项目财政支持，要从更实际的层面减轻农民负担、增加农民收入，提高农民在社会保障、子女教育和职业培训方面补助的力度与规模。同时实行农产品政策性农业保险的全覆盖，保证农民能够抵御灾害，旱涝保收。

第三，培养新型农民，改造传统农业。培养新型农民、提高农民整体素质，这是增加中国农民收入的前提和首要环节。劳动力素质直接影响农民的收入，着力培养新型农民，提高农民整体素质是加快改造传统农业、加快农业科技成果的转化、实现农业现代化和有效提高农民收入的关键。

第四，扩大农民资源性财产收入来源。目前我国农民财产性收入占总收入的比重还很低，约占总收入的3%～5%，在“十二五”期间，提高农民财产性收入将是提高农民收入的有效途径之一。应该考虑将农民农地使用权法定资本化，使农民能够确定享受土地流转中的财产收益。应考虑对农村集体资产进行量化处理，明确农村集体资产中农民的收益权力。

（吴方卫）

建议3

提高农村老人资产性收入的建议

由上海财经大学组织实施的2014年度大学生“千村调查”项目以“农村养老状况”为主题，对全国31个省（市、自治区）376县的537个村的10 421名农村老人进行问卷调查，调查内容涵盖农村老人身体健康状况、经济状况、家庭关系、养老方式和生活质量、社会政策及社会支持等内容。课题组梳理了当前农村老人的收入状况并分析了影响其收入的主要因素，提出增加农村老人收入、助其安度晚年的关键在于提升其资产性收入。

一、农村老人四项主要养老经济来源金额偏少

农村养老最根本的问题是经济问题，它关涉到老人生存的资源、生命的质量、生活的质量以及老人由财产多寡而导致的对未来生命安全感的紧张或缓解。在调研中，本课题组发现农村老人的收入渠道虽然呈现多元化的态势，但是主要收入项目数额甚少，其日常生活的经济基础尚不稳固。

（一）子女资助、国家保障、土地收入以及自我积蓄已经成为农村老人养老的主要经济来源

调查显示，从收入来源上看（农村老人对相关指标可作多选），68.4%的人主要靠子女的资助来生活；其次是新农保，比例为53.1%；再次是土地收入，其比例为51.4%；第四为以往积蓄，其比例为34.3%。由此可见，子

女资助、国家保障、土地收入以及自我积蓄已经成为农村老人收入的主要来源。除此以外，70.3%的老人没有其他生活来源，这也说明除了以上所显示的主要经济收入来源，绝大多数老人并没有其他收入。由此可见，养老经费来源呈现出子女资助、国家保障、土地收入与自我积蓄多元化的态势。

（二）子女对老人的经济支持总体上还处于比较低的水平，来自土地的收入相对不高

分析农村老人每项主要收入来源的数额，可以发现每项数额均较少。首先，子女对老人的资助以金钱为主，数据显示，每月给钱在300元以上的比例为9.9%，其次是每月200元，比例为8.0%；然后是每月50元及以下，比例为2.2%。从每年给钱的金额来看，每年给钱的均值为3 548.43元，中位数和众数均为2 000元，不定期给钱的均值为1 310.67元，中位数为500元。总体上看，子女对老人的经济支持总体上还处于比较低的水平。其次，从来自土地的收入看，宅基地年均收入均值为860.0元，自留地年均收入均值为1 234.6元，承包地年均收入均值为2 155.9元。总体上看，来自土地的收入相对并不高。从土地流转所获得的收入来看，总体上还是比较低，年度收入金额的均值为3 761.23元，中位数为400元，这一收入水平相对来讲还是较低的。第三，从国家新农保来看，中国社科院2014年《社会蓝皮书》显示：2012年，城镇基本养老保险和新农保的参保率分别呈上升趋势，其中，城镇职工人均养老金水平已达2.09万元，新农保为859.15元，两者养老金水平相差24倍之多，总体上收入也较低。

（三）相当多的老人仍然处于货币贫弱状态

从自我积蓄来看，调查数据显示，有存款的老人比例达到了40.2%，无存款的比例为59.8%。在存款额度上，其均值为35 741.62元，中位数为20 000元。这说明农村老人还是有一定的经济实力，但并不平均，相当多的老人仍然处于货币贫弱状态，没有自有货币性财富。

二、农村老人获取资产性收入的机会偏少

农村老人的四个主要经济来源又可以分为两大类：一类是来自子女或

国家的资助，另一类是来自老人自己的资产。虽然这两大类收入的数额都很少，但其原因各有不同，前一类的资助由于子女或国家的现实困难很难增长，而后一类老人的资产性收入虽然较为微薄，但存在着较大的可增长空间。

（一）土地流转不充分、投资理财观念很贫弱是农村老人缺钱的关键

由于各种现实制度、渠道的不健全和不完善，老人自身理财意识不强，导致老人获取资产性收入的机会偏少。首先，土地流转是农民获取资产性收入的重要途径，调查数据显示，土地流转面积的均值为2.96亩；从流转或征用的比例来看，74.2%的人表示土地不存在流转，部分流转的比例为6.0%，全部流转的比例为8.5%；完全被征用的比例为7.2%，部分被征用的比例为4.2%。土地流转比例较低，直接影响农村老人来自土地的收入。其次，从自我积蓄来看，83.5%存银行，11.1%放家中，3.1%委托亲友代管，2.2%存信用社，0.2%借出或投资。数据说明：一方面，我国有近60%的农村老人仍然处在货币贫弱状态；另一方面，农民资产性收入仍然有着政策的可调适、可激活的巨大空间。

（二）农村老人资产性收入偏少缘于三个方面

一是农民个体缺乏获取资产性收入所必需的文化知识和智力支持。二是缘于现有制度、投资渠道不畅。实质上，提高农民资产性收入乃是当下缩小城乡差别、解决农村养老经济保障问题的根本大计。三是缘于还有绝大多数的农村老人传统理财观念仍在延续，现代理财意识尚未建立，尤其是缺乏投资意识。

三、提升资产性收入，为农村养老提供经济基础的现实路径

从总体上看，农村老人的经济状况不容乐观，现有仅仅依靠子女较为贫薄的资助、水平较低的新农保、因土地流转较少所致的微薄的土地收入以及不能保值增值的自我积蓄，尚不足以支撑起农村老人实现较为完满的晚年生活。正是从这个角度来看，要进一步提高农村老人的经济收入，必须着力提

升其资产性收入。可以从以下几方面入手：

（一）尽快推出适合国情的农村土地产权化的新模式

农村土地产权化关涉着土地所有权、使用权和经营权的合理合法模式的创新。无产权化的土地无法进入市场运作，土地没有纳入市场化，农民就始终解决不了农民资产性收入的问题。这里既需要解放思想，又需要实事求是。首先是加快农村土地产权改革，推动土地流转，进一步提升农村老人来自于土地的收入。土地要变成可流动的财富和资产，就必须要通过资产加以整理、整合、运作，实现农村新农业产业化、证券化。因此，要提高农民的土地收益和养老支持程度，重要的是要稳定土地承包权，有必要变目前的有限期承包为无限期承包，给农民以承包地的转让、租赁、抵押、继承等权利，这样不仅使农民对土地收益有较长的预期，也可以加速土地的流转。一部分失去劳动能力的老年人可以获得土地流转的收益，另一部分有劳动能力的老年人可获得规模经营的收益。同时，对土地进行股份制改造，推动土地的合作化与多种经营，提升其附加值。通过将集体资产及土地折价入股、配置股权、股权管理以及股权分配，可以为农村老人提供更为坚实可靠的物质保证。

（二）激活和创新农村信用合作社功能

扩大农村信用合作社的功能，帮助农民在土地流转方面以切实可行的方法提供担保，并将所面临的社会风险分割计算、延展、担当；帮助农民在资产性投资方面理性化地计算，尤其对风险掌控的跟踪、计算和管理。由此，当代农村仅仅以存贷作为主要业务的信用社运作模式已经远远不能适应新农村养老的要求，必须重新激活其服务于农村老人的金融功能，并由此巩固和完善农村金融机构服务体系，开发多样化的金融项目与产品，完善信用体系与支付体系，同时继续坚持送金融知识下乡活动，普及保险、国债等概念，帮助农村老人将资产用活、用好。

（三）快速推进互联网与农村新经济发展的关联性

首先，完善农村互联网的基础设施，并帮助农村老人接受和利用互联网技术进一步拓展其资产运作的空间。现代互联网技术实现了信息化、智能化和远程管理控制，能做到四个方面的统一：产业化的农村经济线上与线下运作的统一、互联网与物联网的统一、新型农业的网络化运行与农村道路设施条件的改善的统一、农村新经济的高科技运用与互联网金融衍生品创新的统一。

（四）帮助农村老人联合子女树立现代理财观念：从喜欢储蓄到主动投资

随着现代社会经济发展的进一步金融化，利用现代理财方式将老人所属的大家庭的财产进行合理规划与运作，将成为人们经济收入增长的主要途径之一。对于农村老人来说，其养老经费更多地来自老人及其大家庭的积蓄，正因如此，其有限的积蓄相对于较高的消费支出捉襟见肘。正基于此，进一步加强农村老人的理财观念，就要着眼于社会机构和社会资源的关注和支持，以及市场力量的投入。更重要的是，积极发挥各级政府公共品的供给功能，包括对市场提供扶持等政策出台，营造诚实、诚信氛围，避免坑害农村老人利益。

（张虎祥　董必荣）

建议4

农业劳动力的新特点与应对策略

2010年暑期，上海财经大学开展了“全国农民收入问题”的千村调查，这是我校组织的第三次大学生暑期千村调查活动，本次调查范围涉及全国除台湾省、香港和澳门特别行政区外的31个省（市、自治区），共有1 152支调查队、1 831名同学参加，发放问卷11 520份，回收有效问卷9 540份。根据调查问卷反映的情况发现，随着经济建设的发展，农村劳动力向农业外转移速度加快，农业劳动力有加快向老龄化发展的趋势，如果不加以重视，未来我国农业劳动力将以中老年为主，农村有出现“未富先老”的趋势，有可能影响未来农业产业的可持续发展。

一、农业劳动力转移的新特点

（一）农民工资性收入的比重不断上升，外出打工成增收主力

近年来，农民收入结构发生较为显著的改变，工资性收入的比重不断上升，家庭经营性收入的比重下降，受访农户中工资性收入的比重接近或超过50%的亦超过一半。70%以上的受访农户均有劳动力在外打工，40岁以下的青壮劳力外出打工的比例接近90%，这一趋势在东、中、西部差别不大。受制于规模、农产品价格、生产资料价格等综合影响，农村家庭经营性收入可以稳定，但快速增长的可能性不大，工资性收入由于受到外出打工农民知识和技能的制约，如果不能增加外出打工人员，农村家庭收入持续快速增长的

可能性也不大，因此，在未来很长一段时期内，我国农村劳动力将持续性地从农业生产领域流出。

（二）农村青年一代离农意识强烈，未来农村劳动力素质堪忧

在东部5 003户有效受调查户中，传统的农业生产已经不是农民的第一主业，主要收入来源于农业生产的仅占样本的27%，取而代之的是打工（包括当地打工和外地打工），占样本的1/3；在中部1 763户有效受调查户中，主要收入来源集中在农业生产的占38.17%，打工占36.35%，工薪收入者占6.64%；在西部1 993户有效受调查户中，主要收入来源集中在农业生产的占47%，打工占30%，工薪收入者占5%。

农业所得在农民收入中比重的变化以及农业生产本身比较利益低、劳动环境差、强度大等因素，对农村青年就业选择产生了重大的影响，从本次调研农村青年就业意向来看，在东部农村一半以上的初中、高中毕业生选择继续升学，约1/5的初中、高中毕业生选择外出务工，而选择务农的初、高中毕业生不到8%。中部农村青年初中和高中毕业后选择外出打工接近40%、接近1/3继续升学，选择在家务农的略高于10%。西部农村青年初中和高中毕业后1/3以上外出打工、接近1/3继续升学，选择在家务农占16.5%。

农村青年就业普遍选择脱离“三农”，青壮劳动力大量单向转移，可能会对未来农业产生严重影响。本次调研发现，40岁以下的青壮劳力外出打工的比例接近90%，30岁以下青年劳力外出打工的比例超过90%，对于初中以上学历农村青年工作意向的调研中，几乎受访者100%选择离开农村外出打工。原因选择为农业生产太苦，赚不到钱。更为严重的是这种转移基本是单向的，这些转移出去的青壮年劳动力大多数没有农业生产知识和技能，即使由于年龄、工作等原因回到农村，也不愿或者无法进行农业活动。尽管在调研中也发现一些回乡进行种植、养殖业生产并获得成功致富的例子，但目前看来均为个案，并不具备普遍性特征。

（三）农业劳动力老龄化问题凸显

调查发现，目前我国农村农业劳动力老龄化问题有逐年加重的趋势，农

业劳动力老龄化是与青壮劳动力大量单向转移孪生的问题，在受访乡村中，真正从事农业生产的农村劳动力平均年龄接近50岁，上海市则达到61岁。农业劳动力老龄化、知识水平低、科技接受能力差的状况相当严重，使得先进农业技术推广难、现代农业发展难、农业合作组织发育难等问题日趋凸显，这将对我国发展现代农业带来非常不利的影响。

调查发现，劳动力的大量转移、收入结构的改变、农业劳动力的弱化以及土地流转集中困难，使一些耕地相对稀缺的地区甚至是中、东部传统粮食产区，出现了种植业重回自然经济的苗头，受访农户对采用科技提高产量和收入兴趣不大，认为粮食够吃就行，一些受访乡村出现农田抛荒。农村劳动力老龄化、低质化是一个相当危险的问题，不仅会使农业新技术、新品种、新成果的推广失去了对象，影响我国农业现代化的步伐，而且有可能会影响未来我国的粮食安全。

（四）农村留守儿童问题突出

调查发现，在农村劳动力转移数量较大的乡村，农村留守儿童的教育与培养已经成为非常突出的问题。留守儿童的学习缺乏监督和帮助，缺乏父母关爱，家庭教育严而无格，宽而无度，其心智的发展受到很大影响，容易滋生一些不良心理，养成不良的行为习惯，如依赖、懒惰、自私、任性、霸道、散漫等。父母外出后，留守儿童绝大部分没有安全感，对学习、生活不感兴趣，无上进心、苦闷、忧郁、悲观、自卑、易怒，敏感等等，叛逆心理比较强，甚至出现一些违法犯罪行为。如果不加重视和采取有效手段加以解决，会对我国未来农村发展和人口素质提高产生不良影响。

二、农村劳动力转移的应对策略

鉴于以上问题，我们认为，农村劳动力转移、农村家庭收入结构变化、农业劳动力逐步老龄化将会是未来10～20年间我国农村不得不面临的问题，因此提出以下建议：

第一，加快构建新型的农业产业模式的步伐，建立现代化大农业。从目前农村劳动力现状和长期趋势看，加快现代农业的建设刻不容缓，这样我们就有可能通过现代化的农业生产手段替代劳动力，保证国家粮食安全和农产品需求。要制定有关政策措施，让现代企业能够借助农村土地流转进入农业领域，通过多种形式与农民合作，进行规模化、现代化、产业化的农产品生产，以提高农业的现代化水平和竞争能力。

第二，加快以土地流转集中制度为标志的农村制度改革步伐，促进现代规模化农业的发展。适度规模化经营是现代农业的基本要求，如果土地不能有效集中经营，现代农业的建设就无从谈起。需要在农村土地流转集中过程中创新思维，可考虑将农地使用权法定资本化，成立国家土地流转银行，在保障农民土地产权不变的基础上，实现有效流转集中。土地流转集中是一项系统工程，要制定全国统一的农村土地流转法规和具体实施细则，具体划定各级财政对土地流转集中的补贴与支持力度，具体落实各相关部门对于土地流转集中过程中的保障职责，使我们能够从容应对农业劳动力转移和农村劳动力老龄化对我国农业和粮食安全可能带来的影响。

第三，实施“新一代农民培育工程”。“十二五”期间，必须确定培育有文化、有技术、有头脑的新一代农民的具体方案，统筹教育培训、技术支持、经营辅导、资金援助、市场导入等一系列工作，使新一代农民真正能够在农业中发挥作用，成为未来中国农业的主力军。

第四，建设运转良好的农业合作组织和服务体系。要应对未来农业劳动力变化的挑战，建设运转良好的农业服务体系和合作组织是重要的抓手。首先，要重新审视农业公共服务机构的重要作用，强化公益性农业服务的配备和职能。其次，要支持各类服务主体的发展，形成公益性、营利性、非营利性农业服务组织互为补充的农业服务体系。第三，重点发展农业生产的科技服务、生产作业服务、信息服务和产前、产后的流通服务，促进服务由专项服务向多项服务、系列化服务和综合一体化服务发展。第四，鼓励和引导其他经济主体进入农业服务领域，培育多元化农业服务和推广主体。第五，扶持农民专业合作组织发展，进一步强化合作经济组织在农业社会化服务中的基础地位。明确农民合作经济组织为“特殊法人”，以此落实政府在财政、金融、信贷、税收等方面对农民合作经济组织的支持。

第五，扩大对“三农”的支持和保护力度。调查发现，农民对党和政府实施的一系列惠农政策十分欢迎和肯定，但发现力度上仍显不足，农业补贴收入占农民收入的比重不足5%。在“十二五”期间，应该考虑加大对农民的农业生产过程的直接补贴额度来增加农民收入、稳定农业产业。

（吴方卫）

建议5

推进农民工市民化的建议

由上海财经大学组织实施的2013年度大学生“千村调查”项目以“农村劳动力城乡转移状况”为主题进行了全国范围的随机抽样定点调查，样本分布在21个省级行政区的30个县级行政区中的120个行政村，共入户调查了6 203户家庭28 840位家庭成员的具体情况，梳理了当前农村富余劳动力转移的现状、特点，并揭示了其对推进农民工市民化带来的挑战，需要在新型城镇化建设规划的细化和执行过程中予以高度重视。

一、当前我国农村转移劳动力呈文化素质提高、返乡比例波动提升等新特征

（一）农村转移劳动力文化素质提高，逐步由体力型向技能型转变

随着政府对农村教育发展力度加大及农民自身的重视，农村转移劳动力的文化素质总体提升。从纵向看，十年内农民工群体接受高中及以上教育的比例增长超过7%。其中，大专以上文化程度占比近10%，实现接受高等教育农民工比重从近乎零向两位数占比的转变。据国家统计局农调总队抽样调查，2004年农村外出务工劳动力中高中文化程度占11.5%，中专及以上文化程度仅占4.6%。本次千村调查数据显示，2013年农村外出务工劳动力中接受过高中或中专教育的占比为13.64%，接受过大专以上教育的占9.68%，农民工受教育程度有所提高。从横向看，当前外出务工的劳动力为农村文化

素质较高群体。近七成的外出务工劳动力达到初中及初中以上文化程度；而在乡劳动力中仅有41.9%的人达到初中及初中以上文化程度。目前农村输出的劳动力队伍是农村总体劳动力中技能水平和文化素质都相对较高的群体。

（二）情感因素和流动成本决定农村转移劳动力具有就近跨省打工、高流动性等特点

调研数据显示，从当前外出农民劳动力总体区域分布来看，全国较为集中的区域为广东、浙江、江苏、山东和河南，分别占总数的28.89%、10.18%、6.35%、5.02%和4.21%。从农民工主要来源地看，除本省内就近打工人员外，跨省外出劳动力大部分都选择了就近省份作为其务工目的地。其中，上海农民工主要来源地分别是：四川（26.53%）、安徽（25.51%）、河南（13.27%）。长三角地区农民工主要来源地分别是：江西（21.48%）、安徽（19.85%）、江苏（14.43%）。珠三角地区农民工主要来源地分别是：广东（36.61%）、湖南（21.68%）、广西（12.26%）。京津冀地区农民工主要来源地分别是：河北（38.65%）、山东（24.47%）、安徽（11.35%）。这种现象出现的原因有以下几点：其一，外出务工尤其是跨省务工的流动成本相对较高；其二，目前较多的外出务工群体较难与家人团聚，缺乏归属感，从情感本能与经济性两方面考虑，劳动力更偏向于选择团聚较为方便而收入又尚可的目的地。

同时，农村转移劳动力的流动性较高。调查中有4 555人在外出务工期间转换过工作的城市，占有外出务工经历6 900人的66.01%，即将近2/3的外出务工劳动力发生过流动；他们在每个城市的平均留驻时间为2～3年。

（三）近十年农村转移劳动力呈现返乡比例波动上升的状况

在本次调查有外出务工经历的6 900人中，有4 761人曾经返乡，占总数的69%。而当前在乡常住人员中，有1 688人曾经外出务工过，已返乡半年以上的人数占近75%，这其中有22.51%仍选择了以务农为主业。课题组调查数据显示，自2000年至今，近十年中长期返乡的人群整体比例随着时间的推移而波动增加，从波动时间点可以看出这与国家大力推广惠农政策、农村整体就业发展前景走高有一定关系。

同时，调研数据显示，农村劳动力无论外出务工与否，职业非农化的比例已占半数左右。随着近年来波动上升的返乡比例，返乡后在家从事务农活动的人超过了1/5，比例占到了22.51%，这些拥有城镇生活工作经验的劳动力在返乡后“被打回原形”继续务农，而这也正是我国城镇化道路上的又一挑战，大城市无法消化过多的外来劳动力，而中西部地区城镇化迟缓无法消化返乡劳动力。

二、非经济因素正阻碍农业转移人口市民化

（一）留守老人、留守儿童问题是农业转移人口市民化的后顾之忧

调查显示，全国有60.31%的外出务工群体是夫妻共同在外务工与生活，留守儿童的比例在75%以上，而留守老人比例更是高达90.77%。对比农村在乡个体与当前转移劳动力年龄结构发现，留守群体中55岁以上中老年人及15岁以下孩童的人数居多，而20～40岁的青壮年群体相对较少，整体结构呈哑铃状分布；外出务工群体在各个年龄段上男性劳动力数量均明显多于女性劳动力。而在20～30岁的区间，男女农村转移劳动力数量均达到各自的峰值。青壮年是向外输出的主要年龄层，这也从侧面印证了当前留守老人和留守儿童现象的普遍性和严重性。

留守老人方面，农村常住人口老龄化程度高于全国平均水平，空巢化和隔代化的现象趋于严重。当前农村常住人口中，60岁及以上人口占比为18.4%，65岁及以上人口占比为12.2%；同期全国60岁及以上人口占总人口的14.9%，65岁及以上人口占9.7%。留守儿童方面，农村绝大多数儿童处于留守或半留守状态，多由祖父母照看。在幼儿园儿童当中，与父母共同居住的仅有53.1%，有15.5%与父母单方居住（半留守状态），更有31.5%的儿童处于完全留守状态；处于小学教育阶段的儿童，情况与幼儿园儿童大致相同。大量农村青壮年劳动力向城市转移，弱化了家庭养老、抚养儿童的能力。

此外从返乡原因上看，返乡两年以上群体中25.68%的人因生育或照顾孩子长期返乡，12.36%的人因方便照顾老人长期返乡，照顾孩子及老人成为返乡两大动因，使得农村劳动力在外出务工后，无法真正实现“流得动”

和“留得住”。

（二）在务工地同样存在非经济因素问题

调查数据显示，在长三角、珠三角、京津冀三个经济发达地区中，除子女教育、老人赡养问题外，农村转移劳动力面临的非经济困难都集中在社会保障、生活习惯和户籍问题上。调查数据显示，长三角地区17.56%的农民工表示生活不习惯，13.99%的农民工认为没有社会保障，6.11%的农民工提出户籍问题。目前的农村转移劳动力大部分是70后和80后，都处于“上有老、下有小”的阶段，他们对于就业的要求已经远远不同于父辈：他们希望在得到理想薪资的同时，能够在生活习惯、人文关怀等方面更好地融入所在地的大环境并被接纳。所谓接纳，除了包含对劳动力本身的尊重以及能够获得与城市居民相同的福利保障外，还包括接纳他们的子女与父母，使得他们能够在城市享受同样的教育机会与医疗保障等，从而实现举家团圆，而非一时的短暂转移。

三、应势而为，推进农村转移劳动力的城镇化

（一）加强就业服务和就业培训，提升农村转移劳动力的职业技能，增强其就业效率

就业是农村转移劳动力在城市稳定和沉淀的关键，而产业结构的转型升级也对劳动力的职业技能提出了更高要求。调查显示，目前农村转移劳动力大多是靠亲友熟人介绍的“抱团就业”，集中于劳动报酬偏低的低技能劳动密集型行业，普遍缺乏专业技能培训，难以获得足以在城市扎根的技术积累。同时，制定农村转移劳动力培训的相关制度和政策，整合农村劳动力转移就业培训资源，适应市场用工需求对农民工进行培训，提高培训的及时性、针对性和有效性，提升农民工的技术水平和增收本领，使之由谋生转移就业向全面发展型就业转变，更好地适应城市工作和生活的节奏。

（二）推进城乡社保体系整合和户籍制度改革，消除后顾之忧

留守老人、留守儿童问题是促使农民工返乡的重要因素。其中，有90%

以上的农民工没有带着老人一起外出，这个比例即使是外出务工人员在就业地相对稳定地工作生活后也未有较大改善，而这正折射出当前所有外出务工人员的现实忧虑：农村无法养老，城市拒绝养老。养老难主要症结有以下几点：其一，城镇职工基本医疗保险体系尚在建设中，未完全将农村转移就业的群体纳入体系，调研数据显示，仅有9.86%人员在务工所在地进行过医疗报销；其二，全国统一的城乡居民基本养老制度尚在构建中，农村劳动力在乡参加的养老保险和医疗保险并未完全接入城镇社保体系。当前应充分协调中央政府、人口流入地政府与人口流出地政府三者关系，按照三者都能承受的财力，筹集配备资金，并使其能够充分流动；同时建立统一的城乡居民医疗、养老保险制度，加快推进医疗保险关系跨体制、跨区域转移接续。

留守儿童问题主要由随迁子女教育问题无法解决引起，某些程度上与现行的户籍制度相关，随迁子女读书难、读书贵基本是因为务工所在地学校对非本城市户籍的适龄青少年存在区别对待，如收取非户籍入读学生较高的“借读费”或“赞助费”等，这都阻碍了农民工随迁子女拥有同等受教育的机会（在调研过程中，较多外出劳动力表示，子女不能跟随父母在城市就读最主要的原因是打工地学校借读费太贵）。因此，应进一步推动城镇户籍“模糊化”、消除户籍体制障碍，加大财政支持力度，扶持农民工子弟学校，保障随迁子女平等接受教育权利。

（三）优化中小城市和小城镇功能定位，增强就地安置农村剩余劳动力的承载力

在吸纳农业转移人口方面，中小城市和小城镇有着与大城市不尽相同的功能作用，它们是新型城镇化的重要载体。调研显示，返乡农民工中有约一半继续务农或赋闲在家，未能实现就地、就近再城镇化。真正落实《国家新型城镇化规划（2014—2020年）》提出的“加快发展中小城市，有重点地发展小城镇”要求，关键还是要通过产业发展和集聚来解决就业岗位不足、就业质量不高的问题。这就要求中小城市与小城镇总体规划应与产业发展规划结合起来，中小城市与小城镇注重与周边区域中心城市的联动发展，结合自身特色和优势加强产业承接、产业集聚、产业升级、基础设施建设，吸纳农村剩余劳动力就业和沉淀，并对那些吸纳农业转移人口多、经济综合实力强

的城镇，赋予同人口和经济规模相适应的管理权。同时政府应积极引导已积累丰富工作经验和技术的外出务工人员返乡创业，由单纯就业向创业与带动就业转变。

（陈媛媛）

建议6

促进农村教育扶贫攻坚的建议

2015年7月至9月，上海财经大学组织开展了第八次“千村调查”。调查发现：农村转移支付存在倒挂现象，贫困家庭的人力资本报酬低下，困难户得到的普惠金融服务严重不足。进一步的数据分析显示，贫困家庭接受教育的程度严重不足，有83%的贫困人口其家庭成年人所受的教育年限不到9年，接近一半的贫困家庭中的所有成员最多只有小学文化程度。

基于本次调查的结果，我们认为，教育扶贫在管理成本、瞄准精度和资金使用效率等方面具有明显的优势。从长期来看，通过对农村家庭的教育投入，可有效缓解慢性贫困和贫困的代际传递，改变脱贫的脆弱性，抑制返贫的发生，最终从根本上解决农村家庭的脱贫问题。

一、当前我国减贫工作任务异常艰巨，应尽快转变瞄准机制，改善农村收入结构

根据党中央、国务院《关于打赢脱贫攻坚战的决定》，到2020年，我国应实现农村贫困人口全部脱贫的目标，这需要每年脱贫1 400多万人。根据国家统计局官方数据，2014年我国实现脱贫人口仅1 232万人。随着我国经济增长逐步放缓到6.5%～7%之间，开发式和外出务工等曾经最有效的脱贫方式的作用也将减弱，这对既定扶贫目标的实现将更加艰难。

（一）以区域为基础的扶贫措施存在严重的瞄准误差

根据本次“千村调查”数据，无论是贫困县计划还是贫困村计划，都存在较大的瞄准误差。在随机选取的调查样本中，贫困县共72个，非贫困县418个。在贫困县的2 540个农户中，非贫困家庭1 428户，占56.2%；在非贫困县的12 999户农村家庭中，也有25%的农村家庭属于贫困家庭或具有返贫风险的家庭。调查还发现，贫困村的划分，也存在同样的问题。这使得一些不属于贫困县和贫困村的农村贫困家庭，得不到有效的政策扶持；相反，即使在贫困村中，由于贫富差距加大，一些基于村镇的扶贫措施的好处，容易为村中的相对富裕家庭俘获，导致扶贫对象失准，资金漏出率高。

（二）非农收入决定了农村家庭富裕程度，而特困户61%的收入来自农业生产

我国农户的收入结构已经发生了很大改变，收入来源日益多样化，非农收入的占比逐步上升。调查发现，在不同收入水平的农村家庭中，完全脱贫家庭来自农业生产的收入低于其总收入的30%；而特困户，有61%的收入来自农业生产。按特困户、贫困户、风险户、脱贫户四个收入组别，随着农户收入的提高，农业收入占比逐步下降、而工资性收入占比逐步上升。

二、影响农村贫困家庭脱贫的三个主要问题

（一）农村转移支付存在明显贫富倒挂现象

我们比较了不同收入家庭获得转移性收入的情况，调查数据表明，在同一县域或者地区，不同收入家庭获得的转移性收入出现明显的倒挂现象，收入越高的家庭获得的转移性收入反而越高。例如在贫困县，特困户获得的转移性收入平均为35.89元，而非贫困家庭获得的转移性收入平均为234.78元，接近贫困户的5倍。在西部地区，特困户获得的转移性收入平均为44.69元，高于一般地区，但西部地区的非贫困户获得的转移性收入也同样高于其他地区。很明显，我国扶贫资金的使用，由于没有精准定位于贫困家庭，从而形成了严重的精英俘获现象，大大影响了扶贫的效力。

（二）农村贫困家庭成员的受教育程度明显不足，高中阶段教育成本过高直接影响贫困家庭支持子女入学的意愿

本次调查的13 365个农村家庭的受教育水平显示，农村贫困家庭（包括贫困户和特困户）中，约80%的农户，其家庭成员的最高学历为初中甚至更低。特别是在约50%的特困户中，所有家庭成员只是刚刚读完甚至没有读完小学。在所有贫困家庭中，具有高中及以上学历的家庭比例只有16.5%。而脱离贫困的家庭，小学及以下文化程度的只占25%，高中以上的占比超过35%。并且，随着收入的增加，家庭成员的文化程度在逐步提高。

我国自2003年起实行的小学和初中阶段免除学杂费的政策，有效地减少了农村家庭的支出负担，但在贫困学生的食宿补贴方面，各地存在标准不一的情况，而且受制于县一级政府的财力。此外，在校学习还需要支付其他的直接成本。调查发现，随着农村人口的减少，许多农村的中小学学生人数减少，学校合并的现象十分突出，单位成本高的学校被关闭，教师和学生被转移到规模更大的学校。学校集中化的政策不但影响了农村学校的数量和质量，还增加了学生就读的成本，交通费、住宿费和伙食费都较以前大幅提高。如果学校离家里距离较远，学生就必须住校，或者家长在镇上租房子陪读，这些都大大增加了农村教育的成本。

调查数据显示，随着教育水平的提高，认为日常消费是家庭最大开支的家庭比例从52%下降为37%；同时教育支出占比逐步上升。特别是一到高中阶段，家庭的教育开支就明显上升，有15.76%的农户认为教育开支是其最大的家庭支出。极端贫困家庭平均常住人口近6.6人，一般贫困家庭为5.7人，而风险户和脱贫家庭常住人口只有4.1人，明显少于贫困家庭人口数。扣除儿童与60岁以上的老人后，在各类家庭中，青壮年劳动力所占比例非常接近，均约占66%～70%，因此，劳动力不足不是导致贫困的原因。贫困户劳动力的文化程度过低，使得他们在获取非农业就业岗位时缺乏竞争力，就业机会较少。从长期来看，缺乏教育，也意味着这部分农村贫困人口很难通过开发性扶贫政策的实施获益，不但难以获得经济增长带来的好处，甚至随着经济增长，这部分缺乏教育和人力资本的贫困人口会日趋贫困。

（三）农村贫困家庭获得的金融服务十分有限

整体而言，我国农村居民的金融服务的可及性比较低，只有不到20%的农村家庭能够获得贷款支持。越是贫困的家庭，能够获得贷款的几率越低，无论是经营性贷款还是消费性贷款，贫困农户获得贷款的比例不及5%。也就是说，农村信贷资源主要流向了非贫困人口。根据调查，农民更多地依赖农村的非正规的金融活动，最主要的借款方式为向亲戚朋友借款，占比约为73%。其中超过60%的贫困家庭和具有返贫风险的家庭，通过借高利贷获取资金。在进入正式金融市场受阻的情况下，穷人只能求助于高利贷，因而也可能会导致部分人更加贫困。另外，问卷中有“遇到资金困难没有任何办法”的选项，贫困家庭和有返贫风险的风险户在这一选项中占比超过了65%。

调查发现，农村家庭的贷款用途主要集中于助学贷款、医疗贷款、经营性贷款、消费性贷款以及其他贷款五大类。但不同收入家庭的贷款用途又表现出明显的差异，收入越低，将贷款投向与人力资本有关的用途（包括助学贷款和医疗贷款）就越明显，例如特困户的贷款用途中，助学贷款和医疗贷款占比高达42.5%，而脱贫户用于助学和医疗的贷款比重只有10.67%。

三、以提高受教育水平作为扶贫攻坚的瞄准机制，切实提高扶贫实效

从精准扶贫的角度来看，几乎所有贫困家庭的成年劳动者的教育水平都非常低，这大大降低了其获得非农业就业的机会，也限制了其外出务工的可能。对这类贫困人群，增加对其家庭人力资本的投入，包括提高其接受教育的水平和增加职业培训的机会，是解决慢性贫困、防止返贫高发的有效方式。

（一）建档立卡，关注每个农户教育水平，提高转移支付准度

农村转移支付的倒挂现象说明，传统的扶贫开发方式，以贫困地区（包括贫困县和贫困村）为瞄准机制，反而加剧了农村地区的收入不平等。对

此，扶贫资金投向应以家庭瞄准（贫困户）甚至家庭成员（残疾人、学龄人口等）为主要方向。应通过建档立卡工作精准掌握贫困农户教育水平，加大扶贫资金投入，提高转移支付的精准度。

（二）应在农村加快普及高中阶段教育，提高基础教育时间的长度

针对目前我国约80%的农村贫困人口只具有初中及以下文化程度的实际情况，应加强对农村人口初中毕业后的教育，从而使其增加获得较高报酬的机会。同时，从精准扶贫的角度，应加快普及农村地区高中教育，逐步推行十二年义务教育，以此提高农村劳动力素质。具体建议在农村地区针对建档立卡的贫困户学生，免除其高中阶段的学杂费，并适时过渡到在农村地区推行十二年义务教育，提高农村家庭的人力资本。

（三）有必要进一步加大普通高校农村贫困家庭招生专项计划

我国自2012年起，面向680个集中连片特殊困难县实施定向招生专项计划，2014年该专项计划扩大至5万名学生，但与全国招生规模相比，这一数额仍然十分微小。例如，2015年，高考录取人数700万人，农村贫困专项计划占比为0.7%，远远低于2%的理想水平。因此笔者建议，一方面力争在“十三五”期间使农村贫困地区定向招生专项计划达到全国招生计划的2%；另一方面，进一步完善教育扶贫的瞄准机制，将其精确瞄准至建档立卡的农村贫困家庭。以此为前提，鼓励学生毕业后回贫困地区就业、创业和服务，为贫困地区发展提供人才和智力支撑。

（四）应扩大教育扶贫贷款范围，提高普惠金融的宽度

调查显示，超过20%的农户认为教育开支是家庭最大的一笔开支。通过分析农户的贷款需求发现，不同收入家庭的贷款用途表现出明显的差异，收入越低，对助学贷款的需求就越明显，例如特困户的贷款用途中，助学贷款占比高达42.5%，而脱贫户用于助学贷款的比重只有10.67%。

基于精准扶贫，有必要将助学贷款向下延伸至高中阶段，教育扶贫贷款的利率采用优惠利率，再由政府加以贴息。鉴于贫困家庭对于教育贷款具有的内在需求，建议优化教育扶贫贷款设计，以更好地激发农村贫困家庭通过教育贷款提高子女教育水平的动机。首先，扶贫教育贷款并不完全用于支付子女的教育费用，贫困家庭可以使用扶贫教育贷款用于家庭的消费，这样就能够提高贫困家庭的当期收入，降低子女辍学带来的收入对于贫困家庭的效用水平；其次，扶贫教育贷款的期限要足够长，还款的主要来源是农村贫困家庭子女未来的收入。

根据本次千村调查所得到的数据，我们认为，农村贫困人口的主要资产就是其自身拥有的劳动力，提高其收入的关键，就是增加其劳动的报酬，以切实改善其生活条件。因此，解决贫困的一个可行的方案就是进一步加大对贫困家庭教育投入的支持力度，提高转移支付准度、基础教育时间长度和普惠金融宽度。

（柳永明 曹啸 侯克强 杨健）

建议7

解决农村留守儿童教育公平问题的建议

由上海财经大学组织实施的2013年度大学生“千村调查”项目，以“农村劳动力城乡转移状况”为主题进行了全国范围的随机抽样定点调查，采用了多阶段系统规模成比例的不等概率抽样方法，样本分布在21个省级行政区的30个县级行政区中的120个行政村，共入户调查了6 203户家庭的28 840位家庭成员的具体情况，梳理了当前农村富余劳动力转移的现状、特点，并揭示了其对推进农民市民化带来的挑战，并提出需要在新型城镇化建设规划的细化和落地过程中高度重视目前的状况。

一、农村基础教育普及较好，但留守儿童占比近半

（一）农村义务教育阶段后教育的参与度较低，初中毕业即外出打工成为常态

从调研数据来看，我国农民的受教育程度仍然普遍较低，16～30岁中青年群体中，初中文化水平人群占比最高，为46%，其次为高中文化水平和小学文化水平，分别为17%和15%。但调研数据也显示，小学以下文化水平的农民仅占5%，说明农村基础教育的普及情况较为良好。

在对6～18岁青少年进行的调查中，同样反映出了后义务教育阶段参与度较低的趋势。在6～16岁青少年中，辍学比例仅为1.95%，而在17～18岁青少年中，这一比例上升到了17.81%。义务教育阶段适龄青少年

的辍学率远低于后义务教育阶段。

在调查中，课题组也询问了辍学青少年辍学的时间以及辍学后的现状，结果显示，42.9%的学生是在初中毕业时（9年级）辍学。而在初中毕业以前辍学的比例，占到了所有辍学青少年的44.3%，人口的流动使农村儿童义务教育的实现变得更加困难。因此，农村儿童的教育问题十分值得社会关注。而在青少年辍学后的现状方面，过半青少年选择了外出打工，其次为在家待业。在6～16岁辍学青少年中，51.4%选择了外出务工，在17～18岁辍学青少年中，62.2%选择了外出务工。

（二）农村学龄儿童留守的占比近半

调查中，课题组发现当下农村绝大多数儿童处于留守或半留守的状态。在农村就读幼儿园的儿童当中，与父母共同居住的仅有53.1%，有15.5%与父母单方居住（半留守状态），更有31.5%的儿童处于完全留守状态，且留守儿童大多由其祖父母照看。

在农村接受小学教育的儿童当中，情况与幼儿园儿童大致相同，但与父母同住以及住在寄宿学校的比例有所上升，分别达到了54.5%和6%。同时值得注意的是，与祖父母同住的比例仍然较高，为22.3%。

在初高中学生中，住在寄宿学校的学生比例大幅增加，这与初高中的学制特点比较相符。其中，初中进入寄宿学校的学生比例达到了29.1%，而高中这一比例高达57.5%。与父母居住在一起的比例逐渐下降，初中和高中阶段与父母双方居住在一起的比例分别为43.7%和27.4%；与父母一方居住的比例分别为14.4%和11.2%。

二、留守儿童教育主要面临随迁时间和经济成本等困难

（一）父母务工繁忙和生活成本高昂是留守儿童无法随迁的主因

针对不同阶段儿童不与父母共同居住的原因，课题组进行了分析，发现不论儿童处于哪个阶段，不与父母共同居住的主要原因均为父母外出务工繁忙以及随迁生活成本过高。

幼儿园阶段，儿童与父母分离的主要原因为父母外出打工没时间照顾孩

子以及在务工所在地的生活成本太高，分别占到47.83%和26.42%，这也从侧面说明外出务工人群在城市的工作大多工资较低且劳动强度较大。同时可以看到，23.75%的人认为借读费太高是子女与父母分离的主要原因。

小学阶段所呈现的原因与幼儿园阶段大致相同，但父母缺少时间照顾和城市生活成本过高两大因素的占比有所下降，分别为43.45%和23.51%，而借读费高、学校不肯接受等客观原因的占比有所上升，且借读费太贵已超过生活成本，成为第二大导致分离的因素。数据显示，24.4%的孩子借读费太高，不能与父母一起到城市生活。

初中阶段，子女外出就读的比例显著上升，达到32.23%。目前很多初中阶段学生因为父母缺少时间照顾，或者当地没有好的学校，从而进入初中寄宿学校就读。而父母外出没时间照顾的比例仍然较高，城市生活成本高、借读费高仍是较为重要的影响因素，分别占26.6%、15.35%、13.04%。在课题组的调研中，不能在父母务工所在地参加高考并不是子女与父母分离的主要原因，部分原因是一些孩子从城市回到原籍读初高中时，许多父母也和他们一起回到了原籍地。

高中阶段，子女外出就读的比例继续上升，达到了59.07%，这与高中教育本身学习强度大、学校数量较少等特点有关。此外，父母没时间照顾这一原因占比仍旧较高，为16.37%。在走访过程中得知，仅有1.42%的子女由于异地高考原因与父母分离。

（二）外出务工人员家庭文化教育支出相对较重

对于家庭成员有在外务工的农村家庭来说，由于在外务工的收入相较留守在家的务工收入来得高，那么相应的家庭人均消费水平也会有所提高，这是“财富效应”造成的结果——收入增加，消费也会相应增加。在外务工的家庭文化教育支出占比近15%，而家庭成员均留守本地的仅有7%。外出务工的家庭不仅支出总量上升，教育支出占比也明显高于留守本地的家庭。

这种现象的出现可能有两个方面的原因：其一，因为外出务工群体大部分为青壮年，也是农村劳动力中受教育程度相对较高的群体，同时在城市务工的过程中受到新思想的启蒙，视野与眼界都会更开阔，也更可能在下一代的教育上愿意进行投资；其二，外出务工的家庭子女大部分未与父母一同前往城市。调研数据显示，留守儿童的比例约为75%，这部分儿童因为无人照看或是家中老人无力照看，而不得不选择花费较高的费用让子女进入寄宿学校就学。当前在完全留守的儿童群体中（即与父母双方都不居住在一起的），有5.9%在幼儿园进入寄宿学校、21.2%在小学进入寄宿学校的状态、初中进入寄宿学校的比例达到69.5%，因此有相当一部分外出务工家庭承担了较重的教育文化支出。这也对外出务工的劳动力进行先转移后城镇化形成了一定的经济因素的回拉力，即为了照顾子女并减轻一定的经济压力，而选择回到原籍地工作，从而放弃了实现“自身城镇化”的目标。

三、保障随迁子女教育公平是解决留守儿童教育问题的关键

（一）探索推行村镇“教育券”制度，公平分享义务教育资源

当前，留守儿童群体基数较大，同时该群体中有较大一部分不得不选择私立寄宿学校，从而无法享用到义务教育资源，让家庭承担了较重的教育文化支出，也造成了义务教育款项的浪费。为改善这种情况，当地乡镇政府可以在公立与私立学校中做好财政款项划拨变更工作，效仿一些省政府在鼓励城镇化进程中而发放的帮助随迁子女在父母务工地学校就读的“教育券”，即在经过当地教育部门同意后，由公立学校开立给这部分因无人照看而不得不选择私立学校的儿童，这些儿童持有“教育券”在私立学校就学后，他们所应享受的义务教育权利就由公立学校“转移”至私立学校，从而达到保证义务教育资源的公平，可减轻农村外出务工家庭在教育文化方面的经济负担。

（二）加大公办学校向随迁儿童开放力度，促进教育公平

家长外出打工没时间照顾孩子以及生活成本太高等因素共同构成了小学阶段儿童不与父母共同居住的主要原因。那么，如果城市能够加大公办学校向随迁儿童开放的力度，扩大开放层面，建立从学前教育就开始的开放机制，情况可大有好转。而能够入读当地的幼儿园，在某种程度上可以有效缓解父母因工作繁忙无法照看孩子的重担。

同时，在开放学校的范围选择上，不仅要涉及小学、初中等基础教育，

更要涉及幼儿园等学前教育。根据上海财经大学高等研究院的另一项《民工子弟学校与流动儿童教育：基于上海的跟踪实证研究》的大型调查，可以发现，如果外来儿童是在上海读的幼儿园，这样的儿童就相对优秀一点，习惯也比较好。假如是在外地读的幼儿园，甚至没有读过幼儿园，这些孩子相对而言基础和习惯都比较差一点，而且乡音很重。

以上海市的情况为例，一般情况下外出务工人员随迁子女基本上有两种方式进入上海的幼儿园：一是学前教育看护点；二是民办三级幼儿园。进入民办三级幼儿园的学生极有可能进入公办小学就读。一般而言，公办小学会优先选择在上海就读幼儿园的学生，从某种意义上讲，这也是一种“起点”上的差距。

综上，放开学前教育，对于解决外出农民工随迁子女的教育公平问题以及缩小他们与流入地学生的差距非常有帮助。

（三）加强民办学校管理与建设，发挥其作为随迁儿童教育的重要补充作用

调研数据显示，借读费高、学校不肯接受等因素以及父母外出务工工作繁忙等因素共同构成小学阶段儿童不与父母共同居住的主要原因。而如果这部分孩子能够有机会跟随在父母身边，与公办学校相比较，相对而言更容易进入民办学校就读。那么，进一步让民办学校办学规范化，提高教育质量，将无疑让这些儿童受益匪浅。

同样根据上海财经大学高等研究院的《民工子弟学校与流动儿童教育：基于上海的跟踪实证研究》于2010年、2012年分别对上海11所公办小学与9所民办小学进行两轮跟踪调查的结果：由于政府对民办小学在财政上的补助不断增加，投入不断增多，尽管民办小学的学生和公办小学的学生在成绩上仍然有所差距，但是相比照民办小学的学生在后一次（2012年）标准化数学考试上所取得的成绩与前一次（2010年）的差距几乎缩小一半，民办学校办学质量显著提升。而调查结果也正与课题组所建议的相一致，即需要进一步加强民办学校管理与建设，发挥其作为随迁儿童教育的重要补充与辅助功能，从而为外来儿童提供更优质的教育。

以《民工子弟学校与流动儿童教育：基于上海的跟踪实证研究》调查样

本当中的民办航头小学为例：民办航头小学生均经费逐年增加。生均经费的提高，主要体现在教师的工资提高了，学校的设备也得以改善。而经费提高形成了一系列的连带效应，如教师工资的变化：他们相较之前工资有了大幅增长，从而减少了其流动性，教师队伍本身更趋稳定；教师队伍管理更加规范，对应聘者学历提出了硬性要求并且必须持有教师资格证；学校本身激励机制的变化等，多管齐下，教师作为教学主体之一的积极性被充分挖掘。除此之外，政府更多的投入，如教委日渐完善的监督制度、规定民办学校参加合作公办学校的公开培训课程等一系列措施，均使得民办学校更加规范，从而为提高教学质量奠定了坚实基础。

鉴于进入民办学校对于随迁儿童来说也是非常重要的一条升学途径，因此进一步加强民办学校管理与建设，提高其办学质量，无疑会让随迁儿童获益良多。

（四）全面规划随迁儿童及后义务教育阶段教育问题

课题组在调研中还发现，农村教育后义务教育阶段参与度较低，初中毕业即外出打工成为常态。而在上文提到的《民工子弟学校与流动儿童教育：基于上海的跟踪实证研究》的大型调查的数据显示，农民工子女融入城市最大的障碍在于初中毕业后的出路问题。

初中毕业生这个群体是亟须关注的一个群体，也构成了社会和谐稳定最重要的影响因素之一。而在外出务工人员随迁子女的教育问题上，后义务教育阶段也是大家最敏感的，家长敏感、政府敏感、社会敏感，而现阶段外出农民工随迁子女在务工所在地参加中考甚至高考还无法完全实现，这可能就直接影响他们后来的发展路径。

所以，对于外出农民工随迁子女的教育吸纳必须要突破九年制义务教育的框架，向初中后延伸，办好职业技术教育，赋予其向上流动的空间，使外出农民工随迁子女克服升学和就业瓶颈。另外，政府亦可考虑通过设立专门高中或者与流出地政府合办学校的方式，解决其后义务教育阶段的教育问题。

（陈媛媛）

建议8

“三农”的潜在问题和对策建议

2010年暑期，上海财经大学开展了“全国农民收入问题”的千村调查，这是学校组织的第三次大学生暑期千村调查活动。本次调查范围涉及全国除台湾地区、香港和澳门特别行政区外的31个省（市、自治区），共有1 152支调查队、1 831名同学参加，发放问卷11 520份，回收有效问卷9 540份。

根据调查问卷反映的情况发现，我国农民收入总体呈现“农民收入稳步提高，劳动力转移有所加快，收入结构有所改变，进一步提高难度不小”的趋势。“三农”问题的解决，成绩很大，隐忧不少。

据调查，我国东北、东、中、西部农民的收入水平均有稳定的提高，农民人均毛收入分别为12 368.75元、19 000.78元、9 174.10元和9 426.22元，扣除生产和生活支出以后尚可结余4 171.69元、7 688.63元、3 063.69元和4 142.20元，收入水平有了明显提高。随着经济建设的发展，农村劳动力向外转移速度加快，70%以上的受访农户均有劳动力在外打工，40岁以下的青壮劳力外出打工的比例接近90%，这一趋势在东、中、西部差别不大。随着劳动力的转移，农民收入结构发生改变，工资性收入的比重不断上升，家庭经营性收入的比重下降，受访农户中工资性收入的比重接近或超过50%的也超过一半。由于受制于规模、农产品价格、生产资料价格等综合影响，如果不能进一步加大各项农业补贴，减轻农民负担，农村家庭经营性收入可以稳定，但快速增长的可能性不大，工资性收入由于受到外出打工农民知识和技能的制约，如果不能增加外出打工人员，农村家庭收入持续快速增长的可能性也不大，因此，在我国农村，进一步持续提高未来农民家庭收入的难度比较大。

一、潜在问题

经过本次调研，我们发现了在我国农村一些值得今后特别是在“十二五”期间加以警惕或重视的问题。

一是青壮劳动力大量单向转移，可能会对未来农业产生严重影响。本次调研发现，40岁以下的青壮劳力外出打工的比例接近90%，30岁以下青年劳力外出打工的比例超过90%，对于初中以上学历农村青年工作意向的调研中，受访者100%选择离开农村外出打工。原因选择为农业生产太苦，赚不到钱。更为严重的是，这种转移基本是单向的，这些转移出去的青壮年劳动力大多数没有农业生产知识和技能，即使由于年龄、工作等原因回到农村，也不愿或者无法进行农业活动。尽管在调研中也发现一些回乡进行种植、养殖业生产并获得成功致富的例子，但目前看来均为个案，并不具备普遍性特征。

二是农业劳动力老龄化现象比较严重，如果不加以改变，未来我国农业劳动力将以中老年为主，农村有出现“未富先老”的趋势，有可能影响未来农业产业发展的可持续。农业劳动力老龄化是与青壮劳动力大量单向转移孪生的问题，在受访乡村中，真正从事农业生产的农村劳动力平均年龄接近50岁，上海市则达到61岁。农业劳动力老龄化、知识水平低、科技接受能力差的状况相当严重。调查发现，劳动力的大量转移、收入结构的改变、农业劳动力的弱化以及土地流转集中困难，使一些耕地相对稀缺的地区甚至是中、东部传统粮食产区，出现了种植业重回自然经济的苗头，受访农户对采用科技提高产量和收入兴趣不大，认为粮食够吃就行，一些受访乡村出现农田抛荒。农村劳动力老龄化、低质化是一个相当危险的问题，不仅会使农业新技术、新品种、新成果的推广失去了对象，影响我国农业现代化的步伐，而且有可能会影响未来我国的粮食安全。

三是在现行农村制度框架下，持续提高农民家庭收入的途径有限。据本次调查数据，我国东北、东、中、西部农户的农地平均经营规模为11.17

亩、2.69亩、4.48亩、6.70亩。在现行农地经营规模、农业技术水平、农产品价格以及农户收入结构条件下，农业生产经营收入显然难以成为农户收入持续提高的增长极，劳动力转移外出打工则受到家庭劳动力数量、知识、技能、工资水平、工作地点生存成本的综合影响，如果将持续提高农民家庭收入的途径主要放在劳动力转移外出打工上，那么农业就必将萎缩。现在我们面临一种多难的选择，在持续提高农民收入、保持农业产业稳定发展、农村劳动力有效转移之间，存在有悖论的地方。不能脱离中国农业、农村和中国国民经济需要来简单提“要提高农民收入，必须减少农民”的说法，关键在于减少的是什么样的农民，留在农业产业内的又是什么样的农民。如果有知识、有文化的青壮年农民大量单向流出农业产业，就会出现“农村空心化”，这将会对我国农业的可持续发展产生毁灭性影响。因此，在“十二五”期间或更长的期间，需要我们在农村经营体制、农地流转、农村社会保障、农村科技与教育、农业现代化等方面做出突破性改革，以适应国民经济发展的需要，保证农业的可持续发展与粮食安全。

四是大规模农村城镇化步伐要慎重，必须根据发展需要采取“渐进、稳步、妥善”的方式进行，特别要注意城市周边农村的城镇化出现的问题。最近十年以来，农村城镇化呼声比较高涨，发展步伐也不断加速，人们似乎更多地注意了农村城镇化的有利方面，而忽视了农村城镇化潜在的长期不利因素。其一，据本次调查，30岁以下的受访者几乎100%选择离开农村，外出打工，而我国30岁以下农村居民超过4亿，因此，我们面临的问题就是：需要建设多少农村城镇来安置这些农民？青年农民都进入了城镇，农业怎么办？我们通过什么途径为这些素质不高的转移人口提供有保证的就业机会？会不会出现“边缘化群体”？其二，在有关小城镇区域受访点的调查发现，由于小城镇的建设或由于城区扩张形成的“城中村”，一部分农民转变了身份，但由于城镇建设与综合保障不配套的原因，这些农民在就业、低保、医疗、养老等方面无着落，成为“种田无地，上班无岗，低保无份”的“三无游民”。其三，农村城镇化热潮中不免也掺杂有谋取土地利益、侵害农民权益、扩大土地财政的问题，形成城乡土地拉锯战，产生了不少不和谐声音。

五是农村留守儿童问题突出。本次调查发现，在农村劳动力转移数量较大的乡村，农村留守儿童的教育与培养已经成为非常突出的问题。留守儿童的学习缺乏监督和帮助，缺乏父母关爱，家庭教育严而无格、宽而无度，其心智的发展受到很大影响，容易滋生一些不良心理，养成不良的行为习惯，如依赖、懒惰、自私、任性、霸道、散漫等。父母外出后，留守儿童绝大部分没有安全感，对学习、生活不感兴趣，无上进心、苦闷、忧郁、悲观、自卑、易怒、敏感等，叛逆心理比较强，甚至出现一些违法犯罪行为。如果不加重视和采取有效手段加以解决，会对我国未来农村发展和人口素质提高产生不良影响。

二、对策建议

鉴于以上问题，我们认为，农村劳动力转移、农村家庭收入结构变化、农业劳动力逐步老龄化将会是未来10～20年间我国农村不得不面临的问题，如果要保持我国农业可持续发展、农村经济社会持续进步、农民收入水平持续提高，必须解放思想，加快农村制度改革，构建新型的农业产业模式，扩大对“三农”支持和保护力度，打通城乡一体化的社会保障，为此，提出以下建议：

一是加快以土地流转集中制度为标志的农村制度改革步伐，促进现代规模化农业的发展。土地流转集中是一项系统工程，要制定全国统一的农村土地流转法规和具体实施细则，具体划定各级财政对土地流转集中的补贴与支持力度，具体落实各相关部门对于土地流转集中过程中的保障职责。使我们能够从容应对农业劳动力转移和农村劳动力老龄化对我国农业和粮食安全可能带来的影响。

二是加快构建新型的农业产业模式的步伐，建立现代化大农业。要制定有关政策措施使现代企业借助农村土地流转进入农业领域，通过多种形式与农民合作，进行规模化、现代化、产业化的农产品生产，以提高农业的现代化水平和竞争能力。

三是实施“新一代农民培育工程”。“十二五”期间，必须确定培育有文化、有技术、有头脑的新一代农民的具体方案，统筹教育培训、技术支持、经营辅导、资金援助、市场导入等一系列工作，使新一代农民真正能够在农业中发挥作用，成为未来中国农业的主力军。

四是扩大对“三农”的支持和保护力度。调查发现，农民对党和政府实施的一系列惠农政策十分欢迎和肯定，但觉得力度上仍显不足，农业补贴收入占农民收入的比重不足5%。在“十二五”期间，应该考虑加大对农民的农业生产过程的直接补贴额度，以增加农民收入和稳定农业产业。

五是将城乡社会保障一体化打通。为农民提供充分的社会保障和农业产业保险是稳定农业产业、提高农民收入、吸引青壮农民从事农业的有效手段。目前，农民在社会保障方面与城镇居民存在比较大的差距，在“十二五”期间，应该考虑将城乡社会保障体系一体化打通，使农民更好地享受国民经济发展的收益。

（吴方卫）

建议9

农村医疗卫生保障的成绩、问题与对策

上海财经大学千村社会调查项目于2009年暑期组成了1 451支队伍，深入我国的30个省（市、自治区）的748个县的1 451个行政村（占行政村的2.1‰），走访了14 510户农民家庭，收回有效问卷14 332份。调查显示，我国农村医疗卫生保障虽然取得了显著成绩，但还存在着阻碍其可持续发展的四个主要问题。经反复研究，课题组提出了相应的对策建议。

一、我国农村医疗卫生保障取得显著成绩

（一）新型农村合作医疗已经覆盖了91.8%的农村人口

入户调查数据显示，截至2009年6月底，新农合参合率为91.8%，与国家卫生统计数据高度一致。调查表明，村民完全自愿参加新农合的比例高达94.5%，这与最初部分地区先行垫付资金和强行让农民参加，人为地提高参合率相比，有了明显的差别。在5.5%不完全自愿参加的农户中，响应政府号召和干部动员的比例较高，分别为54.8%和32.9%，亲友的影响占12.3%。在9.2%未参加新农合的农户中，首选和累计原因“其他”最高，分别占到36%和47%；其次是“没什么用”，分别为21%和35%；其三是“经济负担重”，分别为15%和25%。这说明，新农合已被绝大多数居民认可和接受。在对2010年是否参加新农合的前瞻性调查中，有88.7%村民表示继续参加新农合，接近覆盖率90%的目标。综上，我国已初步建立起覆盖广大农民的基

本医疗保障制度，提前实现了到2010年新农合参合率90%以上的目标。

(二) 村卫生室遍布全国95.9%的行政村

调查显示，截至2009年6月底，全国已有95.9%的行政村至少拥有1个村卫生室，其中，有19.5%的行政村有2个及以上村卫生室。可见，村卫生室已遍布全国绝大多数行政村。2007年卫生部《中央预算内专项资金（国债）村卫生室建设指导意见》提出，政府出资建立的村卫生室不超过60平方米，近年各省市对村卫生室的要求一般在60～120平方米。实地调查中，村卫生室平均业务用房面积达到111平方米，其中，东部地区126平方米，西部95平方米，均处于60～120平方米规定范围的较高水平。

据卫生统计资料，2008年我国共有村卫生室613 143个，平均每村乡村医生和卫生员数为1.55人，执业（助理）医师占乡村医生和卫生员总数的12.75%。本次调查显示，村卫生室平均拥有医务人员3人，高于2008年国家卫生统计数据近1倍。中专及以上学历2.3人，具有执业（助理）医师资格1.5人，执业医师数占村卫生室医务人员总数的50%，大大高于国家卫生统计数据。这说明村卫生室医务人员数量和执业水平有显著提升。村卫生室医务人员参加2008年卫生系统组织业务培训4.1人次数，人均参加1次以上，人员培训力度明显增加。

(三) 新农合和县乡村医疗机构部分指标获得较高评价

新农合的满意度调查包括报销比例、一般服务需求、药品和诊疗项目三个方面。这三个方面比较好（满意）和很好（完全满足）的比例分别为57%、48.9%和44.1%，近一半参合农民比较满意和很满意。医疗服务机构的满意度指标包括医务人员的服务态度、诊疗服务质量和药品种类三个方面。村卫生室医务人员服务态度较好（比较满意）和很好（完全满足）的比例最高，为68.6%，另外两项的满意度都是县医院最高，分别为69.3%和72.4%。

二、阻碍农村医疗卫生保障可持续发展的主要问题

本次调查发现有四个主要问题严重阻碍着农村医疗卫生保障的可持续发展。

（一）新农合人均筹资低于国家最低标准

2009年国家要求新农合最低筹资标准为100元，但调查显示，新农合人均筹资仅87元。主要是由于调查的30个省级行政单位中，有18个省级行政单位（皖、闽、甘、贵、冀、豫、黑、鄂、湘、赣、辽、宁、鲁、晋、陕、川、云和蒙）的人均筹资都没达到100元。其中，贵州95元，差距最小，甘肃最低，仅48元。新农合平均个人缴费28元，个人缴费获得村集体补助的行政村仅占4.1%。这说明新农合筹资主要来源于各级政府补助和个人缴费，村集体的作用甚微。

（二）新农合报销原则偏离大病患者的需求

为了鼓励农民更多地使用基层医疗卫生服务，新农合医疗费用报销比例遵循按医疗机构“由低到高，逐级递减”的原则。但是，这种做法降低了对大病、重病患者的保障作用，违背了新农合“以保大病、重病为主”的目的。

调查显示，新农合县乡两级医疗机构报销的比例分别为55%和63%。但县域以外大医院的报销比例则在40%及以下，对于需要到县域以外就医的大病患者保障程度明显不足。例如，江西省某村的医疗费用报销比例为乡卫生院的75%，地区医院的60%，地区以外定点医院的40%。根据实际报销数据，大病患者年均医疗费高达34 389元，获得新农合报销却只有9 824元，仅占医疗费用的29.1%，远低于封顶线25 429元。这说明大病患者使用的医疗服务和药品有一大部分不在新农合保障的范围之内，或者大病患者需要到报销比例较低的、跨出县域范围内的医疗机构治疗。难怪农民中广泛流行着一句话，即“能报销部分的药治不了病，能治病的药不报销”。可见，新农合的保障范围与大病患者的需求并不一致，没有充分起到降低大病患者医疗费用负担的作用，非常有可能“因病致贫”。事实证明，农村居民因疾病损伤致贫首选比例高达48.7%，累计选择更高达73%，农村居民仍然面临“因病致贫、因病返贫”的严重威胁。

（三）72.5%的村仍采用先自付、后报销的支付方式

调查显示，全国有72.5%的行政村采取先自付、后报销的方式。这种付

费方式常常导致治疗贻误，严重阻碍着农民及时就医看病。新农合报销手续有待改善，有27.8%的村民认为新农合报销手续麻烦。从一份来自内蒙古的实地访谈中获知，九成农民没有报销的经验。村民表示，若不是医疗费用过高，绝不会主动前去报销费用。调查员在新农合实施报销细则中看到：2009年在旗外住院患者必须在住院三天内委托代理人到卫生局指定地点办理住院转院审批手续，否则不予报销，后果自负。报销时住院患者必须携带：① 合作医疗证；② 住院病例；③ 发票；④ 费用清单；⑤ 诊断证明（需盖章）；⑥ 身份证复印件；⑦ 产妇需准生证复印件，低保患者需2009年低保复印件；⑧ 保险公司已报销的需要①～⑦项复印件全套盖章及理赔单计算书。如此繁杂的程序和要求常常使村民不能得到应有的报销。

（四）村卫生室基本设备普遍缺失

卫生部推荐村卫生室配备33种基本设备。实际调查发现，村卫生室平均缺失8.8件，仅有5.6%的村卫生室完全达标，东部地区村卫生室设备达标率最高，但也只有7.0%，西部更低，为3.8%。缺失10件以下的村卫生室占50.8%，缺失10件以上的占43.6%。

调查发现，村卫生室缺乏统一的行业管理。目前，村卫生室呈现多元化办医格局，其中，村办、私人办和乡镇卫生院设点是主要主办形式，分别占36%、28%和26.2%。管理方式上，以乡镇卫生院代管为主，占52.2%，其次是私人管和村管，没有建立起村卫生室的行业统一管理制度，致使村卫生室在医疗服务管理上随意性较大。例如，有42%的村卫生室随地处理医疗废物，还有13%自行卖出，只有45%的村卫生室由上级医疗机构统一回收医疗废物。财务管理方面，仅有44%的村卫生室全部开具诊疗服务的费用收据。

三、促进农村医疗卫生保障发展的政策建议

针对以上问题，课题组提出如下建议：

第一，新农合筹资逐步实现省级统筹。2009年国家要求新农合最低筹资为100元。本次调查显示，新农合人均筹资仅为87元。解决投资不足的有

效措施是逐步实现新农合筹资的省级统筹，这样既可以保证政府对新农合的投入力度，又可以有效实现省域范围内对欠发达地区的财政支持。

第二，全面推广即时报销方式。即时报销已是世界上大多数国家社会医疗保险的支付方式，我国城镇职工和居民的基本医疗保险制度也是如此。本次调查显示，有72.5%的行政村仍然采取先自付、后报销的费用支付方式。建议全面推广即时报销方式，避免贻误就医，并从根本上解决医疗费用报销手续麻烦问题。

第三，改变大病报销比例随医疗机构层级升高而递减的原则。对于大病患者，有效的就医机构应是县及以上医院，而目前新农合实行大病患者报销比例随医疗机构层级升高而递减。建议提高大病患者在县及以上医疗机构就医的报销比例，支持大病到大医院就医。

第四，加强政府对村卫生室的投入和管理。针对村卫生室基本设备普遍缺失，建议地方政府为村卫生室统一提供基本设备，建设标准化的村卫生室，强化行业管理，确保乡村卫生服务和管理一体化。

（李华　俞卫）

建议10

农村妇幼保健与慢性病管理的挑战与对策

妇幼保健工作历来是世界各国政府医疗卫生干预的核心领域之一。世界健康评价的三大指标，有两项与妇幼保健工作有关，即婴儿死亡率和孕产妇死亡率。随着世界人口老龄化和人类疾病谱的转变，慢性病已取代传染性疾病成为威胁人类的主要杀手。由于我国长期的“二元”社会经济结构，农村地区医疗卫生事业相对落后于城市地区。为此，上海财经大学于2009年暑假开展了以“农村医疗保障”为主题的调查项目，深入到全国30个省（市、自治区）的748个县的1 451个行政村进行调查，随机抽取了370个孕产妇和357户慢性病患者家庭，详细了解我国农村妇幼保健和慢性病的现状，以发现其存在的问题及可能的发展对策，为我国农村医药卫生事业的发展提出可行的政策参考和依据。

一、我国农村妇幼保健和慢性病管理工作取得的主要成就

（一）我国农村妇幼保健和慢性病管理工作已有较大提高

调查结果显示，孕产妇住院分娩率为94.3%，新生儿完全按照计划免疫接种手册免疫接种比例为95.3%，二者分别与全国2008年94.5%和99.0%的统计数据基本吻合。对357户慢性病患者（高血压、糖尿病和冠心病任一疾病者）调查结果显示，按医生要求按时按量服药、接受治疗的患者所占比例为87.2%，几乎没有农村基层医疗卫生机构利用健康档案进行慢性病管理和

干预，健康档案还没有在农村发挥慢性病管理的作用，这与城市社区卫生中心开展的慢性病管理有很大差距。

（二）新农合对农村妇幼保健和慢性病管理起到了重要推动作用

新型农村合作医疗对孕产妇住院分娩的经济负担起到了一定的减轻作用。山西省榆次区车辋村村民刘某的妻子2009年4月在榆次区中医院产下一男孩。此前，她在乡镇卫生院接受了3次常规的产前检查，临产前在区中医院接受了一次更全面的检查，最后剖腹产。由于参加了新农合，前3次产前检查享受了35%的报销，在医院的剖腹产手术及相应的住院费用享受50%的优惠，在3 000元的医药费中，新农合报销了1 300元。刘某全家对新农合制度表示“惊喜、感谢”。

新型农村合作医疗制度对农村慢性病的防治起到了重要作用。江西省余江县潢溪镇余安村吴某某，2004年被查出患有高血压，每年因服用降压药的费用为2 000多元。吴某某说：“这个药钱成了我的一个沉重的负担，对未来比较悲观。”2007年他加入了新型农村合作医疗，老人自己要负担的年医疗费下降到了700元，大大降低了他的经济负担。吴某某对新农合的保障制度赞不绝口。

二、我国农村妇幼保健和慢性病管理面临的主要挑战

（一）我国妇幼保健事业的发展任重而道远

调查结果显示，孕产妇产前检查比例为97.3%，高于2008年卫生统计年鉴91.0%的数据。我国统计产前检查率是以达到一次及以上产前检查次数为准，目前世界卫生组织（WHO）已在推行至少四次产前检查。我国尚未有产前检查次数的数据。本调查发现，孕产妇产前检查达到4次及以上者所占比例为73.8%；5次及以上者所占比例为55.7%。产前检查平均次数的不足已是影响我国妇幼保健事业发展的重要阻碍。据WHO2007年统计数据显示，我国孕产妇死亡率、婴儿死亡率和新生儿死亡率分别列世界193个国家和地区的第60位、第90位和第109位。因此，我国妇幼保健事业在近20年虽已取得重大进步，但与世界其他国家相比，仍处于较为落后

的水平。

（二）我国慢性病患病人数、“一人多病”等已进入“高发”阶段

本次调查了高血压、糖尿病和冠心病三类慢性疾病。课题设计者要求在进行慢性病专题调查的村中任选择上述三类疾病之一者进行调查。调查结果显示，在所调查的慢性病患者中，高血压、糖尿病和冠心病分别占61%、28%和11%；同时患任两类疾病者占17%，同时患上述三类疾病者占10%。调查数据除表明高血压在慢性病患者中分布比例可能更高外，同时患有多种慢性病的患者，即“一人多病”现象更应得到重视。统计年鉴数据显示，我国农村地区慢性病已进入“高发”阶段。1998年我国农村地区慢性病患病率（以患病人数计算）为103.6‰，2003年为104.7‰，基本没有变化；但到2008年已达到140.4‰，较2003年增长了34%。高血压患病率在1998年、2003年和2008年分别为7.9‰、16.4‰和38.5‰；糖尿病的患病率在上述三个年份依次为0.9‰、1.9‰和4.8‰；心脏病的患病率在上述三个年份依次为7.4‰、7.9‰和11.7‰。

以上数据不仅验证了当前高血压在慢性病中的高患病率，同时表明，2003～2008年期间我国农村地区慢性病新发病人数大大超过上一个五年。随着我国人口老龄化程度的加剧，该趋势可能在短时间内难以逆转，因此，慢性病防控工作是我国相当长一段时间内的重要挑战。

（三）农村基层医疗卫生机构未能真正发挥妇幼保健和慢性病管理的作用

农村孕产妇首选产前检查机构为县级及以上医院或妇幼保健院的比例为75.8%，首选上述机构分娩的比例为74.5%；首选乡镇卫生院进行产前检查和分娩的比例分别为22.8%和19.8%；首选村卫生室进行产前检查的居民比例为0.6%。农村孕产妇首选产前检查机构和分娩情况在全国东、中、西部各区域差异不大。山东省平邑县鲍家坡村一产妇讲：“由于（乡镇）卫生院技术水平不高，为求安全，我选择在县医院分娩。”慢性病患者首选乡镇卫生院购买药物和检查的比例均较低，分别占22.3%和23.6%；选择村卫生室的比例则更低。青海省城东区乐家湾杨沟湾村慢性病患者提到：“买药一般去药店或村卫生室，检查都去县医院，乡镇卫生院一般不去，水平不高，药价也

贵。”江西省景德镇市三龙乡杨家村一位患糖尿病兼高血压的老人讲道:“我每天按时吃药，但村卫生室并不能提供相关的诊治服务及药品，所以我不得不坐一两个小时的车到市区医院进行定期检查和购买药品。”

(四) 新农合对妇幼保健和慢性病的保障具有一定的局限性

我国农村居民，尤其是偏远地区农村，经济状况普遍较差，因而单纯依靠新农合，对解决妇幼保健和慢性病管理问题具有较大局限性。当前孕产妇检查次数不高的原因是什么呢？江西省高安市石脑镇杨幸村刘某某（访谈半年前剖腹产一男孩）讲道:“产前总共做了两三次（产前检查），是我们乡下人没有钱，到（第）四个月才去做产检。”山东省乳山市董各庄村主任提到:“许多村民认为，产前检查用处不大，但花费不小，新农合的确能在一定程度上减免他们的费用，但这种作用是不明显的。”宁夏中宁县周塔乡田滩村田大叔的母亲患有糖尿病（70岁），每年全家40%的收入用来支付医疗费用，虽然新农合能报销一部分，2008年大约报销了1 000多元，但家庭的负担依然沉重。综上所述，农村地区经济落后状况是影响产前检查等妇幼保健工作及慢性病防治的重要因素。

三、加强农村妇幼保健和慢性病管理的对策

目前我国农村居民选择乡镇卫生院进行产前检查和分娩的比例普遍不高，均在20%左右；基本没有居民选择村卫生室进行产前检查；选择乡镇卫生院和村卫生室进行慢性病检查和买药的比例也很低。2006年我国《农村卫生服务体系建设与发展规划》对乡镇卫生院功能的定位为“提供预防、康复、保健、健康教育、基本医疗、中医、计划生育技术指导等综合服务”，对村卫生室功能的定位为“承担传染病疫情报告，计划免疫，妇幼保健，健康教育，常见病、多发病的一般诊治和转诊服务以及一般康复等工作”。由此可知，乡镇卫生院和村卫生室目前还未真正发挥其基本医疗卫生服务载体的作用，尤其是妇幼保健和慢性病管理的作用。因此，笔者建议有关部门从以下三个方面加强对乡镇卫生院和村卫生室等农村基层医疗卫生机构妇幼保健和慢性病防治工作能力的建设。

（一）建立县乡村医疗卫生机构协调合作的产前检查体制

产前检查的内容一般包括B超和常规血、尿检验等。乡镇卫生院已完全有能力进行上述工作，即使是没有病床的乡镇卫生院。考虑到我国农村地区的经济状况以及目前乡镇卫生院的能力现状，建议通过政府财政专项投入的方式，加强乡镇卫生院产前检查的能力建设，包括妇幼保健专业医务人员、基本医疗设备改善等，使得乡镇卫生院真正承担孕产妇普通产前检查工作。对产前检查发现的疑难病例，应及时上报或转到县医院，由县医院负责处理。村卫生室虽没有能力进行产前检查工作，但村卫生室应承担起全村孕产妇的登记、随访工作，对于高危、临产期的孕妇做到及时向乡镇卫生院进行上报。对于中、西部，尤其是偏远地区，还应对乡镇卫生院配备移动孕检设备，包括医疗车等，使得对于村卫生室上报的高危、临产期的孕妇可以进行上门产前检查服务等。因此，我国农村地区应建立由县医院指导、乡镇卫生院为主体、村卫生室为辅助的县乡村一体的孕产妇产前检查体制。

（二）建立由村卫生室负责为主体的慢性病综合管理规划

目前，我国城市地区已基本建立或将要建立起以社区卫生服务中心为核心的居民健康档案系统，由社区卫生服务站的医务人员负责定期对慢性病患者进行随访或督导等工作。农村地区也应参照城市慢性病管理模式，建立起以村卫生室为核心的慢性病管理计划。通过加强对乡村医生慢性病知识、管理技能的业务培训，建立起以村卫生室为负责单位的全村慢性病登记、管理、随访和督导系统。乡村医生负责对全村慢性病患者进行定期随访和督导。对于乡村医生发现的重症患者，及时动员转移到乡镇卫生院或县医院。

（三）新农合药品目录应与慢性病管理计划相配套

我国农村慢性病已进入“高发”阶段，但慢性病治疗的药物很多不在新农合药品报销目录中。由于慢性病治疗具有因人而异的特点，如高血压治疗药物，针对不同人的病情和生理特点，分为利尿、扩张血管等多种，因此，新农合药物目录应充分考虑到慢性病的特点，增加对慢性病治疗的药物种类。慢性病患者一般需长期甚至终生服药，因此，对于治疗慢性病的常用药物，应由乡镇卫生院负责为村卫生室进行配送。县级卫生行政部门负责对村卫生室药品质量和价格进行统一管理。配齐了慢性病治疗基本药物后的村卫生室，应可使得慢性病患者不必为购买经常服用的药物而到县医院或乡镇卫生院，真正起到服务农村慢性病患者的作用。

（赵大海 俞卫）

建议 11

提高农村老人医疗和护理质量的建议

由上海财经大学组织实施的2014年度大学生千村调查项目以“农村养老状况”为主题，对全国31个省（市、自治区）的376县的537个村的10 421名农村老人进行问卷调查，调查内容涵盖农村老人身体健康、经济状况、家庭关系、养老方式和生活质量、社会政策及社会支持等内容。课题组梳理了当前农村老人健康和医疗情况，揭示其存在的问题及原因，提出了改善农村医疗和护理质量的对策建议。

一、1/3的农村老人需要护理，1/2的农村老人处于服药状态

（一）农村老人常见病特点：近四成患高血压，二成多患颈椎病、腰椎病

在对老人患病类型调查中发现，患有高血压的老人比例最高，达到37%；患有颈椎病、腰椎病的老人达到21.9%；患心脏病、听力疾病和糖尿病的比例分别为12.5%、11.4%和9%。在老人疾病防治中尤其值得关注上述五种病。

农村老人患病之所以出现上述特征主要在于：第一，近年来农村老人生活水平普遍提高而旧的生活习俗却尚未改变。第二，高盐、高油的饮食习惯，过于繁重的体力劳动必然导致对钠元素的摄取需求量大。第三，农村某些地区资源开发过程中缺乏必要的环境保护，导致地方性的水资源污染、空气污染和环境污染，进而引发疾病。如世界卫生组织指明，空气污染是高血

压的诱因之一。第四，颈椎病、腰椎病患病较高，与农村老人长期超强度的体力劳动有关，他们对劳动、生活中的障碍往往习惯于借助身体的力量去排除，对物质财富的谋取借助于超强度的体力透支，往往依靠肩挑、背扛、手提的方式去完成。这说明虽然国家在建立新农村的战略上提出了生产方式和生产工具的普及和引进，但从广延性来看，我国现有农村现代化、机械化的耕种方式还是处在比较低的水平。

（二）33.6%的农村老人生活不能完全自理，老人护理问题亟待解决

本次调查设计了16项日常生活自理能力指标，包括两部分内容：一是躯体生活自理量表，共7项，即上厕所、进食、穿衣、梳洗、室内活动、大小便控制、洗澡等；二是工具性日常生活能力量表，共9项，即打电话、购物、做饭、打扫卫生、洗衣、使用交通工具、服药、看病和自理洗澡。通过对上述16项指标汇总发现，满分为48分即能完全自理的占66.4%，33.6%老人在完成上述指标活动上存在不同程度的困难。具体而言，19.5%的老人自行看病有困难，18.1%的老人自行外出购物有困难，21.1%的老人自行使用公交有困难，15.8%的老人自行打电话有困难，10%左右的老人打扫卫生、做饭、洗衣有困难，7.5%的老人自行洗澡有困难。

以上数据说明：第一，社会支持力较弱的情况下，老人不得不自理。当前农村缺乏护理老人的社会支持，子女又大多外出务工。农村老人迫于现实不能不自理。第二，中国传统家庭老人担当的文化习俗，决定了农村多数老人至今还有着大家庭年长者应拥有家族担当、能力支撑、全面负责的意识。第三，现代农村家庭结构的分化、空巢老人的增多，使得老人们往往把生活的孤独性状转化为生活中的自助、自理、自立的生存意志。

（三）50%的农村老人处于服药状态

调查显示，27.4%的老人每天都要吃几种药，21.5%的老人每天吃一种药。这意味着近五成的老人每天都需要吃药。20.3%的老人不定期要吃药。不吃药的老人仅占30.8%。进一步分析发现，女性老人中每天都要吃几种药的比例高于男性老人。同时，随着年龄的增长，老人中吃药的比例不断提高。

进一步分析发现：① 随着生活水平的提高，不管是农村老人还是城市市民，对药物的认识、接纳有一定的趋同性；② 农村子女进城务工，传统的孝顺观念使得子女对农村老人疾病的药品敏感性加强，他们往往把不同的药品以及最新药品快速传递老人手中视为对父母孝敬的表达；③ 根据数据反映，吃中药的老人比吃西药的人相对较少，这反映出我国农村老人已逐渐改变有病不吃药、或少吃药到吃中药、再到较多选择吃西药这样的变化过程，也说明中国农村老人对药品的理解和健康保健意识在逐渐增强；④ 当前我国新农合可报销的药物目录中绝大部分是西药，这就使得农村老人自然进入西药治病的价值选择中，也说明多年来国家在药品健康治疗普及宣传方面还是有相当效果的。

农村老人对药品有着普遍的敏感性和接纳性提示我们，在送药下乡过程中，要提高药品和价格的真实性，防止假药和过期、劣质药品流向农村。因此，农村药品市场的管理提上议事日程，从而防止城市劣质药品流向农村，防止假药坑农。

二、农村老人体检意识普遍增强，看病就医的便利性有所改善

（一）体检意识普遍增强，63.4%的老人自觉体检

调查显示，在过去一年中有63.4%的老人参加过体检，未参加过体检的比例为36.6%。从不同区域的老人体检情况来看，东部老人参加体检的比例远高于其他区域。东北地区老人参加体检的比例最低，仅为46.6%。从年龄段的差异来看，70岁以下的老人参加体检的比例低于70岁以上的老人。60～64岁老人中仅有58.1%参加体检。70～79岁老人中参加体检的比例最高。

上述数据说明：第一，基层政府重视，如医疗下乡、新农合的推进方面。农村基层政府在加大农村医疗知识宣传和一线问诊方面，有了良好的改进。第二，农民体检意识增强，一方面说明农民对重大疾病的恐惧和担忧，验证了农村现代化推进中的确有着静态生态环境逐渐恶化的趋势；另一方面也反映出新型的农村家庭亲情关系、邻居关系、基层政府关爱也在农村呈正能量地蔓延。第三，尽管农民体检的人数逐渐增多、体检的习惯逐渐增强、

基层医疗条件在逐渐改善，但从更高的标准来看，政府对基层的医疗投入仍需加大，需要逐渐提高体检的科技含量和体检指标的全面性。

（二）农村医疗机构增多，道路通畅，为老人就医提供了便捷

在就医便捷度问题上，69.7%的老人表示村卫生室离家10分钟的路程，非常方便。52.8%的老人表示平时上乡镇医院需要耗费半小时左右的时间；另有37.8%的老人表示前往乡镇医院耗时1小时左右，时间非常长；只有18%的老人前往医疗条件相对较好的县医院在半小时以内；30.7%的老人表示前往县医院需要1～2个小时；7.8%的老人去县医院需要2～3个小时。尤其值得关注的是，西部7%的老人去县医院需要3个小时以上。这说明，通过改变道路状况，以及县级医院派送医疗急救车下乡，从而缩短老人紧急情况下去县级医院看病的时间，这项任务对西部的县级政府而言，仍然任重而道远。

大部分老人认为就医还较为便利，能在较短的时间内到达医疗机构。这是由于：第一，近十多年来，各级政府非常重视公路等交通设施建设，如村村通。在此基础上，公共交通也大为改善。这些交通条件的改善有利于农民特别是行动不便的农村老人就医。第二，在医疗机构的空间布局上，在政府规范化指标建设的驱动下，每个行政村都配备了村卫生室，由此较大地方便了农村老人就近就医。还有少数老人认为就医不便利，原因有两方面：一方面是个别地方如山区等地理条件所限，就医不太方便；另一方面是老人由于生理条件所限，即便空间距离不远，对处于半自理或不能自理的老人而言，也要较长时间才能达到医疗机构。虽然多数老人认为医疗机构比较近，但医疗资源配置和医疗技术、医疗规范化方面还不同程度地存在一些问题。少数药品的采购考虑利润的问题，价格较高，而有些常见有效的药品未能进入采购范围。

（三）村级卫生室已全覆盖，近半数农村老人评价为“好”

调查显示：第一，近十年来，中央和地方各级政府较为重视乡村卫生机构建设，在财政投入和人员投入方面不断加大投入力度，如全国范围内开展的标准化卫生室建设等。这些投入大大改善了乡村医疗机构的条件，也提高

了其服务能力。第二，由于经济发展和医疗观念的逐步趋强，农村老人对医疗卫生条件的要求明显增高。第三，当前乡村医疗机构的条件虽然有很大的改善，但与农民特别是农村老人的期望还有一定距离。这是由于只强调三个“一点”（中央政府给一点、地方政府给一点、市场投一点）容易使应当投入的经费难以落实，也使卫生医疗的专业性和规范性容易打折扣，又由于中央政府、地方政府、市场三方的出资缺乏效果评估和监督的必要的制度规定，因此很容易出现政府的目标打折扣，产权不明晰，监管不到位，公共产品与私有产品的混合使得农村基层医疗机构便民效应打折扣。所以，政府应该在基层医疗机构方面进一步加大投入、加大规范化、加大市场化手段的引进。

三、改善农村老人医疗护理条件的建议

（一）在现有的基层农村老人健康护理信息建档的基础上，尽快构建全国农村老人健康信息系统

将我国农村老人的健康护理纳入到信息化、数字化和网络化管理的大系统中，有助于打通医疗机构之间的信息壁垒，实现不同的医疗机构对同一名农村老人健康护理和医疗信息共享、资源共用。

（二）进一步完善农村空巢老人的护理保障制度，提高老年人的支付能力，让他们具备条件购买服务

要借助现代网络通讯及信息技术，依托社会服务资源，建立面向农村“空巢”、独居、病残老人家庭，提供紧急呼叫救助和日常生活照顾的个性化、信息化的居家养老服务支持系统，当老人发出特殊求助信号时，能确保老人健康护理得到及时处理。

（三）推广农村老人护理的“时间银行”模式，互帮互助

“时间银行”是国外提出的一种互助模式，由55～65岁、身体硬朗的老人与孤寡高龄老人结对，在力所能及的范围内提供帮助，并将帮扶时间存入“时间银行”。当这批老人需要帮助时，他们可以“取出”积累的时间，由管理“银行”的社工机构为他们指派援助人员，推行“以老帮老、以老护

老、以老慰老、以老乐老”的老人自主护理形式。

（四）利用多种融资渠道，建立农村老人地方病防治慈善基金

调查结果显示，老人患高血压、颈椎和腰椎疾病等比较典型的疾病比例相当大。建议政府推动建立老人典型疾病防治慈善基金，对老年疾病集中地区进行预防工作，降低该地区患该病的比例，对经济极度困难的患病老人进行医疗救助。

（五）在农村地区推行流动体检车制度，对部分交通不便乡村，有条件的县镇级政府增设流动医院、流动救护车

健康管理的一个重要方面就是通过体检提前发现疾病以及通过改善生活习惯提高健康水平。由于观念问题或者经济方面的考量，三成多的农村老人没有参加体检。因此，建议政府在农村推行部分或者全部免费体检政策，加大宣传力度，提高农村老人体检率。对就医不便地区重点推行流动医院、流动体检车制度，解决当地农村老人就医不便困难。

（六）加大政府扶持，进一步扩大村卫生室的服务功能

当前，村卫生室主要的服务对象就是老人，建议提升村卫生室的服务能力，尽量在村级机构最大限度地满足老人就医需求。建议对基层医疗机构做到统一建制，将乡村卫生所的从业人员纳入县级医疗机构的管理体系内，鼓励专业医疗人员去基层巡诊，解决疑难杂症；给基层医疗机构增配“四大产品”，即床位、设备（常见病诊断的设备）、基本药品医疗服务、消毒卫生保障品，从而使其早日达到城市社区卫生服务中心的水平。

（刘长喜 郝云）

缓解农村空巢老人家庭关系和心理问题的建议

由上海财经大学组织实施的2014年度大学生千村调查项目以“农村养老状况”为主题进行对全国31个省（市、自治区）的376个县的537个村的10 421名农村老人进行问卷调查，调查内容涵盖农村老人身体健康状况、经济状况、家庭关系、养老方式和生活质量、社会政策及社会支持等内容。课题组梳理了当前农村老人家庭结构、亲情关系，老人对家庭关系、儿女和配偶关系以及对生活的满意度，以及农村老人的心理感受，并结合现状与变化进行了分析。

一、中国农村老人家庭亲情关系的联络因成年子女流向城市而发生重大变化

改革开放以来，中国农村老人在家庭亲情关系的联络方面出现了五个方面的新变化。

第一，中国老人自古以来都是以儿女同堂居家养老为主导方式，据此次调研数据显示，如今空巢老人已达半数以上，农村养老模式面临巨大变化。从调研数据来看，我国农村老人与子女同住的比例降低。农村老人独居的比例为11.8%，与配偶同住的占66.7%，与子女同住的为45.5%，与孙子女同住的为25.5%，其中三代同堂的，即包括配偶、子女与孙子女，为14.5%；

与子女、孙子女同住（无配偶同住）的为6.7%。超过一半（54.5%）的农村老人家庭没有年轻子女在身边对老人直接进行照顾。三代同堂的比例为21.2%，说明传统大家庭的比重正在降低。

第二，中国农村老人与子女通过手机、电话方式联络的频率大大增加。传统社会中国农村老人与子女的信息传递主要靠"耳提面命"、书信往来、亲友捎信等方式，据此次调研数据显示，如今老人与子女联络靠手机、电话方式的占八成以上。尽管农村老人空巢化增加，但子女在本地居住比例仍达到74%，这恰恰验证了农村家庭观念的变化导致了农村家庭结构的变化。子女在外地的比例为26%，在本地的比例为74%，其中住在本村的比例最高，为37%。由于电话沟通的方便性，子女跟父母电话联系的频率比较高，经常电话联系的占到53.3%和62.1%，有事情会打电话的分别为34.7%和19.3%，很少打电话的有7.5%和7.7%。

第三，中国农村子女对老人的看望由平日经常探望转向集中在节假、农忙等特殊时点上。传统社会老人通常生活在三代同堂的亲情环境中，"日日见、天天聚"，据此次调研数据显示，如今子女回家探望老人变成"月月难，年年少"，通常集中在三个时间节点上：春节、农忙或特殊事件需要。与老人不同住的子女，探望老人的频率差别也比较大，所占比例由高到低依次为：每周来探望（27.1%），逢年过节来探望（26.7%），不定期的探望（21%），每月来探望（15.5%），以及有需要的时候来探望（5.8%）。

第四，农村家庭经济关系由实物财富为主变为货币财富为主。传统社会老人在经济上所受到的支撑，往往是"分家不分田、分房不分钱"，长者主管着整个家族的财物，在同一大家庭里不同辈分、不同小家支付费用几乎都在大家庭的一本账上，据此次调研数据显示，儿女在经济上以货币形式支持农村老人的比例已过半，说明农村的家庭经济关系发生了较大变化，由传统的实物财富为主变为货币财富为主。子女对老人的照顾，主要以给钱为主的为55.9%，既给粮食又给钱的为13.7%，既不给粮食又不给钱的分别为24.8%，不给粮食也不给钱的情况中多数为生活照顾。从不同资助形式中不同资助者的比例来看，在粮食资助、金钱资助以及既提供粮食资助又提供金钱资助的形式中，占比例最高的是"儿子、女儿都资助"，其次为"儿子资助"，再次是"女儿资助"。对在外单过的老人，从子女资助的比例来看，一般是儿子和女儿共同资助，其次是儿子资助，最后才是女儿资助。这与传统观念的影响有关。

第五，农村老人对自己还健在的父母探望和照顾的比例较高，而老人兄弟姊妹之间的关照比过去有所弱化。传统社会不同辈分的老人都在一个大家庭中生活着，不同辈分的老人之间既不明晰护老助老的责任，又存在着相互帮助、相互支持的习俗。妯娌之间、叔伯之间、子孙之间没有明晰的老人助老人的责任关系，但家庭亲戚伦理道德的关爱关系是十分深厚的。据此次调研数据显示，此种情况有了新的变化，总体上看，农村老人多数生活在血亲关系和宗法关系相链接的老人兄弟姊妹及更老一辈的亲情关系互帮互助、互相照应的环境中，保持传统的样式，但有两点变化：一是同一辈分兄弟姊妹老人群体之间，相互照应的亲密关系比过去有所弱化，主要是他们因关照各自儿女家庭负担过重所致；二是在直系亲属关系中的两代老人之间，既有传统意义上的家庭亲情伦理关系的约束，又显现了两代老人之间养老责任意识的趋强，它构成了当今中国农村老人"老老相助"的特点之一。

老人们父母还健在的，探望的比例比较高，每周去探望的为22.9%，逢年过节去探望的为16.6%，不定期去探望的为16.4%。经常去探望的一般会关照下父母的生活。基本不来往的原因多为父母过世，住得太远或自己的身体状况问题。从与兄弟姐妹的来往情况看，比例最高的是基本不来往（23.1%），主要原因是没有兄弟姐妹，兄弟姐妹已经过世或住得远、自己身体状况欠佳。其次是逢年过节来往（22.1%），再次是每周来往（20.8%）。

二、受中国传统家庭伦理影响至深的中国农村老人面临新环境带来的心理冲击

根据调研数据显示，在老人的心理感受方面，觉得自己记忆变差，负担减轻、休闲感增强和觉得自己越来越不中用的比例较高，体现出农村老人与城市老人一样感受到生活负担的减轻，但个人效能感变差。对"感到紧张、害怕"表示"从不"的为48.6%，"很少"的为24.7%，"有时"的为17.8%，"经常"的为6.4%，"总是"的为1.5%。对"感到孤独"的表示"从不"的为48.7%，"很少"的为24.7%，"有时"的为17.8%，"经常"的为6.4%，

“总是”的为1.5%。对“觉得越老越不中用”的表示“从不”的为25.5%，“很少”的为24.5%，“有时”的为24.2%，“经常”的为18.9%，“总是”的为5.9%。“对未来的担忧”表示“从不”的为38.3%，“很少”的为26.9%，“有时”的为19.1%，“经常”的为10.0%，“总是”的为3.6%。对“觉得自己记忆越来越差”表示“从不”的为14.4%，“很少”的为14.1%，“有时”的为22.7%，“经常”的为31.7%，“总是”的为13.9%。对“负担减轻、休闲感增强”表示“从不”的为14.6%，“很少”的为22.0%，“有时”的为23.8%，“经常”的为24.5%，“总是”的为12.6%。

根据本次调查进一步分析，中国农村老人处在新的环境变化之中，新的情况给老人带来三个方面的冲击。

第一，儿女离开农村去城市务工的现实给农村老人“养儿防老”的心理产生巨大冲击。自古以来，农村老人就奉守着膝下有子女，身边有亲人，“子孙同堂即是福”的传统观念。如今，儿女进城务工，或选择与老人近距离地分开居住。现实的冷僻、孤独和无助，对老人“养儿防老”的心理产生巨大的冲击。调研数据显示，老人们对子女的生活照顾非常看重。对子女孝顺的表现，老人们认为前三位的是“生活上的照顾”“经济上的支持”和“情感上的关心”。其中最重要的是生活上的照顾，比例为41.1%，其次为经济上的支持，比例为28.8%，再次是情感上的关心，比例为17.4%。

第二，许多农村老人在本应颐养天年的年纪，担当着照顾家庭、抚育孙子女的责任，由此产生的失落感给老人心理带来巨大冲击。传统的家庭父辈进入老年后，通常长子为大，儿女必然担当整个家族的主导责任，老人的心理处在被儿女所照料、所计划、所支持的状态。如今，儿女们与他们分散居住，农村老人不仅不能享受如此的天伦之乐，反而在年老体衰的状态下继续承担照顾整个大家庭的责任，给予整体上的牵挂、担忧及担当。预期的破灭，以及由此而产生的失落感，给老人心理带来了巨大的冲击。通过对农村老人的家庭同住者与其心理状况进行交叉分析，发现处于独居状态与紧张感、孤独感、自我效能感变差、对未来担忧以及记忆力变差都显著相关，其次则是与配偶同住，再次是与孙子女同住，最后才是与子女同住。而与子女同住的状态甚至与老人自我效能感变差不显著相关。通过分析这种结果可知，农村老人在与成年儿女同住的家庭关系中心理状况更好，与孙子女同住不如与成年儿女同住的状况则验证了照顾留守儿童的农村老人仍处于较为担忧、孤独和焦虑的状态。

第三，正处在社会转型的城市与乡村的复杂变化，造就了农村老人与子女的新型儿女关系，这更加大了老人对儿女及其家庭的担忧，也给老人带来心理上的巨大冲击。改革开放以来，中国农村发生了巨大的变迁，千百年来的农村生活习俗发生巨大改变，这一代老人茫然失措，祖宗所传承的老年人自我认定的理念、价值观、信仰及生活方式，逼迫他们要做出重新选择。他们往往从不明晰的现象中找不到行为暗示，在诸多不确定性和偶发性的事件中感到无法应对。新型的儿女关系由于处在社会转型的城市与乡村的复杂变化中，从某种程度上更加大了老人对儿女及其家庭产生更多的担心和焦虑，对不确定的未来充满着一定的恐惧。古言“儿行千里母担忧”，而今老人们担心的人与事更加繁杂，程度更加严重，由此带来的焦虑和恐惧，给老人带来了心理上的巨大冲击。

根据数据反映，中国的老人多数对子女方面的容忍和宽容度是极强的。生来为儿女服务，给钱多少也不苛求。尽管半数以上老人处于空巢状态，但在老人们对子女的孝顺程度的评价中，“很孝顺”的为43.1%，“比较孝顺”的为45.0%。对子女关心的满意程度，满意（很满意和比较满意）度较高，比例为85.7%。

三、兼顾经济发展方式转变、组织资源提升和对农村老人整体保障及关注的对策是解决中国农村老人家庭关系与心理问题的关键

（一）创新农村发展方式，既为农村老人创造老有所为的机会，又吸引青壮年劳动力返乡创业，重建大家庭式的亲情关系

要加快新农村建设步伐，提高农业生产方式的机械化、智能化程度，让更多老人有力所能及的工作机会，有较为理想的劳动收入。随着农村资产性收入的占比关系提升，让农村拥有比城市更多的创造财富的机会，从而引导大量外出务工的青壮年劳动力返乡创业，让农村在较高的生产力发展水平基础上，回归田园般的生活感受、大家庭式的亲情关系交往，使农村老人在经济上、精神上和心理上倍增快乐感和幸福感。

在我们的调查中，由于宏观经济形势的变化和金融危机等因素的影响，很多农村出现了在外务工人员回乡就业的情况。但很多村庄由于缺乏持续的产业发展，缺少能够持续盈利的企业，回乡务工人员在家乡不能获取足够的经济收益。因此，发展农村的产业来吸引本村劳动力回流，将有助于改善农村老人的养老状况。

（二）让空巢老人不空巢，积极提高老人集聚组织程度和改善经济状况

第一，把老人们进一步地组织起来，减弱他们的孤独感。农村老人集聚存在着一定的困难，老人们往往靠节庆或亲友关系自发地集聚，完全处于社会交往和老人意义上的活动交往，老人之间相对比较陌生，这里主要缺乏组织性强、善于策划活动内容、丰富活动形式、受老人群体尊重的领头羊，因此，将乡、村老人中积极的资源加以整合，如成立农村老年协会、老年活动中心，让老人在自己的社团组织中去认识他人、交往他人以达到“以老助老”“以老养老”的效果。

第二，帮助老人们将土地进行安全合理的流转。让老人通过经济来源的改善，解决他们由于经济困窘所导致的生活焦虑感，以及对未来的恐惧感。空巢老人生活的最大麻烦之一，就是家族的土地在力不从心的情况下还要经营管理，这就从客观上呼吁政府和市场加大农村土地流转的速度，让力所能及的老人们充分享受土地流转所带来的红利，增加老人经济收入的来源。有效地组织老人进行合理的劳动力集聚及分配，有组织地解决不同身体状况、不同家庭情况的老人在合作、租赁及劳工输出方面的问题，使老人老有所用、老有所获、老有所为。

（三）建立全覆盖的中国农村老人社会保障体系

要建立全覆盖的中国农村老人社会保障体系，综合提高农村养老保障和医疗保险，以进一步改善农村老年人的生存境况和心理感受；要设立心理健康档案，对老人进行心理疏导和心理支持。农村的社会养老保险和医疗保险基本上处于一种低水平、缓慢发展的层次上。正式的制度性支持的缺失，使得农村老人经济收入的来源渠道相对比较有限，主要来自农业收入（土地保障）与子女的经济赠予，47.9%的农村老年人感到经济无保障。经济上的窘

迫、医疗资源的缺乏以及社会支持网络的不完善等使得农村老年人焦虑水平较高，容易产生焦虑、失望等负面情绪。

为了有效解决农村老人经常出现的心理健康问题，政府应致力于开展不同层次老年人的心理健康教育和老年常见病防治指导，包括对老年人心理疏导、预防和控制老年性疾病的发生，提高老年人的生活质量，从而在一定程度上促进农村老人心理健康发展，并加强老年人之间的交流，疏解其心理孤独感和忧郁感。

（王鲁峰　范宝舟）

建议13

做实村卫生室的思路与对策

村卫生室是“承担传染病疫情报告，计划免疫，妇幼保健，健康教育，常见病、多发病的一般诊治和转诊服务以及一般康复等工作”的农村最基层医疗机构，县乡村三级医疗卫生服务网络的“网底”，发挥着农村卫生服务的基础作用。上海财经大学2009年千村社会调查项目对全国30个省（市、自治区）的748个县的1 451个行政村的所有村卫生室进行了专门的问卷调查和访谈。结果显示，村卫生室建设取得了三项突出成就，但还存在着影响村卫生室发挥作用的因素。经过研究，笔者提出了服务下沉、提高农村基本卫生服务可及性的思路和实现条件。

一、村卫生室建设取得的主要成就

（一）村卫生室已遍布95.9%的行政村

在调查的行政村中，设卫生室的村数占行政村数的比例已经达到95.9%，比卫生部2008年年底的统计数据（89.4%）增长了6.5个百分点。其中，有76.5%的行政村有1个村卫生室，10.2%有2个卫生室，9.3%有3个及以上村卫生室。村卫生室已经覆盖全国绝大多数农村地区。

（二）医务人员数量和执业资格均高于官方数据

我国平均每个村卫生室有医务人员3人，中专及以上学历2.3人，具有执业（助理）医师资格的医务人员1.5人，占医务人员总数的50%。与2008年国家卫生统计数据比较（每村1.55人），村卫生室医务人员数量增长超过1倍。调研数据同时显示，75.7%的村卫生室都已实现至少有一名执业（助理）医生，95.6%的村卫生室至少有一名一般中专及以上水平的医务人员。调查显示，在医学教育和人员培训力度方面，一年之内，参加卫生系统业务培训次数为4.1，人均1次以上。

（三）平均业务用房面积为111平方米，处于较高水平

2007年卫生部《中央预算内专项资金（国债）村卫生室建设指导意见》对政府出资建立的村卫生室面积的规范为不超过60平方米。很多省对村卫生室面积的规范都在60～120平方米之间。调查中，我国村卫生室平均业务用房面积为111平方米，东部最高，为126平方米，中、西部分别为110平方米和95平方米。村卫生室的业务用房面积总体而言已达到和超过了村卫生室建设指导意见的要求。

二、影响村卫生室发挥作用的主要因素

（一）设备缺失严重，只有5.6%的基本设备配置完全达标

调查显示，全国村卫生室存在普遍的基本设备缺失。与卫生部对村卫生室提出的33种基本设备要求相比，仅有5.6%的卫生室全部达标，33.4%的卫生室缺失10～20件设备，10.2%的卫生室缺失设备达20件以上。分地区看，东部情况略好于全国平均水平，但也仅有7%的村卫生室全部达标，西部村卫生室全部达标的比例仅为3.8%。

（二）药品不能满足居民需求，40.3%的居民认为能基本满足日常需求

村卫生室平均经营的药品种类数为243种，其中西药种类数占71.9%。在药品数量上，村卫生室平均经营药品种类已超过卫生部指导意见中关于村卫生室应该配置西药160种、中药或中成药60种以上药品目录的种类数。村卫生室经营药品中有81.9%的药品属于新农合药品目录范围内，可以享受新农合报销。

但是，居民对药品的满意程度却不甚乐观，仅40.3%的居民认为村卫生室提供的药物基本满足其日常需求，没有达到半数，而对药品需求较高的慢性病患者群体的调查显示，多数患者认为村卫生室提供的药物品种欠缺，效果有限。湖北省一位患高血压和冠心病多年的老人向我们讲述了一次病发后的治疗经历。病发后，老人先去村卫生室开了一个疗程的药物，可药物治疗效果不明显，病没有治好，还愈发严重，后来，家人将他送到市中心医院治疗，很快病愈。居民们表示，医院的药品虽然疗效显著，但大多自费，如果村卫生室提供的药品能够涵盖疗效更好的药物，将大大降低治病的经济压力。

（三）服务内容单一，很少提供诊疗以外的基本卫生服务

从村卫生室提供的服务看，主要是常见病诊治，首选和累计选择分别为53.5%和95.9%，其次是计划免疫，分别为40%和74.3%，计划生育、慢性病管理、健康档案的首选比例在1%及以下，妇幼保健的首选比例也只有4.8%。可见，村卫生室提供的服务主要是常见病诊治，其次是计划免疫，第三位是妇幼保健，其比例非常低。村卫生室还只是传统意义上的诊疗单位，很少提供诊疗以外的基本卫生服务，难以发挥其提供基本卫生服务的基础作用。在孕产妇产前检查和分娩地点、慢性病患者经常购买药物的机构选择的调查中，村民均以县级及以上的比例为最高。这个结果再次证明，本应由乡村医疗机构承担的妇幼保健、慢性病管理等服务上移到了县级及以上医院，村卫生室的基础地位和作用没有得到充分发挥。

（四）缺乏统一管理，随地处理医疗废物情况严重

调查显示，私人办卫生室占1/3多，而且有近20%的村卫生室是个人管理。这种管理状况对村卫生室的健康发展不利。在对村卫生室的医疗废物处理、收费开收据和看病登记的调查中，均显示了不同程度的问题。医疗废物的污染程度及危险性远远高于普通生活垃圾，因此需要集中专门处理。但是此次调查显示，只有45.3%的村卫生室将医疗废物回收到上级单位，有41.8%的村卫生室随地处理了医疗废物，还有12.9%的村卫生室将医疗废物自行卖出。分地区看，东部地区好于中部和西部。村卫生室收费全部开收据

的村卫生室只占43.6%，大部分不开收据。看病全部登记的占70.2%。

三、农村基本卫生服务下沉及其实现条件

（一）服务下沉，提高基本卫生服务可及性

农村基本卫生服务的做实关键在于村卫生室。调查显示，近40%的村离最近医院（含乡镇卫生院）的距离在3公里及以上，基本卫生服务的可及性较差，因此，服务下沉，由村卫生室提供良好的妇幼保健、慢性病管理服务、建立健康档案等服务非常重要。

1. 村卫生室承担部分妇幼保健服务

在对12个月内生育过小孩的妇女调研中发现，她们选择的产前检查机构，首选村卫生室的仅占0.6%，县级以上医院的首选比例达到51.7%。一方面说明居民对产前检查的质量要求较高，另一方面也可佐证村民不相信乡村卫生机构的技术水平。近20%的村庄距最近医院的距离达到5公里以上，到县级及以上医院进行产前检查必然给这些地区的孕产妇带来麻烦。因此要处理好偏远地区村卫生室怎样同高级医疗机构合作提供基础的产前检查的问题，减少孕产妇去距离较远的县乡医院的次数。

2. 加强慢性病管理

村卫生室的慢性病管理服务严重缺失。被调查农村居民中只有25.2%将各类门诊部、卫生室作为自己购买治疗慢性病的药物的首选机构。在进行慢性病检查医疗机构的选择上，村卫生室仅排第三位，占比19.8%，23.6%的被访者选择了乡镇卫生院作为自己慢性病检查的机构，27.2%被访者选择县医院，19.8%的被访患者没有进行任何检查，村卫生室可能存在慢性病检查设备、医务人员力量方面的缺失。

3. 建立居民健康档案

知道医疗机构为自己建立了健康档案的被访人员仅占比44.1%，但是从案例报告看，实际使用健康档案进行慢性病管理的非常少。患慢性病对农户的生活打击本来就是巨大的，如果配套的医疗服务、补助跟不上，就很难提高农村居民的健康状况，且将进一步加剧农户因病致贫。访谈中我们发现，部分患者负担不起价格昂贵的医院，在村卫生室又得不到相应治疗，很多人

放弃检查、服药。

综上所述，村卫生室不应只是传统意义上的常见病诊疗机构，还需承担起基本卫生服务的功能，尤其要增加妇幼保健、慢性病管理和建立健康档案等服务内容，与乡卫生院密切合作，提高农村基本卫生服务的可及性。

（二）实现服务下沉，提升村卫生室服务能力

为实现基本卫生服务下沉，需要做实村卫生室，要从设备配置、药品种类、人员水平和管理入手，提升其服务能力。

1. 政府埋单统一配备齐全的基本设备，夯实村卫生室建设的硬件基础

针对村卫生室业务用房面积达标但设备缺失的难题，建议由县财政出资为每个行政村一个村卫生室提供卫生部要求的33件基本设备，对于资金短缺的县，由省级财政或中央财政支持，夯实村卫生室建设的基础。

2. 增加药品种类，满足村民基本医疗需求

在卫生部下发的《关于调整和制订新型农村合作医疗报销药物目录的意见》通知中，对县乡村三级医疗机构的药品实行分级管理，村卫生室的药品参照国家基本药物目录的基层部分。但是在慢性病调查中，居民反映他们的常用药经常不在新农合药品目录中，村卫生室也没有。因此，村卫生室的药品配置要充分考虑村民的实际需求，增加疗效好的常用药品种类。应由乡镇卫生院负责为村卫生室进行配送，县级卫生行政部门负责对村卫生室药品质量和价格进行统一管理。

3. 规划定期业务培训，提升医务人员服务能力

虽然村卫生室医务人员数量和执业资格显著增加，总体水平有所提高，但此次关于村卫生室治疗常见病水平的居民满意程度的调查显示，对村卫生室诊治常见病水平评价为较好及以上的被访者只占48.1%，认为一般的比例高达44.8%。可见，村医务人员诊疗水平尚需改善。县乡村三级医疗机构从上到下，逐级进行业务指导和培训，不断提升村卫生室医务人员的服务能力。

4. 乡卫生院统一实行行业管理

村办、私人办和乡镇卫生院设点是村卫生室主办形式，分别占36%、35.9%和26.2%。在管理方式上，以乡镇卫生院代管为主，占52.2%，其次

是私人管（19.8%）和村管（18.9%）。针对村卫生室医疗废物随意处理问题严重、服务登记和财务管理方面混乱的状况，建议由乡卫生院统一管理村卫生室。从举办形式对村卫生室服务提供情况影响的多因素回归分析结果来看，村办和乡镇卫生院办的村卫生室更倾向于除诊疗以外的基本卫生服务，私人卫生室则相反。为保证居民基本卫生服务可及性，必须统一村卫生室的服务管理，并对私人村卫生室提供的公益性服务实行购买，根据服务量给予必要的补贴。

（俞卫　李华　周珂）

建议14

加强农村公共文化建设的对策建议

党的十七届六中全会提出，满足人民基本文化需求是社会主义文化建设的基本任务。党的十八大指出，文化是民族的血脉，是人民的精神家园；要使人民基本文化权益得到更好保障。围绕农村文化发展状况，上海财经大学千村调查项目开展了深入调研，获取了大量样本数据，重点就农村公共文化发展的现状和存在的问题进行了分析，并提出了对策建议。

一、2012年千村调查公共文化项目概况

千村调查项目是上海财经大学以中国农村社会经济状况为对象的系列调查项目（在全校范围内利用暑假组织大学生进入农村进行调查，每次调查1 000个左右的行政村）。该项目始于2008年，至今已经持续5年。2012年的主题是调查中国农村文化状况。

作为农村文化的重要组成部分，公共文化项目是本次调查的重点内容之一，具体包括农村公共文化工程建设、农村公共文化设施配置与农村公共文化活动开展三方面的内容。

在调查对象的选择上，项目在全国范围内选择了1 126个行政村，行政村涉及除西藏外的其他30个省（市、自治区）（不包括香港特别行政区、澳门特别行政区和台湾省）。针对这1 126个行政村，调查者从每个村中随机选择10位调查对象。基于调查，本项目组成员共采访了11 260位村民，填写问

卷11 260份，其中完成的有效问卷为10 182份，占90.4%。

二、农村公共文化发展的现状及存在的问题

改革开放以来，党中央、国务院高度重视农村文化建设和发展，主导实施了一系列农村公共文化工程和项目，有效推进了农村文化发展，提高了对农民文化权益的保障水平。但在农村公共文化设施使用率、提高农民素养和提升农民对公共文化自主性方面仍有诸多不足。

（一）农村公共文化工程实施情况较好，农民的总体满意度较高

1998年，为解决广大农民群众听广播、看电视、看电影难的问题，国家率先开始实施了广播电视“村村通”工程和农村电影放映“2131”工程。调查显示，这两项工程开始较早，是农村居民了解最多的政府文化工程，其听闻比例分别为69%和48%；同时，覆盖率也较高。

调查显示，目前在我国农村实施的广播电视“村村通”工程、农村电影放映“2131”工程、乡镇综合文化站、流动综合文化服务车、送书下乡工程、文化遗产保护工程、农民体育健身工程和农村文化示范户创建工程等，农民的满意度普遍较高。农民对各工程“非常满意”的比例在40%～50%之间，“非常满意”和“比较满意”的比例平均在90%左右。这显示，持续多年的农村公共文化工程项目建设取得了较好的效果。

（二）农村公共文化建设资金投入逐年增加，农村公共文化设施有显著改进

调查显示，被调查农村过去5年间在文化资金投入方面有明显增加、略有增加的比例最高分别为45.9%、31.8%。而由于我国公共文化设施硬件上还存在较大不足，投入资金的较大部分比例（54.3%）是用于基础文化设施建设和基础文化设施日常维护。虽然个别公共文化设施的保有情况仍有待提高，但总体而言，近年来农村公共文化设施的保有率在稳步上升，这不仅体现在资金投入上，对农村居民直观感受的调查同样发现，农村居民认为公共文化设施与5年前相比有明显改善或略有改善的比例占83.3%。

（三）农村公共文化中娱乐性文化成主流，农民对于公共文化活动缺乏自主性

调查发现，棋牌娱乐和看电影已成为各村覆盖率最广的公共文化活动，覆盖比例分别为64.2%和56.1%；而民间工艺以及庙会、灯火、花会等农村传统公共文化活动的覆盖率仅为16.7%和30.2%。对于民俗旅游、文化下乡、庙会、民间工艺等活动形式，村民“希望村内组织”的比例大于“村里举办较多”的比例。同时调查显示，对于民俗旅游、文化下乡、庙会、民间工艺等活动形式，村民“希望村内组织”的比例大于“村里举办较多”的比例；57%的村民认为文化建设应该靠政府，仅有4.5%的村民认为应该靠社会组织。

（四）提高农民素养和农村自有文化资源利用的公共文化工程实施情况不佳

调查发现，2000年之后陆续开始实施的旨在提高农民素养和农村自有文化资源的公共文化项目中，除了农民体育健身工程外，其他项目的覆盖率还相对较低。其中，流动综合文化服务车工程以及文化遗产保护工程，不仅覆盖率很低（仅为13.1%和15.7%），而且满意度也很低（表示“不满意”的人群比例分别为11.9%和10.5%）。同时，大多数工程项目只注重“送文化”。对于使农村自有文化持续发展的项目只有“文化遗产保护工程”一项，且实施情况不甚理想。

（五）农村公共文化设施保有率不高，且公共文化设施使用率偏低

调查数据显示，文化活动室的保有率最高，为64.43%，体育设施为51.19%，阅报栏为45.56%，儿童、青少年活动中心或老年活动中心为42.05%，图书室或农家书屋为41.51%，电影放映室和社区公共网吧的保有率只有24.22%和12.56%。

调查中，79.3%的受访者表示从未使用过社区公共网吧；54.2%和52.1%的受访者表示，从未使用过图书室或农家书屋、阅报栏；体育设施和文化活动室的使用情况相对较好，表示未使用过的受访者比例分别为45.8%、36.9%。而使用者中还有相当比例的人群只是偶尔使用公共文化设施，经常使用的比例较低。

三、加强农村公共文化建设的对策建议

针对我国农村公共文化工程建设、公共文化设施和公共文化活动方面存在的问题，课题组认为，应该在顺应农村居民实际需要的基础上加强政府引导，以提升农村公共文化方面的水平和质量。

（一）搭建“分级管理”的农村公共文化管理体制

在农村公共文化的组织引导方面，应加强县级政府在农村公共文化方面的引导作用。对于中央、省和地市级政府可提供、可选择的公共文化项目、设施或活动的清单，提供菜单式服务项目和资金；由县有关部门根据各地乡镇、村的实际需要进行统筹安排；乡镇和村民委员会负责具体实施。

（二）建立“长效发展”的农村公共文化工程推进机制

广播电视、电影放映等公共文化工程项目注重硬件上的普及与均等，对农村公共文化的推进效果比较显著。而一些旨在提高农民文化修养的项目则更需要长效机制的保障。如对于流动综合文化服务车等项目，要完善项目实行与管理过程的规章制度，同时定期收集村民的阅读需要，保证图书报刊的及时更新。另外，传统文化的保护不能只局限于“遗产”申报上，要通过适当方式满足农村居民对于传统文化的不同需要。

（三）构建“上下对流”的农村公共文化设施决策机制

各级政府在公共文化拨款前，应由县级政府有关部门负责，要求乡镇和村委提交关于公共文化基础设施建设的具体方案；方案须与本村的经济、教育、城镇化发展水平以及公共文化设施的使用人群特点等相适应并征询本村居民意见；对于有突出问题的村庄，派专家到实地进行调研，从而使公共文化设施真正为民所用、为民所享。

（四）营造“主动觅食”的农村公共文化活动开展氛围

应充分发挥村委会和民间组织组织农村公共文化活动的主体作用，让农

民以主动积极的姿态参与甚至组织多样化的农村公共文化活动，摆脱“被动哺养”的活动方式，从而最大限度地满足农民对于公共文化活动的需要。

（五）继续加大对农村公共文化建设财政支持力度

进一步提高农村公共文化基础设施的保有率，需要国家和地方继续加大对农村公共文化建设财政的支持力度，更好地满足广大农村人民群众日益增长的文化需求。

（曾军平　朱为群　于洪）

建议15

规范和引导农村信宗教人员的建议

当下农村宗教信仰问题，实质是农村社会转型阶段诸多社会思想、文化、诉求相互碰撞与集聚的集中体现。加强农村宗教工作的规范引导，对全面贯彻党的宗教政策，发挥宗教界人士和信教群众在促进经济社会发展中的积极作用，具有极其重要的现实意义。上海财经大学2012年的千村调查项目对中国农村宗教信仰状况进行了深入调研，获取了大量数据，就农村信教人员规模、结构，农村宗教的组织化以及宗教的影响等进行了分析，并提出了对策建议。

一、2012年千村调查宗教项目概况

千村调查项目是上海财经大学以中国农村社会经济状况为对象的系列调查项目，始于2008年，至今已经持续5年。2012年的主题是调查中国农村文化状况。作为农村文化的重要组成部分，宗教项目就中国农村的宗教信仰状况做了调查，包括农村居民的宗教信仰（如是否信教、信什么教以及为何信教）、宗教活动以及宗教影响三方面内容。

在调查对象的选择上，2012年的调查在全国范围内选择了1 126个行政村，行政村涉及除西藏外的其他30个省（市、自治区）（不包括我国香港、澳门和台湾地区）。针对这1 126个行政村，按照年龄结构的分布，调查者从每个村中随机选择10位调查对象。基于调查，本项目成员共采访了11 260位居民，完成问卷11 260份，其中，有效问卷为10 182份，占90.4%。

二、中国农村宗教信仰的基本状况

（一）农村信教人员总量庞大且有大量潜在信教者，居民信教的功利性、实用性色彩较明显

在10 182位受调查者中，明确表示自己信教的有2 155位，占全体受调查者的21.2%，这说明农村信教人员的比例并不是很高。但考虑到中国农村人口的基数，农村信教者的绝对数量庞大。根据第六次全国人口普查资料，截至2010年，中国总人口为13.397亿人，农村人口比例为50.32%，若按上述比例推算，我国农村信教人口将达到1.43亿人左右。当然，在我国许多教派并没有严格的入教仪式，比如佛教。此时，信教者更多是自己认为自己是佛教徒这样一种自我认同。这也说明当前中国农村真实的信教状况，无论是总量还是具体比例都应放大看待。

对于信教的动因，调查显示，相关人员多注重现实利益，而非精神上的深化，信教者具有较为明显的实用性、功利性色彩。

其一，绝大部分善男信女，其之所以信教，往往是因为现实生活中遇到天灾人祸、病魔缠身、事业受挫、生活困苦、婚姻失败以及孤独难以排遣等方面的问题。于是，他们希望智者指点迷津，或者是向上帝祷告，以寻求心灵的安慰。比如，对于明确表示信教的2 155位被调查者，在被问及为何信教的问题时，大部分都是从自我世俗的问题与期盼出发，包括“消灾免难”“积善行德”“升官发财”“寻求心灵安慰”等。

其二，在教派的选择上，信教者往往恪守“灵则信”的原则，能解决问题的，则虔诚信仰，否则就会放弃，或去寻找其他的“良方”。至于对教义的理解，则基本停留在表面。在此次调查中，认为自己对本教戒律了解的教徒仅占23.1%；而有31.2%的教徒明确表示不了解。

（二）农村信教女性明显高于男性，信教者年龄大、文化程度低、收入水平低的特征明显

西蒙·波娃曾指出：“如果妇女愿意接受宗教，归根到底是因为宗教满足了一种深深的需要。”确实，尽管各大宗教对妇女的歧视并未消失，且妇女

在宗教社团中的地位也受到限制，但这并不妨碍妇女对宗教的热情。在此次调查中，男性信教者的比例为18.8%，而女性信教者的比例则为23.9%，呈现出较为明显的“女多男少”性别结构特征。与此同时，在信教热情上，女性整体上也高于男性。

在年龄结构方面，我们将所有被调查对象分为四组：少年（15岁以下）、青年（16～35岁）、中年（36～60岁）与老年（60岁以上）。调查结果显示：四组被调查对象的信教比例分别为19.6%、18.6%、23.1%和23.4%，呈现出明显的年龄结构特征，即年龄越大，信教的比例相对越高。与此同时，在对于宗教的热情与信教的程度方面，不同年龄阶段的人也存在差异，农村居民对宗教的热情程度与其年龄基本成反比。该差异性，既有内在观念差异的原因，也有外在压力不同的原因。

在调查中还发现，信教村民的子女和隔代子女绝大多数是无宗教信仰者，很多年轻人之所以有宗教行为，比如跪拜所供奉的神明，完全是出于对于长辈尊敬的考虑。

从文化层次与受教育的情况看，文化层次越低，信教的比例就越大。其中，大专以上文化程度的人群，信教比例为16.9%；中专技校文化水平的人群，其信教的比例为18.0%；高中、初中、小学文化程度的群体，其信教比例分别为18.4%、20.4%和24.9%；而不识字或识字很少者，其信教比例高达31.4%。文化结构的差异反映出现代教育与科学精神的传播对农村宗教具有反向作用。

此项调查考察了受调查者家庭的经济状况在其所属村的相对水平。基于这一指标对受调查对象进行统计时发现，中低和低收入人员的信教比例明显高于中等以上收入人群。在高收入群体、中上收入群体、中等收入群体、中低收入群体、低收入群体中，信教者的比例分别为18.3%、19.0%、20.5%、23.7%和27.0%。此结构差异得以形成的原因主要在于，那些市场竞争力低和自我保障能力弱的底层人群，面临的社会压力更大，也就更易于转向宗教，寻求排解和释放压力。

（三）农村宗教组织化程度总体较低，但结构差异明显，以基督教为代表的外来宗教组织化程度引人注目

在农村，尽管信教人员尤其是具有宗教意识人员数量巨大，但农村宗教

组织化程度总体较低。其一，在入教方面，正式办理了注册入教手续的教徒比例不多，有289人，仅占信教群众的13.4%。与此同时，在入教方式方面，“通过教会组织发展”而入教的仅占23.1%，绝大部分信教者是通过“亲朋好友介绍”“自己寻求”或基于传统等方式而加入的。其二，在宗教组织的活动开展方面，仅有39.7%的人表示参加过由宗教组织于2011年安排的活动，而绝大部分（占60.3%）教徒则表示未参加。其三，在教友的相互帮助方面，2011年接受过教友帮助的信徒以及为教友提供帮助的信徒比例仅占到23.8%和25.6%。

调查数据表明，佛教、伊斯兰教、基督教与道教等各宗教的组织化程度差异明显。无论是从注册入教的组织化程度看，还是从宗教组织的活跃程度乃至教友之间相互帮助的情况来看，本土色彩较浓的佛教与道教的组织化程度较低，而外来色彩较重的基督教和伊斯兰教的组织化程度则要高得多。比如佛教，尽管它是中国农村目前人数最多、影响最大的宗教，佛教徒占全体教徒的比例高达64.4%，但教徒之间的关系比较松散，正式办理注册入教的教徒仅占全体信教者的6.6%，而教徒之间的活动及互助性也不是很强。而对于道教，作为唯一的中华本土宗教，在农村地区，其教徒的比例不高，仅占全部教徒比例的3.8%，远没有佛教的影响那么大。而教派的紧密度与组织化程度，则与佛教的情况一样，整体比较松散（教派宗教活动的频次与教友之间的互助性程度都不高）。

相比而言，伊斯兰教与基督教的组织化程度要高得多，其中，以基督教尤为显眼。我国农村地区的基督教徒占全部教徒的比例已高达18.6%，成为农村地区的第二大宗教，其影响不容小觑。

（四）农村宗教的发展，对内心和谐、人际和谐及宗教和政治间的和谐提供了正能量，但其负面影响也同时凸显

恩格斯指出：“基督教拨动的琴弦，必然会在无数人的心胸中唤起共鸣。”确实，鉴于尘世的苦难、宗教对于神的力量的渲染以及宗教教义对于心灵的净化，不管是基督教还是其他宗教，都会对教徒内心的和谐以及人际的和谐提供正能量。其中，在内心和谐方面，调查表明，对于宗教信仰在排除抑郁与个体心中的孤独方面，信徒有较强的认同；同时，由于相关的教

义强调心理的调节，这也有利于促使个体彼此和平相处，促进人际和谐。另外，宗教的教义在一定程度上也能够规范教徒的行为，同样能够提升人际的和谐。

但是，尽管如此，宗教在农村地区的发展对于社会治理的影响日益凸显：一是宗教的发展使得不法分子有机会利用信教群众盲目信赖的弱点而干违法的勾当，严重影响到农村基层社会的稳定。二是由宗教传播引致的不同宗教信仰上的冲突，可能带来社会矛盾和问题。三是宗教的发展所引致的宗教和政治之间的矛盾，比如以基督教的传播为代表的宗教发展，可能对乡村基层治理形成严峻挑战和冲击。据一位宗教专职人士透露：在苏北个别农村地区，信教者的比例高达80%～90%。在决定农村重大公共事务时，只有得到宗教神职人员的支持才会得到农村老百姓的拥护。

三、对加强农村宗教工作的建议

（一）高度重视宗教发展背后所隐藏的农村因社会转型而产生的各种压力问题

马克思指出："宗教的苦难既是现实苦难的表现，又是对这种现实苦难的抗议。宗教是被压迫生灵的叹息，是无情世界的感情。"从这个意义上来说，宗教信仰人员规模的扩大，在很大程度上反映了中国急剧的社会转型给农村带来了压力：面对诸多的问题与无奈，社会公众往往会依赖于虚幻的宗教来得以解决。就社会转型的压力而言，它是普遍的、一般的，但对于不同的人群，其程度并不一样。当前，农村地区亟须有更加有效的、符合农村居民需求的公共文化活动与社会的保障以及互助体系来缓解社会转型给农村带来的压力。

（二）充分尊重个人信仰内容的私人性，个人精神层面的信仰自由应该是思想认识上的"绝对自由"

按照党的宗教信仰自由政策，一方面要充分保证个体信仰自由选择及个人精神层面的信仰自由；另一方面要严厉打击利用宗教信仰而进行的欺诈活动，以保障个体宗教信仰自由不会受到非法势力的利用和欺骗。

（三）强调发挥宗教界人士和信教群众在和谐社会构建中作用的同时，主动预防并化解宗教发展所引致的社会紧张和矛盾

对于宗教信仰外在化与公共化引致的信仰上的冲突并带来的一定的社会矛盾，应妥善加以解决。一要倡导不同信仰间的包容与对其他信仰的尊重；二要加强对宗教管理事务的具体落实，有效化解宗教矛盾；三要强化基层组织在社会经济发展中的领导地位，切实解决农村社会公众所面临的问题，注意以基督教会为代表的宗教组织对于农村基层治理组织权威的挑战。

（曾军平　朱为群　吴淑凤）

建议16

促进农村传统文化精神价值与商业价值融合的建议

2012年上海财经大学以农村文化为主题组织开展学生暑期大型社会调查活动。该项目通过入户调查问卷、进村调查问卷和个人访谈等方式，对我国农村传统文化的现状进行了调查，并在此基础上提出了政策思考和建议。

一、农村传统文化保存整体水平不高

（一）传统物质文化保存情况堪忧

调查数据显示，家谱、祠堂、新中国成立前留下来的古物及名胜古迹等整体保存和维系情况堪忧。静态地看，目前有家谱的约占总样本的1/4，有新中国成立前传下来的古物的家庭则不到15%，有祠堂的家庭比例相对有家谱者较低，仅占总样本的14.87%；而附近有名胜古迹的比例则是所有被问到的物质文化中保有率最高的，为39.17%。动态上分析，曾经有家谱后被抄家或自毁的占目前有家谱的比例达到17.79%，曾有新中国成立前物品后被抄家或自毁的占目前仍然有的比例则高达31.56%。可见，物质文化的毁坏比例很高。

（二）非物质文化继承和发展总体状况不容乐观

根据调研，对于方言和民间舞蹈，喜欢的比例都在50%左右，27.6%

的人认为民间舞蹈一般，16.23%的人则明确表示不喜欢本地区的民间舞蹈，这说明几乎一半的人不喜欢或者对自己的舞蹈没有感觉；对于民间传说和手工艺品，超过一半的人（50.73%）不知道民间传说，愿意将自己的手工艺品送人的也仅为37.32%。以上数据说明，整体上有很多人不喜欢当地的舞蹈与方言文化，对当地的手工艺品不认可，对传统工艺不自信。值得一提的是，会跳民间舞蹈的仅为12.58%，不会跳的达82.07%，这远远低于喜欢民间舞蹈的被访者比例。可见，民间舞蹈等农村传统非物质文化面临严峻的传承问题。

（三）造成中国农村传统文化整体保存水平不高的主要原因

一方面，价值缺失导致人们不重视甚至不愿意保护传统文化。目前经济社会中大多数传统文化因无商业价值或商业价值未能有效挖掘而被人们忽视，学术研究价值也未得到很好挖掘，再加上相对于文化带给人的精神价值，人们更重视经济利益的实现，而大部分传统文化如祠堂等保存成本较高，有限的商业价值使人们保护传统文化的动力不足。另一方面，现代文化对传统文化具有明显的挤出效应。调研发现，20世纪80年代前出生的被访者随着年龄的降低，对传统文化的认可也越低。可见，现代文明的渗透对传统文化存在明显的挤出效应。商业社会中，人们对于家谱这种血脉文化的精神价值重视程度下降，是导致其保存水平较低的重要原因。

二、农村传统文化保存呈现三个地区差异特征

（一）物质文化传承：中部地区的总体略高于东部和西部

在传统物质文化方面，中部地区祠堂、名胜古迹等保存整体水平较高，而东部和西部相对较低。名胜古迹的保存率，中部（44.29%）最高，西部（39.59%）次之，东部（37.05%）最差；而祠堂的保有率，中部地区（47.56%）明显高于东部（13.11%）和西部（12.85%）。东部地区有家谱的比例较低（19.47%），中部与西部相等（均为33.83%）；新中国成立前传下物品的保有率，中部略高于东部和西部地区，但差异不显著。

（二）非物质文化传承：西部地区均高于东部地区

除麻将外，东部地区对非物质文化的保存和传承情况均低于西部地区。如西部地区会跳民间舞蹈的比例（20%）近东部地区的（10.46%）2倍；西部会传唱山歌、谚语及民间传说的比例（15.85%）略高于东部（11.00%）。麻将作为非物质文化的一个特例，东部地区略高于西部。因为麻将文化的发展最依赖于地方经济发展水平和人们的闲暇时间，中部地区经济好于西部，但生活节奏慢于东部地区，所以会打麻将的比例也是最高的，其次是东部，西部最低。

（三）总体传统文化传承：少数民族聚居地明显优于非少数民族地区

调查发现，同一传统文化项目的保存水平，虽然在东、中、西部分布上没有明显的差异，但少数民族自治区和非少数民族自治区存在明显的差异，这主要体现在非物质传统文化的保存上。通过对住在自治区域的少数民族与住在普通地区的少数民族各项非物质文化遗产的保存和继承情况进行对比，我们发现，居住在自治区内的少数民族在非物质传统文化的保存水平上明显高于其他地区。如手工艺品，自治区的保有率接近65%，但非自治区的不到55%；会民歌的自治区接近30%，而非自治区则不到22%；会民间舞蹈的自治区超过40%，而非自治区不到30%。可见，少数民族自治区与非少数民族自治区在传统文化的保存水平上存在明显的差异。究其原因，我们认为，少数民族的聚居区，日常生活中的民族气氛相对较浓，大家有相近的民族意识和价值观念，相互联系更强，民族意识和民族自信心也更高，从而少数民族传统文化所传递的精神价值易得到较高认可和重视，他们在自己民族文化的传承上也就有更高的兴趣和热情。因此，非物质文化作为区别于其他民族的核心民族文化，在少数民族聚居地具有更高的精神价值。

三、传统文化传承水平的决定因素考察

（一）商业价值大小决定传统文化保存水平

调查发现，商业价值比较高或者相对容易产生经济利益的一类物质文

化保有率比较高，其地区差异分化程度低于无商业价值的传统文化。如名胜古迹的保有率（39.17%）远高于商业价值不明显或没有商业价值的家谱（25.35%）和祠堂（14.87%）的保存水平。有商业价值的名胜古迹，其地区差异分化程度也远小于无商业价值的祠堂。名胜古迹的存在往往是一个地区旅游业得以发展的原因，而旅游业的发展又使得当地在获得门票收入的同时也刺激了周边旅馆、餐馆及其他行业如手工艺品的繁荣。因此，政府有很大的动力去保存、修缮名胜古迹，各地竞相发展，使得东、中、西部保存的差异不大。但对于家谱和祠堂，仅仅是一个家族内部为了追根溯源或管理家族才保存和修缮的，并不能为人们带来经济利益，其所占土地却具有一定的经济开发价值，而且家族概念和传统的宗族意识在商业文化的冲击下日渐淡薄，缺乏继续保存的激励和动力，因此家谱和祠堂等保有率远低于名胜古迹，其东、中、西部地区差异也远大于名胜古迹的保有率。

（二）成本高低决定了非物质传统文化保存水平

调查还发现，不同的非物质文化项目，其传承所要求的主客观条件的难易程度不同，其保存和传承程度成本高低也不同，进而决定了其保存水平存在结构性差异。如会打麻将的比例远远高于会传唱传说、谚语、民歌等和会跳民间舞蹈的比例，有约30%的人会一点民间谚语、山歌及传说，而不会跳民间舞蹈的比例超过了80%。麻将文化是农村较为常见的一种，不需要什么文化知识，也无需什么天赋，只要花一点时间很容易学会，经济成本较低，而传说、谚语及山歌等的传承是通过人们之间口口相传完成的，这不仅需要传授者了解并记忆这些传说、谚语，而且需要被传授者具有一定的理解、记忆及领悟力；山歌还需要传承人具有一定的天赋，学习成本较高，所以传承水平较低；而民间舞蹈的学习则是成本最高的，不仅要求学习者花费一定时间、具有一定的天赋，而且要有人专门花时间和精力去编排、教授舞蹈，其对场地、人数等也会有一定的要求，因而其传承情况也是最差的。

（三）传统文化的保存与经济发展水平没有确定的数量关系

在现代文化的影响下，经济发展对传统文化保存的作用是双向的。一方面，较高的经济发展水平意味着有更好的生活条件，会促进民间传统娱乐类文化的发展和繁荣，也有更多可动用的财力去保护传统文化，因而，经济发展有促进传统文化保护的一面；另一方面，经济发展一般都伴随着思想的开放和对外贸易的扩大，人们接触外界文化的机会也增多，因而传统文化面临的冲击和挑战也逐渐增多，经济的腾飞也由此促使传统文化快速地衰落和被取代。这两方面的合力作用，使得经济发展与传统文化保护之间的关系也无法确定。

四、政策思考与建议

根据以上分析，我们发现，传统文化所包含的商业价值、精神价值及学术价值挖掘与实现的程度高低在不同程度上决定了其保存水平的高低。因此，我们建议，政府可根据三种价值不同的实现情况制定不同的政策措施。

（一）政府监管：商业价值可完全实现的传统文化

对于商业价值、精神价值及学术研究价值能完全实现和挖掘的传统文化，政府应扮演好自己的市场监管者角色，积极引入市场机制，让市场解决其保存问题。政府可通过在保存传统文化真实性的前提下，积极引导特色文化商业价值的开发和挖掘，如发展特色旅游、特色小吃、传统手工艺品等。这不仅可以促进当地经济发展，增加农民收入，从而调动有天赋、有潜质、有兴趣的青少年加入到传统文化保护和传承行列的主动性和积极性，而且也解决了文物古迹修缮、保护等资金问题，从而减少传统文化保护对其他方面资金的依赖程度，提高传统文化在现代文明中自主存续的生命力。

（二）政府扶持：商业价值低但精神价值或学术价值高的传统文化

秦腔、京剧、评弹等传统文化，其精神价值很高，但因现代文化的冲击，年轻喜爱者越来越少。此类传统文化市场正在逐步退化，而其传承人又多依靠其技艺谋生，传承成本较高。针对此类传统文化，政府应给予主要传承人一定的经济补贴，通过提高民间艺术主要传承人的物质待遇和经济地位，增强传承人荣誉感，为有天赋、有潜质、有兴趣的青少年自觉投入到非物质文化遗产保护提供动力。也可为从事此类文化教学、授艺的民间艺人或学习者一定的财政补贴，降低学习此类文化的经济成本；还可组织或者鼓励组织此类文化的技能竞赛，为年轻人学习、传承这类文化创造更好的条件和更多的机会。

（三）政府包办：无商业价值但精神价值或学术价值较高的传统文化

对于精神价值较高或有一定学术价值但无商业价值的传统文化项目，如方言、民间舞蹈等，政府可主动承办或牵头负责相关文化活动的传承。此类传统文化一般有促进团结、提升凝聚力和促进社会和谐等重要的精神价值，具有明显的外部性，应该由政府包办或由非营利组织进行相关的传统文化宣传和保护活动。如方言，政府可通过增加方言在地方广播电台的使用频率等方式加强其保护。另外，政府可通过加大传统文化知识的教育和普及，增加传统文化设施建设投入，提倡基层政府举办或组织如文化遗产知识下乡、广播电视宣传等多种活动，运用群众喜闻乐见的形式开展以展示民俗风情为主要内容的民俗节日和灯会、庙会等，在满足农民群众日益增长的精神需求的同时，促进百姓对这类文化精神价值的重视和追求。

（朱为群）

建议 17

加强农村社区管理的建议

由上海财经大学组织实施的2014年度大学生千村调查项目以“农村养老状况”为主题进行对全国31个省（市、自治区）的376个县的537个村的10 421名农村老人进行问卷调查，调查内容涵盖农村老人身体健康状况、经济状况、家庭关系、养老方式和生活质量、社会政策及社会支持等内容。课题组梳理了当前农村老人生活质量的现状及其特点，并对当前影响农村老人生活满意度的主要原因进行了分析，提出了加强农村社会管理和提升老人生活满意度的建议，供有关部门和领导决策参考。

一、改革开放以来农村老人的生活水平已有巨大改善

（一）农村正在出现“排浪式”消费，从耐用消费品阶段进入大众消费品阶段

调查显示，除老少边穷地区外，总体上老人家中的耐用消费品拥有率明显升高，电冰箱、洗衣机和煤气灶等家用电器占有量较高，热水器、空调、微波炉等家用电器也开始进入农村家庭。具体而言，被访老人家中有电冰箱、洗衣机和煤气灶的比例分别为75.0%、65.9%和61.7%，被访老人家中有热水器、空调和微波炉的比例分别为41.3%、33.5%和22.1%。考虑到中国改革开放以来地域发展的不平衡性，经济发展程度的差别决定了东、中、西部地区的客观生活水平存在较大差别。整体上，调查所列出的家庭物品，

东部地区占有比例都明显高于其他地区。

（二）现代化通信工具在农村提前普及，留守老年人群成为最大的受益者

值得注意的是，虽然一般耐用消费品的占有量仍然存在东、中、西部的明显差别，但像手机/电话、网络、太阳能、电脑等新兴消费品，地区差距明显缩小，如东、中、西部网络的占有量分别为26.1%、13.2%和10.1%，东、中、西部太阳能的占有量分别为37.0%、25.5%和24.2%，东、中、西部电脑的占有量分别为28.7%、15.3%和12.0%，特别是手机/电话，东、中、西部占有量分别为79.8%、75.2%和77.1%，地区差距相对最小。究其原因，与改革开放以来农村劳动力转移和家庭结构小型化密切相关。中、西部地区大量外出打工的中青年劳动力都需要手机等现代通信工具与家人保持联系，即使在东部发达地区，中青年人长期与老年人同住也需要手机等现代通信工具。

二、现代农村老人对生活的满意度较高

（一）农村老人的休闲生活比较单一，健康养生观念尚待普及

调查显示，老年人的休闲生活比较单调，老人从事最多的闲暇活动分别是：看电视（40.9%）、串门聊天（19.4%）、打麻将或打牌（10.6%），另有少量老人选择遛弯散步（9.1%）和听收音机（6.6%）。

农村女性老人的生活方式具有单一性。相比男性来说，20世纪三四十年代出生的妇女几乎都是文盲状态，终生从事农业活动，没什么特别的兴趣爱好，现在年纪大了，儿女又多不在身边，为数不多的娱乐活动是在家附近遛弯散步、与老邻居串门聊天，或者在家里看看电视。20世纪中国的贫穷和农村重男轻女的传统观念影响到女性老人目前的生活状态，1.0%的女性老人会参加“烧香拜佛或教会活动”。

调查显示，近一半老人有养生意识，但是缺乏实际行动。48.6%的老人相信健康养生知识，其中，“相信并有行动”的占24.8%，“相信而没有自觉行动”的占23.8%；另有37.4%的老人表示“不关心”健康养生知识；8.9%的老人完全不相信健康养生知识。相对而言，男性老人“相信并有行动”的

比例为31.1%，略高于女性的28.1%，而女性老人不关心健康养生的比例为30.6%，高于男性老人的25.9%。

(二) 85.7%的老年人对后事持有乐观、自然、豁达的态度

被调查老人对后事的人生态度比较豁达，49.8%的老人对后事选择“听其自然”，35.9%的老人选择“无所牵挂”，只有6.0%的老人会选择“遗憾”，4.6%的老人选择“留恋人生”，有1.0%的老人选择“相信来世”。男性老人总体上对后事态度更加豁达，选择“无所牵挂”“听其自然”的比例分别为32.6%和49.5%，高于女性老人。而女性老人更注重家庭生活和儿女团圆，总体上对后事态度更加保守，选择“总有遗憾”“留恋人生”的比例分别为9.7%和7.2%，略高于男性老人。

(三) 农村老人总体生活满意感受正面、积极

调查发现，农村老人对于人生态度大多正面、积极，选择坚强、乐观地面对生活。在被问及对目前的生活状况是否满意时，大多数老人往往笑着回答“有什么不满意的呢？不满意也要满意！”，有81.3%的老人对目前的状况表示“满意”。具体而言，22.1%的被调查者认为目前的生活状况“非常满意”，59.2%的被调查者对目前的生活状况表示“比较满意”，只有14.3%的被调查者认为目前的生活状况“一般”，选择“不太满意”和“非常不满意”的分别只有3.9%和0.5%。老人们这种坦然、乐观的生活态度令人心生敬意。

东、中、西部老人对目前生活状况选择“很满意”的分别为24.4%、17.2%和19.5%。东部地区老人的满意程度相对更高，因为东部地区经济发达、生活水平更高，而且东部地区农村劳动力外出比例相对较低，回家的时间成本和物质成本更低，使得老人有更多机会享受家庭团聚生活。综合来看，客观物质生活水平和社会支持两方面的优势，导致东部地区老人的生活满意度更高。

三、如就农村社区管理的效能而言，中部地区农村老人对生活满意度感受较差

（一）良好的“社会关系”和“社会支持”是农村老人生活满意度高的主导因素

“社会关系”和“社会支持”主要表现在邻里关系、与子女关系、与配偶关系三个方面。具体而言，被调查老人对“邻里关系”的满意程度最高，表示“很满意”和“比较满意”合计占89.2%，所有被调查者中没有一个人选择“非常不满意”；其次是“与子女的关系”，表示“很满意”和“比较满意”合计占86.5%；再次是“与配偶关系”，表示“很满意”和“比较满意”合计占83.5%。调查中，农村老人大多空巢或者独居，空巢老人还要照顾留守孙辈，尽管很多老人的生活条件不尽如人意，但老人本人却十分知足，对目前状况较满意。唯一遗憾的是子女不在身边，尽管有老伴和孙辈陪伴也不免感到孤独。虽希望与子女住在一起，但为了不拖累子女，老人甘愿忍受寂寞，所以对“与子女的关系”选项都表示“很满意”和“比较满意”。

（二）经济水平和身体状况直接影响到老人对生活质量的感受

调查显示，老人对“身体状况”和“经济条件”的满意度最低。表示“很满意”和“比较满意”的合计分别为56.5%和59.8%，其中“很满意”的分别只有15.8%和14.4%，远低于生活满意度的其他选项。而表示“非常不满意”的分别为2.9%和1.8%；表示“比较不满意”的分别为15.1%和11.1%，远高于生活满意度的其他选项。调查显示，东部地区老人对身体状况的满意程度为20.0%，高于中部地区的11.8%和西部地区的15.3%。因为东部地区经济发达、生活水平高、社会保障和医疗水平也较高，老人拥有更多的资源关注自身健康。

东部地区老人对经济水平的满意程度为21.5%，明显高于中部地区的11.9%和西部地区的13.7%。东部地区经济发达、生活水平高、社会保障水平更高，老人无论是从新农保获得养老金，还是从地方政府获得的其他经济资源，都远远高于中、西部地区。

（三）农村社区管理效能的高低，直接导致老人生活满意度出现差异化

调查显示，农村老人对“居住条件”“村里的环境卫生状况”“村里的治安状况”“村里对老人的照顾”和“村里的土地政策”等涉及农村社区管理的问题，满意度一般。值得注意的是，相对东部和西部，中部地区农村社区管理诸方面的满意程度都最低。在“很满意”选项中，“居住条件”的满意度为：中部17.1%，东部28.6%，西部20.9%；“村庄环境卫生状况”的满意度为：中部11.4%，东部22.7%，西部17.0%；“治安状况”的满意度为：中部13.9%，东部24.3%，西部22.0%；“村里对老人照顾”的满意度为：中部10.5%，东部22.1%，西部17.9%；“村里土地政策”的满意度为：中部9.9%，东部19.6%，西部16.9%。

四、提升农村老人生活质量的建议

（一）提高农村老人收入水平，夯实生活质量的物质基础

经济发展水平决定了我国东部、中部和西部地区农村在生活质量上存在较大差别。应该通过多元化的途径增加老人收入：① 推动农村土地产权改革，推动土地流转，进一步提升农村老人来自土地的收入；② 扩大农村信用合作社的功能，帮助农民在土地流转方面以切实可行的方法提供担保，并将所面临的社会风险分割计算、延展、担当，帮助农民在资产性投资方面理性化地计算，尤其对风险掌控的跟踪、计算和管理；③ 逐步培养农村老人现代理财观念，推动其资产保值增值。要提高老人生活水平的经济基础，进而夯实生活质量的物质基础。建议重视“市场化问题”，解决农村老人生活质量问题单靠政府行为或农民自发行为是远远不够的。无论是农村老人的基本生活诉求，还是有着更为多样丰富的各种诉求，都需要相应地通过市场形式提供满足需求的各种产品，市场可以有针对性地满足老人的需要，可以有效地解决老人生活中的某些困难，可以相对公平、公正地通过货币形式实现生活质量的物质保障。

（二）以改进农村社会管理为突破口，多维度地全面提升农村老人的生活满意度

经过30多年的改革开放，在东、中、西部梯度发展的模式下，经济社会发展呈现出巨大的落差。东部地区的经济社会发展达到较高水平，东部地区的农村社区管理在客观物质条件和村庄治理能力方面都更具有优势，西部地区现代化和工业化进程尚未完全启动，农村社区管理仍然停留在基于农耕社会的传统乡村治理模式和熟人社会环境中，即发展水平低、相对变化不大。而中部地区正处于“中部崛起”阶段，因为要承接东部地区的产业升级和产业转移，出现大量劳动力外流与回流、农村土地征用纠纷，新旧两种管理体制并存造成乡村治理的转型压力在农村社区管理方面会集中地爆发出来。

（三）以人为本，通过生活质量与生命质量的贯通，实现多元化的幸福养老

生活质量不仅包括物质层面，还体现为人文关怀，重视老人的精神生活、生活满意度和幸福感。提升农村老人生活质量要坚持以人为本，实现“生活质量与生命质量的贯通”。爱老敬老体现出对生命意识认识的深度，将决定生活质量的深度，只有从基本的人的存在、人的价值、人的尊严、人的权利等角度去认识当代农民生活质量提高问题，才能激发全社会对农村老人生活质量、生命质量提高的自觉，才能把中国农村农民养老问题看作是必要的、根本的、丝毫不可懈怠的民生大计。

（吴淑凤　魏南海）

建议 18

推进农村养老的社会支持体系发展的建议

由上海财经大学组织实施的2014年度大学生千村调查项目以“农村养老状况”为主题对全国31个省（市、自治区）的376个县的537个村的10 421名农村老人进行问卷调查，调查内容涵盖农村老人身体健康状况、经济状况、家庭关系、养老方式和生活质量、社会政策及社会支持等内容。课题组梳理了当前农村老人社会支持的基本状况、基层政府的养老机构使用状况及养老政策的落实情况，剖析了养老措施和养老政策落实中存在的问题，并提出激活农村老人自我管理机制和深化社会支持内涵等政策建议。

一、农村基层养老保障得到显著改善

(一) 乡镇一级的养老机构普及，养老措施有所保障

从调研的数据来看，被调查的老人中，所在乡镇建有养老院的老人为5 826人，占被调查老人的56.8%；所在乡镇建有老年活动室（通常为政府帮助建立的供当地农村老人集聚活动的地方）的老人为5 839人，占被调查老人的56.9%；在被调查的老人中，所在乡镇有助老组织的老人为1 672人，占被调查人数的16.3%；所在乡镇有老人经济组织的为299人，占被调查老人的2.9%。这些数据都表明，乡镇已经逐渐普及养老院、老年活动室、助老组织和老人经济组织等养老机构。这些机构的建立，改变了过去基层养老机构缺乏的状态，使老人能够就地享受就诊、医疗及助老等社会服务。乡镇

养老机构的普及，加之交通的日益便捷，减轻了老人过去花费时间和精力去县里看病的负担，提高了其就地享受养老措施的保障水平。

（二）农村老人满意度提高，社会支持有所改善

调查中，课题组发现，当老人有经济需求时，虽然对“子女或其配偶”的依赖度是最高的，为77.7%，但对村委会的依赖也排在第三位，占被调查人数的3.2%，当老人遇到法律纠纷的时候，选择“村委会”为支持对象的老人占30.1%（3 036人），仅次于将“子女或配偶”作为支持渠道的老人比例（38.8%，共3 908人）。调查还发现，诉诸法院和乡镇政府解决纠纷的老人比例也不低，分别为12.5%（1 258人）和7.8%（784人）。这些数据都说明，基层政府加强了对老人的关心和访问，并做了大量工作，帮助老人处理相关的问题和纠纷。

基层政府对养老工作的这些投入，获得了老人的肯定。数据显示，在被调查的老人中，60%的老人感觉社会对老人是“比较尊重”的，感觉社会对老人“非常尊重”的老人占被调查老人的18%，为1 907人。同时，对村委会养老措施感到满意的老人人数最多，为4 168人，占被调查人数的40%，对乡镇助老服务“满意”的老人为4 011人，占被调查老人的38.5%。这些数据都说明，基层政府对老人的关心，使老人感到政府关注到他们，从而提高了对政府的满意度。这也说明今天的农村老人在获得社会支持的资源和产品方面，相比过去有较大的改善。

二、农村养老机构形式单一，缺乏政策落实的监督机制

（一）养老机构的形式单一

尽管乡镇普及了养老机构，但往往只对孤寡老人提供服务。许多处在困境中的空巢老人、特殊老人或处在半自理状态的老人，仍然感到生活处在相对无助的状态。此外，养老机构的形式比较单一，主要是政府办的敬老院，多样式的养老模式几乎没有。数据显示，在被调查的老人中，村里建有养老院的老人为1 649人，占被调查老人的15.8%；村里建有老年活动室的老人为4 748人，占被调查老人的45.6%；村里有组织老人娱乐活动的老人为

3 317人，占被调查老人的31.8%。与此同时，村里有宣传养老保健知识的老人为2 225人，占被调查老人的21.4%；村里有互帮互助的老人为2 097人，占被调查老人的20.1%；村里有节庆日访老探望的老人，为1 765人，占被调查老人的16.9%。由此可见，大部分老人所在的村庄都有老人活动室，但仅有1%的村庄有养老院。约有1/3的老人参加村里组织的娱乐活动，仅有1/5的村子宣传保健知识，并举办互帮互助的活动。这些过于单一的养老模式，都限制了农村养老工作的发展。

（二）国家及地方政府提出的养老政策，与农村老人之间存在信息不对称

调查数据显示，农村老人对政府的养老政策并不了解，但对其满意度却很高，这表明国家及地方政府的养老政策与农村老人之间存在着信息不对称的状况。在被调查的老人中，知道区县政府有养老政策、但不了解的老人数量最多，为4 159人，占被调查人数的39.9%；而知道区县政府有养老政策、但了解甚少的老人数量也不低，为3 703人，占被调查人数的14.9%；对于区县政府养老政策了解的老人比例较低，占14.9%，为1 550人。这些数据都说明，不管是国家还是地方政府的养老政策，农村老人都是缺乏了解的。但是，数据同时显示，对政府当前养老措施的态度方面，大部分老人还是“比较满意”的，占48%，为5 004人，其次是觉得政府当前养老措施“一般”的老人，占被调查对象的32.6%。而感到非常满意的老人占被调查人数的12.9%，为1 344人，“不满意”或“很不满意”的老人仅为5.7%和0.8%。这些数据都表明，很多老人对国家及地方政府的养老政策缺乏了解。一方面，他们对政策存在相当程度的误解，并不能合理地享受相关政策待遇；另一方面，信息不对称使得老人对政策存在片面理解。在一些老人看来，自己一辈子干农活身体好，每年交出的金额纯属多余，无需办理新农合。加之新农合办理手续繁杂、难以报销，他们更失去了办理保险的动力。

（三）政策落实的监督机制缺乏，政策宣传力度不够

调查数据表明，一些地区由于基层政府缺乏相对应政策落地的监督制度，许多老人在享受政策上打折扣或根本不知情。数据显示，在被调查的老人中，56.8%的老人知道“特殊年龄段老人享有月津贴”，为5 826人；

56.9%的老人知道“老人健康状况信息网络”，为5 839人；知道“节庆日的老年慰问金发放”的老人和知道“政府发放给孤寡老人的特殊补贴”的老人最少，分别为16.3%（1 672人）和2.9%（299人）。在那些被调查的老人中，对于国家的养老保障政策，55.7%的老人知道“五保户政策”，人数为5 809人；30.5%的老人知道“孤老进敬老院政策”，为3 177人；50.6%的老人知道“农村养老保障制度”，为5 268人；13.3%的老人知道“统筹城乡养老保障制度”，为1 384人。这些数据都说明，许多农村老人对国家及地方政府的政策是缺乏知情权的，有些地区的基层政府在宣传养老政策及监督政策落实方面存在漏洞。

三、激活农村老人自我管理机制，深化社会支持的内涵

（一）进一步激活农村老人自我管理的机制，消解“等、靠、要”的消极心理

农村养老由于受到我国目前国情发展的一些限制，无论是物质资源还是经费投入，单靠政府解决是比较困难的，因此我们要大胆借鉴发达国家老人自主管理的经验，针对我国农村老人的分布情况以及被组织心理，成立村一级的老人协会，重点推行四大功能：一是老人自主管理，把那些身体健康、乐于奉献、甘于服务的“五好老人”选到协会中为老人们服务；二是开展老人之间的信息传递活动，利用各种类型的活动让老人尽可能做到经常见、事事听、村里大事都知晓，做到真实声音的汇聚、养老下情上传；三是较好地配置老人群体中的各种技能的资源，让老人群体中的“小能人”“土专家”走动起来，做到哪家有困难到哪家去相助；四是增强学习功能，不定期组织老人实施“读报会”，让老人及时对国内外大事有所知晓，使老人对重要信息来源的途径从道听途说转到有根据的座谈，让老人在感情交流、信息交流、思想交流的过程中，获得正能量的思想观念、价值观念和生活观念。

（二）深化社会支持的内涵，通过动用各种社会经济资源，配置各种社会文化资源来推进农村养老工作

农村养老社会支持体系的建设是解决农村老人社会支持问题的关键点，

而要建立起多元化、综合性的农村养老社会体系，必须深化社会支持的内涵，重新思考政府、社会、市场三者之间的关系，充分调动社会和市场中的各种社会经济和文化资源，并通过合理配置这些资源来推进农村养老工作。这具体表现在：首先，要发挥农村社区应当发挥的作用。不仅要推进城乡老年养老协会的组织互动，更要在具有一定条件基础上，发挥本土精英的作用，建立同乡促进会和商会，最大程度地调动社会各方面的资源和积极性，从根本上解决农村养老的社会支持。其次，要合理拓展并规制农村的老年药品市场。第三，对地形较为复杂，尤其是在农村偏远山区，以县、镇为单位，建立流动的医疗服务车（集体检、诊疗和急救、健康护理为一体的流动医疗义务车），缓解农村老人医疗就诊的困难。第四，在有一定条件的地区，建立移动医疗“阳光驿站”，即在一定信息条件下，点对点进行诊断，从而实现远程诊断。

（苏熠慧　韩炯）

建议19

推进以地养老模式的建议

由上海财经大学组织实施的2014年度大学生千村调查项目以“农村养老状况”为主题对全国31个省（市、自治区）的376个县的537个村的10 421名农村老人进行了问卷调查，调查内容涵盖农村老人身体健康状况、经济状况、家庭关系、养老方式和生活质量、社会政策及社会支持等内容。课题组梳理了当前土地流转与养老保险问题，提出了“以地养老”模式的建议，供有关部门和领导决策参考。

一、农村养老保险的历史性突破及其不足

新型农村社会养老保险政策（简称“新农保”）是国家在2009年推出的，以保障农村居民年老时的基本生活为目的，建立个人缴费、集体补助、政府补贴相结合的筹资模式，养老待遇由社会统筹与个人账户相结合，与家庭养老、土地保障、社会救助等其他社会保障政策措施相配套，由政府组织实施的一项社会养老保险制度。总的来看，新农保制度是深入贯彻落实科学发展观、加快建设覆盖城乡居民社会保障体系的重大决策，是应对国际金融危机、扩大国内消费需求的重大举措，是逐步缩小城乡差距、改变城乡二元结构、推进基本公共服务均等化的重要基础性工程，是实现广大农村居民老有所养、促进家庭和谐、增加农民收入的重大惠民政策。

自2009年建立新型农村社会养老保险制度并开展试点，2011年末全

国列入国家新型农村社会养老保险试点地区参保人数为3.3亿人。2012年8月起，新型农村社会养老保险和城镇居民养老保险制度全覆盖工作全面启动，合并为城乡居民社会养老保险。截至2013年底，全国新农保、城镇居民社会养老保险参保人数已达4.98亿人，其中领取待遇人数达1.38亿人。

农村养老保险新政策的实施，是贴近农村居民生活的体现，也是我国养老保险的一大突破。但依然存在着以下几个显著的问题：

（一）基础养老金基数过低

现行标准的月人均养老金仅为81元，全年不到1 000元。2013年我国农民人均年纯收入8 896元，按目前每月81元、每年972元的养老金计算，养老金替代率不到12%，与国际上公认比较合理的50%～60%替代率相差甚远。

（二）因多数农民对个人缴纳养老金的认识不足，自愿性参保率低

在实地调查过程中发现，有些地方农民对于此项政策的认可度很高，但是参保缴费率却并不理想。尤其是45岁以下的中青年农民的积极性不高，参保率缺失现象较为突出。中青年农民往往认为缴费后等待领取养老金的时间长达三四十年，时间长，变数大。而且他们身强力壮，认为凭自己的身体和劳动，完全可以自己养活自己，考虑养老问题为时过早。

（三）两个账户加起来没有起到从根本上解决实质性养老问题的作用

农村养老金账户由两部分组成：基础养老金账户和个人账户。以2009年的标准核算，基础养老金账户为55元/月，个人养老金账户月计发标准为全部储存款除以139。正如很多老人所说，新农保养老金就是一些“零花钱”，养老还是得需要年底几个孩子往家里拿钱。

二、以地养老是解决农村养老最为有效的方法

（一）土地流转的推进将使农民受益

2014年11月，中共中央办公厅、国务院办公厅印发了《关于引导农村土地经营权有序流转、发展农业适度规模经营的意见》（以下简称《意见》）。

伴随我国工业化、信息化、城镇化和农业现代化进程，农村劳动力大量转移，农业物质技术装备水平不断提高，农户承包土地的经营权流转明显加快，发展适度规模经营已成为必然趋势。以往的农户之间的土地流转尽管都是协商自愿的，但总觉得心里不踏实。有的农户反映土地流转后，经营承包权应该归我了，但原来农户的土地经营承包登记证上并没有变更。而《意见》的出台，让他们吃了颗“定心丸”。

如今，农村年轻人大多外出务工，农业成了“老年产业”，许多地方甚至出现了抛荒现象。如何重新激发农民的积极性？党的十八届三中全会明确提出建立、健全规范有序的土地流转制度，鼓励承包经营权在公开市场上向专业大户、家庭农场、农民合作社、农业企业流转，让市场来调节和促进农场化农业、新型农业化发展。只有这样，才能维护农民生产要素权益，激发农民的积极性，真正构建以工促农、以城带乡、工农互惠、城乡一体的新型工农城乡关系。

（二）把土地流转与农村养老挂钩，推行“以地养老”模式

农民以土地为本、以土地为根。把养老金的可持续发展与农民的土地联系起来，可以解决三个问题：①“以地养老”模式是养老金跟着土地走、土地跟着农民走，农民才有永久意义上的养老金的可持续发展。土地流转之后，规模化的经营势必会带来土地经济效益的增加。让农民与流转出去的土地相联系，养老金从流转出去的土地中抽取，农民的养老金才有了持续发展的可能。②“以地养老”模式是农民可以按照土地的贡献率，预期自己养老金的增量。土地贡献率是一个实实在在存在的数字，农民可以根据流转出的土地贡献率计算出自己可能得到的养老金数量以及未来可能增长的数额。③“以地养老”模式是可以制度化地解决农民养老金保障的根本问题。农民养老金与土地流转挂钩，只要土地得到永续的利用，农民就可以得到稳定的、持续的收益。

三、推行以地养老模式的政策建议

（一）在现有两个养老金账户的基础上增设“以地养老”新账户

建议在现有农村养老保险的基础账户和个人账户的基础上，新加一个“以地养老”账户。该账户直接与土地流转收益挂钩，按照相关规定，从土

地流转收益中划拨一部分充实进来。农村养老保险三个账户相互支撑、相互补充，共同促进农村养老保险可持续发展。

（二）尽快建立“以地养老”的相关制度

第一，在土地流转的制度中增加农民养老的相关约束条文。若土地流转未有相应的养老金的考量，任何协议或合同都将被视为无效。

第二，在土地贡献率与养老金增长率之间要制定合理的杠杆率和分配比例关系。

第三，各省市按照经济发展的GDP水平规定本地区农村土地流转与养老金保障的计算基数与方法。

（三）尽快出台农村养老金账户的管理办法，其中包括账户的迁移、流动和仲裁的相关政策

第一，核准农村养老金账户，规范其流程，确保土地流转部门与养老金管理部门的对接。

第二，构建全国农村土地流转与养老金管理联网体系，让农民随时查询养老金情况并办理养老金账户的相关手续，实行“一卡通”，解决异地交付和使用问题。

（四）激活资产性运作，夯实“以地养老”的土地性收入基础

实现农村土地资产化、证券化，才能提高农民的土地收益对养老金的支持力。首先要稳定土地承包权，有必要变目前的有限期承包为无限期承包，给农民以承包地的转让、租赁、抵押、继承等权利，这样不仅使农民对土地收益有较长的预期，也可以加速土地的流转。其次，对土地进行股份制改造，推动土地的合作化与多种经营，提升其附加值。通过将集体资产及土地折价入股、配置股权、股权管理以及股权分配，可以为农民养老提供更为坚实可靠的物质保证。

（五）激活农村信用合作社的农民养老金融功能

原来仅仅以存贷作为主要业务的信用社运作模式已经远远不能适应新农

村农民养老的要求，必须激活其服务于农民养老的金融功能，甚至可以代理农村养老账户，帮助农民在土地流转方面提供担保、支付等服务，并将所面临的土地流转风险分割、计算、延展、担当，帮助农民在资产性理财方面进行理性化地运作。

（张雄 刘长喜）

建议20

推进农村互助和城乡互动养老模式的建议

由上海财经大学组织实施的2014年度大学生千村调查项目以“农村养老状况”为主题对全国31个省（市、自治区）的376个县的537个村的10 421名农村老人进行问卷调查，调查内容涵盖农村老人身体健康状况、经济状况、家庭关系、养老方式和生活质量、社会政策及社会支持等内容。课题组梳理了当前农村老人的社会生活状况及养老方式状况，揭示了在现代生活方式趋强而传统“养儿防老”观念固守情况下农村老人面临的养老困境，需要通过养老模式创新来逐步加以解决。

一、期盼“与子女同住”的养老方式仍是农村老人的首选

（一）四成多农村老人喜欢的养老方式是“与子女同住”

农村老人喜欢的养老方式：选择“与子女居住”占42.3%，排在第一位；选择“独居或与配偶住，子女在附近”占39.3%；选择“独居或与配偶住，子女不在附近”占16.3%；选择“进敬老院、福利院养老”仅占1.3%；选择“商业性老年公寓”占0.1%；选择“村里日托所”占0.2%；其他占0.6%。

农村老人对进城养老态度：“不喜欢进城养老”的老人有7 055人，占67.7%；“喜欢进城养老”的老人有3 366人，占32.3%。不喜欢进城的主要原因排序为：生活不习惯占42.2%、没有信任熟人说话占21.5%、生活费

用高占11.1%、怕拖累子女占8.2%、空气不清新占9.6%、家庭走不开占4.1%等。

农村老人对进养老院的态度：回答“不能接受”有4 926人，占47.3%；“能够接受”有2 855人，占27.4%；“迫不得已才接受”有1 368人，占13.1%；“无所谓”有1 272人，占12.2%。

老人们不愿意进养老院的原因排序如下：“认为孤老才进养老院”占25.4%，“经济不能承受”占16.3%，“不自由”占16.1%，“怕子女被指责”占10.5%，“不光彩”占14.0%，“服务质量低”占4.8%，“不喜欢垂暮的环境”占4.6%。

愿意进养老院的原因排序如下：“子女不在身边，无子女照顾”占30.7%；“生活不能自理”占29.2%；“有专业服务”占18.5%；“减轻子女负担”占9.8%；“结交同龄朋友”占2.7%；其他占9.1%。

农村老人喜欢的养老院类型：“公办养老院”占65.6%；“社区互助式养老院”占16.5%；“民营养老院”占7.1%，“其他”占10.8%。

（二）农村老人追求儿孙满堂，尽管子女远在他乡

各地区老人喜欢的养老方式有些共同点，即有八成左右的老人喜欢子女最好住在附近或与子女一起居住。这主要是受传统孝顺文化的影响，老人们“养儿防老”的观念根深蒂固。老人们总认为子孙满堂是一种福气，是天伦之乐。老人进养老院说明孩子不孝顺，自己脸上会很没有光彩。他们认为，只有无儿无女的孤老才会进养老院。同时，村里没有养老院，养老院对农村老人来说是可望而不可即。而部分养老院高昂的费用也让老人们望而却步。尽管有些老人的子女远在他乡，但多数老人喜欢的养老方式是与自己的子女住在一起，或者子女住在附近，能够守望相助。

（三）68.4%的农村老人依靠子女经济支持，大多数农村儿女对老人孝道犹存

通过问卷调查得知，68.4%的老人主要靠子女的资助来生活，子女帮助是老人经济收入的最主要来源。根据调查反映出的老人经济收入主要来源，排在前五位的分别是：子女帮助、新农保养老金、土地收入、以往储蓄、副

业收入。近年来，新农保对农村老人的养老作用越来越明显。同时，土地对农村老人的养老功能也不能忽视。以往储蓄也是农村老人养老的补充保障。老人的养老储蓄状况是：无存款的老人6 329人，占59.80%；有存款的老人4 192人，占40.20%。可见，无存款的老人所占比例超过了一半。农村老人中有养老储蓄的人口比重低，仅为40.20%，金额也少，尚有59.80%的老人没有存款。当老人身体状况不好时，就很难通过劳动获得收入。目前，农村老人通过“新农保”取得的养老金还不足够。子女是农村老人主要经济来源，老人对子女的依赖程度很高。如果子女出现变故或子女不孝顺，那么老人会立刻陷入养老困境中。

(四) 农村孤寡老人和重症老人特别需要关心和帮助

一些农村孤寡老人缺少精神慰藉，存在孤独感，对生活的满意度较低。丧失劳动能力的高龄老人没有了主要经济来源。每月几十元的养老金和养老补贴，相对于走高的物价和必需的日常支出，已是杯水车薪，只能够简单维持生活。农村老人和城市老人相比，获得的社会支持更少一些。农村老人一旦染上重病（如癌症等），医疗支出大幅增加，而新农合的保障有限，会入不敷出，精神压力很大，往往因病致贫。

二、近四成农村老人“身边无子女居家养老”

(一) 数据反映，中国农村老人近半数处于健康状态

老人的基本情况是：在调查的10 421名60岁及以上的老人中，从性别看，男性占50.9%，女性占49.1%。从年龄看，60～64岁占28.4%，65～69岁占26.6%，70～79岁占33.7%，80岁及以上占11.4%。老人的婚姻状况，已婚占74.9%，丧偶占22.76%，离婚占0.6%，未婚占1.2%，同居占0.6%。老人中没有孩子的占1.4%，有1个孩子的占7.1%，有2个孩子的占27.9%，有3个孩子的占29.7%，有4个及以上孩子的占33.9%。

根据老人自己的回答，身体状况“很健康”占11.6%，“健康”占35.0%，“一般”占34.7%，“较差”为16.2%，“很差”占2.6%。调查的农村老人中能够完成简单家务的占91.8%，有困难及不能的占8.2%。能够自

己上厕所的占96.0%，不能上厕所和有困难的占4.0%。

（二）近四成老人“身边无子女居家养老”，仍有一些老人处在多样化的养老模式中

在原居住地的老人中，“身边无子女居家养老”的老人比例为39.8%；“身边有子女居家养老”的比例为59.7%，“其他”占0.5%。不同子女住，子女会：每周来探望占27.1%，每月来探望占15.5%，逢年过节来探望占26.7%，有需要来探望占5.8%，不定期来探望占21.0%，基本不往来占1.9%，无子女占2.1%。老人与子女基本不往来的原因有：其一，关系不好，存在矛盾，儿媳不懂事或儿子不孝顺；其二，孩子们外出打工或长期居住在外地，距离太远，路费太贵，工作太忙。在随子女外出的老人中，“候鸟式跟随子女”占40.3%；“长期跟随子女”占59.7%。若不与子女同住，子女居住在外地的占21.71%，居住在本村的占37.2%、本乡的占10.6%、本县的占23.6%，无子女占2.1%，其他占4.8%。子女轮流养老方式中，不定期轮换养老占34.7%，每年轮换养老占10.5%，每月轮换养老占19.0%，其他占34.7%。

对于“您子女是否孝顺您”的问题，老人们的回答是：很孝顺占43.1%，比较孝顺占45.0%，一般占9.1%，不太孝顺占1.3%，很不孝顺占0.3%，无子女占1.3%。对于“平时子女是否经常打电话问候”的回答是：经常电话联系的占56.4%，有事情会打电话的占29.2%，很少打电话占8.1%，从来不打电话占4.4%，其他占1.8%。

（三）农村留守老人增多，许多老人不是在居家养老，而是在隔代抚育

随着我国城市化速度的加快，农村劳动力不断向城市转移，农民工开始市民化，离开农村的青壮年劳动力增多，农村里留守的老人增多，空巢老人增多。目前，农村外出打工人数较多，根据千村调查的村问卷资料显示，我国东部、中部、西部、东北部各村外出务工人数占村户籍人口的比例分别为32.2%、36.2%、34.8%、29.9%，全国各村整体的外出务工人数比例为33.6%。我国东部、中部、西部、东北部各村留守老人户数占村总户数比例分别为17.7%、19.63%、19.5%、21.8%，全国整体各村留守老人户数比例

为19.1%。我国只有老人和小孩的户数占村总户数的比例为11.4%、11.9%、12.8%、14.2%，全国整体各村只有老人和小孩的户数比例为12.0%。农村老人留守现象增多，影响老人的生活，有些老人不是在养老，而是在隔代抚育。中西部地区外出务工人数占户籍人口比例高于东部、东北部地区，中西部地区有留守老人户数比例也高于东部地区，这主要是由于我国农村劳动力主要是由中西部地区向东部地区转移，中西部地区是农村年轻劳动力的流出地区，东部地区是流入地区。受户籍制度和城市较高的生活成本等因素的影响，中、西部老人们一般选择留在家中或原地区。

（四）中、西部农村留守老人更孤单，对养老状况满意度偏低

农村老人对养老状况满意程度的回答是："很满意"有2 263人，占21.7%；"比较满意"有5 605人，占53.8%；"一般"有2 042人，占19.6%；"比较不满意"有413人，占4.0%；"很不满意"有88人，占0.8%；"其他"有10人，占0.1%。根据老人地区分布和老人对养老满意度的交叉列联表分析可知，中部、西部对养老状况不满意和很不满意的比例分别为5.9%、5.0%，相对于东部老人的不满意和很不满意的比例4.0%和3.2%偏高了。东部地区、东北部地区、西部地区、中部地区老人对养老状况的满意和很满意程度比例分别为78.1%、78%、74.9%、71.4%，可见，东部、东北部老人满意程度高于西部、中部老人。我国中、西部老人对养老状况的满意程度远低于东部、东北部农村老人，与子女外出打工而不在身边也有关联。绝大多数老人仍然锁定在传统的价值观中，永不离开世世辈辈留下的土地，一方面受传统生活习俗的影响，另一方面有叶落归根的情结。由于农村老人文化程度偏低，多数老人还不善于使用现代化通信方式与远在外地的子女们即时联系，生活更显孤独无助。当这部分老人失去劳动能力、无生活自理能力时，儿女又都不在身边，他们将面临养老难题。

三、解决农村老人养老难题的对策思考

我国农村老人是知足常乐的，但随着劳动力转移和城市化进程加快，外出务工劳动力增多，农村老人养老问题更加突出。解决农村老人养老问题，

需要政府、社会、企业、家庭共同努力，采取标本兼治的措施。

（一）打造农村新型养老示范区

打造农村新型养老示范区可以把适龄的老人聚集起来，把特殊老人的需求关照起来，把适合农村老人文化娱乐的生活组织起来，把老人的居住空间流动起来，把老人的生活障碍和困难的排除重视起来。建立本镇本村的新型养老示范社区，既可以使老人离家不离村，又可以使老人离家不离亲，身边若干子女近距离照应。这样既有利于降低农村养老成本，又增强了老人生活的活力，更缓解了老人因离家而带来的孤独感、流离感和失落感。传统的“居家养老”的问题在于老人居住分散，消费不能集中。农村新型养老示范区在管理体制和运作模式上，既应有别于政府主办的养老机构，又要区别于由市场主体主办的具有房地产经济性质的养老机构。它应当采用多元管理体制，能同时体现政府的政策引导和监管、企业和社会组织的市场化投资运营、专家的指导和监督以及老人的自主参与、自我管理。目前探索新的养老模式，不妨在一些地方试点打造“养老示范区”，可以由点到面，层层推进。

（二）最大化地配置社会养老资源

政府、社会、企业一起增加农村养老资源的投入，增加养老院和敬老院的数量，提高养老机构的服务水平和服务质量，降低收费标准，真正为农村老人服务，让农村老人住得起、生活好，幸福感不断提升。“幸福养老”更应当是一个社会系统工程，包含着政府与市场、物质实体和精神向度、社会学的干预与经济学的运筹等。要最大化地配置社会资源，包括公共医疗优质资源的引入、农村养老专业服务队伍建设，企业、基金和社会捐助资源的导入，政府购买服务产品的相关资源的配置，村镇企业对当地养老机构的支持，农村养老商业保险产品的开发，农村互联网技术的引入，等等。

（三）建立农村老人自我管理、自我服务的“老年协会”

通过建立村里的“老年协会”，把农村老人组织起来，可以激活农村老人自主管理、自我服务的主动性和积极性，老人们之间可以传递信息、交流思想、互相帮助，这样老人们有了自己的组织，有了精神上的慰藉，也有了生活上的关照，农村老人的满意度和幸福感会不断提升，老人晚年生活内容也能够丰富而有意义。

（四）增强农村老人和城市老人的养老互动

通过农村村镇与城市社区或居委会共建或互助的组织形式，吸引城市老人到农村里进行旅游交流一段时间，在几周或几个月的时间里，城市老人和农村老人可以同吃同住、共同活动，交流信息、观念、志趣、想法等。有条件的城市老人还可以通过结对子的形式对农村老人进行各方面的扶助，如城市老人可以把自己的理财意识、理财方法传授给农村老人，增强农村老人现代理财意识和投资意识。因农村空气好、食品安全健康，也可以吸引城市老人回农村养老，将资金、信息、知识技能等带回农村老家，做到互助互赢。

（五）避免农村出现“空壳”现象

随着城镇化的推进，比照日本农村由长期“空巢”最终转向“空壳”的教训，我国如此众多的农村“空巢”是否也会在不太长的时期内出现“空壳”现象，出现大片的土地抛荒、大量的房舍空关？对此，政府和社会应当引起重视，未雨绸缪。

（张森　陆绯云）

建议21

推进农村互联网金融发展的政策建议

伴随着农村网络建设和网民的快速增长，互联网金融正渗透到农村、农户和农业的生产、流通、消费各环节和领域。“互联网+农村金融”开始出现逐步融合的发展态势，并形成对传统金融的有益补充。但受制于农村传统经济、文化、地理等自身特性，以及农村金融基础和网络条件限制，目前农村互联网金融尚未闯出一条良性发展的新路子。围绕农村基础金融服务的覆盖与使用状况，上海财经大学2015年度千村调查项目组织了对全国范围的随机抽样和定点调查，获取了大量调研数据。本课题组重点梳理了农村互联网金融发展的现状与所面临的困境，并提出了对策建议，供决策参考。

一、传统农村金融仍表现为资金被抽水和服务可得性差问题

（一）农户金融资产单一，传统金融机构对农村的“抽水”现象依然严重

1. 农户的金融资产以银行存款为主（占比达76.65%）

受访农户中对闲置资金的投资方式仍以银行存款为主，占比达76.65%。其中，活期存款占比达到54.16%，定期存款占22.49%。银行理财产品、基金、股票、债券的投资比例极低，分别为2.97%、0.64%、1.59%和0.14%，反映出我国农户投资渠道单一，农户资产增值能力差。

2. 农户的借款以民间借贷为主（占比达76.65%）

采用多选方式对农村地区借贷方式进行调查，发现仅有31.68%的受

访者使用银行贷款，而民间借贷的比例高达76.65%，互助会借贷比例为1.17%。从农户的职业分布来看，农民的贷款比例最低，仅为10.54%；产业工人和退休老人的贷款比例也不高，在11.7%左右；商人和私企老板的贷款比例较高，分别为16.94%和34.25%。农村金融中信息严重不对称、信贷员实地走访审核农户信用方式和农户贷款抵押物不足等原因，导致银行对农户惜贷，农户在金融机构的融资可得性差。

3. 农村金融机构总体存贷比较低

调查显示，农村金融机构存贷比在50%及以下的达到55.17%，仍然有10.34%的乡镇金融机构存贷比低于10%，甚至有1.72%的金融机构没有任何的贷款发放。高存款率、低贷款率导致农村地区资金抽水严重，农村资金单向流入城镇的局面并未改变，传统农村金融得不到良性可持续发展。

（二）农村地区金融设施建设不完善，金融服务可获得性差

从县域调查结果来看，仍有未被金融机构覆盖的乡镇，有些乡镇需要和临近的乡镇共用一个金融机构。村域的调查问卷结果显示，有68.47%的农村没有POS机，74.77%的农村没有ATM机的覆盖。村民用最普遍的交通方式前往最近的金融机构平均需要15分钟。

二、互联网金融已进入农村，服务模式仍在探索阶段

（一）农村互联网建设落后于整体水平，但农村网民增速较快

根据中国互联网络信息中心（CNNIC）发布的最新数据，中国固定宽带接入端口数达4.07亿个，覆盖到全国所有城市、乡镇和93.5%的行政村。对比课题组实地调研数据，中国农村地区的总体网络接入率达到54%，其中无线网络（手机等无线上网）接入占比为28%，有线网络（有线宽带接入）占比为72%，由此可见，农村无线网络发展还远落后于全国的整体水平。同时，我们还发现东部地区、中部地区、西部地区总网络连接率分别为63%、50%和38%，有线网络的接入率差距较大，尤其是西部地区网络建设不足。

CNNIC数据显示，截至2015年12月，全国网民规模达到6.88亿，中国居民上网人数已过半，互联网普及率达到50.3%。农村网民人数仍然较低，

规模为1.95亿，占全国总人数的比例仅为28.4%，但农村网民规模增长速度较2014年底增加了9.5%，增幅是城镇的2倍。

（二）新兴互联网金融以商贸带动金融服务模式尚处于开拓和投入阶段，并呈现与传统金融机构融合发展态势

（1）农村互联网金融以最基础的银行服务和最基本的网购功能为主，新兴的网络理财和融资比重很小。调查显示，第三方支付平台和网络银行服务占比分别为36%和26%，而宝宝类理财和P2P类仅为3.64%和0.9%。

（2）第三方支付、宝宝类理财等新兴互联网金融发展依赖传统银行支付结算系统的支撑。调查显示，随着传统金融机构（主要指银行）覆盖率上升，互联网金融的渗透率显著上升。传统金融服务水平刺激网络银行、第三方支付平台和宝宝类理财产品的使用，二者之间存在着互补而非替代的关系。

（三）农村互联网金融四大运作模式已形成，正逐步构建与农户链接平台

（1）以信用社、农商银行等为代表的传统金融机构打造“互联网+农村金融”发展新路径。特别是商业银行可以将其业务与移动互联网连接起来，利用移动平台客户端推送金融服务，打造移动金融。中国农村地区对网络银行服务的使用率为26%，属于较低水平，其中使用率较高的三项业务为账户查询、在线支付和转账汇款，分别为55%、78%和57%。使用网络银行进行个人理财的比例仅为7%。根据对调研数据的分析，农户家庭年收入和理财需求高度正相关，所以7%的个人理财业务也反映了农村居民收入水平较低，没有多余的资金来理财的现状。

（2）综合电商渠道下沉，借助其平台优势以电商为站点，实现与金融同步发展。例如阿里巴巴启动的针对农村的“千县万村农村淘宝计划”，通过“网贷下乡，农贷进城，金融协同”，推出针对农户的旺农贷等，将村一级需要金融服务的农户信息搜集上来，从而将金融服务送到农村。在所有用过第三方支付平台的被调查农户中，94%的居民使用过支付宝，但只有26%的用户使用过银联支付，25%的用户使用过微信支付，相比传统金融机构，电商的网络支付功能优势明显。

（3）农业龙头企业借助其强大的线下资源打造农业、金融一体化生态

圈。以大北农集团打造的“智慧大北农”为例，其一方面提供电商服务，另一方面提供金融服务。

（4）大型P2P平台与农业供应链对接，实现协同发展。如宜信农商贷。

可见，农村互联网金融正借助于互联网、移动支付等技术，利用传统金融机构网络银行业务、新兴互联网模式将相关金融服务切入到农业产业链的各环节。网上支付、移动支付等新的支付模式改善了用户对实体网点的依赖和服务体验差等问题，“互联网+农村金融”融合形成崭新发展机制，形成对传统金融模式的有益补充。从表1可见，四大业务模式发展不平衡，传统金融机构凭借先天业务优势，仍占据主要市场份额，新兴互联网金融以商贸带动金融服务模式仍处于探索和投入发展阶段。农村互联网金融的应用尚未闯出一条良性发展的新路子。

表1　2015年农村互联网金融四大发展概况

模　式		典型案例	实施项目情况
传统互联网金融模式		农村电子银行业务	网上银行累计3.56亿户，金额150.44万亿元。
			手机银行累计2.76亿户，金额13.68万亿元。
			电话银行累计1.81亿户，金额4 429.26亿元。
新兴互联网金融模式	大型电商平台	阿里巴巴的“千县万村农村淘宝计划”	用3～5年的时间投资100亿元，建立1 000个县级运营中心和10万个村级服务站。2014～2015年余额宝新增农户超过2 000万。
		京东金融的白条、小额信贷	2015年3月京东乡村推广员就突破了3 000人，覆盖50个县级以上农村地区。
	农业企业集团	村村乐金融	在全国各地已经拥有了将近30万的村干部，实施线上线下点对点的连接作用；村村乐正投入2亿元资金在全国1万个村庄试点农村超市。
	大型P2P平台	宜信农商贷	宜信从2009年开始探索农村市场业务模式，到2015年建立了100多个网点，其中非公益性质的农商贷网点有60多个。

资料来源：中国人民银行.2015年农村地区支付业务发展总体情况报告［D］.2016–03–28；刘旷.互联网金融之风正刮向农村，四大模式争奇斗艳［J］.2015–05；闫舒媛.农业互联网金融报告：传统银行不愿做的千亿市场［M］.2015.

三、经济金融基础薄弱和监管缺失是农村互联网金融发展的掣肘

大量的互联网金融公司快速切入农村金融市场，但很快发现农村金融市场并不像城市金融市场，可以极致地发挥互联网优势，农村金融的市场基础薄弱、网络设施基础建设不足、信用体系基础缺乏、坏账率高发风险等因素，给互联网金融企业戴上了“紧箍咒”。

（一）农村地区的信用信息化程度低，基础设施薄弱

我国农村地域面积广阔，居住环境分散，导致传统金融机构全面覆盖成本高昂，传统金融机构服务割裂，效率低下。目前，我国央行征信系统、地方政府征信平台达到区县一级，尚未实现村一级的信息化。即使在农村互联网金融较发达的浙江地区，建德市作为国家级农户信用信息管理系统“双试验区”试点地区，农户信息归集可以达到80%，但全是手工操作，不仅工作量大，而且信息更新困难，难以持续。此外，虽然有许多互联网金融公司推出针对农村的金融服务平台，但是由于农业信息化程度低，多数小平台有服务却没顾客，交易量很少，难以持续。缺乏基础信用信息健全和畅通，互联网金融交易的地理空间优势难以发挥作用。

（二）农村金融需求复杂多样，农户信贷差异大且难以标准化

农村之间农产品分布不仅分散，而且差异大，农村需求又复杂多样，因此将积累的交易数据分析转化成信贷资源和进行标准化难度大。目前，农村地区银行信贷员多以实地走访农户家庭方式考核审批农户贷款，导致对信贷审核标准过于主观。

（三）缺乏信贷抵押物和监管体系不健全，难以形成有效评估机制

互联网技术只是发展农村金融的一种工具，基础金融服务可得性的缺失也制约着农村互联网金融的发展。目前，互联网金融领域不同程度地存在着金融监管缺位问题，特别是P2P网络带宽还没有建立起清晰、统一的监管规则，部分互联网金融机构资金安全、信息安全缺乏保障，更难以形成有效评

估机制。

（四）收入水平和金融认知制约农村互联网金融发展

我国农村地区对互联网金融认识不深，风险意识淡薄。调查数据显示，受访农户中有40%～50%的农户对互联网金融服务不了解。在农户回答未使用互联网金融的原因中，不了解占比44%，不会用占比28%，只有10%的居民是担心风险太高。这说明对于农村居民的金融知识普及活动仍需要进一步加强。同时，调查发现，随着学历的提高，受访者认为互联网金融服务根本没有必要的比重由35%下降至0，说明受教育程度的提升对农村居民认识并参与互联网金融有重要促进作用。

四、以政策创新、模式创新和技术创新推进农村互联网金融发展

（一）综合政策服务模式，探索政策创新

推进农村金融政策创新，采取普惠金融、合作金融、政策性金融和商业金融相结合的政策措施，既要将扶贫金融和慈善金融作为有益的补充，更要发挥政策性金融、合作金融在农村经济中的主体功能。

加快推进农村金融开放，鼓励社会资本进入农村，依托互联网、大数据等为农民提供新型金融服务；鼓励传统电商在为农村提供商品服务的同时，大力推进电商在农村网点的铺设，提升农村网络支付比例，加快农村互联网金融的产品创新、模式创新，充分发挥互联网金融多样化、个性化等方面的突出优势，丰富农村金融市场。传统金融机构应紧紧抓住移动互联网的发展，打造移动金融平台，利用移动终端推送自身产品。同时鼓励银行机构和非银行机构面向农村地区提供安全可靠的网上支付、手机支付等服务。多元化农户的支付手段，拓展农民取款服务的广度和深度。

（二）加快农村信用体系建设，探索模式创新

基于农户的生产者与消费者“二合一”双重身份特征，农村金融对个人征信的依赖和要求更高。解决互联网金融“瓶颈”的关键在于农村信用体系的健全和完善。尽快探索央行征信系统与互联网金融机构征信融合发展机

制，实现传统金融的深度与互联网金融的广度结合；加快建立多层级的小微企业和农民信用档案平台，实现多维度信用数据可应用，降低征信成本；向合格的互联网金融机构发放征信牌照，鼓励收集农村农户信息，积累大数据，分析转化为可利用的信贷资源。

（三）探索符合农村特色的互联网金融产品和服务——技术创新

针对农村社会、经济、文化基础和特点，充分利用互联网和大数据科学的应用优势，创新和开发农村互联网金融产品和服务，整合农村闲散资金和小资金量，释放农村金融需求，提高金融效率，真正实现信用经营与资金经营的分离，推动农村互联网金融健康发展。

（四）加大农村金融服务基础设施建设，对农户普及金融知识

支持有关银行在乡村安装POS机、ATM机等各类机具，进一步向乡村延伸银行卡受理网络。加大对偏远地区互联网的铺设，为农村互联网金融的发展铺平道路。同时鼓励有关部门通过财政补贴等方式扶持偏远地区支付网络建设。加大对农户的金融知识教育，通过城镇金融机构人员定期下乡方式宣传普及金融知识，提高农户金融风险意识。

（胡乃红　刘莉亚　陈曦）

建议22

推进农村保险市场改革的建议

随着政府致力于支持“三农”发展的多项政策出台，农村收入、农民文化水平不断提高，农村有效保险需求正在萌动。围绕新环境下的中国农村保险市场，上海财经大学千村调查项目展开了深入调研，分析了农村保险市场发展的现状、存在的问题及根源，提出了政策建议。

一、2015年千村调查项目农村保险概况

千村调查项目是上海财经大学以中国农村社会经济状况为对象的系列调查项目。2015年的调查主题是中国农村普惠金融的状况。农村保险市场作为农村普惠金融的重要组成部分，也是重点调查对象，包括农村保险市场中社会保障、政策性保险和商业保险的发展情况，保险公司的投入及基层政府的态度等内容。

项目在全国31个省（市、自治区）(除港、澳、台地区）中抽样调查了794个行政村和15 426个农户家庭。最终获得有效的村问卷766份和农户问卷15 386份，问卷合格率分别为96.47%和99.74%。

二、农村保险市场的发展现状：整体低迷、需求萌动

（一）政策性农业保险尚未全覆盖，差异大而保障力度一般

全国68%的村庄均建立了保障程度各异的各种政策性农业保险，但仍

有2%的村庄虽有政策性保险但农户却均未参加，尤其以东部地区最为突出。中部地区大多实行统保。63%的农户认可政策性农业保险的保障力度。东北三省和西部地区政策性保险保障力度的认可度最高，为67%，而中部地区仅55%的农户认可。

（二）商业保险投保率仅40%，保费支出比例很低

东部地区商业保险的投保率最高，为44%，东北三省最低，仅31%，大多投保车险、三者险及人寿保险。不同地区投保率较高的险种有所不同，东北三省的人寿险投保率略高。农户保费支出占家庭年收入的比例普遍较低，仅2%的农户家庭的保费支出达到了占家庭收入20%及以上的标准，西部地区的保费支出明显偏低。

（三）保险保障作用未得到明显体现，仍主要靠自救

农户仍主要采取传统的自救互帮来承担风险，45%的农户家庭靠自救，33%的农户会求助于亲朋好友，仅11%的农户家庭可以依靠保险公司赔款。所获得的保险赔款平均仅弥补了投保人大约51%的损失。

（四）农村保险需求影响因素良性发展，有效需求正在萌发

农户文化程度提高，户主为小学及以下的比例从2012年的58%降低至30%；劳动力流动性增加，外出打工的家庭比例从2012年的37%上升至63%。主观上的保险认知有所增强。农户家庭的资产多样化，有房又有车；家庭成员结构复杂，有老又有小；客观上具有保险需求。最重要的是，55%的家庭有结余，61%的家庭有存款，具有支付保险的能力。因此，有效保险需求正在萌芽之中。

三、农村保险市场整体低迷的根源：供需均不足，政府力不够

（一）农户的风险意识薄弱，因不懂而不愿购买保险

51%的农户认为面临的最大风险是疾病，因病致贫和返贫仍非常严重。47%的农户家庭完全没有风险意识。43%的农户根本不了解保险，29%的

农户错认为保险就是投资。而这又是由于农户缺乏学习保险知识的途径。电视、报刊与广播是农户获取保险知识的最主要途径，但仍有13%的农户不知道从哪里可以学习保险。39%的农户因不懂保险而不愿投保，真正因没钱而不投保的仅占17%。

（二）保险公司的供给投入不够，客户留存率低

47%的村庄没有任何保险公司的代办员，完全被保险公司抛弃。平均每位保险代办员需服务924名农民，工作量很大。53%的农村银行网点均不代销任何保险产品。保险公司不供给保险产品，即使农户想投保也无处可买。49%的已投保农户认为保险无用。仅31%的已索赔农户对索赔经历感到非常满意。所以，最终仅3%的农户能成为忠实客户。

（三）基层政府和村委会的重视程度和扶持力度不够

74%的村委会能积极推广政策性农业保险，26%的村委会没有积极作为或不作为。67%的村委会从未为农户组织任何金融培训。比较而言，政策性保险开展比较好的东北三省和西部地区中，村委会推广政策性保险的态度的确比较积极，并促进了良性循环。

（四）现行的政策性保险制度治标不治本

现行的政策性保险大多是保费补贴型的，但需农户承担部分保费，否则不予补贴。这种分担保费的模式降低了参与度，虽能提高保险认知，但不能增强风险意识和促进良性循环。政策性保险所需保费与商业保险具有明显的竞争关系，在一定程度上制约了商业保险的发展。

四、发展农村保险市场的建议：借力金融、引导供给、促发需求

针对我国农村保险市场发展中的问题，千村调查项目组认为，应该重视农村保险市场需求的萌芽，重视金融在农村市场中的作用，加强政府的引导和协调，以提高供给、引发需求从而促进农村保险市场的发展。

（一）借力金融，树立金融人才观，充分发挥金融的杠杆作用

金融发展不是金融机构企图获利的一种纯市场行为，而是能借力以帮助农村快速发展的重要措施和手段。在政府机构中应有目的地安排金融人才，把金融发展作为重要的工作抓手，以积极的金融工作态度促进农村保险市场的发展。充分发挥金融的杠杆作用，通过金融服务的传、帮、带作用使更多的农户脱贫致富。

（二）重视金融培训，为农户提供金融知识的学习机会

应重视对农户提供有关金融知识的教育培训，加大金融培训的投入。村委会应为农户组织各方面的金融培训。政府机构应充分发挥保险公司的积极性，为村委会提供金融培训的资源和条件。让“金融知识下农村”成为常态，让“金融图书村村有”成为常态。

（三）提高税收优惠政策，鼓励保险公司供给农村市场

当前农村保险市场的税收优惠力度还不够，不足以弥补保险公司在农村展业的高成本。对于典型的政策性农业保险，建议全免税。县级保险经营机构的保费收入中，除交强险之外的商业性保险保障部分保费建议免税，而投资部分的保费仍可征税，从而突出政策性保险的基本保障地位，鼓励保险供给、强调保障功能。

（四）调整政策性保险制度，寻找最佳发展模式

应确定政策性保险的基本保障地位，制定全国统一的政策性保险险种、保费补贴和保障程度标准，并作为免费提供的基本保障。各地政府因地制宜向中央政府申请开办的险种，在中央补贴的基础上增加地方补贴，在各省内免费提供第二层保障，从而实现政策性保险的全覆盖。超出政策性保险赔偿范围的由农户自担，以提高农户的风险意识和保险认知。区别定位商业保险，为政策性保险做补充，实现良性互动和协调发展。

（粟芳）

推进普惠金融的难点与对策

党的十八届五中全会通过的《中共中央关于制定国民经济和社会发展第十三个五年规划的建议》明确指出，“十三五”期间一项重要任务是“发展普惠金融”。此后，国务院印发了《推进普惠金融发展规划（2016—2020年）》。在推进中，如何对各地的普惠金融状况进行科学合理的评估至关重要。为了客观地了解各地普惠金融的发展状况，上海财经大学2015年开展了主题为“农村基础金融服务的覆盖与使用”的第八期千村调查，我们基于对分布在全国31个省（市、自治区）的490个县域的15 387户家庭的调查，获得了一些重要发现。

一、普惠金融实践中的难点

（一）金融机构的普惠性与数量不匹配：普惠高的机构数量少

在乡镇金融机构的调查中，我们发现，在贷款账户数、存贷比、农户贷款利率上浮比例、涉农贷款比重、贷款申请被拒的比例等指标上，西部的金融机构表现均明显优于中、东部。西部的机构以最低的成本（只在基准利率上上浮33.7%）为数量最多的主体（2 173户）提供贷款，而且这些贷款以最高比例（93.2%）流向“三农”。从信贷可得性看，贷款申请被拒的比例是西部机构最低（仅为8.63%）；从存贷比指标看，西部机构在存款资源有限的情况下（西部贫瘠且人口稀少，这可从其存款账户数最少看出），却将最高比例的存款用于当地贷款（部分机构甚至使用上级行调拨的资金来弥补存款缺口）。事实表明，在贷款服务的提供上，西部金融机构更具普惠性。

推进普惠金融的目的当然是使这类金融机构得到数量扩张，但一个严峻现实是，在金融机构家数、金融保险业增加值/GDP、每万人中金融从业人数、每万人拥有的金融机构网点数等指标上，西部地区明显落后于东部地区。西部县域平均拥有16家机构，远低于中部（26家）和东部（27家）。而西部每万人拥有1.1个网点，也低于中部（1.16个）和东部（1.62个），说明西部县域的机构发展相对滞后。这直接导致西部家庭去银行网点的步行时间最长，为39.8分钟。

（二）东部机构偏离普惠金融

东部机构在不良率上表现最佳。此外，其发放的贷款利率最高，说明其商业化最彻底。而以利润最大化为目标必然牺牲覆盖面，产生嫌贫爱富的倾向。

（三）东部保险踟蹰不前

保险尤其是商业保险在农村的覆盖不容乐观。首先，所有组别的保险深度都大幅低于全国水平（2014年全国保险深度为3.2%）；其次，东部地区的保险深度明显低于中、西部；再次，发达地区的保险深度明显低于其他两个地区。第一种情况不足为怪，第二、第三种情况揭示的保险意识区域差异出乎意料，保险业在经济发达农村遇到的困难反而更多，保险业的形象更需要在东部提升。

（四）中部信用风险最高

在三个区域中，中部机构的不良率和被拒率最高，说明中部农村的信用风险最高，或许可以从两方面来解释：一是信用环境差；二是信贷投向脱离“三农”，中部的涉农贷款比重最低。若是第一方面的原因居主导，则全国信用重建工作的重点区域应是中部。

（五）对传统金融的使用有明显的家庭差异

在受访者当中，有16.6%的人表示在最近一年未曾去过银行。按家庭收入从高到低，不去银行的占比呈递增态势。就全部样本而言，他们一年平均去银行9.97次，每月不到一次。此外，收入越高的人去银行的次数也越多。去银行网点的步行时间平均为32.42分钟，东部的家庭耗时最短，为25.2分钟；西部耗时最长，为39.8分钟。窗口排队等候时间为15.35分钟，西部最长（17.7分钟），中部最短（13.7分钟）。事实显示，在西部加强网点建设迫在眉睫。有13.9%的家庭从银行获取过贷款。收入越高的家庭获取贷款的比例越高：年收入在10万元以上的家庭，有22.2%的比例获取过贷款；而年收入在5 000元以下的家庭，只有10.6%的比例获取过贷款。从申请贷款到成功获得款项，一般需要18个工作日，银行的信贷审批效率尚有提升空间。有40.3%的家庭曾经买过商业保险。在农村，保险的覆盖偏低，保险知识在农村的普及率低。从收入分组看，高收入家庭购买商业保险的比例较高：收入在10万元以上的家庭买商业险的比例为61.0%；而收入在5 000元以下的家庭只有22.3%买过商业险。在实际调研中，我们发现一些居民表示保险是奢侈品。因此提高保险覆盖率关键在于开发适合贫困人群的小额保险。

（六）农村家庭对互联网金融接受度不高

有25.7%的家庭使用网络银行服务。网络银行在农村的普及率很低，主要与村民不会使用、担忧其安全性等因素有关。此外，随着家庭年收入和家庭成员学历的提高，使用网银的比例越来越高。高中以上的家庭有44.3%的比例使用网银，而初中以上的家庭这一比例仅为17.2%，差距甚大。有36.4%的家庭使用第三方支付。按收入与学历分组，结果与网银相似。有3.4%的家庭购买过宝宝类理财产品，有8.1%的受访者表示听说过P2P（网络贷款）。

二、推进普惠金融的政策设计

（一）农村总体都需要加强物理网点建设，而西部此任务更显迫切

在完善财政补贴政策、合理补偿成本风险的基础上，继续推动农村基础金融服务全覆盖工作，将符合条件的简易网点改造为标准化网点，逐步实现乡镇金融机构全覆盖。截至2014年底，全国尚有金融机构空白乡镇1 570个，乡镇全覆盖刻不容缓。

在县域的调查中，我们发现，西部县域无论是金融机构数还是每万人的网点数，其服务便利性均不足，需重点解决“最后一公里”问题。随着新型城镇化的推进，将来会有越来越多的农民工选择返乡，从而增设网点成了统筹城乡发展的重要一环。在一些人口相对稀疏及贫穷的地区，人口对金融服务需求不密集，金融机构可创造性地通过定期运行流动服务车等方式，来弥补物理网点的不足。

（二）利用手机银行、代理银行和金融电子机具，实现对网点的替代

从国际经验看，肯尼亚通过手机银行将服务送达缺乏物理网点的穷乡僻壤，巴西则通过代理银行模式有效拓展了金融服务的覆盖面。在我国农村，手机的普及率非常高，发展手机银行业务的基础已具备，关键是普及相关知识；同样，可考虑将药店、邮局、超市等发展为银行代理机构，它们经授权可代办银行的部分业务。

在具备条件的行政村，扎实推进基础金融服务“村村通”。采取定时定点服务，广泛布设ATM、POS机、转账电话和自助服务终端等金融电子机具，方便村民利用电脑、电话、手机等网络通信终端在线自助办理金融服务，大幅提高电子业务替代率，推进基础金融服务向村一级加快延伸。

（三）为互联网金融进入农村创造便利条件

提高互联网金融在农村的渗透性，关键在于金融教育与培训。在此方面，别国提供了丰富的经验，比如俄罗斯通过实施金融扫盲五年计划（2011年7月至2016年6月），来促使更多的人有机会获取必要的金融服务；而墨西哥和秘鲁均将普惠金融工作重心放在加强金融消费者的权益保护、普及金融知识和推动本国金融机构的透明化上。第三方支付机构、网络信贷、金融电商、众筹融资、互联网金融门户等互联网金融机构可以在政府的协助下，进入农村进行适当的宣传与营销，促使更多的村民了解并信任相关产品与服务，进而提高互联网金融对传统金融的替代率。

（四）推全民小额保险，提高农村居民的保险意识

在农村，村民的投保意识很薄弱，或者贫困的家庭无力投保。对于后者，需要保险公司开发小额保险类普惠性产品，为贫困家庭提供保障。政府在财力允许的情况下，替全体村民购买小额保险，既是一项惠民实事工程，也能培育村民的保险意识。

（五）设立国家普惠金融发展基金并颁布《普惠金融法》

设立国家普惠金融发展基金，引导社会资本进入普惠金融领域。印度尼西亚通过颁布专门法律来推动普惠金融建设，如该国《小额信贷法》允许小额信贷机构吸收有限规模的存款，从而解决了小贷机构的资金来源问题。借鉴印度尼西亚的经验，我国可在适当时机颁布《普惠金融法》，至少含有三项内容：① 明确三类新型机构法律地位。② 允许农村金融机构提供一站式的基础金融服务，包括贷款、存款、汇款、结算、缴存社保金、领取补贴、保险、债券、股票及购买理财产品等。通过混业经营，降低成本与风险。③ 微金融组织之类的普惠金融机构在初期不适合审慎监管。

（谈儒勇）

建议24

优化农村金融服务、助农民资产保值增值的建议

由上海财经大学组织实施的2013年度大学生千村调查项目以“农村劳动力城乡转移状况”为主题进行了全国范围的随机抽样定点调查，样本分布在21个省级行政区的30个县级行政区中的120个行政村，共入户调查了6 203户家庭的28 840位家庭成员的具体情况，课题组梳理了当前农村家庭收支情况及影响收支的主要因素，并揭示了完善金融支持的重要条件是创新农村金融产品和提升金融服务水平的重要基础。

一、当前我国农村消费力普遍较低，且家庭收支出现倒挂

我国农村消费结构无明显地区差异，因收入来源有限和受消费习惯影响，农村家庭的消费力普遍偏低。值得注意的是，当前我国农村家庭总体上已出现收支倒挂现象。

（一）农村家庭收入存在地区性差异，整体收支失衡情况凸显

根据课题组调研数据，2012年农村家庭人均年收入为8 242元，而家庭人均消费为8 436元，出现收支倒挂的现象。各地区间的收入基尼系数总体水平高于消费基尼系数：总样本收入基尼系数达到0.58，而各地区间收入基尼系数差异也相对较大，其中最平衡的为西北地区，约为0.45；南部沿海则

最不平衡，系数高达0.71。消费基尼系数各地区间差异并不大，总样本的消费基尼系数为0.39，而消费差距最大的中北地区也仅在0.41左右。

根据国家统计局数据，2012年城镇居民家庭人均可支配收入为24 564.7元，2012年城镇居民人均消费支出为16 674元。因此城镇居民家庭人均消费为其人均可支配收入的2/3左右，整体收支结构较为平衡。虽然农村家庭消费力为城镇居民的一半，但其收入仅为城镇居民的1/3，且略低于自身的消费水平，已出现较为明显的收支倒挂现象。同时，从消费和收入的基尼系数数据看，当前经济环境中农村居民的消费习惯及消费水平虽大同小异，但收入的地区间差异较大，已成为推进“就地城镇化”的首要阻碍：收支结构和经济水平上的差异，使得农民从改变原有消费习惯开始到各方面逐步融入城镇化生活变得较为困难。同时，对于因非经济因素返乡的外出劳动力来说，家乡的经济水平与城镇的经济水平的差异太大，可能会导致他们做出两种选择：其一是选择重新回到城镇务工，以保证生存所需的经济来源；其二是选择留在家乡，放弃实现“自身城镇化”的目标。

（二）农村消费力整体偏低，人情支出成为农民新负担

课题组对在乡劳动力年人均消费情况的调研数据分析显示，其人均总支出除了中部沿海超过14 000元之外，其他各地区间的差异并不太大，基本在7 000 ～ 8 000元。同时，国家统计局数据显示，2012年城镇居民人均消费支出为16 674元，为农村人均消费的2倍左右，可见当前农村在乡劳动力的消费水平相对较低。同时，课题组还对有成员在外务工的家庭和成员均留守本地的家庭消费水平进行了对比调研，这两类家庭的年均消费分别为9 508元和7 369元，消费支出分布大致相同。可以发现，当前农村即使是有成员在外打工的家庭收入相对宽裕、消费相对较高，但相比城镇居民，人均消费力依然偏低。

从消费的结构上看，生存型消费，如食物支出、衣着支出、医疗支出、日常支出等合计比例为65%左右（其中，食物支出、医疗支出的比例分别为29.24%、14.69%）；而发展型消费，如教育文化支出、交通通信支出等合计比例约为1/3。值得注意的是，人情支出消费占比已达到一成。对于总体消费力较低，甚至已经出现收支倒挂现象的农村群体来说，人情支出无疑已经成为一个负担，而在东北地区人情支出的比例甚至超过两成。

二、当前我国农村家庭收入低且资产管理弱，民间借款比例高

当前我国农村家庭大部分存在“资产赤字”现象，即农民选择的资产保值与增值方式较单一，资产存在“贬值”趋势；而负债比例较高，一些地区的民间借款甚至超过或与银行借款比例持平，存在着一定的风险。而金融机构对农村金融的扶持力度也存在较大不足。

（一）农村家庭多有“资产赤字”现象，债务二元结构日渐显现

1. 农村家庭收入低，资产增值被弱化

通过观察农村家庭资产负债的调研数据可以发现，当前农村家庭的人均储蓄率普遍在20%上下，结合人均储蓄金额和人均金融资产来看，除中部沿海地区外，全国各地区间差异不大，并且数额普遍较低，总体平均分别为1 605元和2 781元。中部沿海地区人均拥有储蓄4 925元，大致是其他地区人均水平的4倍；在人均金融资产方面（含存款、股票、证券、基金等），中部沿海地区与各地区之间的差异也十分显著，基本为其他地区的5 ～ 10倍。整体较少的人均储蓄额侧面反映了农村家庭当前的整体经济收入仍然偏低，因为收入在一定程度上决定了储蓄的多少，尤其是对金融意识相对保守的农村群体，他们选择的资产保值与增值方式较单一，收入的多与少基本等同于储蓄金额的多与少，而在当前经济大环境下，如此单一的资产投资方式将会令农民群体的收入与资产增值被弱化。

2. 民间借贷发展迅猛，农村债务结构呈现二元化

贷款作为一项负债，可以帮助农民实现增加现金流、增强资产流动性的目标。根据课题组调研数据，当前农村家庭中约有三成家庭背负债务，平均负债16 863元，其中最高为中部沿海地区，平均负债额可高达11万元，这与当地城镇化程度较高、整体金融意识较活跃有一定关系，即“越富有越负债”。

对于农村劳动力来说，住房负债与生产性负债是目前最主要的债务来源，分别占43%、36%；当前农村家庭负债结构中，民间借款的总体比例基本与银行贷款持平，平均占四成左右，如在南部沿海地区，无论是生产性负债还是住房负债，其民间贷款的占比分别超过银行贷款15%和20%，可以

说民间借款对于当前农村家庭来说已经成为主流，并且在经济相对较不发达地区，民间借款的比例更是全部超过银行贷款，成为首要的负债方式。以上数据所反映出的趋势应引起有关方面高度重视，民间借款如不加以规范，将会成为农民资产的一大风险点。

（二）农村家庭资产管理弱，金融机构扶持力度不够

由于农村居民相较于城镇居民收入较低，日常开销外所能节省出来的存款普遍较少，经济方面的知识与信息接触面也较少，银行储蓄成为农村家庭最主要的资产保值与未来生活保障方式。但在物价上升的大背景下，他们的资产可能在“安全保值”中变成了“贬值”。

农村家庭在生产和住房两方面负债比例较大，举债方式中银行贷款和民间借款的总体平均比例基本持平，而且在经济越不发达的地区民间借款的比例越高。这反映了现在农村家庭在资金流动上所面临的恶性循环——农民希望通过添置生产设备来提高生产效率，从而增加经济收入；然而，银行在贷款主体的资质认定上否决了经济困难农民及其家庭获得银行贷款的可能性，农民可能会因此转向民间群体进行借款，承担了更高的利息成本，或是放弃购买新设备，以滞后的生产效率进行运作。这种循环最后的结果很大程度上会让农村家庭的经济状况和资产都无法得到改善。而对于民间借款中出资的一方，在当前农村群体相对收入较少、经济状况相对不好的情况下，他们所承担的资产损失风险也是相对较大的。

三、以人为本，优化农村金融资产管理

（一）巩固并完善农村金融机构服务体系

尽管当前在农村布局较广的农信社、邮储银行等对吸纳农村闲散资金已经有了针对性的设计并开发了多种类的贷款服务，但相较于城镇的金融服务体制，农村金融机构的整体水平还是较为滞后。金融机构及相关部门需要进一步推进农村金融服务项目的延伸，如银行卡、网银、理财等，拓展农村劳动力在资产管理方式及渠道上的多样性；并且继续坚持送金融知识下乡活动，普及保险、国债等概念，帮助农民将资产用活、用好。

农村金融机构的信用体系和支付体系需进一步健全，唯有良好的信用与支付体系，才能帮助打消农民对不动产抵押担保进行贷款的顾虑；在农村贷款类型上因地制宜地开发新种类贷款，并继续增加小额信用贷款的投放，建立灵活的贷款机制，简化贷款手续，给予申请生产型贷款的用户一定的优惠（或可接受生产用购置动产的抵押担保）。政策上需将农村土地抵押担保等有效做法进一步制度化、规范化，重视利用证券、期货、担保等多种金融手段，有效提升农村金融产品的附属功能，并加快建立财政支持的农业大灾保险分散机制，保障金融机构与农村劳动力双方的资产安全；同时，央行可适当降低农信社等农村金融机构服务主体的上缴准备金，并加大对其再贷款力度，帮助建立农村金融机构的资金回流机制，保证农村金融机构的信贷总量能满足当地的经济增长和发展需要。

（二）提升收入与提振消费双管齐下，确保收支结构平衡

积极发展现代农业、特色农业和促进农业增效、农户增收是农村经济发展的基础和重要组成部分。农业现代化建设需围绕农业结构调整和农业产业化建设，加强基础设施建设，改善生产条件，提高综合生产能力。各地可充分发挥区域比较优势，利用丰富的农业资源发展特色农业，实现农业资源多层次、多途径的开发利用。此外，建设现代农业，增强农业发展后劲还需要一批素质高的农民来共同推进，乡镇部门要积极引导、大力支持，以提高农民科技素质为重点，对农民开展技术和新科技普及培训。国有商业银行特别是农业银行以及农村信用社应把扶持农业产业化经营作为信贷支农的重点，积极支持解决其技改贷款以及农副产品收购流动资金贷款，利率适当优惠。

农村市场潜力巨大，但消费能力不足，当前农村消费在很大程度上是受到相关政策的影响。但农村消费是一个系统工程，短期的消费补助等并不能保证农村消费持续提升，农村消费的健康发展需要依靠一系列政策长期配套实施，其中包括稳定增加农民收入、提高农村社会保障水平、改善农村消费环境、加强农村基础设施建设、发展和完善农村消费信贷、建立完备的消费政策配套体系，等等。

（陈媛媛）

建议25

“差序格局”下农村信用体系建设的问题及建议

信用是市场经济的基石，也是构建和谐社会的“润滑剂”。党的十八大提出，加强政务诚信、商务诚信、社会诚信和司法公信建设。2016年，中央“一号文件”提出，要加强农村诚信教育，倡导契约精神、科学精神，提高农民文明素质和农村社会文明程度。2015年上海财经大学千村调查信用部分的信息揭示，目前农村信用意识仍处于传统信用与现代信用并存、并向现代信用转型的时期，社会差序格局仍深刻影响着人们的信用行为。同时，在农村信用体系建设过程中，以村干部为代表的信用主体对信用重要性的认识不到位，也抑制了信用在农村经济建设中作用的发挥。在对调研资料进行深入分析的基础上，我们根据农村社会的特点，提出了相应的改善建议。

一、农村信用体系建设中现代信用意识淡薄的问题突出

社会信用体系建设具有长期性、系统性和复杂性等特征，而农村信用体系建设有其特殊性，农村信用信息分布分散，收集难度大、成本高，加大了农村信用体系建设的难度。调查显示，我国农村社会差序格局明显、信用缺失现象严重、信用工程知晓度普遍较低。

（一）农村社会差序格局明显，信用行为取决于人际关系的亲疏

费孝通先生提出，中国传统社会是个“差序格局”社会，即个人以自我为中心，依据社会关系的亲疏来开展社会活动。

改革开放以来，农村社会现代化水平不断提高，然而，调查发现，“差序格局”仍在深刻影响着村民的信用行为。村民对待不同的人存在“内外有别”，对于有血缘、地缘关系的人，选择以诚相待，对陌生人则不一定讲信用，传统信用意识普遍留存于农村。在这种行为模式下，村民对于同村村民不良信用行为的容忍度较高。根据调研，在承认村里经常有赖账行为的同时，仍有25%的村民对同村村民的信用评分达到8分以上（10分为满分，评分越高，认为同村村民的信用情况越好）。

（二）农村信用缺失问题较为严峻，涉农贷款不良率较高

农村信用社作为金融服务“三农”的主力军，其涉农贷款不良率相对较高，反映出农村信用缺失问题严重。例如，2014年末农村信用社的不良贷款率为3.8%，其中涉农贷款不良率更是高达7%，而同期商业银行的不良贷款率仅为1.25%。

涉农贷款不良率高，既有农业生产本身的弱质性因素，又有村民现代信用意识薄弱的原因。村民还贷意愿不强，主因仍是农村社会的差序格局。通过对村民进行深度访谈发现，对大多数村民而言，金融机构只是冷冰冰的机构，处于关系网络的外围，村民往往不愿意通过透支自身的“人情”来偿还金融机构的贷款。一旦发生风险，村民总是从关系网络的最外围开始违约，因此农户对金融机构贷款违约的可能性更大。同时，农村地区失信惩戒措施不严，因而，村民对贷款违约造成的后果的严重性认识不足，这是造成其贷款违约的重要原因，也是其现代信用意识薄弱的表现。

（三）农村信用工程建设知晓度低，村干部未充分发挥其作用

调查发现，目前我国农村信用体系建设的举措仍较薄弱，中国人民银行推动的、以评选“信用户”“信用村”“信用镇”为载体的农村信用工程建设有一定的影响力。然而，农村信用工程建设的广度和深度还有待提高，在受

访的村民中，70%的人不清楚“信用户”的概念。

同时，村干部对信用的认知存在一定的偏差。在受访的村干部中，60%的村干部认为信用问题与农村发展或富裕程度密切相关，32%的村干部认为信用问题与农村发展或富裕程度有点关系，但仍有8%的村干部认为信用问题与农村发展或富裕程度无关或不清楚两者之间是否有关系。

二、加强农村信用体系建设的政策建议

当前，农村信用处于传统信用与现代信用并存、并向现代信用转型的过程中。解决农村信用缺失问题，并不是简单地否定传统信用，另外树立现代契约信用，而是在发挥传统诚信美德的基础上，通过建立守信激励和失信惩戒机制等多种方式来培养现代信用意识。结合调研情况，我们提出如下建议：

（一）加强诚信教育，树立现代信用意识

由于成本太高或操作性不强，生活中很多约定无法形成正式的契约，约定的履行有赖于个人的诚信道德。诚信作为基本的道德素养，是在长期的教化与实践过程中产生的，因此必须持之以恒地加强诚信教育，树立现代信用意识。

首先，加强对村干部的诚信教育。强化村干部对信用在农村经济和社会发展上重要性的认知，发挥基层组织对村民在信用认知与践行上的引导作用。其次，通过学校教育、村规民约、电视广播等多种形式宣传诚信观念，进而培养村民的诚信意识。政府应广泛宣传守信践诺的正面典型，对故意赖账等破坏农村诚信的不良行为进行谴责，从而在耳濡目染中培养村民的诚信意识。农村社会的差序格局不利于形成以平等为基本精神的契约信用，在日常生活中宣传平等思想与诚信观念，有利于在潜移默化中帮助村民树立现代信用意识。

（二）形成完善的守信激励和失信惩戒机制

政府应推动完善守信激励制度，通过褒奖守信行为、加大对“信用户”

的信贷扶持力度等多种方式培育村民的现代信用意识。央行推动下的农村信用工程建设，以“信用户”评选为载体，在提高村干部与农户信用知晓度的同时，以信贷资源倾斜投放为激励机制，有效地形成了“守信奖励”的环境。在农村信用工程建设取得阶段性进展的情况下，需要进一步推进农村信用工程建设工作，形成良好的长效工作机制。

同时，政府应推动构建有效力的失信惩戒制度，提高失信成本、强化信用意识。首先，政府应推动建立农村信用信息平台，加快信用信息的传递速度、扩大共享范围。在现有农户信用档案的基础上，整合公、检、法等相关职能部门的信用信息，在适当保护失信人隐私权的前提下，公开失信人的部分信息；鼓励企业和个人在交易之前，查询交易对象的信用状况，从而形成有效的约束机制。其次，政府可以出台相应的规定，如禁止失信人担任村干部、取消失信人的部分农业补贴等。

（三）促进农村经济外向化，营造契约信用环境

契约精神和市场经济相互促进，契约精神保证了商业文明的发展，而商业文明的发展又强化了契约精神。因此，政府应以促进农村经济外向化为发展方向，以市场经济活动为教育手段，以经济利益为驱动力来培养村民的契约信用意识。

在农业仍是农村重要产业的情况下，促进农村经济外向化可以通过加快发展现代农业和农村电子商务，来引导村民在更广泛的范围内参与经济生活。在“互联网+”背景下，阿里巴巴、京东、苏宁等电商企业加大了对农村电子商务的投资力度，农村已成为电商新“蓝海”。电商积极拓展农村市场的同时，政府应加大农村信息化建设的投入，确保网络在农村地区覆盖到位，进一步规划、服务“三农”，发挥农村电子商务对农村经济发展的促进作用。鼓励村民参与电子商务活动，搭建“互联网+”培训平台，提高村民应用信息技术的能力，普及诚信教育、倡导契约精神，以推动“互联网+”现代化农业发展，搞活农村经济，在经济活动中进一步强化村民的现代信用意识。

（徐晓萍）

附录

千村调查　十年回眸

上海财经大学千村调查项目研究成果

附录 1

上海财经大学千村调查入选奖项（2008—2017）

1. 全国大中专学生志愿者暑期“三下乡”社会实践活动优秀团队（2008年）

2. 全国大中专学生志愿者暑期“三下乡”社会实践活动最佳项目奖（2008年）

3. 教育部高校校园文化建设优秀成果二等奖（2008年）

4. 上海市大学生暑期实践活动最佳项目奖（2008年）

5. 上海市优秀教学成果二等奖（2008年）

6. 教育部优秀校园文化成果奖（2009年）

7. 上海市教育系统精神文明十佳好事（2009年）

8. 高校哲学社会科学研究优秀咨询报告（2010年）

9. 上海高校思想政治教育优秀成果奖（2011年）

10. “国情教育与科研训练相结合的创新人才培养模式探索与实践——以千村调查为载体”入选上海市级教学成果奖特等奖（2013年）

11. “国情教育与科研训练相结合的创新人才培养模式探索与实践——以千村调查为载体”入选国家级教学成果奖二等奖（2014年）

12. “以千村调查为载体的制度化、常态化、科学化实践育人模式探索与实践”入选第八届高校校园文化建设优秀成果二等奖（2015年）

附录2

上海财经大学千村调查项目组织架构（2008—2017）

2008年千村调查项目

年度主题：农民发展状况

1. 领导小组

组长：刘永章（校党委副书记）、丛树海（副校长）

成员：冯润民、何玉长、刘志远、赵晓雷、干春晖、应望江、蒋传海、朱为群、沈晖、刘庆生、倪志兴、章益国

2. 专家委员会

主任：丛树海

成员：陈信元、赵晓雷、晁纲令、何玉长、张雄、徐国祥、干春晖、应望江、吴方卫、朱为群、柳永明、靳玉英、余红、董程栋、刘莉亚、刘庆生

3. 工作小组

组长：冯润民

副组长：沈晖、倪志兴、章益国

东部地区工作组：徐萍、郑继红、杨卫东、屠天峰、林华

中部地区工作组：陈红梅、刘兵勇、张淼、彭剑斌

西部地区工作组：周峰、薛亮、周燕、冉启康

4. 问卷设计组

徐国祥

5. 数据处理组

韩冬梅

6. 调研指导组

余红

7. 日常联络组

方卉、李美俊

2009年千村调查项目

年度主题：农村医疗卫生保障

1. 领导小组

组长：刘永章（校党委副书记）、丛树海（副校长）

成员：冯润民、何玉长、刘志远、赵晓雷、干春晖、应望江、蒋传海、沈晖、刘庆生、朱君萍、韩元、倪志兴、章益国

2. 专家委员会

主任：丛树海

首席专家：俞卫

医疗卫生保障组：李华（组长）、赵大海、龚关、刘峰

社会调查与农村经济组：余红（组长）、吴方卫

数据处理组：韩冬梅（组长）、王淞昕、韩松乔

3. 工作小组

组长：冯润民

成员：沈晖、刘庆生、韩元、倪志兴、章益国、郑继红、彭剑斌、薛亮、刘兵勇、杨卫东、周峰、周燕、徐萍、张琴、陈红梅、张森、屠天峰、林华

2010年千村调查项目

年度主题：中国农民收入

1. 领导小组

组长：刘永章（校党委副书记）、丛树海（副校长）

成员：冯润民、何玉长、刘志远、赵晓雷、干春晖、应望江、蒋传海、沈晖、刘庆生、朱君萍、韩元、倪志兴、章益国

2. 专家委员会

主任：丛树海

首席专家：吴方卫

农民收入调研组：许庆（组长）、张锦华、申海波

社会调查与农村经济组：赖涪林（组长）、余红

数据处理组：韩冬梅（组长）、王淞昕、韩松乔

3. 工作小组

组长：冯润民

成员：沈晖、刘庆生、韩元、倪志兴、章益国、郑继红、彭剑斌 薛亮、刘兵勇、杨卫东、周峰、周燕、徐萍、张琴、陈红梅 张淼、屠天峰、林华

2011年千村调查项目

年度主题：中国粮食安全问题调查

1. 领导小组

组长：刘永章（校党委副书记）、丛树海（副校长）

成员：冯润民、何玉长、陈启杰、刘志远、干春晖、应望江、李维群、沈晖、韩元、倪志兴、章益国、刘庆生

2. 专家委员会

主任：丛树海

委员：俞卫、刘小川、吴方卫、赖涪林、刘莉亚、余红、韩冬梅、王克强、陶勇、史清华

3. 年度课题组

首席专家：刘小川

课题组成员：刘小川（组长）、王克强、陶勇、史清华（上海交通大学农村经济研究所副所长、教授）、赖涪林

社会调查培训组：刘长喜（组长）、人文学院社会学系

数据处理组：韩冬梅（组长）

4. 工作小组

组长：冯润民

成员：沈晖、刘庆生、韩元、倪志兴、章益国、郑继红、彭剑斌、薛亮、刘兵勇、杨卫东、周峰、周燕、徐萍、张琴、陈红梅、张淼、屠天峰

2012年千村调查项目

年度主题：农村文化状况调查研究

1. 领导小组

组长：刘永章（校党委副书记）、丛树海（副校长）

成员：牛铭实、张雄、俞卫、冯润民、何玉长、陈启杰、刘志远、干春晖、应望江、李维群、沈晖、韩元、倪志兴、章益国、刘庆生

2. 专家委员会

主任：丛树海

委员：牛铭实、张雄、俞卫、吴方卫、刘小川、朱为群、刘莉亚、余红、韩冬梅、李平民

3. 年度课题组

首席专家：朱为群

课题组成员：朱为群（组长）、李平民、吴方卫、宋健敏、耿曙、于洪、曾军平

社会调查培训组：刘长喜（组长）、人文学院社会学系

数据处理组：韩冬梅（组长）

4. 工作小组

组长：冯润民

成员：沈晖、刘庆生、韩元、倪志兴、章益国、唐家乾、彭剑斌、薛亮、刘兵勇、杨卫东、周峰、周燕、徐萍、张琴、陈红梅、张淼、屠天峰

2013年千村调查项目

年度主题：农村劳动力城乡转移状况调查

1. 领导小组

组长：丛树海（校党委书记）、刘永章（校党委副书记）

常务副组长：蒋传海（副校长）

成员：姚玲珍、冯润民、应望江、刘志远、干春晖、李维群、陈云、褚华、韩元、倪志兴、章益国、孙磊

2. 专家委员会

主任：蒋传海

委员：田国强、俞卫、朱为群、刘小川、吴方卫、刘莉亚、韩冬梅、盛邦和、王昉、文贯中、冯帅章、赖涪林、林立国等

3. 年度课题组

首席专家：田国强

课题组成员：文贯中、冯帅章、赖涪林、王昉、林立国、陈媛媛、常进雄、刘锋、黄枫、陆桔利

社会调查培训组：刘长喜（组长）、人文学院社会学系

数据处理组：韩冬梅（组长）

4. 工作小组

组长：冯润民

成员：应望江、刘志远、褚华、倪志兴、章益国、薛亮、刘兵勇、杨卫东、周峰、周燕、徐萍、张琴、陈红梅、张淼、屠天峰、方卉、周国良、郑继红

2014年千村调查项目

年度主题：农村养老问题调查

1. 领导小组

组长：刘永章（校党委副书记）、蒋传海（副校长）

成员：姚玲珍、应望江、冯润民、褚华、郑少华、章益国、干春晖、程霖、李维群、陈云、孔德民、倪志兴、孙磊、陈正良

2. 专家委员会

主任：蒋传海

委员：张雄、田国强、俞卫、朱为群、刘小川、吴方卫、刘莉亚、韩冬梅、范宝舟等

3. 年度课题组

首席专家：张雄

课题组成员：郑继红、范宝舟、杨乐、郝云、刘长喜、陆绯云、林晖、张谦、夏国军、韩炯、魏南海

社会调查培训组：刘长喜（组长）、人文学院社会学系

数据处理组：韩冬梅（组长）

4. 工作小组

组长：冯润民

成员：曹黎娟、孔德民、褚华、张琴、豆建民、郑继红、杨乐、薛亮、刘兵勇、杨卫东、周燕、张淼、方卉、周国良、罗山鸿、周巧、韩明辉

2015年度千村调查项目

年度主题：农村基础金融服务调查

1. 领导小组

组长：刘永章（校党委副书记）、蒋传海（副校长）

成员：郑少华、应望江、冯润民、朱红军、褚华、章益国、徐龙炳、程霖、李维群、陈云、孔德民、倪志兴、孙磊、陈正良

2. 专家委员会

主任：蒋传海

委员：刘莉亚、张雄、田国强、俞卫、朱为群、刘小川、吴方卫、韩冬梅、谈儒勇等

3. 年度课题组

组长：刘莉亚

成员：谈儒勇、徐晓萍、柳永明、胡乃红、粟芳、马晓青（上海电力学院）、朱喜（上海交通大学）、史清华（上海交通大学）

4. 调查培训组

刘长喜（组长）、人文学院社会学系、专家组、学生处

5. 数据处理组

韩冬梅（组长）

6. 调查工作组

组长：冯润民

成员：曹黎娟、孔德民、褚华、张琴、豆建民、杨乐、薛亮、刘兵勇、杨卫东、周燕、王体、方卉、周国良、罗山鸿、周巧、韩明辉

7. 宣传报道组

组长：章益国

成员：孔德民、陈正良、谈儒勇、赵蔚、郑策

8. 联络组

赵蔚、杨婷婷、洪小君

2016年度千村调查项目

年度主题：中国农村创业现状调查

1. 领导小组

组长：刘永章（校党委副书记）、蒋传海（副校长）

成员：郑少华、应望江、冯润民、朱红军、褚华、章益国、徐龙炳、程霖、李维群、陈云、孔德民、张琴、孙磊、陈正良

2. 专家委员会

主任：蒋传海

委员：魏航、刘莉亚、张雄、田国强、俞卫、朱为群、刘小川、吴方卫、韩冬梅等

3. 年度课题组

（1）专家组

首席专家：魏航

成员：张玉利（南开大学）、葛宝山（吉林大学）、刘莉亚、黄旭（香港浸会大学）、杨学儒（华南农业大学）、李劲松、刘志阳、董静、蔺楠、高维和、江晓东、王晓玉、Reddi Kotha（新加坡管理大学）

（2）课题组

组长：贺小刚

成员：李劲松、蔺楠、董静、黄旭（香港浸会大学）、刘志阳、高维和、王晓玉、江晓东、周照、李征宇、蔡亚华、欧阳侃

4. 调查培训组

刘长喜（组长）、人文学院社会学系、专家组、学生处

5. 数据处理组

韩冬梅（组长）

6. 调查工作组

组长：冯润民

成员：曹黎娟、孔德民、褚华、张琴、豆建民、杨乐、薛亮、刘兵勇、杨卫东、周燕、王体、方卉、周国良、罗山鸿、周巧、韩明辉

7. 宣传报道组

组长：章益国

成员：孔德民、陈正良、蔺楠、赵蔚、郑策

8. 成果转化组

组长：陈正良

成员：年度项目组、曹黎娟、褚华、赵蔚

9. 联络组

赵蔚、郑策、杨婷婷、刘益如

2017年度千村调查项目

年度主题：中国农村互联网应用状况调查

1. 领导小组

组长：蒋传海（副校长）、朱鸣雄（校党委副书记）

成员：应望江、倪志兴、徐龙炳、朱红军、沈亦骏、章益国、靳玉英、

程霖、李维群、陈云、王雅静、张琴、陈正良

2. 专家委员会

主任：蒋传海

委员：岳劲峰、魏航、刘莉亚、张雄、田国强、俞卫、朱为群、刘小川、吴方卫、韩冬梅等

3. 年度课题组

组长：岳劲峰

常务副组长：黄海量

组员：韩冬梅、崔丽丽、于长锐、曾庆丰、劳帼龄、井然哲、芮廷先、张娥、田博、王炳雪、周巧、何志强、王云鹏

专家：刘兰娟、韩景倜、张学良、金三林（国务院发展研究中心）、潘善琳（澳大利亚新南威尔士大学）、吴秀媛（农业部信息中心）、朱启臻（中国农业大学）

4. 调查培训组

刘长喜（组长）、人文学院社会学系、专家组、学生处

5. 数据处理组

韩冬梅（组长）

6. 调查工作组

组长：倪志兴

成员：曹黎娟、沈亦骏、范宝舟、周燕、刘兵勇、杨培雷、黄莎、方卉、周巧、金晓茜、王体、罗山鸿、刘凯、韩明辉、赵蔚

7. 宣传报道组

组长：章益国

成员：王雅静、陈正良、崔丽丽、赵蔚、郑策

8. 成果转化组

组长：陈正良

成员：年度项目组、曹黎娟、沈亦骏、赵蔚

9. 联络组

赵蔚、郑策、王琳琳、王云鹏

附录3

教师撰写的相关著作选

1. 冯润民.中国千村农民发展状况调研报告（2008）[M].上海：学林出版社，2009.

2. 马国贤.中国农村教育发展指标研究[M].北京：经济科学出版社，2009.

3. 徐晓萍.2010中国金融发展报告——中小企业融资与农村金融[M].上海：上海财经大学出版社，2010.

4. 冯润民.中国千村农民发展状况调研报告（2009—2010）[M].上海：上海人民出版社，2011.

5. 张锦华、许庆、吴方卫.中国的粮食安全：以上海为视角[M].上海：上海财经大学出版社，2011.

6. 吴方卫.中国都市农业发展报告（2011）[M].上海：上海财经大学出版社，2011.

7. 王昉.创新投资机制与农村基础设施建设——以长三角区域为视角[M].上海：上海财经大学出版社，2011.

8. 赵宏斌.我国农村义务教育财政政策：现状与思考[M].江苏：江苏大学出版社，2011.

9. 刘国永.我国农村劳动力转移培训的公共政策研究[M].江苏：中国矿业大学出版社，2012.

10. 冯润民.中国千村农民发展状况调研报告（2011—2013）[M].上

海：上海人民出版社，2015.

11. 刘长喜、陆绯云.2014农村养老国情调研：景观·叙事·觉解：上海财经大学千村调查（定点）大学生田野日志［M］.上海：上海三联书店出版社，2015.

12. 刘长喜.人口老龄化加剧背景下中国农村养老研究——基于2014年上海财经大学第七届千村调查分析［M］.北京：华夏出版社，2016.

13. 刘莉亚.2016中国金融发展报告——千村调查：农村金融服务的覆盖与使用［M］.上海：上海财经大学出版社，2016.

14. 崔丽丽.农村电商新生态：互联网+带来的机遇与挑战［M］.北京：电子工业出版社，2016.

15. 刘长喜.家庭结构对农村老人健康状况的影响研究［M］.北京：华夏出版社，2016.

附录4

教师发表的相关论文选

1. 李华.新型农村合作医疗制度的效果分析——基于全国30省1 451行政村14 510户的实地调查［J］.政治学研究，2011（2）.

2. 曹东勃.论农村教育需求的年龄分层——基于“千村调查”的研究［J］.教育与经济，2011（2）.

3. 赵晓菊，刘莉亚，柳永明.正规金融与非正规金融合作会提高农户期望收益吗？——理论分析和实证检验［J］.财经研究，2011（4）.

4. 贺俊刚、王克强.我国农户粮食灾害保险中的政府作用研究——来自全国31个省区市721个行政村的调查［J］.农村经济，2012（12）.

5. 李玲芳，徐思远，洪占卿.农村电子商务：问题与对策［J］.中共福建省委党校学报，2013（5）.

6. 李华、俞卫.政府卫生支出对中国农村居民健康的影响［J］.中国社会科学，2013（10）.

7. 林珏.农村剩余劳动力转移的正反“拉力”与“推力”研究——对宽甸满族自治县“入户调查”资料的分析与思考［J］.西部论坛，2014（5）.

8. 冒佩华，徐骥，贺小丹，周亚虹.农地经营权流转与农民劳动生产率提高：理论与实证［J］.经济研究，2015（11）.

9. 冒佩华，徐骥.农地制度、土地经营权流转与农民收入增长［J］.管理世界，2015（5）.

10. 常进雄，赵海涛.农民工二次跨区流动的特征分析［J］.中国人口科学，2015（2）.

11. 黄枫，孙世龙.让市场配置农地资源：劳动力转移与农地使用权市场发育［J］.管理世界，2015（7）.

12. 张淼.我国农村老年人养老状况及满意度分析［J］.调研世界，2016（6）.

13. 粟芳，方蕾."有为政府"与农村普惠金融发展——基于上海财经大学2015"千村调查"［J］.财经研究，2016（12）.

14. 粟芳，汪桂霞.中国农村保险市场整体低迷的地区差异及成因分析——基于上海财经大学2015年"千村调查"［J］.上海保险，2016（8）.

15. 方蕾，粟芳.中国农村保险市场发展：保险意识与政府保费补贴的替代作用——基于上海财经大学2015"千村调查"［J］.经济管理，2016（10）.

16. 粟芳.中国农村保险市场发展：供给侧与需求侧的影响特征——上海财经大学2015年"千村调查"［J］.上海保险，2016（9）.

17. 粟芳，方蕾.中国农村金融排斥的区域差异：供给不足还是需求不足？——银行、保险和互联网金融的比较分析［J］.管理世界，2016（9）.

18. 方蕾，粟芳.我国农村普惠金融的空间相关特征和影响因素分析——基于上海财经大学2015"千村调查"［J］.财经论丛，2017（1）.

19. 戴洪霞.上海财经大学图书馆"千村调查"校内原生资源建设的实践与思考［J］.图书馆杂志，2017（3）.

参考文献

[1] Arora, Rashmi Umesh. *Measuring Financial Access* [M] . Griffith University, Discussion Paper, 2010.

[2] Barr, Michael S., Anjali Kumar, and Robert E. Litan. *Building Inclusive Financial Systems: A Framework for Financial Access* [M] . Brookings Institution, 2006.

[3] Chattopadhyay, Sadhan Kumar. *Financial Inclusion in India: A case-study of West Bengal* [D] . Working Paper.

[4] Gupte, Rajani, Bhama Venkataramani, Deepa Gupta. Computation of Financial Inclusion Index for India [J] . *Social and Behavioral Sciences*, Volume 37, 2012.

[5] Helms, Brigit. *Access for All: Building Inclusive Financial Systems* [M] . World Bank Publications, 2006.

[6] Ramakrishnan, Dr.. BFSI: Best Practices in Financial Inclusion [OL] .22nd SKOCH Summit. Available at SSRN: http://ssrn.com/abstract=1751020, 2010.

[7] Sarma, Mandira. Index of Financial Inclusion, Working Paper No.215 [J] . *Indian Council for Research on International Economic Relations*, 2008.

[8] Sharma, Anamika Sr.. Challenges: For Building Financial Inclusive India [J] . *ICFAI Reader*, 2009.

[9] Zhongyang. Political Culture and Participation in the Chinese Countryside: Somen Empirical Evidence [J] . *Political Science and Politics*, 2004,(3): 445-453.

[10] 唐晓腾.基层民主选举与农村社会重构——转型期中国乡村治理的实证研究 [M] . 北京：社会科学文献出版社，2007.

[11] 中国社会科学院农村发展研究所、国家统计局农村社会经济调查司.中国农村经济形势分析与预测（2007—2008）[M] .北京：社会科学文献出版社，2008.

[12] 贺雪峰.三农中国（2006）[M] .武汉：湖北人民出版社，2006.

[13] 焦瑾璞，陈瑾.建设中国普惠金融体系——提供全民享受现代金融服务的机会和途

径［M］.北京：中国金融出版社，2009.
［14］王曙光.告别贫困——中国农村金融创新与反贫困［M］.北京：中国发展出版社，2012.
［15］周立.中国农村金融：市场体系与实践调查［M］.北京：中国农业科学技术出版社，2010.
［16］中华人民共和国卫生部.2009年中国卫生统计年鉴［M］.北京：中国协和医科大学出版社，2009.
［17］崔传斌等.农村劳动力转移、农地流转与农业规模化经营——陕西省铜川市烟叶生产农场化探索和实践，新阶段的中国农村综合改革［C］.中国改革国际论坛论文集，2007.
［18］王文龙.再论农民的幸福感问题［J］.西南大学学报（人文社会科学版），2007（1）.
［19］韩清林.我国中小学生流失状况的分析与对策［J］.教育研究，1990（2）.
［20］王发珍.乡村中学生为何流失［J］.甘肃教育，2007（6）.
［21］蒋大琴，蒋自洪.为新农村建设助力——宜昌市夷陵区龙泉镇农村成人教育纪实［J］.湖北教育，2007（1）.
［22］丁兆礼.法国成人教育行政管理及特点［J］.职教论坛，2002（15）.
［23］邓大松，吴小武.论我国新型农村合作医疗制度中政府的作用［J］.江西社会科学，2006（5）.
［24］丛树海.论构建以大病保障为核心的医疗保障制度［J］.上海财经大学学报，2006（1）.
［25］乐章.农民的疾病风险与医疗保障：一个实证分析［J］.经济社会体制比较，2005（1）.
［26］申曙光.政府责任与医疗弱势群体的医疗保障［J］.学海，2006（1）.
［27］陈文，应晓华，卢宪中，胡善联.补充医疗保险的需求理论及其政策意义［J］.中华医院管理，2004（11）.
［28］刘小兵.对中国基本医疗保险范畴界定的再研究［J］.财经研究，2002（11）.
［29］杨红燕.基本医疗保险保障范围分析［J］.中国卫生事业管理，2003（12）.
［30］毛德智等.进一步推进基层农技推广体系改革［J］.农村经营管理，2011（10）：14～15.
［31］郑风田.我国农田水利建设的反思：问题、困境及出路［J］.湖南农业科学，2011（2）：1～5.
［32］毛德智等.进一步推进基层农机推广体系改革［J］.农村经营管理，2011（10）：14～15.
［33］周韬.农业现代化迫切呼唤农民知识化［J］.科技情报开发与经济，2005（4）：

119 ～ 121.
[34] 徐捷.对县区图书馆改革与发展的思考［J］.图书馆学刊，2002（1）：58 ～ 59.
[35] 王乐文，雷浩.农业科技展会离农田有多远？［J］.农村·农业：农民，2010（11）：45 ～ 46.
[36] 曹凤岐.建立多层次农村普惠金融体系［J］.农村金融研究，2010（10）.
[37] 戴宏伟，随志宽.中国普惠金融体系的构建与最新进展［J］.理论学刊，2014（5）.
[38] 邓振姣，向静，陈琳.关于普惠金融的相关文献综述［J］.思想战线，2013（S1）.
[39] 杜晓山.小额信贷的发展与普惠性金融体系框架［J］.中国农村经济，2006（8）.
[40] 范秀红.国外普惠金融发展实践［J］.中国金融，2014a（22）.
[41] 范秀红.国外普惠金融可持续发展对我国的启示［J］.经济研究参考，2014b（59）.
[42] 高亮.发展普惠金融的国际启示——从世界银行普惠金融数据库看金融服务使用状况［J］.中国农村金融，2014（17）.
[43] 高彦彬.构建农村普惠金融体系的障碍与突破［J］.征信，2014（12）.
[44] 郭田勇，丁潇.普惠金融的国际比较研究——基于银行服务的视角［J］.国际金融研究，2015（2）.
[45] 何德旭，苗文龙.金融排斥、金融包容与中国普惠金融制度的构建［J］.财贸经济，2015（3）.
[46] 胡秋灵，于婷婷，李雯婷.普惠金融的国际模式借鉴［J］.辽东学院学报（社会科学版），2012（6）.
[47] 胡文涛.普惠金融发展研究：以金融消费者保护为视角［J］.经济社会体制比较，2015（1）.
[48] 姜丽明，邢桂君，朱秀杰，李玉翠.普惠金融发展的国际经验及借鉴［J］.国际金融，2014（3）.
[49] 焦瑾璞.普惠金融的国际经验［J］.中国金融，2014（10）.
[50] 焦瑾璞，黄亭亭，汪天都，张韶华，王瑱.中国普惠金融发展进程及实证研究［J］.上海金融，2015（4）.
[51] 潘功胜.关于构建普惠金融体系的几点思考［J］.上海金融，2015（4）.
[52] 石建民，马森，于海燕.普惠金融指标体系的构建：以菏泽市为例［J］.征信，2014（12）.
[53] 宋汉光，周豪，余霞民.金融发展不均衡、普惠金融体系与经济增长［J］.金融发展评论，2014（5）.
[54] 谭文培.基于“三位一体”视角的农村普惠金融体系构建［J］.湖南科技大学学报（社会科学版），2013（6）.
[55] 田霖.我国农村金融包容的区域差异与影响要素解析［J］.金融理论与实践，2012

（11）.
［56］王婧，胡国晖.中国普惠金融的发展评价及影响因素分析［J］.金融论坛，2013（6）.
［57］王守淦.普惠金融的理论框架及路径选择［J］.中国农业银行武汉培训学院学报，2014（3）.
［58］吴国华.进一步完善中国农村普惠金融体系［J］.经济社会体制比较，2013（4）.
［59］伍旭川，肖翔.基于全球视角的普惠金融指数研究［J］.南方金融，2014.（6）.
［60］肖翔，洪欣.普惠金融指数的编制研究［J］.武汉金融，2014（9）.
［61］谢升峰，朱小梅，许宏波，王鸾凤.普惠金融统筹城乡发展的国际经验及启示——以日韩模式与印巴模式为例［J］.国家行政学院学报，2014（4）.
［62］杨伟坤，赵惠娟，刘彬，王立杰.国内外农村普惠金融体系发展实践及启示——基于河北省易县扶贫社小额信贷扶贫创新案例分析［J］.世界农业，2013（1）.
［63］叶兴庆.发展普惠金融的四条路径［J］.中国农村金融，2014（16）.
［64］中国银监会合作部课题组.普惠金融发展的国际经验及借鉴［J］.中国农村金融，2014（2）.
［65］周小川.践行党的群众路线 推进包容性金融发展［J］.求是，2013（10）.
［66］四川省农业科学院.四川省水稻规模化生产的现状、问题及对策建议［R］.农业科技动态，2011（12）.
［67］关于2010年粮食产量的公告［R］.http：//www.stats.gov.cn/tjdt/zygg/gjtjjgg/t20101203_402687721. htm，北京：中华人民共和国国家统计局，2010.
［68］水利部.农田水利给力粮食根基［R］.http：//www.mwr.gov.cn/ztpd/2011ztbd/slrdgz/sdbd/201106/t20110617_283986. html，2011−6−7.
［69］水利部.中国灌溉排水事业发展是粮食安全的基础［R］http：//www.mwr.gov.cn/ztpd/2011ztbd/slrdgz/sdbd/201106/t20110617_283993. html，2011−6−17.
［70］党和国家强农惠农政策简明手册［EB/OL］.http：//news.cyol.com/content/2011−05/10/content_4407020. htm，2011−5−10.
［71］国家发展和改革委员会.国家粮食安全中长期规划纲要（2008—2020年）［Z］.http：//www.gov.cn/jrzg/2008−11/13/content_1148414. htm，2008−11−13.
［72］中共中央国务院.关于2009年促进农业稳定发展农民持续增收的若干意见［Z］.2008−12−31.
［73］图书市场调查报告.http：//wenku.baidu.com/view/2a054802eff9aef8941e0633. html.
［74］农业机械化管理司副司长刘恒新在全国农机专业合作社发展论坛上的讲话，http：//www.camda.cn/news/2010/1114410. html，2010−10−29.
［75］农业部副部长张桃林在2011年全国农机化技术推广工作会议上的讲话，http：//www.chinacoop.com/HTML/2011/08/31/68560. html，2011−8−31.

后　记

跬步千里，十年一瞬。上海财经大学千村调查已经持续十年，学校以中国农村为研究起点，围绕农村发展、农村医疗卫生保障、农民收入、粮食安全、农村文化、农村劳动力城乡转移、农村养老、农村基础金融服务、农村创业、农村互联网应用等年度主题，聚焦中国农村、农民、农业的改革发展实践，采集和积累了极其宝贵的一手资料，产生了一批重要成果，积极为治国理政建言献策，担负起历史赋予的光荣使命。

教学相长，三全育人。学校前瞻性地开展项目的顶层设计，搭建跨学科、跨部门、师生融合的思政协同创新平台，真正实现全员育人、全过程育人和全方位育人。项目得到了丛树海、樊丽明、刘永章、蒋传海、朱鸣雄等学校领导的亲切关心和指导，依托于发展规划处（学科建设办公室）、学生工作部、研究生工作部、科研处、教务处、研究生院、团委、宣传部、人事处、财务处等相关单位的密切配合和参与，受到了全校各院（所、部）的积极响应和支持。十年间，首席专家及其团队的全身心投入，上千人次教师及科研人员的热忱参与，数万人次学生的踏实调研，共同构成了项目延续至今之基石。

立足田野，扎根中国。中国农村是经济学最好的实验室，十年来，参与师生的足迹遍及31个省（市、自治区），项目得到了教育部、农业部、上海市等各级领导的亲切关怀和鼓励，得到了新华社、《光明日报》《中国教育报》《解放日报》《文汇报》等媒体及机构的持续关注和报道，得到了调查所在地各级政府、村委会及农户的热情接待和配合，得到了海内外相关领域专家学者的积极参与和指正，得到了校友和社会各界的热心支持和激励，得到了学生家长的热烈响应和理解，在此一并表示衷心感谢！

集腋成裘，聚沙成塔。余红、俞卫、吴方卫、刘小川、朱为群、田国强、张雄、刘莉亚、魏航、岳劲峰首席专家及其领衔的课题组提供了年度报告和专家报告，人文学院、公共经济与管理学院、财经研究所、经济学院、金融学院、国际工商管理学院、信息管理与工程学院共同提供了相关素材。曹黎娟、郑策、王琳琳、吴建金、李月琪参与了本书的编辑及书稿校阅工作。应望江负责前言撰写及统稿。

由于时间紧迫，内容繁多，书中难免有疏漏之处，恳请读者批评指正。

编　者

2017 年 5 月